KB184389

디지털
인문학 교실
매뉴얼

Using Digital Humanities in the Classroom:
A Practical Introduction for Teachers, Lecturers, and Students
Second Edition

by Claire Battershill and Shawna Ross

Copyright © 2022 Claire Battershill and Shawna Ross
Korean translation copyright © 2024 by HanulMPlus Inc.
This translation of *Using Digital Humanities in the Classroom: A Practical Introduction for Teachers, Lecturers, and Students*, Second Edition is published by arrangement with Bloomsbury Publishing Plc.
All rights reserved.

이 책의 한국어판 저작권은 Bloomsbury Publishing Plc.와의 독점 계약으로 한울엠플러스(주)에 있습니다. 저작권법에 의해 보호를 받는 저작물이므로 무단전재 및 복제를 금합니다.

디지털
인문학 교실
매뉴얼

Using Digital Humanities
in the Classroom

A Practical Introduction
for Teachers, Lecturers, and Students

(Second Edition)

클레어 배터실 · 쇼나 로스 지음

김형엽 옮김

한울
아카데미

일러두기

모든 각주는 독자의 이해를 돕기 위해 옮긴이가 작성한 것이다.

차례

표·그림 차례

감사의 말

개정판을 위해 애써준 텍사스 A&M 대학교의 박사 과정 김호열Hoyeol Kim에게 감사를 보낸다. 그는 현재 감정 분석과 이미지 컬러링을 목표로 빅토리아 시대 문학에 기계 학습을 적용하고 있고, 2020년 여름 동안 대학원 연구원으로 일하면서 이 책의 초판에 추천된 구식 소프트웨어와 URL 등을 식별해 수정 작업을 수행했다. 그리고 이 책의 오래된 참고문헌들을 대체할 훌륭한 대안을 제시해 주었고, 새로운 학습 활동과 과제를 위한 필자의 아이디어 브레인스토밍 과정에 도움을 주었다. 그와 연관된 흥미로운 작업에 관한 정보는 https://github.com/elibooklover 사이트에서 확인할 수 있다.

다음으로 웹 컴패니언Web Companion의 실시간 검색 기능 프로그래밍을 수행한 앤드루 필시Andrew Pilsch에게 감사를 표한다. 그가 수행한 웹 컴패니언의 작동 원리와 프로그램에 관련된 다른 자바스크립트 프로젝트를 보려면 https://github.com/oncomouse 사이트를 방문하면 된다.

그리고 헤더 제섭Heather Jessup(댈하우지 대학교Dalhousie University), 셰리다 워러너Sheryda Warrener(브리티시컬럼비아 대학교University of British Columbia), 수재나 숄러Suzannah Showler(오타와 대학교University of Ottawa), 케이트 오즈먼트 Kate Ozment(캘리포니아 폴리테크닉 주립대 포모나Cal Poly Pomona), 이매뉴얼 이스트레이트Emanuel Istrate(토론토 대학교 빅토리아 칼리지Victoria College, University of Toronto), 디애나 스토버Deanna Stover(크리스토퍼 뉴포트 대학교Christopher Newport University), 일레인 톰슨Elaine Thompson(루이지애나 테크 대학교Louisiana Tech) 등을 포함해 여러 동료가 그들이 겪었던 교육적 도움말와 요령을 필자와 공

유했다. 이 글에 언급되지 않은 분이 있다면, 진심으로 사과를 보내며, 학회 세미나에서라도 우연히 마주친다면 커피 한잔 대접하겠다.

그리고 벤 도일Ben Doyle, 루시 브라운Lucy Brown 그리고 로라 코프Laura Cope를 포함한 블룸스베리Bloomsbury 출판사의 여러 편집자와 조수 들에게도 깊은 감사 뜻을 전하고 싶다. 특히 이 프로젝트의 초기 단계에서 든든한 지지자였던 인수 편집자 데이비드 애비털David Avital에게도 심심한 고마움을 전한다.

필자 중 한 사람인 클레어 배터실은 편집 제안자였던 킬리언 오호건Cillian O'Hogan에게 감사의 말을 전하려고 한다. 그리고 2018년 브록 대학교Brock University에서 열린 디지털 교육 연구소DPI 학회 운영 위원들 및 학회 참가자들에게도 감사를 표한다. 특히 해당 학회에서 기조연설로 나서 여러 동료로부터 영감을 얻을 수 있었던 것을 매우 유익한 경험으로 간직하고 있다. 또한 배터실은 교육적 발전을 위해서 2021년 겨울 학기 토론토 대학교에서 주최한 ACUE 효과적 온라인 교육 과정을 높이 평가하고 있다.

이 책의 또 다른 필자인 쇼나 로스는 DHSI에서 배운 강사 중 특히 콘스탄스 크롬턴Constance Crompton, 이언 그레고리Ian Gregory, 조너선 마틴Jonathan Martin(운 좋게 두 번씩이나!), 존 맥스웰John Maxwell, 에밀리 크리스티나 머피 Emily Christina Murphy, 존 삭롭스키Jon Saklofske, 에린 템플턴Erin Templeton, 조지 H. 윌리엄스George H. Williams, 리 지켈Lee Zickel에게 사의를 표하는 바이다. 그는 DHSI 강사들의 자발적인 노력은 디지털 인문학의 성장과 건전성 확보에 절대적으로 중요한 요소라고 여기고 있다.

마지막으로 블룸스베리의 내용 검토 및 의견 달기 과정에 참여하고 초판을 정성스레 읽어준 독자들에게도 감사를 전한다. 필자는 특히 이 책을 교재로 채택했거나 도서관 서적 가이드에 포함한 사서, 강사, 독서 그룹 대표 들에게 고마움을 표하며, 흥미롭고 효과적인 수업을 만들기 위해 필요한 아이디어를 제시해 준 모두에게 감사하다는 말을 전한다.

제2판 서문

이 책의 초판이 출간된 지 5년이 지난 현재 이 세계와 디지털 인문학에서 수많은 일들이 발생했다는 사실을 언급하는 것을 그저 과장을 위한 표현으로만 보지 말아야 한다. 사실 이번 개정판으로 필자가 들어선 비판적 담론은 인문학 강의실에서 디지털 방법 사용 실정을 마주해보면 거의 알아볼 수 없을 정도로 변모해 버렸다. 2016년 이후 디지털 활동과 과제가 훨씬 더 일반화되었고, 디지털 인문학 연관 전공, 부전공, 자격증, 트랙 및 학제 간 프로그램 등과 같은 교과 과정이 정말로 더욱 수월하게 접근할 수 있게 되었다. 그 이후로 대학 강사 모두가 2020년에 봄에 갑작스럽게 완전한 원격 교육으로 전환되는 경험을 하게 되었고, 이런 상황은 교육자들이 이전에는 활용하지 않던 온라인 학습 관리 시스템을 수업에서 적용 및 활용하도록 강요받는 계기가 되었다. 필자는 이러한 극적인 변화에 부분적으로나마 대응하기 위한 차원에서 이 책에 새로운 장 '디지털 교실에서의 교육하기'에서 코로나19 팬데믹의 영향과 줌Zoom 교육, 온라인 토론 게시판, 가상 교실의 갑작스러운 보편화에 대해 다루었다.

필자는 2015년에 처음 이 책의 집필을 결정했고, 교육용 디지털 도구와 방법에 대한 접근성과 포용성을 갖춘 입문서를 찾으려는 수요 증가가 바로 원인이었다. 필자는 '디지털 인문학'이라는 개념에 매우 광범위하게 접근했으며, 이것을 통해 인문학적 사고방식을 디지털 도구와 환경에 적용하는 의미를 제시하려고 노력했다. 이 책에서 디지털 인문학이란 일관해 비판적으로 구성된 결과물이기보다는 인문학적 작업과 디지털 도구 및 기반 시설 등의 모든 교차점을 포함하는 매우 포괄적인 용어로 사용되고 있다. 의미 있고 신중하게 기술과 함께 상호 작용을 위해서는 화려한 실습실이나 많은 연구 자금, 코딩에 대한 배경지식, 많은 시간이 필수적이지는 않다. 사실 필자는 수업에서 항상 기본적인 기술을 사용하고 있으며, 이 책은 부분적으로 단순하면서도 일상적인 도구에 대한 주의 깊은 접근을 장려하기 위해 설계된 결과물이다.

대략 5년 전 디지털 방법의 새로운 입문자들이 양적으로 많지는 않더라도 컴퓨터 과학으로부터 차용한 전문 용어 해석에만 과도한 투자 형태를 보여주었다(안타깝게도 때로는 기술적 능력이 부족하다는 이유로 부끄러움을 느끼기도 했다). 그들은 여러 종류의 새로운 디지털 과제, 앱, 플랫폼 등을 시도했지만, 그와 같은 기술적 해결책이 학생이나 주제에 적합하지 않다는 점을 확인하게 되었다. 필자는 디지털 인문학에 회의적이거나 두려움을 가진 사람들(일반적으로 기술 공포증을 안고 있는 사람들)이 기술의 응용 및 활용 시도를 시작할 수 있도록 도움을 주는 설명서를 만들고자 고민했다. 이런 과정을 통해서 필자의 앞선 시도는 새로운 방법에 비판적인 사람들의 교육 철학과 가치관에 적합하면서도 잠재적으로는 생성적 특성 요소를 지닌 디지털 인문학 분야에 존재하는지 알아보도록 길을 제공하려는 노력이었다. 또한 필자는 이 책이 교육 방법을 학습하는 대학원생들, 이 분야에 관해서 새롭게 접하는 도서관 사서들, 그리고 여러 유형의 교육 기관의 강사와 교수 들에게도 도움이 되기를 희망한다. 그리고 필자는 이 책이 학문 공동체의 일부가 되어서 교실 기술에 대한 기본적이고 실질적인 지식을 공유할 수 있는 계기가 되기를 바란다.

초판을 집필한 이후로 몇 가지의 아주 유용한 초보자 친화적 참고 자료들이 출판되었다. 특히 리베카 프로스트 데이비스 등Rebecca Frost Davis et al.이 엮은 『디지털 인문학에서의 교육: 개념, 모델, 실험Digital Pedagogy in the Humanities: Concepts, Models, and Experiments』과, 브라이언 크록설Brian Croxall과 다이앤 재캐키Diane Jakacki가 편집한 『디지털 인문학 교육학 논쟁Debates in Digital Humanities Pedagogy』이 이번 개정판과 함께 훌륭한 예시가 된다고 생각한다. 게다가 디지털 인문학에서 학문적 분야로서의 전반적인 역동성에서도 변화가 발생했다. 디지털 인문학 분야가 미래를 보증한다는 측면에서 처음에는 낙관적이었지만, 다양성과 포용성, 일부 양적 결과의 재현성 부족, 대규모 프로젝트를 지원하는 자금의 기저 구조 등처럼 다양한 주제에 대한 회의적 비판 대상으로 사람들의 관점이 전환되었다. 실제로 디지털 인문학은 대학교 인문학 범주에서 위상 하락의 원인이 될 수 있다는 가능성(일부 인문학 과목에서 학생 등록 숫자 감소와 여러 국가에서 나타나는 인문학 박사 과정의 취약한 취업 시장 상황) 등 여러 문제로 말미암아 비난을 받고 있는 실정이다. 필자는 이와 같은 지속적인 논쟁을 주의 깊게 지켜보고 있으며, 비판적 인종 이론, 교차 페미니즘, 장애 연구 등의 관점에서 디지털 인문학 분야에 접근해서 이 분야의 문제들을 바로잡는 학문적 연구가 일어나는 현상을 다행스럽게 바라보고 있다.

그리고 필자는 디지털 인문학의 학문적 담론 경향이 어떻게 흐르는지에 관계없이 수업 중심의 교실이 점점 디지털 공간으로 변화되고 있으며, 학생을 가르치는 필자가 직면하고 있는 교육 기반 시설 변화에 적응하려면 인문학이 필수적임을 계속해서 느끼고 있다. 즉, 여기에는 기업 소유의 기술 도구에 대한 비판적 접근, 기술 기반 시설의 구축 및 운영에 연관된 권력 관계성 분석, 신자유주의와 기술 유토피아적 사고에 대한 비판 등이 반드시 포함되어야 한다. 필자 두 사람의 교육 스타일과 철학, 그리고 디지털 인문학에 대한 접근은 분명히 서로 다르지만(책 마지막 부분 '코다'에서 이에 대해 논의하고 있음), 교육, 학생, 교육학이라는 학문에 대해서는 서로가 긍정적이면서도 가감 없는 열정을 공유하고 있다. 필자의 낙관적인 태도는 디지털 방법을 종이와 펜으로 하는 방법보다 선호하는 시도가 아니며(배터실은 서지 역사학자이며!), 디지털 인문학을 다른 접근 방식보다 우선시하는 것도 아니다(로스는 문학 비평가이다!). 필자는 오히려 동료로서 교실에서 수행하는 교육을 더 다양하게 논의하고, 위험을 감수하더라도 새로운 실험을 시도하는 노력이 학생들의 교실 학습에 큰 도움이 될 수 있다는 신념에서 더 긍정하고 있다.

　이 제2판을 통해서 필자는 참고 문헌, 더 읽을거리, 현재 사용할 수 있는 최신 소프트웨어, 플랫폼, 앱, 디지털 도구를 포함한 예시 등을 중심으로 새로운 자료들로 전체 내용을 새롭게 구성했다. 그리고 비판적 디지털화 이니셔티브와 오픈 액세스 원천 자원과 같은 주제에 관해서 비판적 접근을 강화해 디지털 인문학 분야의 학문적 담론이 점점 더 정교해지고 있다는 점을 반영하도록 보완했다. 접근성에 관한 장과 대학원생 멘토링에 관한 장 둘은 모두 확장되었고, 교과 활동과 과제에 관한 장은 더욱 고급화된 선택 사항을 제시하는 내용들을 포함하고 있다. 초판의 독자들은 빠르게 찾을 수 있는 참고 자료를 선호했기 때문에 이번 개정판에서는 과제나 활동 중 필요한 사항을 결정할 때 이 책을 참고하도록 자료를 훨씬 더 많이 추가했다. 그리고 웹 컴패니언은 완전히 새롭게 구축되었다. 원래의 웹 컴패니언(www.teachdh.com/2016)은 여전히 사용할 수 있으며, 여기에는 참고 설명 자료 및 표본 교육 자료가 포함되어 있지만, 지금은 보다 중앙 집중화되고 쉽게 검색할 수 있는 무료 참고 도구로서 향상시켰다. 자주 묻는 질문FAQ 형식으로 구성된 새로운 웹 컴패니언은 디지털 도구를 사용해 가르치는 방법에 대한 여러 가지 일반적인 질문에 답할 수 있을 것이다. 이 책은 초판과 마찬가지로 독자들의 수고를 덜어야 한다는 소신으로 다양한 플랫폼과 소프트웨어 패키지 등을 제시하고 있다.

도입

　수업에 새로운 기술 도입을 처음 생각할 때 가장 힘든 부분은 때로 시작 그 자체일 것이다. 이런 상황은 도구와 방법의 부족이라기보다 오히려 과잉 현상에 원인이 있다. 즉, 활동, 플랫폼, 원천 자료에서 다양한 경우에 유용성의 유무 또는 시간 효율성의 유무를 구분하기란 너무도 힘든 일이 된다. 그런 가운데 디지털 인문학Digital Humanities, DH이 디지털 기술과 양적 방법론 들을 활용하면서 인문학 연구를 더욱 발전시키려는 학제 간 연구 분야가 학습의 새로운 가능성을 열어주었지만, 그러나 이 분야는 우리에게 필요한 현장에서의 실제적인 일상적 조언이 항상 공유되지는 않고 있다. 그렇다면 성능 좋은 길잡이 도구는 과연 어디에 있을까? 디지털 파일을 어떻게 구성해야 할까? 학생들에게 교실 밖에서 상호 토론을 북돋는 가장 훌륭한 방법은 무엇일까? 여러 (교육 연관) 소프트웨어 애플리케이션 가운데 한 가지를 선택하려면 과연 어떤 기준에 따라야 할까?

　앞서 제기한 질문들은 답을 찾는 데 많은 시간과 노력이 필요할 수 있으며, 그래서 신학습 방식을 시도하는 데 장애가 되는 요인들을 잘 대변하고 있다. 바로 이 책『디지털 인문학 교실 매뉴얼』은 앞의 질문에 알맞은 답을 제공하면서 아울러 여러 지름길을 제시하고, 교실에서의 더 많은 디지털 접근법, 방식, 도구 들을 확실하게 포함하기 위해서 필수적인 새로운 원천 자료 및 체계 들의 명시 및 제시하는 데 초점을 맞추고 있다.

디지털 기술은 점점 인문학 연구 분야에서 구심점을 형성하고 있기 때문에, (2020~2021년 코로나 팬데믹이 가져온 예상 밖의 전면적 디지털 형태로의 완전한 전환을 감안하면서) 고등 교육의 환경 변화를 주도하는 정보 기술들과 맥을 같이해야 하는 책무를 갖고 있기도 하다. 필자는 이 책이 학습 활용 디지털 도구들의 안내 역할을 기대하기에 내용 중 독자에게 방해될 수 있는 기술 전문 용어들을 자제하려고 했다. 그 대신 평이한 용어 위주로 디지털 인문학에 대한 접근법을 소개하고 데이터베이스, 검색 엔진, 자세한 도서 및 정보 체계 등 이미 알고 있는 수단에 폭넓게 적용하면서 교육 수행을 향상시킬 수 있는 방법을 토의하려는 목적으로 서술했다. 이 책의 일부에는 컴퓨터 프로그래밍을 공식적으로 배우거나 이에 대한 사전 경험을 가진 사람들이 즉시 접근할 수 있는 프로젝트 내용이 포함되어 있다. 하지만 『디지털 인문학 교실 매뉴얼』은 단순히 새로운 전략에 대한 개방성이 많다면, (대부분 사람이 숙지하고 있는 기초적이면서 일상적 컴퓨터 능력 이상으로) 수준이 높은 사전적인 요건을 갖추지 않아도 이해가 가능한 대상들을 제시하고 있음을 언급해 둔다.

이 책에 따르면 디지털 인문학은 배타적이고 종합적 학문 분야라기보다는 일종의 독립적 모듈 형태를 띤 교실 실습으로 그룹화가 가능한 실용적 사고, 기술, 도구 등으로 보아야 한다. 그리고 이러한 요인들이 교육자가 지닌 관심, 열정, 교사로서의 목표와 관련되기도 한다. 예를 들면, 셰익스피어William Shakespeare 연구 혹은 소크라테스Socrates 철학 전문 지식이 있다면 교육을 수행하는 교실을 두고 볼 때 도서 자료 검색 소프트웨어 활용 잠재력이나 환상적인 네트워크 시각화 능력보다는 훨씬 중대한 역할을 발휘할 수 있다. 여기서 핵심은 해당 소프트웨어를 조정하고 적용하는 세심하고도 정당한 활용이 근대 희곡 과목과 그리스 철학 강의의 용이성 증가에 초점을 두면서 동시에 교육에서의 효과 향상을 추구하지 못할 이유가 없다는 것이다. 달리 말하자면 반드시 디지털 인문학 전문가가 아니어도 누구라도 디지털 인문학 혜택의 수혜자가 될 수 있으며, 게다가 신진 교실 활동과 과제를 위한 경이로운 가능성뿐만 아니라 교육자 자신의 분야에 대한 관점을 재설정하면서 앞선 미디어 및 기술 등에 관련성을 확인하는 시각을 열어줄 수도 있다는 것이다.

이 책의 독자는 누구일까?

이 책의 의도는 교실에 기술을 수용하려고 시도하는 경우에 관련되는 방식들을 증가시키고, 재고하고, 다양화하려는 사람 누구에게든 도움을 주려는 것이다. 이 책을 보는 독자는 디지털 활동 또는 과제 등으로 실험을 하려는 노련한 교사이거나 또는 다양한 플랫폼과 프로그래밍 언어에 능숙하지만, 교실 수업 계획, 독자적인 수업 계획서 설정, 채점 수행, 기타 교육 관련 기능 등에서 경험이 아직은 미진한 신임 교원일 수도 있다. 또는 디지털 연구 경험이 풍부한 디지털 인문학자이지만, 교실 교육에 디지털 인문학 연관 기능들을 적용하는 데 새로운 아이디어를 원할 수도 있다. 또는 교과 과정에 따른 교육을 수행하는 신임 교원들에게 멘토 역할을 하면서 더불어 자기 학생들에게 수업을 위한 디지털 원천 자료, 활동, 과제에 대해 아이디어를 주려고 할 수 있다. 어쩌면 도서관 사서, 디지털 인문학 센터 직원, 교육 기술 전문가 또는 독서 모임 대표일 수도 있고, 교사들과 연구자들에게 디지털 인문학을 소개하는 일을 하는 사람일 수도 있다.

가정컨대 이 책에 관심을 두는 이유가 사람들이 인문학 개념과 방법 등을 교육하기 위한 기술의 활용을 직간접적으로 향상시키기를 바라는 것으로 볼 수 있다. 어쩌면 이미 강의에서 PPTPowerPoint를 사용하고, 학생과 소통할 때 대학 내부망 시스템에서 채점 수행, 대화방 참여, 작업 분업 및 분담을 통해 가상에서 학업을 수행하도록 하거나 학생들이 과제를 제출할 때 터니틴Turnitin[1]을 통하도록 요구했을 수도 있다. 이처럼 친숙한 기술들을 사용해 아주 쉽게 그림을 포함하고, 기록을 공유하고, 학생들 사이 의사소통의 간결성 및 신속성을 향상시키고 있다. 물론 이 기술들은 한탄과 절망을 유발할 수 있다. 안타깝게도 이 책은 모든 결함을 해결하지 못하지만, 흔히 발생하는 기능적 문제점의 해결을 위해서 실질적 조언이나 비결 등을 제공하고 있다. 그리고 아무리 완벽하게 작동하는 기술이라도, 우리가 습관적으로 무심한 태도로 해당 도구들을 눈여겨 살펴보지 않은 채 활용한다면 결국 그 기술 자체가 문제의 원천이 될 수도 있다.

교실에서 기술 활용이 적극적으로 이루어지기 위해서는 아직 활용도가 높지 않고, 널리 알려지지 않은 해당 기술, 원천 자료, 소프트웨어에 관한 지식을 갖출 필요가 있지 않을까 싶다. 그리고 어쩌면 학생들이 완성한 보고서 속에서 그들이 발견한 온라인 자료와 디지털 기획 등이 유용할 수 있다는 가능성을 인식해야 할지 모른다. 또한 저작권, 개인 정보, 진실성, 노동처럼 디지털 맥락에서 발생하는 때로 민감한 사항들을 조금이라도 염두에 둬야 할 것이다. 학생들이 디지털 도구에 관심을 드러낼 수 있고, 소속된 학교의 분위기에 따라 모든 교실에 일종의 기술적 통합을 갖추게 되리라고 기대할 수도 있다. 어떤 경우를 고려하든지 이 책을 활용할 때는 인문학 수업 진행의 수준 향상을 디지털 도구와 함께 교육적 목표에 부합하는 방식으로 디지털 도구들의 융합을 토대로 한 교육 설계라는 설정을 가장 우선시하는 데 주안점을 두어야 한다. 이 책은 온전히 디지털 인문학 전문가들만을 위한 것이 아니며, 실제로 독자들이 반드시 디지털 인문학에 대한 사전 지식을 갖출 필요는 없지만, 대신 교실 교육을 통해서 그리고 사용할 수 있는 디지털 인문학 입문서로서 여겨주기를 바란다. 달리 말하자면 이 책 내용은 디지털 인문학의 교육 방법론에 대한 설명이기보다 오히려 디지털 인문학을 수단으로 교육을 수행하는 방식을 제시한

---

1   제출된 과제물의 표절을 확인하는 데이터베이스를 갖춘 프로그램.

다고 보아야 한다.

또 한 가지 알아야 할 사항은 독자는 교사든 학생이든 이 책 활용을 위해서 특별한 기술적 배경 지식을 반드시 갖출 필요가 없다는 점이다. 일부 기술 훈련이 필요한 경우에는 해당 도구를 사용하는 방법에 대한 설명을 간략하고 실용적으로 제공했으며, 나아가 더 알고 싶은 사람들을 위해서 그 분야를 깊이 파악하도록 참고 자료를 제시했다. 현재 시점에서 당장 필요한 것은 교실에 디지털 인문학을 적용하는 데 대한 관심과 함께, 교육 방향 및 방법이 어떻게 일부 새로운 도구, 비결, 아이디어 등으로 활기를 띨 수 있는가를 열망하는 태도, 바로 이 두 가지만 있으면 된다.

디지털 인문학이란 무엇인가?

더 깊이 들어가기 전에 두 가지 핵심 질문들을 밝혀두려 한다. 즉, 디지털 인문학 분야가 정확히 무엇일까? 그리고 어떤 이유에서 디지털 인문학이 인문학 분야 교사들에게 중요할까?

최근 새롭게 떠올라 신속하게 변모하는 여러 분야와 마찬가지로 디지털 인문학은 정의를 둘러싼 논의로 가득한 상태였다. 수많은 용어를 규정하는 데에 따르는 본질적인 의문들(이를테면 '미디어 연구란 무엇인가?' 또는 '윤리란 무엇인가?')처럼 디지털 인문학을 정의 내리기란 근본적이고 복잡하다. 디지털 인문학의 실체에 대한 주장들은 그 범위를 디지털 방식 또는 도구를 활용한 모든 인문학적 연구를 포함하는 가장 광의적이면서 단순한 정의에서부터 디지털 인문학을 표준적인 기술적 능력을 갖추어야만 참여할 수 있는 분야로 보는 협의적 정의까지 다양하다. 이 분야의 학자들은 디지털 인문학에 관한 정의 문제를 인쇄물 형태이든 디지털 자료 형태이든 다른 상황에서 오랫동안 다루어왔고 이 분야를 정의하는 방법이 너무나 다양한 탓에, 이 책에서는 대학 교실에서의 교육자들을 위한 디지털 인문학의 적용 및 활용에 한정해 다음과 같이 제안하려고 한다.

디지털 인문학 정의의 확산에 대한 (주제에 걸맞게 디지털 방식으로) 답으로, 제이슨 헤플러Jason Heppler의 웹사이트(whatisdigitalhumanities.com)를 보면 인터넷 브라우저 속 웹페이지를 새로 고침 할 때마다 새로운 정의가 표시된다. 어떤 임의의 정의는 디지털 인문학을 기술과 인문학 사이의 모든 상호 교류라고 규정하는 광범위한 정의인 반면에, 또 다른 정의는 데이터 마이닝 혹은 데이터 시각화와 같은 특정한 기술들을 의미할 수 있다. 또 다른 이는 예리하게 포괄적이지만(예를 들어 비학문적 기관들과 일반인 구성원들을 언급하면서), 반면에 그 외 다른 이들은 디지털 인문학을 하나의 연구 분야로서 초점을 맞추기도 한다. 이처럼 디지털 인문학의 정의가 다양하다는 다수 정의 생성의 요지는 이 책에서 필자와 독자가 견지해야 하는 바이다. 우리에게 디지털 인문학은 간단히 보면 기술을 교육에 적용하려는 학자들과 교사들의 공동체를 대변한다고 보아야 한다. 여기서 말하는 인문학적 기술의 활용은 디지털 문화, 도구, 개념 들을 연구하는 데 있으며, 컴퓨터 방식을 인문학 탐구의 전통적 목적들을 탐구하기 위해서 이용하기도 한다. 이 책은 비록 디지털 인문학에 대한 일부 원천 자료들을 제공하기는 하지만, 이 책을 통해 디지털 인문학을 하나의 개별 교과로서 가르치는 데 관련된 것이 아니다.

더 나아가 디지털 인문학에 연관된 자료들과 디지털 인문학 분야의 경계에 관한 다수의 논의를 '도입' 말미의 '더 읽을거리'에 제시했다. 해당 자료들이 디지털 인문학에서 기본적 고전 자료들이기도 하지만 이 분야에 관해서 유용한 만큼이나 비판적인 의견을 내놓을 것이다. '제2판 서문'에서 이와 같은 주제를 이미 썼지만, 만일 디지털 인문학 자체를 더 알고 싶다면 두 연구 분야를 모두 보는 방법을 추천한다는 것을 다시 한 번 반복한다.

주요 개념

이 책 각 장은 다른 내용이지만 몇 가지 공통의 모티프 및 추천 사항을 연상시키기 때문에 반복적으로 마주치게 될 것이다. 예를 들면, 이 책을 접할 때 디지털 인문학을 무엇을 위해 활용하는가를 분명히 인식하는 것은 궁극적인 목표와 관련된다. 새로운 도구를 받아들여 목적을 이루려는 태도보다 오히려 이 책에서는 운영 교과 과정이 모든 실험 그리고 실행에 근거가 될 수 있는 방향을 제안하고 싶다. 이에 대한 예로 런던London의 몇몇 지역과 다수 요소를 지도로 나타내기를 들어보면 많은 인문학 수업에서 종이 지도와 지도책만이 존재했던 때부터 인기 있었던 런던의 지역과 경관 들을 지도에 표시하는 활동은 디지털 과제로서도 계속해서 인기 있고 (유용한) 과제가 된 데는 그럴 만한 이유가 있다. 이와 유사하게 매일 단계적으로 진도에 알맞은 활동을 선택한다면 수업 본연의 목적을 성공적으로 성취하는 효과를 기대할 수 있다. 수업 활동이기는 하지만, 특정 수업이 기꺼이 수용하고 반복적으로 수행하기에 무리가 없는 활동을 능동적으로 재수행할 것을 제안한다. 이와 마찬가지로 비록 도움이 된다고 판단하더라도 학생에게 무리가 될 때는 신선한 수업 활동이라고 해도 과감하게 포기할 수 있어야 한다.

특성화, 명료화, 유연성을 통합하는 목적은 디지털 콘텐츠를 항상 교과 목적에 연계시키고, 장비 기능 결함 또는 의사소통 실패의 경우에 확실하게 대비할 수 있도록 하기 위해서다. 실제로 교사가 수업에서 연습 문제 풀이 과정을 수행할 때 적용하려는 도구 또는 교수법 등이 수업 계획서에서 제시한 학습 목적들에 어떻게 연관되는가를 학습자들에게 명확하게 설명하는 과정이 우선되어야 한다. 비록 교사가 한 학기 동안 주어진 학습 과정에 따라 수업을 진행하는 확실한 학습 목표를 갖춘다고 해도 교과 목표 초안을 구성할 때에도 상당한 시간을 할애해야 하는 점도 고려할 사항이다. 디지털 활동이나 과제를 이러한 목표에 연결하면 거부감을 갖는 학생(또는 동료 교사)을 설득하는 데 도움이 될 수 있으며 연습이나 과제가 계획대로 진행되지 않을 경우를 대비할 수 있다. 만약 학습자의 노력이 수업 계획서에 명기된 목적에 부합한다면 학습 수행은 눈으로 직접 확인 가능한 결과물에 상관없이 성공적 결과로 판단할 수 있다. 앞서 언급한 해당 내용이 학교 기관들이 안고 있는 어쩌면 황망하게 보일 수 있는 요식 행위 정도로 치부될지라도 명확한 목표 제시는 수업 과정에서는 강력한 보호 장치가 될 수도 있다. 일부 디지털 인문학에 대한 회의론자들은 디지털 인문학 방식의 교수법이 모호한 학생 노동으로 급격히 바뀔 수 있다고 우려한다. 그리고 이런 윤리적 염려는 중요하다. 예를 들자면 교육자 개인이 수업과 연관된 프로젝트를 위해 크라우드소싱[2]하듯이 학생들에게 엄청난 양의 노동을 정기적으로 부과하는 행위는 그다지 현명한 방식이 아니라고 생각한다. 그럼에도 불구하고 디지털 학술 프로젝트 중에 학습자들의 능력 향상에 큰 도움을 주는 대상들이 있을 수 있어서 이와 같은 교과 목표가 부과된 학습 과제를 위한 적정성을 가늠하는 이정표로서 참고할 수 있다.

디지털 실험 배후의 인문학적 목적을 강조하기 위해서 수업 활동의 핵심으로서 교과 수업 목적을 설정하는 것과 아울러 교과 검토 보고서 작성을 역시 또 하나의 과제로 부과할 수 있다. 의견이 고작 몇 줄에 불과할 정도로 간략하든 학기 말 성적 평가에 반영되는 중요 결과물에 버금가는 공식 최종 보고서 수준으로 여러 장으로 구성되어 있든 이 교과 검토 보고서는 학생들이 디지털 수업 활동에서 수행한 또 다른 과제 및 교재 들과 명확하게 연관시키도록 해야만 한다. 이와 같은 과정이 없다면 수업에 열성적이거나 디지털 분야에 해박한 학생조차 주어진 디지털 관련 교육 활동 중 도표 구성 및 통계 생성과 같은 결과물을 완수하는 데만 집중해 정작 디지털 활동의 교육 목표 자체를 놓칠지도 모른다. 그리고 아무리 디

---

2   일반인이 생산과 서비스 과정에 참여해 아이디어를 제공하거나 해결책을 찾는 방식을 말한다.

지털 수단이 학습에 맞추어 완벽하게 구축되어 있다고 해도 학생이 수업의 핵심 목표를 과제 완성 과정에서 자동적으로 인지할 수 있다고 볼 수는 없을 것이다. 결과적으로 학생에게 수업의 디지털 인문학 적용의 긍정적 효과(비효율성) 등을 질문함으로써 성공적인 결과를 성취했음을 보여주고 실망감을 줄이는 역할을 할 뿐만 아니라 교사가 이후 교육 과정 실행에서 수업 계획서 또는 과제 목록의 수정 등에 도움을 줄 수 있다.

교과 검토 및 보고서 구성 과정은 디지털 인문학 방식에 특히 중요할수 있는데 그 이유는 디지털 인문학 적용 교육 실험에서 참여자들이 희망보다 실망을 쉽게 갖기 때문이다. 디지털 인문학에서 특정 종류의 실패요인들은 이해할 만하면서도 어쩌면 당연한 결과로서 예상이 가능하다. 디지털 인문학에 관련된 가설이나 연구 질문 들이 애매하거나 미미한 수준의 결과를 생성하면서도 더 큰 문제는 증명이나 반증이 여태껏 확실하지 못하다는 사실이다. 부정확한 강의 또는 제대로 갖추어지지 않은 팀에서 볼 수 있듯이 잘못된 장비나 산만한 자료는 무엇이든 학생이 수업을통해서 결과를 도출하는 데 중대한 방해 요인이 될 수 있다. 그리고 다른수업 활동과 마찬가지로 시간, 공간, 물질적 자원에 걸쳐 모든 조건의 합이 학습자의 성취에 제약이 될 수 있다. 예상 가능한 미래를 충분히 고려하면서 관련된 원천 자료들을 창의적으로 활용하고 이 책에서 방법을 찾아서 수업을 진행한다면 앞서 제기한 문제들의 해결을 모색할 수 있다. 그러나 여전히 사전적으로 잘 준비된 교육 수행도 실패를 맞이하기도 하며, 일단 결과가 어긋나면 교사로서 학생들이 보여준 노력에 대응하는 방법으로써 성적을 부여해 부정적 효과를 최소화하려고 시도할 것이다. 그리고 어쩌면 좀 더 중요한 것은 대화를 교육에 활용된 자료들을 재평가하는 과정을 이끌고, 기술적 해결 방법을 찾든 다른 인문학적 역량을 통해문제에 접근하든 실패 사례를 반면교사로 삼아 해결 방법을 찾음으로써생산적 방향으로 바꿀 수 있을 것이다.

디지털 인문학에서 많은 교육 활동들이 모두 적응성, 창의력, 개방성을 요구한다. 실제로 명확하고 원기 왕성하면서도 긍정적인 태도가 디지털 인문학을 위한 접근에 생기를 불어넣을 수 있다. 여기서 우리는 이전에 보지 못했던 그러면서 과정 중심적이고 우연성을 포함하면서 여전히 연관성을 갖춘 그 무엇인가에 가치를 두고 있다. 교육자들이 교육 목표에 따라 진행하는 한 앞서 언급한 개방성은 약점이나 방해물로서 취급될 필요가 없다고 생각한다. 실제로 개방성은 오히려 재평가 및 재수정할 수 있는 기회를 강화함으로써 재고되어야 한다. 교사는 스스로의 학과 지식을 숙지하고 있고, 아울러 문제 해결과 복원력을 방법 모델로 설계하려는 의지가 있다면, 학생은 더욱 값진 기능 등을 배울 수 있다는 사실을 명심해야 한다. 수시로 수업이 진행되는 학기 중이나 수업 시간 중일지라도 교육 목표를 얼마든지 수정할 수 있지만, 이 책에서 제공하는 도구를 바탕으로 학생들에게 미칠 잠재적인 부정적 효과들을 최소화할 수 있어야 할 것이다.

이 책의 활용 방식에 대해

디지털 인문학 활동 그리고 과업 들이 재론의 여지가 있듯이 이 책의 모든 자료도 역시 상황에 따라 사용자별 제작이 가능하다. 내용에서 과업들과 교육 활동들을 혼합하고 상호 조정함으로써 이 책의 활용도를 크게 증강할 수 있다. 여기에서 핵심은 제시되는 예제, 지도안, 과제, 평가 기준들은 단순한 기능(접근 방식을 가리키며, 규격화된 공식이 아님)으로, 특정 목표를 달성할 수 있도록 조정을 통해 충실해질 수 있다. 예를 들면 필자는 필요한 시기(때로는 비용)에 따라 교과 활동과 과제를 제안할 수 있지만, 독자는 이 제안의 기본 틀을 본인이 실제 다양한 양적 또는 유형의 과제 안으로 적용해 특정한 기능에 들어맞도록 수정할 수 있어야 한다. 그리고 교과 활동 대부분이 원격인지 교실인지 교육 장소에 구애받지 않고, 학생 그룹이든 학생 개인이든 형태에 상관이 없으면서도, 아울러 기간으로 볼 때 한 주, 한 단원, 한 학기에 완수될 수 있게끔 그 과정이 구성되어야 한다.

이 책의 장들은 짧게 구성되어 있고, 각 장은 더욱 확실하고 소규모 구획을 갖추고 있어서 이들 사이를 쉽게 드나들 수 있다. 장들은 순서에 구애되지 않아서 필요에 따라 자유롭게 읽을 수 있다. 그리고 더 읽을거리가 각 장마다 제시되어 있어서 아주 편리하고 신속하게 추가 문헌을 확인할 수 있다. 그리고 이 책에서 필자는 소개되는 이론보다 실제 사용에 초점을 맞추려고 했으며, 이와 같은 시도는 이론보다 주어진 디지털 인문학의 소개에 초점을 맞추고 있기 때문이다. 따라서 이론에 관심이 있는 독자는 각 장 말미에서 제시하는 더 읽을거리를 참고하면 된다. 이 책을 탐독하고 이를 토대로 학습 과제 그리고 교육 활동의 설계에 대한 확신을 갖고, 나아가 교실에서 디지털 인문학 활용의 강화 및 다양화를 위한 방법들을 위한 길잡이로 삼아나가기를 바란다.

디지털 인문학으로 고취할 수 있는 수업의 핵심은 바로 디지털 원천 자료이다. 제1장 '디지털 자원 발굴하기, 생성하기, 활용하기'는 혁신적인 디지털 인문학 교수법을 위해서 필수적인 디지털 교재, 파일, 자산을 발굴하는 데 실질적 정보 요소들을 포함하고 있다. 무엇보다도 디지털 원천 자료 활용의 이점을 설명한 이후에 주어진 환경에서 가장 강력하고도 확정적인 자료들의 발굴과 평가에 대해 논의한다. 적합한 디지털 자료를 찾을 수 없는 경우에는 학생을 위한 또는 학생과 함께 디지털 원천 자료를 만드는 방법에 대해서도 조언할 것이다. 이 장의 마지막에서 인용과 저작권 문제를 다루었다.

제2장 '접근성 확보하기'는 유니버설 디자인 개념을 적용해 모든 학생을 위한 최적의 수업을 진행할 수 있는 방법을 추천하는 데 초점을 맞추고 있다. 이 장은 텍스트·음성 변환 그리고 다중 모드 녹음 등 기술적 요소를 설명하고 있으며, 이 기술들은 강의의 접근성을 최대화하기 때문에 보편적 상호 작용(학생들이 각 수업 과정에 충실하게 참여하기 위한 도구를 제공할

것임)을 향상시킴으로써, 수업 참여, 수업 발표, 수업 표현 등 강의 전략이 되어줄 것이다. 또한 앞에서 말했던 다양한 학습 방법에 다중 지능 이론을 반영한 방식을 고려하려 한다. 이런 정보 대다수가 도표로 구성되어서 특정 문제(예: 학생 수업 발표, 방과 후 교육, 과제 설계 등)에 맞추어 조정된 정보를 편리하게 찾을 수 있도록 돕는다. 제2장 끝에서 보안, 개인 정보, 경제적 불평등 문제를 다루었다.

접근성 문제는 교사가 교과 과정 구성을 포함해서 수업을 위해 정해야 하는 결정들에 영향을 미친다. 제3장 '교과 과정 설계하기'는 온라인 교과 과정과 교과 웹사이트의 선호도를 논증하고 아울러 교과 과정 및 교과 웹사이트를 구축하기 위한 단순하지만 효과성을 갖춘 수단을 제시하며 논의를 전개한다. 그러면서 특별하게 디지털 인문학 연관 교과 교육 전망을 논의한 다음 디지털 인문학을 포함하는 경중의 정도를 초급/중급/상급으로 나누어 설명하려고 한다. 이 과정에서 디지털 인문학 교과 과정의 필수 부문들을 저술하기 위해 상세한 제언들을 제공하려고 한다. 여기서 말하는 교과 과정이란 정보 접촉, 교과 서술, 학습 목표, 교과 정책 등을 포함한다.

제4장 '교실 활동 설계하기'는 교실 안 교육 활동을 숙련이나 '결과'보다는 놀이, 실패, 기능 습득을 강조하는 탐구 활동으로서 이론화하는 단계부터 시작하고 있다. 이어서 유연성과 지속성 사이의 균형 유지를 강조함으로써 수업에 막대한 혼란이 발생할 염려를 피하고 애초에 주의 깊게 기획된 교육안을 완전하게 벗어나지 않으면서, 동시에 수업 진행에서 최종적인 문제점이나 아이디어 등에 생산적으로 대처할 수 있도록 해줄 것이다. 또한 제4장을 보면 시행에 필요한 시간 배분을 갖추고 10여 개 이상의 교실 안 디지털 인문학 교육 활동을 선택할 수 있도록 분류가 제시되어 있다. 제시한 기초적 교육 활동들을 바탕으로 심화 교육 활동을 보충했으며, 효과적인 프롬프트를 작성하기 위한 조언으로 내용을 마치고 있다.

기획력을 갖춘 교육 활동이 또한 상당한 수위의 사고 과정을 요구하기 때문에 제5장 '교실 활동 운영하기'를 보면 교육 활동을 촉진하는 방법을 설명하고 있다. 이 장은 가장 먼저 교육 활동의 핵심으로 무료 또는 기존 원천 자료 활용하기를 조언한다. 원천 자료 확보의 난관이 교육 계획 수립에 큰 장애가 되지 않도록 하기 위해서다. 그리고 모든 디지털 인문학 교육 활동이 무료는 아니므로 최소에서 최대까지 비용 부담을 예상하고, 일반적으로 접근할 수 없는 도구, 장비, 기타 원천 자료를 확충하기 위한 논의를 할 필요가 있다. 또한 교육 활동을 수행하는 동안 발생할 가능성이 있는 많은 문제에 대응하고 수업 시간을 확보하기 위한 문제 해결 방법과 전략에 연관된 기능을 공유한다.

제6장 '디지털 과제 만들기'에서는 우선 기술적으로 혁신적인 과제 설계를 위한 일반적 비결들을 공유하고 디지털 인문학의 가치와 시행으로부터 도출되는 원리들의 전면화를 확실하게 구축해 특정 교육 과정의 과제들이 교육자 및 학습자 양쪽 모두에게 명확하고 유용성이 높으며 도전 의식을 불러일으키게 한다. 이 장에서는 과제 아이디어의 목록을 제시한 다음, 양과 질의 경중에 근거해서 분류하고 이들을 웹 컴패니언Web Companion의 과제 도표 및 평가 기준과 연결시켰다(제4장과 동일하다). 심화 학습 부분은 디지털 도구에 능숙한 교사와 학생을 대상으로 한 것이다. 제6장은 효과적인 과제 자료를 작성하는 방법에 관한 자세한 논의와 함께 이전 학생들이 제출한 과제에서 표본들을 제공하고 자발적으로 과제를 완성하기 위한 강력한 권고 등을 제시하면서 내용을 마치고 있다.

디지털 인문학 과제의 특별한 요구 사항들이 과제 구성 수준에 기초해서 평가 점수 결정 과정에 영향을 미치기 때문에 제7장 '학생 교육 결과 평가하기'는 최종 학업 평가에 대한 접근 방식을 명확하게 밝히면서 수정을 덧붙이는 방법들을 차례로 탐색하고 있다. 가장 먼저 수업에 참여하는 학생들에게 평가 방법을 분명하게 언급함으로써 교사와 학생이 서로 평가 방식을 공유하는 과정의 중요성을 논의하고 그 이후 분석적 평가 기준 그리고 전체적 평가 기준의 구성을 제시한다. 또한 디지털 인문학 공동체 범주 안에서 발전했던 일부 접근 방식들과 함께 비등급 점수 평가와 계약 점수 등급 평가 과정을 학생들과 함께 시행하기 위한 아이디어의 공유를 언급하고 있다. 이 장의 끝부분에서 평가 기준의 대안 논의를 진행하면서 학생들이(여기에는 교육자도 당연히!) 평가에 실패했을 때 대비할 수 있는 조언이 제시되어 있다.

제8장 '대학원생 교육하기'는 대학원생 교과를 다루고 대학원생들을 지도하는 경우에 연관된 특정한 문제들에 초점을 두고 있다. 내용에서 학부생과 대학원생 차이를 디지털 인문학의 유리한 관점으로부터 바라보고 있어서 디지털 인문학이 대학 교육 과정에 통합되는 여러 방법을 자세하게 다루고 있다. 하나의 상세한 표를 통해서 대학원생을 위한 적절한 소프트웨어들을 특정적으로 제시한다. 또 다른 표에서는 대학원생과 지도교수를 위해서 대학원생의 학위 과정에서 단계적으로 구성된 조언들을 제공한다. 다음으로는 지도 교수가 대학원생들과 디지털 인문학 중심의 학회, 장학금 등과 같은 외부의 기회와 연결 짓기를 강력하게 권장하기도 한다. 제8장 마지막에는 대학원생이 자신들의 디지털 인문학 경험을 살려서 장래 진로에 진출하는 데 필요한 조언을 덧붙였다.

제9장 '협업하기'에서는 디지털 인문학 실습을 진행하면서 다른 사람들에게 발신하는 행위의 중요성을 강조하고 있다. 때때로 교수법에 대한 비전이 한 교실 또는 한 학기에 다루기에 너무 크기도 하므로, 이 장에서는 학생들이 대규모 수업 기획에 참여하는 여러 방법은 물론, 대규모 수업을 위해 다른 교사들 및 연구자들과 함께 협업하는 방법 모두를 상세하게 다루고 있다. 제9장은 교육 기관 안팎 어디서든지 도움을 구하고 주는 방법에 대해서 언급하고 있다. 이 장은 디지털 인문학 관련자들이 공동체를 구축할 수 있도록 소셜 미디어를 고려할 것에 대한 이야기로 시작한다. 소셜 미디어를 활용하는 것이 빠르고 사용자 친화적인 방법이기 때문이다. 또한 협업을 위한 광의적 중계 등이 다수로부터 지지를 받기 위한 시도가 협업자 모두에게 혜택을 줄 수 있는 점을 전략들을 제시하고 있다.

글로벌 디지털 인문학 공동체와 상호 작용하는 여러 방법을 시도하기 위해서는 학술적 조직, 학회, 관련 활동 등을 포함해 디지털 인문학 범주에 속하는 연구 기관, 연구 모임, 세미나 등을 중심으로 시행되는 다양한 수단들을 검토할 필요가 있다.

제10장 '연구 조사에 기여하기'는 디지털 인문학 교육에서 참여자의 노력이 배가될 수 있을 뿐만 아니라 장학 수혜를 도울 수 있도록 길을 열어주는 여러 선택 사항들을 제시하고 있다. 우선 기존의 융합적 연구를 더욱 효율적이면서 신뢰성을 높여주는 디지털 인문학 방법론 활용과 도구 활용을 논의할 것이다. 다음으로 디지털 인문학 교육 경험에 관한 저술이라는 선택지도 살펴보고, 여기에는 연구 논문을 게재하기 위한 학회지 등에 관해서 상세한 정보를 포함한다. 이런 연구 조사는 디지털 인문학에서 제공되는 현재 장학금이 디지털 인문학의 콘텐츠와 영역을 확장함으로써 어떻게 연구를 변모시키는지를 고려하기 이전에 실행되는 것임을 알아야 한다. 제10장은 앞서 언급한 디지털 인문학 방법론 활용에 기반한 연구 과정에 학생을 참여시킬 수 있는 가능성을 가늠하는 과정으로 마친다. 이 장은 학생들을 작업 수행자보다 차라리 협업자로서 그리고 과제 완성에만 맹진하기보다 학생들의 노력을 인정하는 방법을 공유하고 그들 역할의 중요성을 강조한다.

제11장 '디지털 교실에서 교육하기'는 제2판에 새롭게 추가되었다. 이 장은 교육자들이 최근 코로나19 시대에 들어서면서 교실 교육이 배제되고 세계 도처에 분포하는 교사들이 비대면, 온라인, 혼합형 교육을 심도 있게 고민해야만 하는 상황에 처했고 이에 대응하는 차원에서 기획된 것이다. 비록 온라인 교육을 위한 완전한 안내를 제공하는 것은 불가능하더라도 일부이지만 여섯 가지 핵심 목표를 확인하면서 이 목표들이 수업 설계를 형성하는 구체적 방식들을 열거하고 새로운 형식의 수업 특성들을 수행하는데 기여할 수 있는 소프트웨어 패키지를 제시한다. 수업 오리엔테이션, 유연한 근무 시간, 제한 또는 양방형 수업, 비동기적/동기적 요소

들의 전략적 균형 잡기 등과 같은 온라인 수업이 갖추어야 하는 모든 특성을 확정하면서 설명한다. 그리고 온라인 수업에서 커뮤니티를 구성하는 방법을 고려한 이후에는 궁극적으로 온라인 교육의 특별한 도전 사항들로서 실습 교육, 자원 부족, 정신적 건강 같은 난제들에 대한 논의로 들어선다.

'도입'이 이 책 마지막 부분인 '코다'에 제기된 특성 및 정보와 유사한 측면이 있지만, 이를 통해서 이 책의 한계를 넘어서는 또 다른 사항을 제공한다. '코다'에서는 교육적 실험에 최선을 다하면서도 아울러 학생들의 학습에 관한 필요성 및 흥미 등에 대응하는 과정을 토대로 교육자 자신의 접근 방식을 디지털 인문학 교육법에 계속해서 접목하기를 권하고 있다. 우리가 공동 집필한 이 책에서 필자는 쇼나 로스와 클레어 배터실을 가리키고, 개별 필자의 교육에 관련된 별도 의견이나 일화 소개가 필요할 때는 각각 로스와 배터실이라고 표기해 구분한 것도 있다. 필자의 주요 연구 분야인 문학, 서지학, 문화 연구 등 이전 교육 지식이 제시된 예들에 필연적으로 영향을 미쳤겠지만, 객관성 확보를 위해서 다양한 인문학 분야들로부터 예를 탐색했기에 필자의 문헌 중심 일화들이 여러 교사가 자신의 분야에서 활용하고 있는 교재 중심 자료들을 가르치려는 목적으로 새로운 기술들을 활용하는 방법에 어떻게 영향을 받는가를 밝힐 수 있게 되기를 또한 희망한다.

웹 컴패니언에 관해서

위에 제시한 장들의 한계점을 넘어 열망을 고취시키기 위해 이 책의 본래 기반인 디지털 맥락에 들어서기 위해 웹 컴패니언(www.teachdh.com)을 제공하려고 한다. 이 책은 일반적 전략에 초점을 맞추고 있지만, 이 웹사이트는 독자들이 구체적이면서 실제적 사례, 자료, 틀 또는 모형 등 모든 인문학 분야에 걸쳐 교사의 참고 자료를 망라하고 있다.

초판에 연계된 초기 웹사이트에는 각 장과 연계된 글 목록을 토대로 한 자료들이 포함되어 있었다. 글에는 장별로 연관 자료를 공유하고 있으며, 이 책에서 제시되지 않은 중요한 논쟁, 문제 항목, 개념 들을 포함했다. 초기 웹사이트는 이 책에서 강조하는 지도, 시청각, 교재 캡처, 교재 분석 등의 방법을 위한 교육 활동과 과제 모음 자료를 사용자가 내려받을 수 있도록 구성되었고, 더불어 이 자료에는 학생들이 실제로 표본으로서 활용이 가능한 자료들도 있다. 초기에 게재된 자료는 www.teachdh.com/2016 자료 보관 웹사이트에서 여전히 참고할 수 있다.

제2판을 위해서 완전히 재구성된 웹 컴패니언을 구축했다. 새롭게 구성된 사이트의 원천 자료는 여러 사람의 공통적 의문에 답을 제시하는 상호 소통 방식을 갖추고 있다. 특히 FAQ(자주 묻는 질문)에 답하는 방식을 통해 누구든지 이 책에 제기된 개념들을 큰 어려움 없이 적용하고 활용할 수 있도록 했다. 만약 질문이 있다면 검색창에 질문을 입력하면 그에 연관된 적절한 답을 구할 수 있다. 만약 특별한 필요성을 느끼지 못할 때는 검색창 아래 기재된 주제들의 목록을(접근성 또는 평가 채점과 같은 것들) 클릭해 확인하면 된다.

이러한 보조 자료들을 충실히 활용하려면 웹사이트 버전과 상관없이 이 책을 읽을 때 스마트폰, 노트북, 인터넷에 접속할 수 있는 다른 기기와 함께 읽어나가기 바란다. 특히 제4장, 제6장, 제11장에 관련 내용이 있다. 이와 같은 방식으로 디지털 자료들이 이 책에 언급된 바에 따라서 참고 자료로 활용할 수 있다(또 다른 방식으로 미리 자료를 내려받을 수도 있다).

결론

가장 중요한 것은 이 책을 탐독해 가장 도움이 되는 방식으로 사용하는 것이다. 『디지털 인문학 교실 매뉴얼』을 집필하면서 다양한 접근 방식을 지지하고 다양한 목적에 적절한 기본 지침서를 설계하려고 노력했다. 교사들은 독립적인 동기와 개별적 방식으로 수업을 진행하며, 이런 다양성은 교실 교육에 관련해서 이야기 나누기를 매우 흥미롭게 만들기도 한다. 바라는 바가 있다면 교사가 어디에서 교육 동기를 갖게 되며 무엇이 담대하면서도 새로운 교육 방향을 갖도록 하는지를, 바로 디지털 인문학 방식을 교사 자신이 품었던 최고의 이상 및 교실 교육 철학에 맞아 들어가는 방식으로 적용하는 것이다.

이 책의 목표는 기술이 기존에 없었던 연구를 소개하고 나아가 학생이 수업 시간 중에 제기할 수도 있는 문화, 역사, 언어학, 문학, 철학, 인류학 관련 질문들에 대처하는 데 도움을 주는 것이다. 일부 과제 제안, 수업 계획서, 설명 들은 향후 교육을 수행할 때 문제로 등장할 수 있는 요인들을 재고하는 기회를 제공한다. 새로운 방식의 시도는 가장 진실하고 중요한 교육학적 우선순위들을 다시금 반추하고 인문학적 연구 조사가 과연 무엇에 대한 것인지를 교육자(학생을 포함해)에게 상기시켜 준다. 실험 대상이며, 그 끝이 아직 결정되지 않은 그러면서 새로운 디지털 인문학은 하나의 독립적 분야로서 가장 중요한 문제와 의문 들을 기존의 접근 방식에 던져줄 것이다. 신기술 활용은 교육을 완전하게 뒤집거나 교사들 본연의 위상을 대신하지 못한다. 신기술이 있다고 해서 교사의 가치관을 대신하지도 못한다. 다만 신기술은 해당 기능의 목표를 바라보고, 그것을 직접 적용하면서 학생들과 공유할 수 있는 새로운 방식을 제공한다고 보는 것이 맞지 않을까 싶다.

더 읽을거리

Blaney, Jonathan, Sarah Milligan, Marty Steer, and Jane Winters. 2021. *Doing Digital History: A Beginner's Guide to Working with Text as Data*. Manchester UP.

Bode, Katherine. 2017. "The Equivalence of 'Close' and 'Distant' Reading; or, Toward a New Object for Data-Rich Literary History." *Modern Language Quarterly*, vol. 78, no. 1(Mar), pp. 77~106. DOI.org(Crossref), doi:10.1215/00267929-3699787.

Bode, Katherine. 2018. *A World of Fiction: Digital Collections and the Future of Literary History*. U of Michigan P.

Bordalejo, Barbara, and Roopika Risam(eds.). *Intersectionality in Digital Humanities*. Arc Humanities P.

Boyd, Douglas A. 2014. *Oral History and Digital Humanities: Voice, Access, and Engagement*. edited by M. Larson. Palgrave Macmillan.

Burdick, Anne et al. 2016. *Digital_Humanities*. MIT P.

Cecire, Natalia. 2015. "Ways of Not Reading Gertrude Stein." *ELH*, vol. 82, no. 1, pp. 281~312. doi:10.1353/elh.2015.0005.

Chun, Wendy Hui Kyong. 2011. *Programmed Visions: Software and Memory*. MIT P.

Chun, Wendy Hui Kyong et al. "The Dark Side of the Digital Humanities." *Debates in the Digital Humanities 2016*. edited by Matthew K. Gold and Lauren Klein. University of Minnesota Press. https://dhdebates.gc.cuny.edu/read/untitled/section/ca35736b-0020-4ac6-9ce7-88c6e9ff1bba .

Cohen, Daniel J. and Roy Rosenzweig. 2005. *Digital History: A Guide to Gathering, Preserving, and Presenting the Past on the Web*. U of Pennsylvania P.

Cohen, Daniel J. and Tom Scheinfeldt(eds.). 2013. *Hacking the Academy: New Approaches to Scholarship and Teaching from Digital Humanities*. U of Michigan P.

"Defining the Digital Humanities." *CUNY Academic Commons Wiki Archive*. https://wiki.commons.gc.cuny.edu/defining_the_digital_humanities/.

D'Ignazio, Catherine and Lauren F. Klein. 2020. *Data Feminism*. MIT P.

Earhart, Amy E. 2015. *Traces of the Old, Uses of the New: The Emergence of Digital Literary Studies*. U of Michigan P.

Gardiner, Eileen and Ronald G. Musto. 2015. *The Digital Humanities: A Primer for Students and Scholars*. Cambridge UP.

Gitelman, Lisa. 2014. *Paper Knowledge: Toward a Media History of Documents*. Duke UP.

Gold, Matthew K.(ed.). 2012. *Debates in the Digital Humanities*. U of Minnesota P.

Gold, Matthew K. and Lauren F. Klein(eds.). 2016. *Debates in the Digital Humanities 2016*. U of Minnesota P.

_____. 2019. *Debates in the Digital Humanities 2019*. U of Minnesota P.

Hammond, Adam. 2016. *Literature in the Digital Age: An Introduction*. Cambridge UP.

Hartsell-Gundy, Arianne, Laura Bronstein, and Liorah Golomb. 2015. *Digital Humanities in the Library: Challenges and Opportunities for Subject Specialists*. American Library Association.

Heppler, Jason A. "What Is Digital Humanities?" https://whatisdigitalhumanities.com/.

Hirsch, Brett D.(ed.). 2012. *Digital Humanities Pedagogy: Practices, Principles and Politics*. Open Book. doi:10.11647/OBP.0024.

Jakacki, Diane K. "Digital Pedagogy: Select Readings." http://dianejakacki.net/digital-pedagogy-select-readings/.

Kirschenbaum, Matthew G. 2014. " What Is 'Digital Humanities,' and Why Are They Saying Such Terrible Things about It?" *Differences*, vol. 25, no. 1(Jan), pp. 46~36. doi:10.1215/10407391-2419997.

_____. 2016. *Track Changes: A Literary History of Word Processing*. Harvard UP.

Levenberg, Lewis et al.(eds.). 2018. *Research Methods for the Digital Humanities*. Palgrave Macmillan.

Liu, Alan. 2013. " The Meaning of the Digital Humanities." *PMLA*, vol. 128, no. 2 (Mar), pp. 409~423. doi:10.1632/pmla.2013.128.2.409.

Losh, Elizabeth and Jacqueline Wernimont(eds.). 2019. *Bodies of Information: Intersectional Feminism and the Digital Humanities*. U of Minnesota P.

Mandell, Laura. 2015. *Breaking the Book: Print Humanities in the Digital Age*. Wiley-Blackwell.

Risam, Roopika. 2018. *New Digital Worlds: Postcolonial Digital Humanities in Theory, Praxis, and Pedagogy*. Northwestern UP.

Risam, Roopika and Kelly Baker Josephs(eds.). 2021. *The Digital Black Atlantic*. U of Minnesota P.

Rosenblum, Brian. "Digital Humanities: Teaching." https://guides.lib.ku.edu/digital humanities/teaching(접속일: 2021.3.24).

Sabharwal, Arjun. 2015. *Digital Curation in the Digital Humanities: Preserving and Promoting Archival and Special Collections*. Chandos.

Sayers, Jentery(ed.). 2018. *Making Things and Drawing Boundaries: Experiments in the Digital Humanities*. U of Minnesota P.

Schreibman, Susan et al.(eds.). 2016. *A New Companion to Digital Humanities*, 2nd ed. Wiley-Blackwell.

Terras, Melissa et al.(eds.). 2013. *Defining Digital Humanities: A Reader*. Routledge.

Underwood, Ted. 2019. *Distant Horizons: Digital Evidence and Literary Change*. U of Chicago P.

제1장

디지털 자원 발굴하기, 생성하기, 활용하기

디지털 원천 자료를 사용하면 간결하고 직접적인 방법으로 디지털 인문학의 흐름을 시험해 볼 수 있다. 즉, 여기에서 디지털 흐름에는 교과 자료에서 발견할 수 있는 디지털 인공 가공물artifact, 텍스트, 게시물 등이 포함된다. 그러므로 이 장에서는 디지털로 가공된 문학과 역사 텍스트, 보관 기록물, 지도 등을 위해서 신뢰할 수 있으면서 안정적인 자료가 추천된다. 그리고 거의 최초의 자료에 기반해 교사가 개발한 디지털 교재를 만들고 교육 과정에서 학생들을 위해 명료한 단계적 설명을 제공하려고 한다. 장 말미에서 디지털 원천 자료 활용을 위한 저작권 및 인용을 위해 실용적 가이드 제시로 결론을 내린다.

디지털 텍스트(와 기타 자산들)의 활용 근거에 대해

전자 텍스트들이 교실 교육에서 여러 기능을 수행할 수 있다. 여기에는 교과 읽기 자료로서, 매개, 기술, 서지 사항, 학술 편집, 타이포그라피, 디자인 등의 토론을 위한 자극 요인으로서, 지역 도서관, 박물관, 아카이브,

특별 컬렉션 같은 참관 수업의 일환으로서, 혹은 수업 내 활동, 학생 발표, 학점 연계 과제 능의 조직 요인으로서 다양한 기능을 포함한다. 디지털 원천 자료를 고려할 때는 다수 학생이 수업에서 다루는 책의 쪽수가 많거나 디지털 원천 자료에 문제가 있다면 여전히 실물 종이책을 선호한다는 점을 명심해야 한다. 앞으로 제시될 정보 모두 물리적 그리고 전자 형태로서의 교과 교재 수용을 전제하고 있으며, 교사는 학생들이 적절한 상황이라면 물리적 자료를 사용하도록 허용하거나 교사가 교실 교육 활동과 과제를 처리하기 위한 디지털 원천 자료들의 활용을 전제하고 있기도 하다.

여기서 강력하게 지지하는 것은 무료 또는 저작권 보호 기한이 지난 내용으로서 인문학을 가르치기 위해 공개된 전자 원천 자료를 활용하거나, 특히 저작권이 없는 역사적 콘텐츠 생성하기다. 이 중에는 1차 텍스트 그리고 2차 텍스트(중요한 기록물의 사진 이미지는 물론, 완전하고 수정을 거친 검색 가능한 텍스트를 포함)의 전자 편집물뿐만 아니라 오디오와 비디오 자산을 비롯해 지도, 유물, 건물 등과 같은 역사적 대상의 디지털 이미지가 포함된다. 고등 교육에 관련해 비용이 상당히 상승함에 따라서 교사들이 무료 디지털 읽기 자료와 원천 자료 들의 제공을 토대로 학생들이 부담할 교재 비용의 감소에(그리고 도서관 자료로부터의 다소간의 부담 경감에) 도움을 줄 수 있다. 사실은 교육에 활용되는 다수 문학과 역사적 텍스트들이 언제든 온라인에서 이미 찾아볼 수 있지만, 반면에 다른 주제의 교재들은 최근에 이르러서야 저작권 보호에서 벗어나고 있다. 비용 문제 이상으로 인쇄판의 질적 다양함 때문에 교실 교육에 실질적 문제를 일으킬 수 있다. 학술 편집의 유산을 알아채지 못하고 아마존Amazon에 의존하는 학생 중 일부가 때때로 형편없이 그리고 조악하게 구성된 인쇄물을 구입하거나 출처의 정확성과 수익 정당성을 확보하지 못한 인쇄물을 선택할 수도 있다. 이렇게 정도를 벗어난 자료 향상을 시도하기 위해 주의 깊게 구성된 디지털 자료들을 홍보하고 새로 생성함으로써 학생들이 적정한 그리고 신뢰할 만한 자료에 다가서도록 도움을 줄 수 있다.

디지털 원천 자료가 교육에 적용될 때는 선별된 종이 인쇄 자료와 교과서보다 몇 가지 실질적인 이점을 보여준다. 디지털 원천 자료는 고화질의 컬러 삽화를 수용할 수 있으며, 장비와 형태에 따라 전송하는 기능이 있어서(학생들은 특정 디지털 자료를 도서관 컴퓨터에서처럼 스마트폰에서 볼 수 있으며, 또는 필요하면 해당 자료를 인쇄할 수도 있음) 이와 같은 형태의 자료가 학생들이 크고 무거운 교재를 들고 다니는 수고를 덜어줄 것이다. 비록 기술 접근이 취약한 학생들에게 쉽지 않을 수 있지만, 일부 지역에서는 인터넷의 경우 그 존재 범위가 아주 넓어서 컴퓨터 시설이 잘 갖추어진 도서관보다 접근하기 쉽고 노트북 또는 집에 컴퓨터가 없는 학생일지라도 스마트폰을 사용해서 필요한 교재를 내려받아 얼마든지 자료를 볼 수 있다(Cerwall, 2015: 6). 그리고 이 부분은 제2장에서 자세히 논의할 예정이다. 더욱 새로운 형태의 미디어를 교육하려면 때로는 디지털 자료가 가장 우선적인 기본 자료가 된다.

필자는 디지털 교재 저장소 그리고 학문적 디지털 보관소 등에 버금가는 자료들 활용은 물론이거니와 관련 자료에 대한 기여 모두를 옹호한다. 근대 인쇄 구조가 디지털 참여의 당위성을 보여주고 있고, 학교 기관, 출판사, 사업체 들이 주어진 문화적 기록의 디지털 작업을 시행하면서 엄선 작업을 결정하도록 허용하기보다는 앞서 언급한 문제점들 속에서 인문학자들의 관심을 대표하는 과정이 매우 중요하다. 디지털 작업에서 전자 텍스트 분석이나 생성이 간결하면서도 사용이 편리한 도구를 선택해야만 교육 자료 조정이 수월하고 디지털화와 매개화에 관련한 결정을 내릴 수 있다(이런 과정은 여러 경우에서 학생의 학습 편이를 도모한다). 이제부터 교사와 학생 양쪽을 위해서라면 구글 도서Google Books 같은 '대량의 디지털화' 이니셔티브와, 전제와 과정 투명화에 연관된 '비판적 디지털화' 주도 사이를 구분하는 것이 무엇보다도 중요한 사안이다.[1] 이런 사실은 제롬 맥갠Jerome

---

1 초판에서 참고된 매츠 달스트룀(Mats Dahlström)은 디지털 인문학 분야, 특히 디지털화, 도서관

McGann이 저서 『새로운 문필 공화국A New Republic of Letters』에서 언급했듯이 "종이 기반 기록 보관으로부터 디지털 형태로의 변모 과정"은 종종 "구글, 채드윅힐리,[2] 게일,[3] 클루어[4] 등 …… 상업 주체들이 시도했기"(McGann, 2014: 21) 때문에 특별하게 중요한 사안이라고 볼 수 있다. 이와 같은 상업 주체들은 때때로 디지털화에의 접근에 관해 신뢰를 받고 있다고 해도 암묵적으로 그들을 인정하는 것은 맥갠이 다음과 같이 언급했듯이 문제점을 안고 있다고 보아야 한다.

　　상업 주체로부터의 예들은 이익 최대화 동기에서 만들어진 것이라서 학자와 교육자 관점에서 문제점이 많이 보인다. …… 문화적 유산에 관련된 예들이 유용성이 있어 보일 수도 있지만, 상업 주체들은 항상 비용 절감이라는 미명하에 문화 기록을 훼손하고 위험에 빠뜨릴 수 있다(McGann, 2014: 21~22).

디지털 교육법 자료의 생성 및 유지에 능동적 기여를 통해서 자료들의 온전함 그리고 지속성을 보장할 수 있다.

만약 디지털 자료 생성에 직접 참여하기 어려울지라도 여전히 채택한 수업 자료 출처의 질적 측면을 통해서 그리고 동시에 그 자료들을 평가하는 방식을 학생들에게 교육함으로써 강조할 수 있을 것이다. 어쨌든 기존

학, 그리고 디지털 컬렉션에서의 출처(provenance) 연구에 있어 저명한 인물이다.

2　창립자 찰스 채드윅힐리(Charles Chadwyck-Healey, 1845~1919)가 1973년 학술 출판사 채드윅힐리 그룹을 설립했다. 미국 미시간(Michigan) 소재 출판사 프로퀘스트(ProQuest)에 1999년 매각되었다.

3　1954년 프레더릭 게일 러프너 주니어(Frederick Gale Ruffner Jr., 1926~2014)가 게일 리서치(Gale Research) 출판사를 창립해, 현재 센게이지(Cengage) 그룹의 일부이다. 학술 기관, 학교, 도서관을 대상으로 사용자 친화적 콘텐츠를 개발 및 공급한다.

4　네덜란드에서 클루베르(Kluwer) 출판사를 창립해 현재 월터스클루어(Wolters Kluwer) 그룹의 일부이다. 슈프링거 사이언스(Springer Science), 비즈니스 미디어(Business Media)와 합병 후 기술, 의료, 과학, 인문, 사회 과학 분야의 글로벌 출판 기업이다.

디지털 텍스트와 기록 보관물의 질적 평가는 충실한 교육자가 교과에 필요한 읽기 자료를 선정할 때 실행해야 하지만, 사실상 부분적으로는 바람직한 학문적 태도를 가진 시민이 되는 일이 아닐까 싶다. 교사가 학생들에게 제시한 자료에 관해서 활용도의 유무 및 그 이유를 물어본다면, 디지털 원천 자료는 탐구 형태와 함께 탐구 대상이 될 수 있다. 달리 말해서 만약 디지털의 속성과 제시할 원천 자료의 출처를 의식적으로 되짚어본다면, 전자 텍스트를 학생들과 활용하면서 논의하는 행위가 학문적 가치와 지식의 상품화에 관련된 비중 있는 대화가 발생할 수 있다. 교사가 적극적으로 활용 중인 자료를 비평하고 학생들에게 추천하려는 원천 자료 생성에 참여할 때는 학생들이 접하는 텍스트가 교사의 학문적 기준으로서 완결성 및 대표성에 부합해야 할 것이다.

디지털 지도, 이미지, 텍스트, 오디오·비디오 자산들은 정확도와 엄밀성의 사항들 이상으로 특히 수업에 유용성을 갖고 있다. 예를 들면 검색은 디지털 대상에 편이성을 제공하고, 수업에서 누구든 필요한 항목을 신속하게 그리고 효과적으로 찾도록 한다. 교사가 일개 관람자로서 역사적 인용문을 찾기 위해 서둘러서 관련 참고 자료 화면을 넘겨 보는 대신, 수작업으로 미국 「독립선언문」에서 '무기arms'를 언급한 횟수를 확인하거나, 학생들이 '다수에 의한 통치government by the majority'가 긍정적 표현 또는 부정적 표현의 구문들에 나오는지를 알아보기 위해 형광펜으로 해당 부분을 손수 표시하면서 ≪연방주의자The Federalist Papers≫를 전부 읽게 할 수도 있지만, 토크빌Alexis de Tocqueville의 『미국의 민주주의Democracy in America』에서 간단한 검색 명령으로 원하는 바를 수행할 수 있다. 그리고 디지털 텍스트의 '텍스트 분석'은 예컨대 『여인의 초상The Portrait of a Lady』[5]에서 관련된 구절을 읽어낸다는 뜻이 아니라, 기계 독해를 포함한 다양한 접근 방식을 취하는 것이다. 학자 또는 학생 들이 해석한 패턴을 식별하

---

5   헨리 제임스(Henry James)의 1881년 출간 장편 소설.

기 위해 컴퓨터를 사용함으로써 향후 연구를 추진할 수 있다. 원격 판독, 코퍼스 분석, 토픽 모델 설정 등처럼 제4장, 제6장에서 다루게 될 소프트웨어 기반 접근 방식들과 함께 예로서 헨리 제임스Henry James의 독립 표현의 사용 여부를 쉽게 찾아 도표로 만들 수도 있고, 1880~1881년 초판과 1908년 개정판을 비교하거나, 함께 등장하는 경향이 있는 단어 표현들의 개념 클러스터를 찾아낼 수도 있다. 네트워크 그래프 또는 가장 빈도가 높은 단어 목록이 공자의 『논어』, 아렌트Hannah Arendt의 『인간의 조건The Human Condition』,[6] 마르크스Karl Marx의 『자본론Das Kapital』 등과 같은 집중이 필요하면서 널리 알려진 읽을거리를 대신할 수 없을 뿐만 아니라 결코 대신할 수 없어야만 하지만 전통적 텍스트로는 거의 불가능하거나 엄청난 시간 소요가 요구되는 방식을 디지털 텍스트는 다른 방향에서 독서 및 분석의 길을 열어준다.

디지털 원천 자료 발굴하기 그리고 평가하기

언론, 특정 단체, 기관, 개인 등 효과적인 콘텐츠를 소유한 대상은 디지털화 그리고 저작권 설정 등에 다양한 견해를 보일 수 있어서 필요한 원천 자료가 일정한 형태로 무료로 자유롭게 허용되는지를 확인해야 한다. 발굴한 자료에서 어쩌면 놀라운 즐거움을 느낄 수 있다. 예를 들어 자료 중에 인터넷 아카이브Internet Archive, 하티트러스트HathiTrust,[7] 구글 도서, 구텐베르크 프로젝트Project Gutenberg[8]처럼 수백만의 디지털화된 텍스트

---

6 독일 출신의 정치 이론가인 해나 아렌트가 그녀의 삶을 통해 겪었던 것들을 서양의 역사에 비추어 본 '인간의 행동들'을 이해한 내용을 집필한 저서.

7 미국 미시간 대학교를 중심으로 대학 도서관들이 모여 만든 디지털 도서관. 디지털화한 원문을 볼 수 있고 다양한 분석 도구를 제공한다. 2008년 설립되어 2024년 8월 현재 1800만 권 이상 장서를 보유하고 있다.

를 포함해서 엄청난 규모의 자료 저장고들이 존재한다. 각 인문학 분야와 하위 분야들은 더 나아가서 별도의 특수한 자료 클러스터를 갖고 있다. 예를 들면 필자의 연구 분야인 모더니즘 연구 및 교육은 소규모의 할렘 섀도Harlem Shadows 아카이브와 미나 로이 온라인Mina Loy Online은 물론이고 모더니스트 저널 프로젝트The Modernist Journals Project, 모더니스트 버전 프로젝트The Modernist Versions Project, 예일 리터러리 랩Yale Literary Lab과 같은 대규모 프로젝트에 의존하고 있다. 필자는 이와 같은 원천 자료 생성 및 증진에 적극적으로 참여하고 있으며, 배터실은 모더니스트 아카이브 출판 프로젝트Modernist Archives Publishing Project, MAPP의 창립자 중에 한 명이기도 하다. 앞서 제시한 예들의 속성은 문학이지만 그렇다고 말했던 보관소들이 문학 수업에만 유용성을 보인다거나 교과를 위해 기획된 자료들이 반드시 문학에 국한해서 여겨지거나 자신의 분야에서의 탐구가 하나의 목표에만 제한된다거나 등을 의미하지만 않는다, 간단히 검색해 보면 알겠지만 도움이 되거나 직접 참여할 수 있는 여러 종류의 프로젝트가 존재한다.

그렇다면 신뢰성 높은 자료 저장소 선택 방법은 무엇일까? 끊이지 않는 원천 자료란 다수의 사용자와 기부금, 강력한 지원이 계속되고 바로 연관된 자산들이 홀연히 사라지지 않는 것을 가리킬 수 있다. 이것은 영국 도서관British Library 또는 뉴욕 공공 도서관New York Public Library, NYPL처럼 유명한 도서관에 연계된 새로운 디지털 자산이 시작하기에 적당한 것도 이유의 일부가 된다. 이러한 자산은 공적으로 재정 지원을 받는 도서관 지원 인프라에 기초하고 있으면서 보통은 강건한 메타데이터 표준을 염두에 두고 설계되었다. 이 말의 의미는 인정받는 출판사의 임프린트와 마찬가지로 기존 기관과의 연계성 그리고 그러한 행위 등이 종종 신뢰성을 띠고 안정적인 원천 자료의 생성을 이끌어갈 수도 있다.

---

8   인류의 자료를 모아서 전자 정보로 저장하고 배포하는 프로젝트.

어떤 원천 자료는 자산과 상호 작용을 위한 기회를 제공하면서도 아울러 새로운 자료를 위해 공헌할 수 있다. 말하자면 '참여하기'를 누르는 것은 제시한 원천 자료 중 하나를 발견했다는 확실한 상징을 나타내며, '가입하기'과 '로그인'은 자료 접근이 가능한 등록 회원들이 자료를 저장하고 해당 자료와 자신의 참여를 추적할 수 있는 기능으로서 매우 훌륭한 표시라고 볼 수 있다. 예를 들어서 미국 디지털 공공 도서관Digital Public Library of America, DPLA이 디지털 원천 자료를 위한 최상의 시나리오라고 보면 된다. DPLA는 공공 도서관 시스템을 통해서 학생들에게 경이로운 원천 자료를 제공할 뿐만 아니라 학문 부문에서 기존 디지털 원천 자료의 일정 수의 문제점 해결에 기여할 수 있는 비상업적이면서 대규모 디지털화 모델을 생성했다(여기서 말하는 문제점은 맥갠이 상업적 원천 자료 관련 비판에서 제기한 사안이다). 이 매력적인 웹사이트(http://dp.la)를 보면 검색하기, 전시 탐색하기, 연대표와의 상호 작용, 앱 내려받기 등을 포함해서 자료에 연관된 다수 잠재적 참여 요소들을 확인할 수 있으며, 이로써 교사가 하나의 웹사이트에서 상당히 많은 과제 설계 등이 가능하다는 점을 의미한다. 이에 더해서 초보 디지털 교육자는 '교육' 탭에서 교육 지원 자료들을 열람할 수 있고, 또한 코딩 경험이 있다면, '개발자' 탭에서 전산적 접근 방식으로 (자신 또는 학생을 위해) 도서관 자료에 연계하려는 업무를 수행할 때 동일한 자료를 다른 단계에서 사용할 수 있다. 만약 여전히 어디서 시작해야 할지 모르겠다면, 1시간 분량의 유튜브YouTube 영상 '교육과 학습을 위해 DPLA 활용하기Using DPLA for Teaching and Learning'를 보면 실질적으로 자세하고 구체적인 아이디어를 제공하고 있어서 시간을 절약할 수 있다. 도서관, 교육 시설 등이 제공하는 새로운 활동 그리고 원천 자료 소식을 알고 싶다면 다양한 소셜 미디어에서 DPLA를 팔로하면 된다(많이 사용하는 트위터Twitter, 페이스북Facebook, 핀터레스트Pinterest, 인스타그램Instgram은 물론, 사용자가 적은 편인 이머저Imgur, 깃허브GitHub,[9] 스토리파이Storify 등을 포함한다). 소셜 미디어는 교실 수업을 위해서 DPLA를 활용할 기회에 대해서 계속해서 정보를 갱신하면서도 부담을 지우지 않는다.

앞서 언급한 DPLA 그리고 NYPL의 권고대로 출처의 질적 평가를 위해서는 가장 먼저 기관 후원 상황을 살펴보기 바란다(일반적으로는 대학 기관 연계뿐만 아니라 전시관, 도서관, 박물관 및 정부 관련 기관을 망라한다). 여기서 말하는 후원은 자원 지속에 매우 핵심적인데, 이를 통해 일관적인 인적 충원, 학자의 적극적 참여, 일정 수준의 재정 지원 혹은 현물 지원 등을 의미하기 때문이다. 원천 자료는 연구 보조금에도 의존하는데 이것은 기획하는 프로젝트가 동료 평가를 받았다는 의미이기 때문에 긍정적 신호이다. 동료 평가는 또 다른 유용성이 나타내는데, 특히 학문적 또는 전문 기관의 보장을 의미하기도 하다. 사실 NINESNetworked Infrastructure for Nineteenth-Century Electronic Scholarship,[10] ModNetsModernist Networks[11] 같은 디지털 인문학 기관 중 일부는 디지털 원천 자료의 동료 평가에 부응하도록 설계되어 있으며, 점점 더 많은 원천 자료들은 이러한 기관이 제시하는 기준을 준수하는 추세다. 학술지에 실린 긍정적인 후기는 더 투명하고 자세한 동료 평가를 제공한다.

일단 도움이 될 만한 자료를 확인했다면 자료 가능성이 있는 모든 원천 자료를 탐색하는 것이 정말로 중요하다. 예를 들면 올랜도 프로젝트Orlando Project는 강력한 차세대 백과사전으로 영국의 여성 작가들에 관한 풍부한 자료를 담고 있고, 그 외에도 올랜도 비즈OrlandoViz를 운영하는데 이는 초기 원천 자료에 등장하는 작가들 간의 영향력을 네트워크로 가시화하는

---

9   보안 소프트웨어를 구축, 확장 및 제공하기 위한 완벽한 개발자 플랫폼.

10   '19세기 전자 학술 네트워크 인프라'는 19세기 연구를 지원하기 위해 구축된 디지털 학술 플랫폼이다. 해당 프로젝트는 19세기 문학, 역사, 문화에 대해 연구자들이 디지털 도구와 데이터베이스를 통해 협력하고 연구하는 데 목표를 두고 있다.

11   현대주의 문학과 문화 연구를 위한 디지털 학술 플랫폼이다. 이 네트워크는 20세기 초반 현대주의 작가, 문학 작품, 문화적 움직임에 대한 자료를 디지털화해 연구자들에게 제공하는 것을 목표로 한다.

데 유용한 도구이기도 하다. 그리고 모더니스트 저널 프로젝트는 설립 목적이 영향력 있는 소규모 잡지들의 디지털판을 제공하는 것이지만, 이 프로젝트 자산에 근거해 시각화를 제공하는 프로젝트 랩Project Lab도 운영하고 있다. 사용자는 사이트에서 데이터 세트를 내려받을 수 있고, 원천 자료를 사용한 교육 활동 표본과 과제 시안도 제공한다.

여러 기록 보관물과 자료는 근대 초기 런던 지도Map of Early Modern London, 문필 공화국 매핑Mapping the Republic of Letters, 벤담 프로젝트Bentham Project, 마크 트웨인 프로젝트 온라인Mark Twain Project Online, NYPL의 디지털 이미지 컬렉션 등의 다양한 연구 또는 교육 도구 꾸러미를 제공하고 있다. 이러한 사이트의 제작자 및 편집자가 앞서 언급한 자료들을 교실 교육에서 사용하는 방식과 시기를 알고 싶어 하기 때문에 궁금한 점이 있다면 디지털 프로젝트 구성원에게 직접 연락하는 것도 좋은 생각이다. 교사로부터의 질문과 의견이 프로젝트 원천 자료의 향상에 도움을 줄 수 있어서 프로젝트 기획자들은 대체로 적극적으로 도움을 주려고 할 것이다.

마지막으로 디지털 원천 자료 검색은 다른 곳이 아닌 도서관을 활용하기를 제안한다. 도서관은 자료 찾기를 위한 최적의 장소이다. 경우에 따라 특정 분야에 전문성을 소지한 사서를 만나 도움을 받을 수 있으며, 만약 운이 좋다면 교육학과가 아닌 교수들과 능동적으로 작업하려는 디지털 인문학 사서나 교육 사서를 발견할 수도 있다.

학생을 위한 디지털 원천 자료 생성하기

'모든 것은 온라인에 있다Everything is online'는 구호에 대한 과장된 논쟁이 이제는 일상화되었고, TV트롭스TVTropes.com[12]와 ≪하버드 비즈니스 리

---

12 대중 매체 전반을 다루는 사이트로, 애니메이션, 소설, 게임 등을 망라해 속성, 유형, 등장인물에

뷰Harvard Business Review≫ 등 다양한 곳에서 등장하고 있다. 물론 이런 상황이 반드시 맞는 것은 아니다. 이 책이나 웹 컴패니언에 제시된 많은 종류의 원천 자료에 맞닥뜨리면서 다양한 형태로 온라인에 존재하는 텍스트 전문을 발견할 수 있고, 주의 깊게 기존 원천 자료를 검색하면서 필요한 자료를 발견하는 상황이 빈번하게 발생한다. 그렇지만 원하는 텍스트가 학술 프로젝트나 구글 도서, 하티트러스트처럼 디지털화를 주도하는 주요 사이트에서 아직 디지털 자료로 구축되지 않았을 수가 있다. 또 어떤 경우에는 즉각적 온라인 검색으로 작년에 찾아낸 특정 PDF 자료들이나 임시 전시되었던 근사한 큐레이션 이미지 묶음이 막상 교실 수업에 공유하려할 때 흔적도 없이 사라질 수 있다는 사실을 발견하기도 한다. 어쨌든 대학 수업의 우선순위가 항상 도서관이나 교육 기관의 우선순위와 반드시 동일하지 않으며, 관심 분야가 무료로 쉽게 접근이 허용되는 기존 보관소에서는 찾지 못하거나 비록 기대에 맞을 때라도 이를 유지하기 위한 재정 지원을 받기 어려운 실정을 확인할 수 있을 것이다. 수업 계획서를 최근에 발견한 콘텐츠에 맞추어서 바꾸거나, 또는 추후 활용을 위한 목적으로 발견한 자료를 수동적으로 컴퓨터나 클라우드에 원천 자료를 저장하는 수고로움을 감내하기보다는 대안으로서 수업 활용을 위해서 교사 자신이 직접 텍스트를 만들고 호스팅하는 방법을 선택하는 편이 나을 수도 있다.

자신만을 위한 디지털 텍스트를 만드는 확실한 이유는 교사와 소속 기관이 쉽게 접하기 어려운 희귀한 서적들, 정기 간행물의 인쇄본에 접근 가능성 여부에 관련되기 때문이다(예를 들자면, 로스는 모더니즘 문학 학술 잡지 ≪애들피The Adelphi≫의 인쇄본을 가졌을 당시 어디에도 디지털본은 없었다. 배터실은 1930~1950년도 출판된 펭귄Penguin 출판사의 '뉴 라이팅New Writing' 시리즈의 완전본을 소유하고 있다). 이와 같은 종류의 자료들은 교육에 유용한데, 즉 해당 텍스트의 본래 출판에 연관된 물질적 제반 정보를 예시하고 있으며, 때로는

대한 설명을 볼 수 있다.

저명한 결과물들의 다른 판본들을 제공한다는 면에서 그러하다. 어떤 자료 중 희귀본은 잡지나 팸플릿처럼 일시적 출판 형태 자료라면 디지털화에서 우선순위가 되기 어렵다. 당신 서재에는 온라인에서 구할 수 있다면 환영받을 만한 텍스트, 이미지, 일시적 출판 자료나 다른 자산 들이 있을 것이다. 이에 더해서 교사와 기관이 소지한 자료들을 디지털 형태로 전환하는 데 교수법적 이점도 있다. 즉, 학생들이 화면으로 디지털로 재가공된(수정본) 대체 자료를 볼 수 있을 뿐만 아니라 원래 물리적 자료도 아울러 확인하는 기회를 가질 수 있다.

텍스트 생성하기에 관한 또 다른 동기는 주요 원천 자료가 아직 저작권법에 의해 보호받는 시기를 가르치는가에 달려 있다. 이 장 마지막에서 저작권을 주제로 상세하게 논의하겠지만, 만약 20세기 초기 이후의 출판 자료로 교육한다면 출판물의 디지털 자료에 워터마크가 나타나거나 다른 웹사이트로 가져갈 수 없는 영상 자료 등을 발견할 수 있지만, 반면 특정 자료의 경우 '부분적 인용문 게시snippet view' 혹은 미리보기preview version 내용으로만 제시된다. 그리고 비록 일부 자료들이 실제로 공공 저작물 public domain[13]이라고 하더라도 교육 기관과 각종 단체들이 과도한 염려증 때문에 19세기 이후 출판된 모든 자료를 기피하려 하고 최근에 저작권법을 벗어난 자료조차 때로는 온라인에서 찾기가 거의 불가능한 형편이다. 그렇지만 이것은 저작권이 있는 텍스트를 분석하는 행위 자체를 허용하지 않는다거나 수업 시간에 활용할 수 없음을 의미하는 것은 아니다. 텍스트를 교육 과정에 적용한다면 저작권법을 준수하기 위해 이 장 후반부에서 제안하는 관련 사안을 염두에 두면서 수업을 진행하기를 바라는 희망이라고 보면 된다. 또한 다른 사람이 구축한 디지털 자료에 의존하기보다 오히려 교사 자신이 자료를 생성할 필요성을 제안하는 사안이기도 하다(종종 자신의 수업에만 국한된 수행을 가리킨다).

---

13   특정 저작물이나 정보가 더 이상 저작권의 보호를 받지 않는 상태.

디지털 대체 자료 생성하기 외에도 일정 시점에서는 종류가 다른, 말하자면 수업 요약 기록 보관소, 교육 블로그, 디지털 전시물 또는 참여자 협업 매핑 프로젝트 등과 같은 디지털 원천 자료 만들기를 원할지도 모른다. 교사와 학생의 작업을 보존하고 공유하기 위해 이와 같은 자료 구축에 필요한 기술은 상대적으로 습득이 용이하고 엄청난 예산이나 IT 지원이 필요하지 않다. 콘텐츠 관리 시스템CMS은 무료이면서 사용자들이 사전 지식 없이 웹사이트를 디자인하거나 코딩하지 않고도 온라인상에서 자료를 첨부하거나 게시할 수 있도록 설계되었다. 디지털 인문학 수업을 위한 신뢰성 있고 적절한 입문 수준을 갖춘 CMS로는 오메카Omeka[14]가 있는데 이것은 자신만의 디지털 자료 구축을 희망하는 인문학자와 도서관 사서를 위해 기획된 것이며, 또 다른 CMS 종류로 워드프레스WordPress가 있는데 이것은 컴퓨터 코딩 작업을 거의 거치지 않고도 사용할 수 있다. 직접 만든 디지털 원천 자료를 서로 나누고(물론 이것은 저작권에 관해서 일정 부분 고려한 상황을 전제하는 조건일 경우), 교육 연관 블로그 구성, 수업 자료를 공유하는 방법에 대한 자세한 안내는 웹 컴패니언에서 쉽게 찾을 수 있다. 많은 경우에서 자신이 개발한 원천 자료를 대규모 협업 이니셔티브, 교과 과정 공유 허브 또는 소속 기관의 기존 웹 시스템 등을 통해서 여러 사람과 함께 나누고 사용할 수 있을 것이다.

학생과 함께 디지털 원천 자료 생성하기

수업 시작 이전에 모든 수업 자료를 만들고 새로이 디지털 형식으로 구성된 자료들을 교과서 또는 기존의 디지털 자료들처럼 활용하는 대신에 수업의 일부를 할애해 학생들이 자료를 디지털화하는 과정에 친숙해지는

---

14   오픈 소스 소프트웨어로 온라인 디지털 컬렉션을 구축할 수 있는 콘텐츠 관리 시스템.

표 1-1 학생들과 원천 자료 생성하기에 적정/비적정 시기 설정

학생들과 디지털 자료 생성하기 적정 시점	학생들과 디지털 자료 생성하기 비적정 시점
해당 교과를 이미 교육했을 때(디지털 부분 유무와 상관없이)	신교과를 준비하거나 교수요목 작성을 위해 초기 연구를 수행 중
다수 면담 시간(혹은 '이메일 시간')이 할애 가능한 학기 동안	학생 개별 문제 지도에 충분한 시간 할당이 불가능한 학기 동안
맡은 과목에서 교과 목표가 분명하게 확인된 경우	교과 내용, 서술이 학과 평가에서 최초이면서 다른 교과와 경쟁 상태이고 지속해서 논의 대상일 경우
학생들이 이전 학기에 이어서 등록한 듯한 학기 동안	새로운 강사이거나 신입생만을 교육하는 상황 때문에 새로운 학생들만 접하는 학기 동안
진급 또는 특별 주제 과정으로 의도된 교과의 경우	내용이나 설명이 새롭거나 논란이 있거나 학과에서 검토 중인 과정의 경우
교과 목표 결과가 핵심 커리큘럼 학과목 또는 전공 필수 학과목으로서 요구로 인해 사전에 결정되지 않은 경우	교과가 학생들에게 '전통적' 기능을 교육하는 집중 수업으로 의도된 경우
도서관 사서, 동료, 아카이브 등 참고 목적으로서 더 많은 기회가 있거나 커리큘럼 개발 기금이 있는 경우 등	대부분 시간을 연구에 집중하는 가운데 잠재적 후원 공동체와 연계성을 갖지 못하는 학기 동안
결과 및 과정 내용이 텍스트성, 서지 사항, 미디어·매개, 디지털 문화, 기술 등에 밀접한 관계성을 보이는 교과의 경우	디지털 원천 자료 생성이 디지털화 작업에서 비생산적으로 차이를 보이는 교과의 경우

시간을 갖기를 희망할 수 있다. 이와 같은 사안은 디지털 텍스트의 생성을 '크라우드소싱'(그리고 학생 개인 또는 그룹이 자신의 텍스트, 개체, 이미지 등에 대한 작업 수행을 허용)할 뿐만 아니라 필자 판단으로는 학생들에게 중요하면서도 능력 함양을 꾀할 수 있다. 학생들은 결국 디지털 과정에 무엇이 포함되는지를 정확히 이해하면서도 디지털 문해력을 증강하고 자신의 자료를 선택하고 생성하는 일정 수준의 독립성을 확보할 수 있다. 학생들이 자신의 교과 읽기 자료의 디지털 대체물을 생성하도록 도움을 주면서 학술 편집과 주석에 관한 실질적 사항들도 실습 방식으로 가르치는 효과를 기대할 수 있을 것이다. 이 장은 교과 자료에 국한되지 않는다. 즉, 학습자들은 시각 자료나 개체(그림, 조각, 역사적 가공물, 저명한 건물이나 랜드마크 등)

그림 1-1 학생과 함께 원천 자료 만드는 방법

온라인에서 텍스트 유무를 확인

온라인에 없을 시 디지털로 만들고 싶은 주요 자료의 조건을 가늠 및 평가

자료 스캔에 관해 도서관을 통해 확인(도서관에서 스캔 받을 수도 있음)

누구의 도움도 받지 못할 때 자신만의 자료 생성을 위해 수업 참가자들과 작업 수행

같은 디지털 대체물까지 구성할 수도 있다. 학습자들은 지도, 연대표, 용어 사전, 자서전, 참고문헌, 백과사전 항목, 팟캐스트Podcast, 메모판, 영상 등등 참고 자료 또는 학습 보조 자료도 만들 수 있을 것이다.

학생들과 함께 원천 자료 생성을 위한 가장 적합한 기회를 결정하는 데 〈표 1-1〉을 기초로 고려해 보자(다만 여기서 특정한 상황이 항상 고유한 가능성 및 난제 들을 유발시킬 수 있음도 아울러 염두에 두어야 한다).

〈표 1-1〉을 살펴본 이후 해당 교과가 학생과 원천 자료 생성에 적합하다고 판단된다면 학생들과의 자료 생성을 위한 아이디어를 제4장과 제6장에서 확인할 수 있다. 무엇보다도 소요되는 시간과 노력의 정도를 스스로 정확하게 판단한다면 디지털 자료 생성에 최선을 다할 수 있다(이 부분은 학생을 위한 것이든 학생과 함께 만드는 것이든 상관없다). 이제 학기 시작 이전에 새로운 교재, 지도, 이미지 등을 학생을 위해서 만들고 싶다면 〈그림 1-1〉의 나름 간단한 과정을 따르면 될 것이다.

인용 및 저작권을 위한 요건 안내

인용 기준

처음으로 디지털 자료를 사용하는 학생과 교사 모두를 괴롭히는 근심

중 하나는 바로 인용이라는 문제이다. 앞서 언급한 여러 종류의 학술적, 기관 자료들은 출처를 명시하는 데 도움이 되는 인용 예시를 제시하거나 링크 또는 '이 페이지 인용 방법'이라는 문장이나 인용의 다양한 양식을 제공하기도 한다. 이러한 편의 제공을 인지하는 것 역시 직접 디지털 자료들을 만들고 공유할 때 인용 정보를 마련할 수 있을 것이다. 실제로 새로이 만들어진 편집물과 웹사이트 들을 위한 기록물 구축에서 '인용 방식' 자료나 인용 예시를 포함해야 함을 분명하게 제안한다. 그리고 이런 방법이야말로 발견한 자료가 격에 맞는 신뢰를 얻을 수 있다는 점을 확신시킬 것이다. 그렇지만 일부 과거의 치밀함을 덜 갖추면서 포괄성이 낮은 디지털 자료는 참고 문헌 표기 방식 중 미국 현대 언어 협회Modern Language Association, MLA 또는 시카고 스타일 서지 사항에 수반되어야 할 상세한 정보에 접근하기에 충분하지 못하기도 한다. 그렇다면 이러한 상황에 맞닥뜨리면 어떻게 대응해야 할까?

간단히 말하면 담당한 수업에 적절한 인용 표기 방식에 가장 근접하게 최선을 다해서 웹페이지와 자료를 계속해서 인용해야만 한다는 것을 명심하는 것이다. 학생들은 가끔 디지털 텍스트의 출처를 누락하거나 자료 상황을 전혀 감안하지 않은 채로 적절한 인용 자체를 무시하기도 한다. 이러한 흔한 예로는 학생들이 위키피디아Wikipedia를 정보로서 활용하지만, 정작 신뢰성 없는 정보의 인용으로 여기기 때문에 참고 문헌에 포함하지 않기도 한다. 이러한 인용 표기 누락은 분명하게 학문적 태도에는 어긋나지만 많은 경우에 학생 입장에서는 일부러 행한 의도적 행위 결과가 아니라고 볼 수 있어서 향후 디지털 인용의 의미에 관한 허심탄회한 논의를 진지하게 고려해야 한다. 비록 자신의 행위 정당성을 확신하지 못하거나 해당 자료의 신뢰성 여부를 알지 못하더라도 반드시 알아야 할 사안은 어떤 상황에서든 학생에게는 인용이 필요하다는 사실이다. 디지털 인문학 환경에서는 인용이라는 강력한 문화적 요인이 존재하며(때로 공식적 여건 수위가 떨어지더라도), 공개적인 열린 공간에서조차도 신뢰성이라는 척도가 필요시에는 언제든 반드시 제공되어야 한다는 기본적 수칙은 반드시 고수되어야만 한다. 다시 말하면 디지털 인문학이 결부된 수업에서는 위키피디아 인용이 허술한 연구의 상징으로 고려되지 않으며, 오히려 실질적으로 보면 저자가 자신의 인용 행위에서 주의 깊고 정직한 태도를 내보이는 일종의 상징적 행동으로 볼 수 있을 것이다.

　핵심적으로 볼 때 인용을 하는 경우 누구라도 가장 효용성이 높은 정보를 찾아서 활용하고 이후 인용을 구성하면서 가능하다면 다량의 정보를 포함하려고 최선을 다해야만 한다. 그러나 이와 같은 일반적 조언을 위한 약간의 의미적 차이가 있다면 교사는 학생이 디지털이 디지털일 때가 무엇인가를 늘 명시하기를 기대하고 있음을 강조하는 것이다. 연구에서 정직해야 하는 사안 그리고 학계와 고등 교육에서 디지털 자료의 중요성을 추구하는 사안 등 둘 모두를 충족하기 위해서는 조너선 블레이니Jonathan Blaney 그리고 주디스 시프링Judith Siefring의 동명의 공저 논문(2017)에서 공공연하게 비평하고 있는 "비인용의 (비극적) 문화"에 분연히 대처해야만 한다. 예로서 학생에게 교사가 애덤 스미스Adam Smith의 『국부론The Wealth of Nations』의 유사 내용을 선별해서 정리한 편집본이나 선집 형태의 집대성 자료를 활용하지 않고 오히려 프로젝트 구텐베르크 버전을 활용했다고 항상 표기할 이유와 중요성을 설명하기 바란다.

저작권 규정

　만약 교사가 저서 초판 인쇄물에서 디지털 텍스트를 구성할 계획이라면 이러한 재인용을 통한 자료 복제와 구축이 저작권 측면에서 어찌 보아야 하는지 궁금할 수 있다. 디지털 영역에서 저작권은 매우 복잡한 사안이다. 예를 들면, 미국 작가 협회Author's Guild와 출판 협회Association of American Publishers가 구글 도서에 제기한 법적 소송과 잇따른 타결 거부가 공정한 이용,[15] 반트러스트 법률, 저서의 상품성 인정 여부 등에 대해서 상당한 논쟁을 발생시켰다(Bates, 1988; Fraser, 2010 참조). 비록 이 장의 더 읽을거리에서 저작권이라는 어려우면서도 경이로운 주제에 관련된 가장 흥미로운 참고 자료 중 일부를 제공하고 있지만, 최근의 디지털 맥락의 저작권 문제 상황에 관한 철저한 조사를 이 책에서 다루기에는 한계가 있다.

그렇지만 여기서 제기하는 의문점은 명약관화하다고 볼 수 있다. 즉, 수업에서 디지털 텍스트를 구성하거나 디지털 원천 자료를 활용할 때 저작권에 관해서 숙지해야 할 점이 있다면 과연 무엇일까? 앞에서 언급했듯 '코딩 배우기' 혹은 '디지털 인문학 배우기' 등을 가르칠 때 일반적으로 고려하지 않고, 특정한 제한적인 목표를 지향하는 데 염두에 두기를 바랐던 것처럼 저작권에 대해서라면 즉시 사용하게 될 사례에 집중하기를 제안한다. 또한 소속 기관의 전문가에 자문을 구하는 것이 좋다(대부분 대학은 저작권 등 법률 자문 능력을 갖춘 저작권 전문가 그리고/또는 도서관 사서의 도움을 받을 수 있도록 여건을 갖추고 있다). 의구심이 들면 반드시 전문가 조언을 구해야 한다! 그렇지만 일반적 자료와 원칙을 준비해 두는 게 도움이 될 것이다. 그렇게 하기 위해서 저작권 법률의 주요 세 가지 분야가 있음을 알아야 하는데 이들은 익숙한 여건들이기도 하다. 여기에는 공공 저작물, 공정한 이용, 크리에이티브 커먼즈 라이선스Creative Commons License, CC[16]가 속한다.

해당 자료가 공공 저작물이라면 다음 질문을 해야 한다. 즉, 사용하고자 하는 저서, 이미지, 비디오 또는 오디오 클립 등이 과연 저작권 보호 대상인가? 이에 대한 답은 질문자의 환경에도 구애받는다. 〈표 1-2〉를 보면 저자 생존 시 발간된 자료들(저자가 사망한 경우도 함께)이 언제까지 공공 영역에 속하는지 매우 확실하게 정리되어 있다.

만약에 사용하려는 자료가 〈표 1-2〉에 제시된 범주 어느 것에라도 속한

---

15 원작자의 동의 없이도 저작물을 사용할 수 있는 몇 가지 상황을 제한적으로 허용하는 원칙을 지칭한다.

16 원작자가 저작물의 일부 또는 전체에 대한 특정 이용 권한을 부여하는 방법. 저작권자가 자신의 창작물에 대해 몇 가지 이용 방법과 조건을 붙여 자유롭게 이용할 수 있도록 한 이용 허락 표시 제도 또는 운동.

표 1-2 국가별 공공 저작물 규정

국가	결과물이 공공 저작물일 때
캐나다 (그리고 베른 협약 가입국)	출판물: 저자 사망 후 50년. 저자 확인이 어렵다면 출판일로부터 50년 후 또는 창작일로부터 75년 후 중에서 더 앞선 시점을 선택. 사진: 1949년 이전에 촬영된 모든 사진은 공공 저작물에 속함. 1949년 이후에 촬영된 사진이면 규정에 해당.
영국	저자 또는 창작자 사망 후 70년. 저자 또는 창작자가 알려지지 않았다면 출판일로부터 70년.
미국	저자 사망 후 70년이며 저자가 알려지지 않았다면 출판일로부터 95년 또는 창작일로부터 120년 중에서 더 짧은 기간을 선택.

다면 해당 자료를 자유롭게 활용할 수 있다. 만일 자료가 어떤 범주에 들지 않을 때는 해당 자료를 일부 디지털로 작업할 수 있지만, 거기에는 약간의 제약이 따를 수 있다.

구체적인 예를 들어 설명하는 게 가장 적절할 것이다. 2020년에 출판된 브릿 베넷Brit Bennett의 『사라진 반쪽The Vanishing Half』를 가르친다고 가정해 보자. 이 소설은 최근 출판물이며, 확실하게 저작권 보호 대상일 것이다. 작가 베넷은 이 책으로 여전히 저작권료를 받을 것이고, 그 액수는 작가의 생계 수단이 된다. 출판사는 책을 수익원으로서 판단하고 있다. 간단하게 정리한다면 책이 주교재로 채택되면 학생들은 책을 구입해야 한다. 해당 교재가 소설이라면 다행스럽게 권당 비용이 학술 서적 또는 특정 종류의 학술서 판본 정도로 제한적이지는 않다.

그렇다면 이제 수업 참여 학생들은 『사라진 반쪽』을 구입했지만, 교사가 수업에서 이 소설에서 두 쪽 분량을 보여준 뒤에 그 내용을 상세하게 읽어주려 한다고 가정해 보자. 파워포인트 슬라이드에 책 표지 이미지를 제시하고는 소설에 관련된 문학적 및 문화적 수용에 대해 논의할 수 있다. 그리고 또 짤막한 구절을 스캔해 OCR(광학 문자 인식)의 실행 및 수정 과정을 거치고 난 이후 제6장 '디지털 과제 만들기'에서 언급할 디지털 텍스트 분석 도구를 사용하려고 시도하는 상황을 고려해 보자. 이러한 교실

내 작업에서의 활용 모두가 때로는 '공정한 이용'에 해당하거나 이런 상태는 때로 '공정한 취급'이라고도 불릴 수 있다. 공정 이용은 교육 목적을 위해서 저작권이 보호된 자료의 사용을 보장하며, 저작권이 있는 원천 자료에서 발췌한 자료를 수업에서 다루는 경우들도 공정 이용 규정 안에서 보호를 받는다.

만약에 공정 이용이 허용하는 범위가 제한성이 크다면, 자료가 저작권이 있는 작품이더라도 그 활용법이 완전히 막힌 것은 아니다. 저작권 보호를 받고 있는 텍스트 자료, 삽화 또는 도해 같은 일러스트레이션, 사운드 클립, 개체 등을 다룬다면 해당 자료 소유자인 저작권 권리자에게 직접 연락해 자료 사용 허가를 요청하는 방법이 있다. 해리 랜섬 센터Harry Ransom Center와 레딩 대학University of Reading이 관리하는 '저작 예술인 과 저작권 소유자The Writers Artists and Their Copyright Holders, WATCH' 데이터베이스는 특정 시점에서 특정 텍스트 자료에 대한 저작권 소유자를 검색하는 데 매우 유용한 자원이다(특히 사망해서 공공 저작물에 속하지 않고 또한 해당 저작물이 작가의 가족 구성원이나 다른 소유자에게 귀속되었을 경우 저작권 소유자를 검색하는 데 정말로 유용하다). 대체로 비상업적이거나 교실에서의 사용은 소유자들이 환영하기도 한다(일부지만 눈에 띄는 예외가 있긴 하지만 말이다). 그리고 상대적으로는 허가 요청이 완전히 거부되는 경우는 흔치 않다. 그러나 이처럼 저작권자의 허락을 받으려는 방법은 시간이 많이 소요되며, 소유자들이 저작권 자료의 사용에 공공연히 반대하지 않더라도 응답이 많이 지체되므로 이 방법을 선택할 때에는 충분한 시간을 갖고 여러 달 전에 시작하는 것이 중요하다.

마지막으로 저작권과 관련한 중요한 점은 저작권이 저작물(글쓰기, 그림 그리기, 작곡 등)에만 적용되는 것은 아니라는 사실이다. 실질적인 학술 편집, 고화질 사진, 자료를 개정하고 업데이트한 새로운 판본도 저작권으로 보호되는데 그 이유는 종종 각주와 서문에 새로운 지식 재산을 포함하고 있기 때문이다. 따라서 1861년판 『위대한 유산Great Expectations』은 저작권

기간이 오래전에 지나서 공공 저작물에 속하지만, 1999년의 노턴 크리티 컬 에디션Norton Critical Edition은 지금도 여전히 보호 대상이다. 따라서 수 업 자료를 선정할 때는 어떤 판본을 사용할 것인지 그리고 〈표 1-2〉를 참 고해 사용할 계획인 판본을 확인하는 것이 필수적이다. 이러한 사항에 대 한 도움이 될 만한 정보는 윌리엄 S. 스트롱William S. Strong의 『시카고 스타 일 매뉴얼Chicago Manual of Style』 제17판(2017)의 저작권 관련 장을 참조하 기 바란다.

크리에이티브 커먼즈 라이센스 만들기

저자와 예술가 들이 자신의 작품을 온라인에 게시할 때 부여할 수 있는 것으로서 저작권 라이선스(CC 라이선스)는 보호되어야 하는 결과물 등의 사용 허용에 적용된다. 라이선스의 주요 장점은 콘텐츠 제작자가 자신의 작품을 특정 부분에 사용을 허용하는 공개 작업과 함께 당연히 받아야만 하는 수입과 신용을 손실할 수 있는 다른 (흔히 상업적인) 용도를 제한하는 데 활용될 수 있다. 유럽의 유러피나Europeana[17]부터 에밀리 디킨슨 아카 이브Emily Dickinson Archive까지 포함해서 수많은 역사적 디지털화 프로젝 트들이 CC 라이선스를 사용해 원천 자원 중 어떤 종류가 사용을 허용하 고 허용하지 않는지를 명확하게 드러내고 있다. 여섯 가지의 기본적인 CC 라이선스가 있다. 가장 제약 수위가 가장 높은 것은 저작자 표시-비영 리-변경 금지CC BY-NC-ND로, 상업적 사용뿐만 아니라 어떤 종류의 리믹 스, 재사용 또는 예술적 재창조 모두를 금지한다. 제한 수위가 가장 낮은 라이선스는 창작자가 자신의 작품을 완전히 공공 저작물CC0로 허용한 경 우다. 작품이 공공 저작물이 되는 방법은 두 종류로 볼 수 있다. 먼저 〈표 1-1〉에 따라 저작권 보호 기간이 만료되는 경우와 창작자가 어떤 경우라 도 사용을 허가하는 증서(즉, 라이선스)를 명시적으로 부여하는 경우이다.

---

17   유럽에서 디지털로 구성된 역사 유산에 관련해서 EU에 의해서 조성된 웹사이트..

특정 작품이 두 가지 방법 중에서 하나에 관련되어 일단 공공 저작물이 된다면 해당 자료는 어떠한 구애도 받지 않은 채 원하는 대로 사용하는 것이 가능하다.

CC는 개방적이고 창의적인 웹을 위해서 수행되는 강력한 사회 운동의 일환이다. 라이선스 등이 대학 교수로서 활약하는 독자에게 연관성 있는 두 가지를 고려할 수 있다. 첫째는 특정 종류의 CC 라이선스가 부여된 자료를 사용할 수 있기 때문에 그 라이선스에 기재된 조건을 확실히 준수해야 한다. 둘째로 교사와 학생이 만든 디지털 판본 또는 자료에 접근하려는 사람들에게 여섯 가지 CC 라이선스 중 하나를 부여하기를 원할 수 있다. 만약 교육 자료 사용에 관해서 CC 라이선스를 부여하기를 바란다면, 공식적인 CC 라이선스 웹사이트(creativecommons.org)에 명기된 용어 및 상징 표기 등을 응용할 수도 있다.

수업에서 CC 원천 자원 또는 라이선스 부여 등에 대한 생각할 수 있는 가장 흥미로운 사항은 바로 디지털 시대에서의 지식 재산을 수업에서의 논의 중 한 꼭지로 만들 수 있다는 사실이다. CC 커뮤니티가 제공하는 다양한 애니메이션, 간단한 언어plain-language로 된 안내서, 소논문 등은 디지털 영역 안에서 개방성과 창의성에 관한 주요 주제들을 교육하는 데 훌륭한 출발점이면서 아울러 원천 자원이 될 수 있다. 학생들이 저작권 규정, CC 라이선스 그리고 이들의 함축된 의미를 이해하도록 돕는 과정은 학생 자신이 양심을 갖추고 창조적이면서 존중할 줄 알고 (가장 중요하게) 권한을 가진 디지털 시민이 되도록 그들의 성장을 담보할 수 있다. 어쨌든 디지털 시대의 인적 비용과 기회를 이해하는 작업을 학생들에게 가르치는 것은 인문주의자에게 아주 적합한 일이며, 학생들은 건설적 방향으로 자신들이 알고 있는 윤리관, 경제학적 이해, 비판적으로 사고하기, 사회 구조, 문화적 역사 등을 앞서 언급한(디지털 시대에 연관된) 문제 등에 적용할 수 있다.

결론

이 장에서 제시된 제안들 모두는 교사가 수업 자료를 선택할 당시의 시야를 확장하기 위한 내용이다. 구내 서점을 벗어나 자료 이상으로 희귀본이거나 절판 또는 품절된 서적 또는 다른 미디어로 구성된 자료들을 여러 곳을 통해 찾아보라. 이미지, 비디오 클립, 오디오 파일 등은 수업 내용을 풍부하게 하며, 교사와 학생에게 새로운 템포 변화로 신선함을 제공하고 학과 분야로 들어서는 또 다른 접근 방식을 제공할 수 있다. 저작권이나 공정 이용 법률이 여러분에게 유리하지 않을 것이라는 사전적 가정으로 말미암아 미리 낙담하지 않길 바란다. 즉, 종종 제공되는 사용 허가가 WATCH 데이터베이스에서의 검색과 이메일 문의만으로 충분할 수 있다. 알렉스 코진스키Alex Kozinski 판사가 다음과 같이 판결한 바가 있다. "지식 재산권을 지나치게 보호하는 것은 보호 수위가 미진한 것만큼 해를 끼친다. …… 과도한 보호는 창의적 과정을 억제한다"(Aufderheide and Jaszi, 2011: 16에서 재인용). 기존의 디지털 자료를 찾든 새로운 자료를 만들어야 하든 간에 해당 자료 등을 충분히 활용함으로써 학생들의 교과서 비용을 최소화하고, 온라인에서 풍성한 연구 자료를 찾을 수 있게 도우며, 교실에서 지식 재산권, 전송, 디지털화 등의 본질에 관해서 토론을 유도할 수 있다.

더 읽을거리

"About the Licenses." Creative Commons(May 2016). creativecommons.org/licenses/.

Aufderheide, Patricia and Peter Jaszi. 2011. *Reclaiming Fair Use: How to Put Balance Back in Copyright*. U of Chicago P.

Bates, Benjamin J. 1988. "Information as an Economic Good: Sources of Individual and Social Value." *The Political Economy of Information*. edited by Vincent Mosco and Jeffrey A. Wasko. U of Wisconsin P. pp. 6~94 .

Blaney, Jonathan and Judith Siefring. 2017. "A Culture of Non-citation: Assessing the Digital Impact of British History Online and the Early English Books Online Text Creation Partnership." *Digital Humanities Quarterly*, vol. 11, no. 1. www.digitalhumanities.org/dhq/vol/11/1/000282/000282.html.

Bradley, Stephen P. and Nancy Bartlett. 2011.3.20. "Everyone and Everything Is On line." *Harvard Business Review*. hbr.org/product/Everyone-and-Everything-i/an/711494-PDF-ENG.

Cerwall, Patrick(ed.). 2015. "Ericsson Mobility Report: On the Pulse of the Networked Society." *Ericsson*(Jun). www.ericsson.com/res/docs/2015/ericssonmobility-report-june-2015.pdf.

Digital Public Library of America. 2015.11.4. "Using the DPLA for Teaching and Learning." YouTube. www.youtube.com/watch?v=9KdqfH2tlYY.

"Everything Is Online." TV Tropes(July 21, 2016). tvtropes.org/pmwiki/pmwiki.php/Main/EverythingIsOnline.

Fraser, Eric M. 2010. "Antitrust and the Google Books Settlement: The Problem of Simultaneity." *Stanford Technology Law Review*, vol. 4(Sept). ssrn.com/abstract=1417722.

Litman, Jessica. 2006. *Digital Copyright*. Prometheus.

McGann, Jerome. 2014. *A New Republic of Letters: Memory and Scholarship in the Age of Digital Reproduction*. Harvard UP.

Stokes, Simon. 2014. *Digital Copyright: Law and Practice*, 4th ed. Hart

Strong, William S. 2014. *The Copyright Book: A Practical Guide*, 6th ed. MIT P.

_____. 2017. "Rights, Permissions, and Copyright Administration." *The Chicago Manual of Style*, 17th ed. U of Chicago P.

Thylstrup, Nanna Bonde. 2018. *The Politics of Mass Digitization*. MIT P.

제2장

접근성 확보하기

이 장에서는 능력과 배경을 갖춘 학생을 교육하면서도 학생들의 안전 및 개인 정보를 보호하기 위해서 디지털 인문학 방법을 활용하는 몇 가지 방안을 제시하려고 한다. 이에 연관된 기술은 유니버설 디자인Universal Design에 기반을 두고 있으며, 여기서 말하는 디자인의 핵심은 개개인의 나이, 능력에 관계없이 누구나 사용할 수 있도록 자원이 설계되어야 하면서 사후 적응이나 추가 비용의 최소화를 염두에 두면서 규정되어야 하는 상황을 가리킨다. 교육에 적용될 때 유니버설 디자인은 교사가 수업과 모든 관련 자료를 구성해 모든 학생이 수업에서 학습 목표를 달성할 수 있도록 책임지는 상태를 의미한다. 몇 가지 예를 들어보면 제한된 이동성, 청력 또는 시력, 만성 질환 등을 가지고 있거나, 신경 다양성neuro-diversity (자폐 스펙트럼이 있거나 ADHD 진단 등을 포함)[1] 대상자를 포함해 모든 학습자를 염두에 두고 계획한다면 학생들이 교사의 디지털 인문학 실험에서 혜택을 받을 수 있다. 이 장은 여섯 가지 주요 목표 ─ 강의 촉진, 보편적 상호 작용 촉진, 접근 가능한 자원 제공, 다중 지능 고려, 개별 학생을 위한 맞춤 정책, 개인 정보

---

1   심신을 쇠약하게 하지 않도록 하는 인류의 다양한 신경학적 행동이나 능력.

보호 및 안전 보장 확보 – 를 위해서 유니버설 디자인의 원칙을 충족하기 위한 노력을 집중하려고 한다.

유니버설 디자인

'유니버설 디자인'이라는 용어는 1985년 건축가 로널드 메이스Ronald Mace가 처음으로 사용했다. 현재 이 용어는 널리 수용되는 일련의 표준을 의미하며, 이 표준들은 노스캐롤라이나 주립대학 사용자 친화적 디자인 센터North Carolina State University's Center for Usable Design에서 유지, 관리하고 있다. (이 센터에 근무하는) 코넬과 동료Connell et al.가 「유니버설 디자인 원칙The Principles of Universal Design」에서 제시한 설명에 따르면 이 표준은 세 가지 유형의 사용을 밝히고 있다. 첫째는 '공평한 사용'으로서 제품과 서비스가 어떤 사람이라도 추가적인 조정 없이도 사용이 가능한 상황을 가리킨다. 둘째는 '유연한 사용'으로서 방법과 속도에서 선택권을 제공해야함을 가리킨다. 끝으로 접근이 용이하고, 직관적이거나 다양한 문해력을 통해 이해가 가능한 방식으로서 '단순하고 직관적인 사용'을 요구한다. 앞서 언급한 세 가지 사용을 만족하기 위해서 표준은 다양한 감각 능력으로 인지될 수 있는 '손쉬운 인지의 정보'와 사용자로 인한 오류 여지를 가정하더라도 여전히 사용 가능성이 높은 '오류 허용도'를 제공해야 한다. 그리고 '적은 수위의 신체적 노력'(불편함이나 피로를 유발하지 않음)만을 요구하고(다양한 신체 유형, 자세, 또는 이동성에 필요한 공간을 제공하지 않고는 행동이나 움직임을 요구하지 않음), 충분한 수준에 해당하는 '접근 및 사용을 위한 크기와 공간'을 통합해야 한다.

유니버설 디자인의 전형적인 예 중 하나로서 바쁜 교차로의 '낮춰진 인도 경계석'(계단이 필요하지 않도록 주의 깊게 점진적 구조 또는 경사도로서 낮게 물매를 매긴 인도의 경계석)을 들 수 있다. 낮춘 인도 경계석은 휠체어를 사용하는 사람, 유아차를 밀고 가는 사람, 스케이트보드를 타는 사람뿐만 아니라 보행자에게 편의를 제공하듯이 필자는 수업에서 유니버설 디자인은 학생 모두를 도울 수 있음을 보여주려 한다. 예를 들면, 수업을 시작하면서 당일 수업에 해당하는 활동과 주제에 대한 개요를 제공함으로써 자폐 스펙트럼 장애 학생이 마주할 불안을 줄여주며 동시에 수업 목표를 명확하게 안내함으로써 다른 학생들의 기억력 향상을 꾀할 수 있다. 게다가 이와 같은 수업 방식은 교육자가 타이밍과 논리적 진행을 확실하게 재차 확인하는 데 도움을 줄 것이다. 학생들을 만나기 전 수업에 대한 사전 계획의 설정은 자신의 상태를 스스로 밝히는 학생이나, 장애를 손쉽게 '눈으로 확인할 수 있으리라는' 그릇된 믿음 또는 대학의 접근성 서비스 프로그램으로부터 시설 관련 문서를 받으리라고 기대에 전적으로 의존할 필요가 없어도 된다는 것을 의미한다. 실제로 항상 그와 같지 않기 때문이다.

일부 학자들은 유니버설 디자인 담론에 여러 문제점이 발견된다고 지적하고 있다(Keralis and Hsy, 2016 참조). 유니버설 디자인 원칙에 대항하는 주된 문제 제기 중 하나는 개인 사이의 차이점과 또는 미묘한 뉘앙스를 무시해 버릴 위험을 포함한 유토피아적 사고방식에 해당할 수 있으며, 실제로 필자는 교실에서 유니버설 디자인의 사용이 접근 가능한 교수법의 표면을 살짝 건드리는 것에 불과하다는 사실을 잘 이해하고 있다. 그렇지만 유니버설 디자인이 교육 과정의 가장 많은 학생에게 작용할 수 있게 해주는 유용한 이상과 일련의 원칙을 제공한다고 여전히 믿고 있다.

필자가 추천하는 다음에 제시될 도움말과 소프트웨어 이외에 교사가 근무하는 기관에 접근성 서비스 부서를 갖추고 있을 것이다. 소속 기관의 원천 자원과 소통 채널 개설은 — 학기나 과제가 시작된 후가 아니라 과정 설계 과정 중이라면 이상적이다 — 교사가 기관의 정책을 토대로 교육을 진행하고 있음을 보장해 줄 것이다. 또한 교과 과정을 학생이 가능한 쉽게 접근해 구체적 특정 기술과 시설을 이용하도록 도울 것이다.

강의 운영하기

교육적 맥락에서 유니버설 디자인은 시각, 청각, 기타 장애 학생이 수업 자료 접근을 보장하도록 다양한 출력물(또는 형식)로 정보를 생성하는 것을 요구한다. 이러한 다중 모드 학습의 촉진을 위해서 다양한 디지털 도구가 제공된다. 이러한 다수 자원과 도구는 학생에게 유용하며 이를 위한 강의 자료의 기억을 돕는 학습 도구이든 혹은 청각과 시각적 경험을 이해하기 쉬운 형태로 전환하는 방법이든 양쪽 모두 연관성을 갖고 있다고 볼 수 있다.

음성의 텍스트 변환

키스 베인Keith Bain, 세라 배슨Sarah Basson, 마이크 월드Mike Wald가 2002년에 발표한 논문 「대학 강의에서의 음성 인식Speech Recognition in University Classrooms」에 따르면 강의실에서 학습자들을 위해서 강의 내용을 음성에서 텍스트로 전환하는 시도의 허용 가능성을 조사했다. 그들은 실험에서 강의 시간 동안 실시간으로 강의 내용을 모니터 화면에 텍스트로 표시하도록 음성 인식 소프트웨어 사용을 시도했다. 결과적으로 그 연구는 강의 경험 중 해당 자료의 시각적·청각적 방식의 동시적인 노출 경험이 청각 장애 학생들의 수업을 돕는 것은 물론, 해당 수업의 학습 내용에 대한 기억력을 증진시키고 그리고 특히 수업 참여자들이 정확하고 상세하게 노트를 작성할 수 있는 능력을 향상하는 데 긍정적 효과를 보인다는 실험 결과를 확인했다.

지난 20년 동안 베인·배슨·월드(Bain, Basson, and Wald, 2002)가 실험을 실행한 이래로 음성 인식 소프트웨어 부문에서 상당한 발전이 이루어졌다. 이 방법을 사용하는 데 주요 과제였던 소프트웨어의 디지털 기술記述 방식의 부정확성이 소프트웨어 발전을 통해서 어느 정도 해결의 실마리를 찾았다. 예로서 아이폰iphone이나 안드로이드Android용 앱으로 설치 가능한 드래건 애니웨어Dragon Anywhere가 지금도 선도적 핵심 프로그램 중 하나 이다(그리고 계속해서 최고의 정확도를 인정받고 있다). 그러나 이제 웹 브라우저 만 있으면 사용할 수 있는 딕테이션Dictation 그리고 구글 클라우드Google Cloud의 스피치 투 텍스트Speech to Text와 같은 다양한 무료 오픈 액세스 프로그램들도 선택할 수 있다. 이와 같은 프로그램과 프로젝터를 사용하 면, 교실에서 텍스트와 음성을 동시에 표시하는 시도를 어렵지 않게 그리 고 무료로 구현할 수 있다. 이러한 접근 방식의 또 다른 장점은 강의 텍스 트를 후에 사용하기 위해서 유지, 보존할 수 있다는 것이다(또는 학생들이 원할 때는 기술된 내용을 서로 공유하고 해당 자료를 이후로도 사용할 수 있다).

　음성 인식 기술은 강의 이외 이점을 제공할 수도 있다. 학생은 음성·텍 스트 도구 사용으로 글쓰기 도움을 받을 수 있다. 학생 중 수업 토론이나 프레젠테이션에서 뛰어난 능력을 보이지만, 과제 보고서 쓰기에서 어려 움을 겪는 경우를 종종 발견하기도 한다. 이런 상황에서 음성·텍스트 앱 또는 유사 프로그램을 활용하면 학생이 전화기 혹은 컴퓨터로 말을 전환 하면서 적절한 아이디어를 써내며 후에 편집하면서 다듬는 기회를 가질 수 있다. 이러한 방법은 글쓰기 난관을 접한 학생들에게 도움이 될 수 있 다. 몇 개의 메모 혹은 문장을 말하면서(또는 인용문을 큰 소리로 읽어) 글쓰기 를 시작하는 데 도움이 되기도 한다. 수업에서 텍스트와 청각적 경험을 제공하는 또 다른 방법으로는 학생들의 기여 및 토론을 실시간으로 메모하 는 방법이 있다. 기술 수준이 낮은 상황에서는 칠판이나 화이트보드(대면 수업 또는 제11장에서 제시하는 '가상 화이트보드' 소프트웨어)에 메모를 기록하고 학생들이 메모에 집중해 강의의 주요 요점을 이해하고 기억하도록 임시 적 기술 내용(강의 전체의 자세한 내용과는 반대 의미로서)을 구성하는 것이다.

멀티미디어와 다중 감각 도구

　많은 사람이 이전부터 이미 이미지, 사운드 클립, 비디오 및 인터랙티 브 활동 등을 강의에 활용하는 방법을 토대로 장시간의 강의를 없애고 학생들이 관심을 유지하며 수업에 임하게 했다. 그렇지만 이와 같은 멀티미디어 활용 강의 접근 방식은 다양한 학습 유형과 수요에 맞추기 때문에, 또 다른 추가적 접근성 혜택을 제공하기도 한다. 주의를 좀 더 기울인다면 멀티미디어 도구들은 접근성을 증진시키고 학생들에게 다양한 매체의 특성에 노출되는 기회를 제공하는 동시에 강의 내용을 매력적이면서 흥미로운 방식으로 전달할 수 있다. 예를 들면, 유니버설 디자인의 중요 요소 중 하나는 가능하다면(동시 음성·텍스트 예시처럼) 두 가지 이상의 의사소통 방식이 한 번에 사용되도록 하는 것이다. 이처럼 멀티미디어/다중 모드 접근 방식에 해당하는 매우 간단한 예로는 파워포인트, 키노트Keynote, 구글 프레젠테이션Google Slides, 프레지Prezi 등을 사용해 발표할 때 각 이미지가 글자 캡션을 지원하고, 동시에 발표자가 직접 큰 목소리로 해당 이미지를 설명하는 방법이 있다. 이와 같은 간단한 기술은 강의 향상에 특화된 적합한 이미지('이미지에만 초점을 맞춘 이미지' 접근 방식과는 반대로)를 사용하면서도 아울러 학생이 이미지를 인지하고 이해하는 데 도움이 될 수 있다.

물론 멀티미디어 접근 방식을 도입하는 방법은 많으며 이들은 학생들의 학습을 다양한 수준에서 도움을 줄 수 있다. 어쩌면 위디오Wideo 또는 파우툰PowToon과 같은 무료 소프트웨어를 사용해 개념을 설명하는 애니메이션을 만들 수도 있다. 그리고 유튜브나 미 국립 영화 위원회National Film Board 혹은 영국 영화 협회British Film Institute 같은 기관들에 쉽게 접근해 영상을 사용할 수도 있다. 이러한 영상 내려받기 과정은 편리하며 이후에 편집해 오프라인 프레젠테이션 발표에 삽입할 수 있다. 이로써 버퍼링 문제를 피하면서도 적절한 내용의 클립을 선택할 수 있도록 한다. 그리고 검색을 통해 그리고 다양한 디지털 저장소에서(아트스토어ArtStor, 뉴욕 공공 도서관, 영국 도서관, 기타 여러 곳에서 제공하는 공공 저작물 이미지를 포함) 취득한 이미지, 사운드 클립을 활용할 수 있을 것이다.

학생들 사이에서 인기 있는 멀티미디어 활용법 중 하나가 해당 교과에 특화해서 디자인된 게임이나 인터페이스를 도입, 적용하는 것이다. 교실 도장ClassDojo, 클래스크래프트ClassCraft 등은 어떤 수업에서든 '게임화하기'에 도움을 준다. 이와 같은 게임 접근법으로 특수화된 구체적인 예로서 엘리자베스 고인Elizabeth Goin의 히에로니무스 보스Hieronymus Bosch의 '동산의 초기 설계Garden of Early Design'[2] 그리고 19세기 말 파리Paris의 모더니즘 미술 발전 과정을 탐구하기 위해 케리 왓슨Keri Watson이 개발한 롤플레잉 게임 등이 있다.

녹음 장치

강사 중에 이전에 이미 학생들로부터 강의를 녹음해서 나중에 사용하고 싶다는 요청을 받았을 것이다. 이것은 취약점을 지닌 시도로 여겨지기도 한다. 즉, 강의 중에 즉흥적인 발언, 임기응변으로 인한 강의 주제로부터의 이탈, 학생들의 질문이나 강의 방해에 대처하려고 시도했던 준비되지 못한 내용 모든 것이 녹음에 포착된다. 강의에 연관된 여러 사항을 세상에 있는 그대로 자유롭게 내보내는 것이 편치 않을 것이다. 그러나 녹음 장치는 학생이 강의를 다시 들음으로써 강의 내용에 대한 충분한 이해를 얻는 데 필수적인 도구이다. 게다가 학생들이 때때로 강의 녹음으로부터 상당한 혜택을 얻을 수 있다는 사실을 기억해야 한다. 예를 들어, 로스의 셜록 홈즈Sherlock Holmes 수업에서 한 여학생은 최종 보고서를 쓰기 전에 브레인스토밍 하는 방법으로써 체육관에서 운동하면서 mp3 강의 음

---

2 이 디지털 원천 자원은 연구자들이 초기 미국 조경과 관련된 설계, 시각적 기록, 텍스트의 상호 관계를 탐구할 수 있도록 지원하며, 이러한 과정에서 연구 자료를 정리하고 재평가하는 데 중요한 역할을 수행한다. 히에로니무스 보스는 15세기 네덜란드 출신의 화가로, 독특한 상징성과 상상력이 돋보이는 종교적인 작품들로 유명하다. 그의 대표작인 〈쾌락의 동산(The Garden of Earthly Delights)〉은 초현실적인 정원 장면을 묘사하며, 천국, 지상, 지옥을 그린 작품이다. 자연과 정원을 독특하게 해석해 초기 조경 디자인의 개념과 다르게 인간 본성과 종교적 교훈을 시각적으로 표현했다.

성 자료를 즐겨 들었다고 한다.

만약 강의 녹음 자료가 교실이나 학교 밖으로 유통될 것을 염려한다면, 대신 학생에게 녹음한 자료를 제공하면서 사용 조건을 제한할 수 있다(또는 학생에게 자료를 사용할 수 있는 방법을 명시한 짧은 계약서에 서명하도록 요청한다). 강의를 녹음하는 것은 매우 간단하며 대부분의 휴대 전화를 강단 탁자 위에 놓고 수업 시간 동안 녹음하면 된다. 고품질을 원한다면 강의 녹음 목적으로 휴대용 마이크와 녹음 장치를 빌릴 수 있는지 IT 부서에 문의할 수 있다. 아니면 학교 안에 녹음 장치가 설치된 녹음실을 별도로 예약할 수도 있다. 더 나은 방식으로는 강의 녹음 자료의 배포를 관리하기 위해 크리에이티브 커먼즈 라이선스를 참고하는 방법이 있다. 이러한 사항은 제1장에서 자세히 설명했는데 강사가 허용하려고 하거나 사용을 제한하려는 방안을 영구적이면서도 공개적 방향으로 결정할 수 있다.

전반적 상호 작용의 증진

비록 강의 자료를 다양한 학생들의 필요에 맞도록 접근을 허용하는 것이 중요하다고 해도 학생들이 다른 교과 자료들과 상호 작용하면서 아울러 수업에 적극적으로 참여하도록 필요한 도구의 구비 또한 중요한 관건이다. 보편적 상호 작용의 보장이란 학생들이 강의 환경에서 안정감을 느끼는 것뿐만 아니라 수업에 적극적으로 참여하고 교실 밖에서 교과 자료와 능동적으로 상호 작용을 하는 상태를 가리킨다.

강의실을 넘어: 텍스트를 음성으로 변환 및 전사 서비스
텍스트·음성 변환 도구는 디지털 텍스트와 웹사이트는 시각 장애인들이 주 사용자이지만 훨씬 더 폭넓게 유용될 수 있다. 앞에서 언급한 기능적으로 음성·텍스트 변환 도구의 반대인 텍스트·음성 도구는 화면에 나타나는 단어들을 소리를 내어서 읽는 방식이다. 애플Apple의 시리Siri에게 아이폰을 통해서 식료품 목록, 날씨 업데이트, 웹 검색 결과 등을 소리로 읽게 해보았다면 이미 텍스트·음성 변환 도구를 사용해 본 셈이다. 구글이 만든 것을 포함해 다양한 무료 텍스트·음성 변환 도구들(크라우드소싱 방식으로 제작된 자연스러운 음성 버전인 아이보나IVONA, 네오스피치NeoSpeech 등 여러 종류가 있음)이 있지만, 이와 같은 도구들의 사용을 촉진하는 가장 손쉬운 방법은 학생들에게 일상적으로 사용하는 브라우저를 물은 후에 그들이 이미 사용하고 있는 브라우저에 기본적으로 포함된(즉, 자동 포함) 텍스트·음성 변환 선택 사항의 사용 방법을 직접 알려주는 것이다.

텍스트·음성 변환 도구 사용 방식을 안다는 사실은 교과서 채택을 위해 오픈 액세스 디지털 자원을 활용해야 하는 근거를 보여주는 적절한 주장으로 볼 수 있다. 지정 텍스트가 텍스트 형식 혹은 웹 버전으로 제공된다면, 모든 학생이 텍스트·음성 변환 소프트웨어를 사용해 전체 텍스트를 소리 내어 읽게 할 수 있다. 텍스트가 디지털로 이용 가능하며, 이와 같은 디지털 텍스트를 텍스트·발화 음성 변환 도구에 가져올 수 있는지 확인해야 한다. 쉽게 접근할 수 있는 디지털 버전이 없는 저작권 보호 작품의 경우 — 예를 들어 제1장에서 언급한 브릿 베넷의 최근 발표된 소설 『사라진 반쪽』처럼 — 오디오북 버전이 디지털 활용이라는 목적으로 사용 가능성이 있는지 검토를 고려할 수 있다(출판사 혹은 오더블Audible 같은 애그리게이터[3]를 통할 수도 있다). 그리고 리브리복스LibriVox와 같은 무료 오디오북 웹사이트를 확인해서 학생들이 내려받을 수 있는 공공 저작물 오디오북이 있는지 확인해 봐야 한다.

비디오 녹화, 오디오 녹음, 스크린 캐스트 등을 제공한다면, 이에 대한 대본(또는 영상의 경우 자막)도 함께 제공해야 한다. 강의 대본을 사용한다

3　여러 회사의 상품이나 서비스에 대한 정보를 모아 하나의 웹사이트에서 제공하는 인터넷 회사·사이트..

면, 이를 팟캐스트나 영상의 링크 또는 파일도 함께 올리기가 가능하지만, 대부분 슬라이드, 메모, 기억에 의존하기 때문에, 대본 및/또는 자막에 관련해서 해결책을 찾아야 한다. 영상 또는 스크린 캐스트의 경우에 별도로 텍스트 파일을 제공하기보다는 시각 자료 자체에 바로 자막을 제공하는 편이 더 나을 것이다. 기관에 자금을 신청하거나 유료 서비스에 대한 환급이 가능하다면, 오터Otter.ai, 레브닷컴Rev.com, 디슨Thisten 앱을 사용하면 된다. 이러한 앱들은 녹음된 오디오나 줌 세션의 대본을 제공할수 있다. 유튜브에서는 무료 자동 자막 기능을 쉽게 사용할 수 있고 – 유튜브 스튜디오YouTube Studio의 자막 메뉴에서는 희망하는 언어를 선택하지만 – 인공 지능 소프트웨어는 종종 실수를 보여준다. 그리고 영상에 대한 더 정확한 자막과 대본을 원하면 캡윙Kapwing[4]을 사용해 콘텐츠를 만들 수 있다. 줌도 실시간 및 녹화된 프레젠테이션에 대한 자동 자막 서비스를 제공한다. 구글 프레젠테이션, 파워포인트는 실시간 자동 자막을 지원하기 때문에, 왼편 하단 모서리에 있는 CC 버튼을 눌러 슬라이드를 실시간으로 자막과 함께 볼 수 있다. 그리고 OBS 스튜디오, 룸Loom, 파눕토Panopto, 스크린캐스트 오매틱Screencast-o-matic과 같은 무료 화면 녹화기를 적용해서 자막이 프레젠테이션 자료에 저장될 수 있으며, 동기화도 가능하다. 슬라이드 기반 강의를 녹화하고 아이무비iMovie와 같은 영상 편집 소프트웨어를 사용해 수동으로 자막을 추가하기 위해서라면 또 다른 무료 선택 사항들이 여러 개 있다(대부분의 영상 편집 소프트웨어가 이를 지원한다. 제11장 참조).

교실에서 유니버설 디자인과 상호 작용

앤드루 루체시Andrew Lucchesi는 『워크숍: 글쓰기 수업을 위한 유니버설 디자인Workshop: Universal Design for the Writing Classroom』(2015)에서 모든 인문학 연계 수업에 적용할 수 있는 방식으로 '학습을 위한 유니버설 디자인

---

4   영상 편집 프로그램의 일종.

UDL' 접근에 관해서 언급 및 설명을 제시하고 있다. 그에 따르면 학습을 위한 유니버설 디자인 접근 방식은 세 가지의 기본적 질문 형태를 가지고 있다. "학생들과 소통을 어떻게 하는가?" "학생들에게 자신이 알고 있는 내용을 어떻게 보여주기를 원하는가?" "다양한 참여 방식들을 어떤 식으로 허용하는가?"(Lucchesi, 2015: 14~16). 우선 학생들이 수업 자료 및 텍스트를 접하는 방식을 고려해야 한다. 강의와 슬라이드쇼는 학습을 위한 유니버설 디자인 원칙을 기준으로 설계될 수 있다. 이런 원칙에 맞추어 강의를 인쇄물 형식으로 제공하고, 시력이 낮은 학생들이 슬라이드쇼의 색상 구성과 이미지를 볼 수 있는지 확인해야 한다. 가능하다면 여기에 더해 학생들이 자신의 지식을 입증하는 다른 방식(예: 다른 매체로 과제 결과물을 제출하는 방법 허용하기)을 제공하면서, 수업에서 다양한 방식으로(예: 수업 중 토론만이 아닌 다른 방식을 통해서) 참여할 기회를 제공할 수 있다. 학기 시작 이전에 이 세 가지 질문을 고려하고, 학생들이 수업에서 마주칠 장애물을 극복할 사전 준비 단계로 브레인스토밍을 거친다면 개별 학생들이 필요하다고 여기는 일종의 조정 방법 등을 예상할 수 있다. 이런 사안을 좀 더 긍정적으로 말한다면 애초에 학습을 위한 유니버설 디자인 원칙을 통합해 수업을 구성할 수 있다. 이 장에서 제시할 수 있는 범위 이외의 사항으로는 제이 덜미지Jay Dolmage가 저술한 놀라운 논문 「유니버설 디자인: 시작하기Universal Design: Places to Start」(2015)를 참조할 것을 권장한다. 내용을 보면 교실 배치, 강의, 그룹 작업과 함께 과제, 시험, 수업 자료 설계에 관련된 안내 정보 등을 포함하고 있다.

유니버설 디자인의 세 가지 원칙 구현

지금까지 학생들이 강의 자료를 이해하고 접근할 수 있고 그리고 읽기 자료 및 기타 수업 자료에 참여할 수 있도록 보증하는 중요성을 확립했

표 2-1 강의에서 다각적 수단 보장하기

텍스트 기반 교과 자료	강의 자료는 사용자를 위해 맞춤 설정되어야 한다. 즉, 사용자가 색상, 대비, 크기를 변경할 수 있도록, 가능하면 강의 자료를 텍스트 형식으로 제공해 자료가 다른 글꼴(예: 난독증 친화 글꼴)로 변환될 수 있어야 한다. 하이퍼링크는 그 링크가 포함하는 내용 일부와 함께 제공되어야 한다.
이미지 기반 교과 자료	이미지는 조작 가능해야 한다(크기, 색상, 대비 변경). 가능한 큰 DPI 이미지(세밀한 해상도 이미지)를 찾아 사용하라. 즉, SVG 이미지를 사용하면 좋다. 색각 이상 학생이 관련 정보를 인지할 수 있는지 아닌지를 확인하기 위해 이미지와 그림을 시험해 보라. 각 이미지에는 캡션과 대체 텍스트가 필요하다. 온라인에서 사용이 가능한 여러 자동화된 접근성 검사기 중 하나를 활용해 자료를 확인하라.
오디오, 비디오 기반 교과 자료	사용자는 오디오 및 비디오 매체들의 타이밍, 속도, 볼륨 조정이 가능해야 한다. 그리고 대체 텍스트를 제공해야 한다. 즉, 비디오는 자막이 그리고 오디오 텍스트에는 대본이 필요하다. 가능하면 촉각 표시기(진동기 등) 또는 장비를 제공하라. 소리 또는 이미지를 묘사나 요약할 준비가 되어야 한다.
강의	접근성 증진을 위해서 스크린 캐스트 또는 멀티미디어 강의를 사용하라. 접근 가능 소프트웨어 추천 등 기타 정보는 제11장을 참조하라.
슬라이드쇼	고대비의 선명한 색상을 사용하고, 색상의 수를 제한하라. 배경에 복잡한 이미지를 피하라. 큰 글꼴을 사용해 읽기 편리하고 표준적 글꼴을 사용하고 글꼴을 자주 바꾸지 말라. 시각적으로 여백 또한 정보 전달 수단이기에 너무 많은 정보를 담으려 하지 말아야 한다.
도서관 방문 실습, 현장 학습	건물, 공간 및 접근 통로 등이 휠체어로 접근 가능한지 확인하라. 소속 기관이 무료 교통편을 제공하는지도 확인하는 게 좋다. 불가항력 문제가 있다면 관련 분야 전문가나 자료를 수업에 참여시키라(또는 학생을 화상 회의를 통해 연결하라). 그리고 기관 내 장애 관련 부서에 염려되는 내용을 제시해 기록에 남기라.

으며, 이제 필자는 〈표 2-1〉, 〈표 2-2〉, 〈표 2-3〉에서 수업 설계 및 실습에 유니버설 디자인 원칙을 구현하기 위한 보다 실질적 정보와 전략을 제공하려고 한다. 여기서 제안은 학습을 위한 국립 유니버설 디자인 센터the National Center on Universal Design for Learning가 제공한 「UDL의 세 가지 원칙 The Three Principal of UDL」이라는 글에 바탕을 두고 있다. 이러한 원칙들은 강의(학생들의 학습), 표현(학생이 실행하는 다양한 표현 수단 방법), 학습 참여(학생들의 동기를 유지하는 방법)를 위한 내용을 포함하고 있다.

표 2-2 표현의 다각적 수단 보장하기

수업 토론	주변 소음이나 다른 음향 사항을 최소화하도록 토론을 조정하라. 불필요한 요인은 불안, 혼란을 유발한다. 수업에서 의사 표현이 힘든 학생에게는 의견을 적어내거나 면담 시간에 대화하거나, 수업에 트위터 연결 또는 회의실(모두 볼 수 있는 벽으로 된)을 사용하라.
수업 활동	수업 활동을 설계해서 학생이 여러 선택 사항 중 고려할 수 있게 하라. 설사 이동성 문제가 있는 학생들의 참여를 위해서 반드시 필수 조건이 아니라도 해당 활동을 통해서 혜택을 받을 수 있게끔 학생의 물리적 이동 상태를 감안하라. 필요한 경우 물리적 장애물을 없애기 위해 교실을 재배치하라.
단계별 과제	학생들의 과제 사례들을 공유하고 가능하면 자세히 작성된 과제 보고서를 적도록 하라. 학생들에게 맞춤법 검사기, 문법 검사기, 텍스트·음성 변환 소프트웨어, 무료 튜토리얼 서비스를 소개하라. 필요하면 학생들에게 강의 내용을 받아쓸 수 있도록 녹음을 허용하라. 양이 많아서 긴 시간을 요하는 과제의 경우 여러 부분으로 나누고, 진행 상황을 공유하고 과제를 마치도록 중간 확인 또는 '목표'를 설정하라. 과제 제출을 위해서 체크리스트를 제공하고 제출 여부를 여러 번에 걸쳐 상기시키라. 과제의 학습 목표 및/혹은 평가 기준을 공유하고, 학생들에게 해당 정보에 접근할 수 있도록 해야 한다.
퀴즈와 시험	일부 학생들은 퀴즈와 시험 완료에 추가 시간이 필요하며, 반면에 다른 학생들은 다른 평가 방식을 요구할 수 있다. 경우에 따라, 면담 시간 동안 다른 방식을 제시할 수 있다(예: 면담 시간 동안 구술 퀴즈를 실시하거나 글쓰기 시험의 전자 매체 제출 등의 대안).
수업 발표	수업 발표 형식에 대해 유연하게 대처하라. 일부 학생들은 교실 등에서 직접 발표하기보다는 영상 자료 '재생'을 선호할 수 있다. 적절한 방식으로 대안을 제공하라(예. 소논문 작성하기, 수업 토론 주도하기, 슬라이드쇼를 이메일로 보내기 등). 학생들에게 상세한 지침을 제공해서 학습 목표를 충족시킬 수 있도록 하라.
멀티미디어 프로젝트	특정 프로젝트(유튜브 영상 등) 중 선호하는 형식이 있다면, 학생들의 관심에 맞는 다른 형식이나 소프트웨어 앱을 선택할 수 있게 허용하라. 학생들이 작업에서 성공을 거둘 수 있도록 미디어 실험실 또는 도서관 워크숍 등 기관의 자원이나 온라인 튜토리얼 등으로 유도하라.

표 2-3 참여의 다각적 수단 보장하기

교과 운영 방안 구성하기	수업 첫날 시간표에 작은 부분이라도 중요한 부분으로서 일부 날짜를 비워두고 학생들에게 해당 날짜에 무엇을 하고 싶은지 그리고 어떤 수업 자료에 참여하고 싶은지 물어보라. 일반적으로는 짧은 메모로서 장애인 관련 언급 내용에만 국한되지 않으면서 어떤 종류의 지원이 가능한지 자세하게 설명하라.
활동 기획하기	교사의 수업 활동은 다양한 역할을 제공해서 학생들이 가장 편안하게 참여하는 방법을 선택할 수 있게 하는데 여기에는 읽기, 쓰기, 그리기, 만들기, 검색하기, 주도하기, 토론하기 등이 포함된다. 학기 초기에 학생들이 참여하려는 활

	동 종류에 관해서 물어보라.
과제 기획하기	과제 중 학생이 선택하는 기회를 제공하라. 최소한 학생들의 관심사를 고려하라. 즉, 여기에는 주제, 형식, 길이, 과제의 시기가 관련된다. 다수의 구조, 방향 및 지침 들을 마주한 학생들이 더 잘 작업을 수행할 수 있도록 상세하고 확정된 '표준' 선택 사항을 제공하라. 성공에 필수적 기술을 확실하게 명시하라. 그리고 여기에는 예로서 조직력, 워드 프로세싱, 웹 브라우징, 데이터베이스 탐색, 자기 평가 등이 포함된다.
교과 읽기 자료	수업 전에 완료할 수 있도록 다양한 장르 및 형식을 갖춘 읽기 자료를 할당하라. 즉, 비소설과 소설, 온라인과 인쇄본, 텍스트와 멀티미디어, '고급'과 '대중'적 텍스트 등을 고려하라. 다양한 배경의 저자들을 포함해야 한다. 교사나 학생 들이 찾은 최신 주제 관련 수업 자료를 통합하는 데 융통성을 갖고 유연하게 대처하라.
교과 수업 시간	각 수업 시간을 하나의 활동에 중심을 두는 것을 지양하라. 가능하면 언제든지 강의, 토론, 수업 활동을 함께 조합하라. 수업 시간이 길다면 휴식 시간을 미리 정하라. 학생들이 산만해 보이면 현재 수업 시간 중 이야기하려는 또는 현재 진행하는 주제가 어떤 것인지 질문해 보기를 고려하라.
수업 밖 활동 수행하기	학생이 언제, 어디에 있든지 면담 시간에 유연하게 대처하라. 즉, 화상 면담(스카이프(Skype)) 또는 채팅(CMS 또는 구글 행아웃(Google Hangout) 활용)을 제공하는 방법도 좋을 것이다. 학생들이 면담 시간을 활용하도록 동기를 부여하려면 수업과 관련된 학생들의 관심사(정확히 할당된 자료에만 제한되지 않음)를 논의할 수 있음을 공지하라.

접근 가능한 자원 제공

유니버설 디자인이 제공하는 이점들에도 불구하고 본질적 측면에서 접근성에 대한 중요한 장벽을 언급하지 않고 있는데, 즉 자원 결핍이 여기에 해당한다. 필수 자금, 장비, 공간 확보의 난관들은 극복 자체가 불가능한 장애물이 아니지만, 디지털 인문학 교과 과정에 심각한 난제이다. 고등 교육 강사들 모두가 카네기 멜론Carnegie Mellon에서 지정된 '연구 집약적' 기관의 원천 자료에 접근이 허용되지는 않는다. 그리고 고등 교육에 대한 공공 투자 감소를 보여주는 지금의 현상과 더불어 광범위하게 퍼져 있는 '교과 강사의 부수화'(시간제 또는 비정규직 강사진 의존) 현상은 심지어 강사들조차 기본 연구 및 교육에 필요한 장비 유지를 상당히 벅차게 만든다. 학생 중 여러 사람이 역시 가정 형편이 어렵고 학자금 대출로 개별적 부담을 안고 있다. 이러한 문제의 비중을 경시하지 않을지라도 해당 결핍 상황들을 극복하기 위한 기본적 전략을 제공하려 한다.

첫째로 미셸 프리드너Michele Friedner, 리베카 산체스Rebecca Sanchez, 마라 밀스Mara Mills가 지지하는 '플랫폼 단순화'를 고려해 보라. 이 연구자들은 장기적으로 접근성 문제를 다루는 학생들과 교사들이 이미 최소주의와 텍스트 기반 기술들을 선호한다는 점을 관찰했음을 알 수 있다. 학생들이 이메일 계정, 리스트서버Listserv,[5] 외형적으로 단순화된 다른 형식 등을 통해 수행하도록 하면서 학생들이 사용하는 문체나 말투를 허용하고, 물리적 형태, 복잡한 서식, 혹은 대량 크기의 파일 등을 요구하는 이상으로 더 빠르게 그리고 더 자주 놀라운 (앞에서 언급한 일 처리 방식들의) 교류가 가능하다. 둘째로 교육자가 최소주의적 기술을 선택할 수 없는 경우 학생들이 다른 수업이나 교실 바깥 생활 속에서 도움이 될 과제 그리고 플랫폼을 선택하라. 그러면 이와 같은 디지털 학습 경험을 통해서 느낄 정서는 학생들(또는 교사들)의 역량이나 또 다른 개인적 원천 자원에 관련된 부담보다는 오히려 혜택이 될 수 있다.

셋째로 교육자가 특수한 필요성을 가진 학생들의 요구가 있다면 조정 과정을 적용한 기술에 대한 접근을 확실하게 제공해 도움을 줄 수 있도록 하라. 약간의 창의성과 상당한 유연성으로 이미 사용할 수 있는 자원과 장비를 활용해 앞서 언급한 행위를 실행할 수 있다. 필자가 제1장에서 설명했듯이 이와 같은 교육 수행은 오픈 액세스 교육 자원이 진정으로 빛을 발한다. 즉, 학생들이 어떤 종류이든 디지털 기기에 접근할 수 있으면, 그들은 수업과 직접적으로 관련된 양질의 자료에 접근할 가능성이 높아진다. 대부분의 디지털 인문학 활동에는 인터넷에 연결할 수 있는 공유 기기가 있다. 잘 갖추어진 컴퓨터 실습실이 있다면 정말 좋지만, 교사용 컴

---

5   이메일을 기반으로 하는 다수의 사용자가 속한 목록에 메시지를 보내는 서비스.

퓨터와 몇 개의 학생들 스마트폰 또는 노트북으로 이 책에서 언급하는 학습, 교육 활동 대부분이 충분하다고 볼 수 있다.

다중 지능에 대한 관심 갖기

1970년대 이후로 다양한 '학습 유형'이 급격히 증가, 확산했으며, 당시의 사회 심리학자 데이비드 콜브David Kolb는 학생들의 학습 극대화란 모든 두뇌가 같은 방식으로 작동하지 않는다는 사안을 인정하는 의미로서의 개념을 널리 유행시켰다. 콜브에 따르면, 어떤 학생들은 직접 경험을 통해 최상의 학습을 보여주지만, 반면에 또 다른 학생들은 규격화된 실험에서 뛰어난 형태를 보여주고, 또 다른 학생들은 토론을 통해서 그리고 또 다른 이들은 추상적 반추식 사고를 통해 배우는 능력을 잘 보여준다. 다른 학습 유형들은 학생을 분류할 수 있는데 공부하는 방법과 어려운 교과 과정을 학습하면서 견디도록 동기를 부여하는 유형, 정보를 유지하는 방법의 유형, 이상적인 공부 환경을 형성하는 방법을 따르는 유형 등으로 나눌 수 있다. 가장 널리 알려진 '학습 유형' 체계는 VARK 모델로서 학생들을 시각 학습자, 청각 학습자, 신체 학습자, 사회적 학습자로 구분하고 있다(Fleming and Mills, 1992 참조). 학습 유형의 개념은 대중적으로 수용되었으며, 학생들이 배우는 방법을 반영하고 아울러 실습, 실행 관행을 인식하도록 돕기 위한 도구를 제공한다.

그렇지만 이러한 모델 등은 과학적으로 검증될 수 없고, 최선으로 본다고 해도 해당 모델들이 식별하는 범주들이 실제로 더 나은 시험 결과나 교과 과정 내용에 대한 고차원적 반영에 관련된다기보다는 도리어 학생들의 **선호도**를 묘사하는 것에 그친다는 사실이다(Willingham et al., 2015; Khazan, 2018 참조). 학습 유형 체계의 가장 큰 단점은 학습자가 단일 범주에 들어맞는다고 가정하는 점이다. 반면에 하워드 가드너Howard Gardner의 다중 지능 체계 이론은 모든 학습자가 최소한 여덟 가지 지능, 즉 시각-공간적·신체-운동적·음악적·언어-언어적·논리적-수학적·대인적·자기 성찰적·자연적 지능을 가지고 있다고 제안한다. 이러한 지능의 구축은 창의성과 성찰을 촉진하는 신경망 연결 구조를 더 많이 생성한다. 분명히 학생들은 여러 양식 중 특정한 것을 특화하지만, 이러한 과정으로 인해서 학생들이 또 다른 양식에 접근하지 못한다는 사실을 의미하지는 않는다. 교육자로서 필자는 '학습 유형'보다 이러한 접근 방식을 더 선호한다. 그 이유는 이 방식이 학생 모두에게 수많은 종류의 지능을 개발하도록 장려하며, 그들이 편안한 영역에 안주하는 상황을 허용하지 않기 때문이다. 어떤 방식으로든 디지털 인문학은 자체적으로 다양한 지능의 상호 교차 과정이며, 음악적·대인적·자기 성찰적·시각-공간적·언어-언어적 지능에 연관된 방법과 및 통찰이 논리적-수학적 지능에 연관성이 큰 방법 및 도구와 상호 교차를 거친 혼합 결과로 볼 수 있다.

디지털 인문학에서 흔히 볼 수 있는 수행을 통해 학생들에게 다양한 지능을 활용하는 접근을 북돋우는 데 몇 가지 기본적인 방법들을 다음처럼 제시할 수 있다.

① 학생들이 가장 즐기는 지능 양식에 따라서 그들이 수업의 특정 일부분을 조정하도록 허용한다(예: 학생들이 선호하는 접근 방식으로서 소규모 그룹 토론을 선택하거나 대체 최종 프로젝트를 제출하는 등).
② 가능한 많은 양식으로서 유도할 수 있는 그룹 활동과 과제를 생성하면서 학생들에게 자신의 개인적 양식 선호에 들어맞는 기여는 물론 어떻게 학생들이 그렇게 했는지 다른 학생들에게 자세히 설명하게 하고, 학생 동료 그룹 일원으로부터의 배움을 통해 다른 양식 등을 발전시키는 기회를 부여한다.
③ 학생들에게 강의, 토론 및 수업 활동뿐만 아니라 수업 텍스트와 다른 자료를 의도적으로 다양화한 다른 양식을 격려하라. 교사들이 종종

수업 시간을 강의, 대규모 그룹 토론, 소그룹 토론, 오디오/비디오 시청, 자유롭게 쓰기 등으로 분류해서 조성하듯이 수업 중 다른 시간에는 다른 지능 양식에 대한 할애가 가능하다.

〈표 2-4〉에서 필자는 다양한 학습 양식을 융합하기 위해서 덜 공식적인 방법을 제공하면서 앞서 언급한 다중 지능을 개발하는 개별 활동과 과제를 만드는 방법을 공유하고 있다. 이러한 요소들 사이의 균형을 추구하고, 일반적인 교수법으로는 흔히 활용되지 않는 양식을 통해 수업 내용을 탐색하기 위해서 디지털 도구를 사용하라(온라인 수업 설계에서 동기성과 비동기성 요소 등의 균형을 유지해서 사회적 그리고 독립적 학습을 통합하는 방법을 설명하는 〈표 12-5〉 참고).

개별 사례에 대한 정책 조정

수업의 설계 단계부터 이미 유니버설 디자인 학습 원칙을 통합하기 위해서 많은 작업을 했지만, 각 수업이 시작될 때 수업 내용 그리고 해당 과제를 더 유용하게 만드는 방법을 학생들에게 제안하는 것은 긍정적 방법이다. 학생들이 면담 시간에 어떤 편의가 필요한지 논의를 위한 요청 이외에도 필자는 수업 첫날 학생 정보를 수집하기를 바란다. 이때 정보를 보면 학생들이 취미, 학업적 관심사, 수업에 대한 기대 사항 등의 정보를 작성하는 형식이다. 그리고 양식 끝에 마지막 질문은 항상 "수업 텍스트에 접근하거나 활동에 참여하고 과제를 완료하는 데 장애가 될 만한 요인이나 도전 사항 등을 예상하는가? 그렇다면, 선생님이 도울 수 있는 전략이나 조정 방법이 있는가?"라는 내용이다. 이 질문들은 개방적이어서, 학생들이 무엇을 공유할지, 어떤 용어를 사용할지, 어떤 조정을 요청할지 등에 대해서 스스로 선호도를 따를 수 있다. 수업에 포괄적인 실천을 구현하

표 2-4 다중 지능에 기반한 과정 개선을 위한 아이디어

지능 양식	이상적인 활동 및 과제	일반 전략
시각-공간	디지털 맵핑 프로젝트를 할당하라. 학생들을 시각화 스튜디오나 캠퍼스의 3D 프린터실로 데려간다. 학생들이 이미지를 주석 처리하게 하고, 특히 접근성을 위해 대체 텍스트(alttext)를 추가하도록 한다. CAD(컴퓨터 지원 설계) 또는 3D 모델링 소프트웨어를 활용한다(중요하다면 싱커캐드(Tinkercad)나 마인크래프트(Minecraft)를 시도해 본다). 학생들에게 논리적으로 일관된 정보 제출을 만들고 전달할 수 있는 웹사이트를 디자인하도록 요구한다.	강의 자료에 많은 이미지를 삽입한다. 수업 중에 이미지와 비디오 클립을 보여준다. 학생들에게 학습 공간의 배치에 대해 성찰하게 한다. 플리커(Flickr)나 구글 이미지 검색과 같은 이미지 저장소 또는 콘텐츠로의 시각 중심 웹사이트를 보여한다. 학생들에게 UI/UX 디자인(사용자 인터페이스/사용자 경험 디자인)의 기초를 소개하고, 강의 자료가 UI/UX 디자인의 원칙을 따르도록 한다.
신체-운동	학생들이 물리적 컴퓨팅을 통해 대상 결과물을 만들기 유도한다. 예로서 착용 가능한 e-섬유 기술(릴리패드(LilyPads)), 종이 회로 또는 단일 보드 마이크로컨트롤러(라즈베리파이(Raspberry Pi))와 상호 작용하게 만들 수 있다. 그리고 캠퍼스의 극장, 체육관, 스포츠 경기장/스타디움을 방문해 기술이 역할을 논의하는도록 한다. 관련 교수, 코치 또는 직원이 참여할 수 있으면 더욱 좋다.	수업과 관련된 3D 모델이나 입체 물체를 가져와 학생들이 직접 다루는 기회를 부여한다. 인터넷과 컴퓨팅의 물리적 측면을 인식하게 한다. 문해가 가능한 안전한 컴퓨터 부품이나 장치를 제공해 학생들이 스마트폰이나 노트북 내부를 '직접 볼 수 있게 한다. 또한 학생들이 문자 메시지를 보낼 때 혹은 게임을 할 때 기계를 조작하기 위해 자신들의 몸을 어떻게 사용해야 하는지 직접 시연하거나 이야기하도록 풀어간다.
음악	오더시티(Audacity), 개러지밴드(GarageBand) 또는 가상 MIDI 컨트롤러를 사용해 음악이나 사운드스케이프를 작곡한다. 사운드 파일을 변형하는 실험을 해본다. MEI-XML(Musical Encoding Initiative-XML)로 음악을 인코딩한다. 렌더포레스트(Renderforest(웹 브라우저용)), VSDC(PC용), 프로젝트M(ProjectM(모바일용))과 같은 음악 시각화 도구를 활용한다. 음악 하걸을 방문해 녹음 및 믹싱 시설을 들러본다.	교실에서 발생하는 주변 소음(특히 휴대전화, 컴퓨터, 스피커 등에서 나는 소리)에 주목한다. 청각 환경과 관련된 학습 습관에 대해 토론한다. 수업 중에 배경 음악을 틀거나 감시 쉬는 시간으로 음악을 듣는 활동을 한다. 음향 기술의 역사(예: 최초의 '발성 영화'나 전자 키보드, MP3와 WAV 같은 다양한 오디오 형식)에 대해 성찰한다. 이를 통해 청각 환경이 학습과 생활에 미치는 영향을 탐구하고, 과거와 현재의 음향을 비교해 볼 수 있다.

지능 양식	이상적인 활동 및 과제	일반 전략
언어-언어	학생들에게 수업에서 텍스트 기반 자료를 선택해 이를 디지털화하거나 인코딩하도록 한다(즉, 디지털 에디션 과제를 가르친다). 트와인(Twine)이나 트레이서리(Tracery)를 통해 디지털 스토리텔링을 활용하거나 자연어 처리 작업을 한다. 학생들에게 코드의 일부를 일상적인 언어로 '변역'하도록 요청한다.	소프트웨어 세계에서 로마 알파벳의 지배적인 위치에 대해 논의하고, 특히 유니코드의 역사를 공유한다. 이야기 방식을 논증의 한 형태로 제안하고, 문자 기술의 역사를 고대의 세금, 두루마리, 인쇄기에서부터 타자기, 워드 프로세서 그리고 텍스트 편집기에 이르는 기술적 발전을 토대로 분석한다.
논리-수학	학생들에게 데이터베이스나 스프레드시트를 활용하는 과제를 부여하고, (논리적 과정을 공식적으로 설명하고 문서화하는) 기술적 글쓰기나 과정 글쓰기를 할당한다. 또한, 학생들에게 특정 기술이 역사를 주석하거나 그 미래적 영향을 가정해 비판적으로 분석하도록 한다. 마지막으로, 학생들이 동료 학생이나 가족 구성원의 기술 사용과 관련된 데이터를 설계, 수집, 분석하는 과제를 수행하게 한다. 이러한 활동을 통해 데이터 분석 능력과 기술이 사회적 영향을 이해하는 능력을 기를 수 있다.	학생들에게 정규 표현식을 사용해 문서와 스프레드시트를 효율적으로 편집하는 방법을 가르친다. 현대 사회에서 알고리즘의 중요성에 대해 논의한다. 보이언트 툴을 사용해 강의 자료를 워드클라우드로 시각화하거나, 텍스트텍스처(TextTexture), 오노도 (Onodo), 또는 제피(Gephi)를 사용해 네트워크 시각화로 자료를 분석한다. 또한 코드 스니핏(code snippet)을 통해 다양한 프로그래밍 언어에서 사용되는 추상적 기호들의 생활과 패턴을 조사한다. 이를 통해 학생들은 코딩과 알고리즘이 현대 생활에 미치는 영향을 더 깊이 이해할 수 있다.
대인	모든 활동이나 과제를 협력적으로 진행하도록 한다. 학생들에게 국가적·지역적 혹은 가족사의 요소들을 주제로 디지털 전시회를 만들도록 한다. 이 과정에서 각자 역할을 나누어 자료를 수집하고 분석하는 방식으로 협업을 독려한다. 그리고 학생들이 디지털 도구 온라인에서 저명한 예술가나 공인에게 직접 연락해, 그들의 작업에서 어떤 역할을 하는지 질문하도록 지도한다. 이 과정을 통해 학생들은 역사적 주제뿐만 아니라, 기술이 현대 창작 활동이나 공공 이미지 형성에 미치는 영향을 더 깊이 이해할 수 있게 된다.	소셜 미디어의 플랫폼, 메시징 도구, 데이터 애플리케이션에 대해 비판적으로 성찰하는 시간을 갖고, 기술적 매개가 인간관계에 어떤 영향을 미치는지 점무한다. 생각하기-짝짓기-공유하기(Think-Pair-Share)방식을 사용해 학생들이 자신의 수건 분야와 관련된 기술적 논란이 대해 토론하게 한다. 또한 학생들이 프레젠테이션 기술을 통해 서로에게 새로운 개념을 가르칠 수 있는 기회를 제공한다. 이를 통해 학생들은 기술이 사회적 관계와 의사소통 방식에 미치는 영향을 깊이 이해하고, 비판적 사고와 협력적 학습을 강화할 수 있다.
자기 성찰	학생들에게 디지털 기술과의 관계에 대한 글 작성을 유도한다.	수업 중간에 장치를 끄고 조용히 성찰하는 시간을 마련한다. 수

지능 양식	이상적인 활동 및 과제	일반 전략
	그룹은 자신의 기기와 정체성이 어떻게 연결되는지, 그리고 그룹이 사용하는 디지털 기술이 특정 집단에서 독특하거나 전형적인 지를 성찰해야 한다. 이 과정에서 디지털 기술 사용의 긍정적 또는 부정적 영향을 탐구하게 한다. 예를 들어, 과도한 소셜 미디어나 사용이 정신 건강에 주는 부담을 고민하거나, 온라인 학습 도구가 학업 성과에 어떻게 기여했는지를 평가할 수 있게 된다.	앞 시간 동안 개인적인 자유 글쓰기, 브레인스토밍, 또는 개념 맵 작성을 위해 시간을 할애한다. 학생들에게 어떤 개념 앱과 기기를 공유하게 하고, 이러한 기술들이 우리의 자아 인식, 혼자 있을 수 있는 능력 그리고 자기 관리 전략에 어떻게 영향을 미치는 지에 대해 토론한다. 이를 통해 학생들은 디지털 장치가 정신적·정서적 삶에 미치는 영향을 더 깊이 이해하고, 균형 잡힌 기술 사용에 대해 생각할 수 있는 기회를 얻을 수 있다.
자연	학생들에게 스마트폰을 사용해 주변 환경에서 비인간적 특징 (예: 자연물, 동물, 사람)을 기록하게 하고, 필터, 확대/축소 등의 이미지 조작을 통해 사진을 변형해 보도록 하라. 그런 후, 이미지 조작이 자연 생물이나 사람과의 거리를 더 가깝게 하거나 멀어지게 만드는 방법을 분석하게 하라. 또한 인터넷 시각 문화에서 고양이와 개가 지배적인 이유에 대해 글을 쓰게 하고, 동물을 분류하듯 디지털 현상을 분류하는 프로젝트를 수행하게 한다. 이 과정에서 디지털 문화와 자연 세계에 대한 깊이 있는 성찰을 이끌어 낼 수 있다.	자연과 기술 사이의 명확한 이분법 대립에 도전한다. 학생들에게 기술적 매개가 그들의 비인간적 세계 경험에 어떤 영향을 미치는 지 성찰하게 한다. 학생들이 전자 폐기물과 관련 개념들(예: 미디어 고고학과 인류세)에 익숙해지도록 한다. 엔드리아 IV(Andrea IV), 우지(Uji), 포지스(Forces), 대런 커닝엄(Darren Cunningham)과 같은 예술가들의 EDM 및 에코 그라임과 같은 새로운 장르로 표현된 자연 세계와 관련된 전자 예술을 감상하거나 상영할 수 있다.

고 선택하는 가장 간단하면서도 가장 효과적인 방법 중 한 가지는 학생들이 교사에게 필요로 하는 것을 이해하기 위해서 열린 대화를 통해서 노력하는 것이다. 개별적 대화와 개방적 대화를 앞서 언급했던 유니버설 디자인 원칙 중 일부와 결합함으로써 학생을 위해 수업이 향상하도록 노력하고, 특정적이면서 일반적인 모든 학생의 요구 사항을 보장하는 개요가 이 책에 제시되고 있다.

수업 시간 동안 학생들의 신체적 안전에 연관된 책임과 시민으로서 역할을 인식하기 위한 또 다른 제안으로서 기본 응급 처치나 심폐 소생술 CPR 과정을 수강하고(직접 또는 온라인으로), 비상시에 교내 서비스 전화번호를 쉽게 이용할 수 있어야 한다. 이것은 기술적인 제안은 아니지만, 수많은 강사가 간과하는 사항이며, (여러 유사 직업에서 이러한 훈련을 요구함에도 불구하고) 학교에서 일반적으로 요구하지는 않지만 그래도 여전히 유용하다. 응급 처치 기술을 사용하거나 소방서에 전화하지 않기를 바라지만, 이처럼 예기치 못한 문제가 어쨌든 발생 가능성이 있음을 인지하는 태도를 가진다면 이와 같은 비상 상황에 대처하기 위한 준비를 할 수 있을 것이다.

끝으로 예측 가능하거나 또는 불가능한 방향으로 학생들이 수업에서의 생산성을 반드시 방해하는 만성 질환을 겪고 있다는 것을 기억하라. 아이메 햄래이(Aime Hamraei, 2020)가 지적했듯이 여러 장애가 학생들의 계획과 일정에 다른 학생들과 유사한 영향을 미친다. 결과적으로 햄래이는 학생들이 수업 토론에 참여하는 방식 형태를 더욱 유연하게 취하도록 제안하고 있다. 즉, 아마도 비동기적으로 조정하거나, 마감일을 유연하게 하거나, 노트나 토론 질문으로 대체할 수 있다. 이처럼 수업에 반영된 수동적 방식 혹은 적극적으로 "일상적인 학업 생활의 설계"(Hamraei, 2016: 261)로 변화를 재고함으로써 학생들의 지적 성장에 필요 없는 장애물을 제거해야 한다.

개인 정보 보호, 안전성 및 계정 관리

디지털 인문학의 상호적·공동체적 속성으로 말미암아 학생들은 다른 인문학 수업에서는 마주치지 않을 불편함 또는 위험에 노출될 수 있다. 인터넷에 작업물 게시부터 프로젝트를 위한 자료 수집에 이르기까지 디지털 인문학 학생들(그리고 과제 완성물)은 종종 교실을 벗어나 순환하면서 종종 여러 사람의 시야에 노출된다. 온라인 익명성, 안전, 평등한 기회 등의 고려가 수업 목표를 달성하는 동시에 위험 최소화에 도움을 줄 수 있다. 온라인 괴롭힘에 노출된 경우 대체 과제를 제공하고, 극단적인 경우 발생 시에는 대처 메커니즘 정보는 물론, 가능한 법적 대책을 준비해야 한다. 결과적으로 학생들에 대한 편견 또는 괴롭힘 언어 사용을 피하기 위해 노력해야 한다. 온라인 폭력 방지 및 대처를 위해서 추가적 조언을 위해서 펨테크넷FemTechNet의 온라인 폭력 해결 센터Center for Solutions to Online Violence를 상담에 활용하라.

이러한 상식적 조치를 넘어 국가 및 기관 수준의 관련 정책, 법률 및 규칙을 알아두는 게 좋다. (학생들이 마주할) 위험을 최소화하기 위한 교사로서 소속 기관 책임에 대해 알아보면서 아울러 기관이 제공할 수 있는 자원을 알아두어야 한다. 수업 계획서에 평등한 기회, 안전한 공간, 포용, (미국의 경우) 제9조Title IX[6] 준수에 대한 문구 첨가를 고려하는 것도 좋을 것이다. 미국에서는 교육 기록에 대한 접근을 관리하는 FERPA(가족 교육권리 및 개인 정보 보호법)가 학생에 관련해서 공개가 허용된 정보의 종류를 제한한다. 디지털 인문학에서 이러한 법은 학생들이 공개 블로그에 자료 공개로서 기여도를 보이거나 기관 저장소에 학업 결과를 게시할 때면 보편적으로 중요성을 갖게 된다. 듀크 대학Duke University의 저작권 및 학술 교

---

6   소위 '타이틀 나인'이라 불리며 1972년 제정된 미국 교육 개정법 제9조를 말한다. 미국 교육에서 성차별을 금지한 최초의 법으로 알려져 있다.

류 책임자인 케빈 스미스Kevin Smith는 "FERPA는 어디에 적절한가?"라는 게시글에서 학생 개인 정보 보호를 보장하기 위한 구체적인 전략을 권장하고 있다. 스미스는 다음과 같이 쓰고 있다.

첫째로 학생들은 이 요구 사항을 사전에 알고 있어야 하며, 수업을 듣지 않을 선택권이 있을 때 수업 계획서를 통해 알려져야 한다. 둘째로 학생들이 가명을 사용해 참여할 수 있는 조치가 마련되어야 하며, 이는 FERPA와 관련한 모든 문제를 명확하게 해결할 것이다. 그리고 셋째로 어떤 이유로든 공개적으로 작업을 하고 싶지 않지만, 정말로 수업을 들어야 하는 학생을 위한 대체 과제가 마련될 수 있도록 제안했다. 물론, 교사들은 그러한 이유의 타당성을 평가하고, 공개 작업에서 얻을 수 있는 교육적 이점을 고려하며, 가명 사용이 충분한 해결책이 아니라고 제시된 이유를 평가할 권리가 있다(Smith, 2015. 2. 23, par. 7).

미국이 아니어도 그리고 공개 블로그에 게시하는 학생들이 없다손 치더라도 위 내용은 도움이 된다. 단순히 학생들에게 수업 트위터 스트림에 참여하도록 요청한다고 해도 개인 정보를 보장하기 위해서는 위의 권장 사항을 준수해야 한다. 학교가 다르다고 해도 특히 디지털 인문학에 관련되면 추가적인 특정 국가별 개인 정보 보호에 대한 고려가 있어야 할 것이다. 또한 필자는 특정 기관의 개인 정보 보호 규정과 함께 해당 지역에서 따르는 법적 규정을 확인할 것을 권장한다.

예를 들어 캐나다에서는 추가할 두 가지 중요한 사항들이 있다. 그중 하나가 캐나다 소재 교육 연관 기관 대부분이 공적 자금으로 운영되어서 연방 개인 정보 보호법의 적용 대상이라는 점이다. 지역에 따라서 추가로 개인 정보 보호 규정 등이 존재한다. 두 번째로 디지털 도구를 교육에 더 많이 통합하고자 시도할 때는 고려할 사항으로 캐나다 법률이 개인 정보를 미국 서버에 저장하는 행위를 금지한다는 점을 알고 있어야 한다. 이것은 여러 사람이 정기적으로 사용하는 드롭박스Dropbox, 구글 드라이브 Google Drive 등 디지털 저장 솔루션을 포함하며, 그 대안으로서 현재는 수적으로 증가 추세를 보이는 캐나다 클라우드 서버의 선택, 활용이 있다.

신체적 안전에 관해서 보자면 컴퓨터 실습실에 들어가거나 현장 학습, 자료 수집 탐사 등을 학생들에게 요구할 때 상식적으로 생각해야 한다. 신체적 위험이나 다른 접근성 장벽을 분별 및 확인을 위해서 해당 장소에 사전 방문 및 전화 연락으로 명확한 문의를 통해서 학생들의 부상이나 접근상의 문제 등을 포함해 최악의 상황을 상정하고 이러한 사건들이 발생 위험성을 최소화하는 전략 방법을 고안해야 한다. 학생들이 교실 외부의 공간 방문을 요구하기 이전에 먼저 주의 깊게 생각하고, 이런 결정은 동행이 있거나 그룹을 구성해 일을 진행하는 편이 나을 것이다. 실습실 구성에도 특별한 고려가 필요하다. 때로는 아주 적은 예산으로 구축되고, 제대로 설계되지 않은 공간에 기계를 밀어 넣고, 이후 계속해서 해당 기계들을 재구성 또는 재배치하는 것이 과연 모든 학생이 안전하게 구축된 실습실에 들어갈 수 있는지 사전에 확인해야 한다. 학교에 과학 실험실에 있다면 취할 동일한 안전 예방 조치를 상기시켜야 한다. 특정 공간에 출석하지 않거나 사생활 또는 안전을 이유로 해당 공간에 가기를 거부하면 그들에게 과제의 학습적 목표를 충족시키는 대체 활동을 제공하거나 아니면 학습 활동을 재설계해 모든 학생이 안전하게 참여할 수 있도록 상황을 고려하라.

안전 기준 측면에서 학생 요구 사항의 검토는 평등한 기회의 고려를 포함해야만 한다. 여성, 성 소수자, 유색 인종 학생 등은 다른 학생들이 겪지 않는 위험에 직면할 수 있으며, 교과 과정 요구 사항들과 교과 활동들이 앞서 언급된 학생을 노출할 수 있는 위험 등을 염두에 두어야 교육자 책임을 다하는 것이다. 결국에 성별, 성적 지향, 계급, 인종과 같은 정체성의 표지標識 기준들이 화면으로 소통이 시작되면 결코 사라질 수 없다. 예를 들면 킴 나이트(Kim Knight, 2014: 413)는 "디지털 미디어는 인종적 의미가 구축되는 한 가지 방법이며 도전을 요구하는 방법"으로 설명하고 있다. 때로 디지털 기술이 전반적으로 긍정적인 힘으로서 보고, 실제로 이 책은 그러한 입장의 유용성을 낙관적으로 바라보는 견해에 기반을 두고 있지만, 사실 수업 계획, 활동, 과제를 설계하고 수업을 진행할 때 디지털 미디어가 긍정적인 요소가 되기 위해서는 평등한 기회를 고려할 수 있어야만 그러한 상태를 기대할 수 있다. 그리고 학생들의 특별한 도전들이 신체적이나 심리적 장애 혹은 특정 상황에서 그들을 취약하게 만드는 정체성 범주 등을 포함하든 아니든 상관없이 가상 공간이 실제 물리적 공간과 마찬가지로 중요하다는 점을 기억해야 한다. 학생들이 가명을 쓰거나, 소속 기관 계정이나 개인 계정과는 직접적·영구적 연결이 불가능한 일회용 이메일 계정을 활용하거나, 개인 기기 또는 개인적 사항(예: 프로필 작성이나 사진 게재 등)의 공유를 거절하는 방식을 토대로 학생 자신의 개인 정보 보호에 주의하도록 상기시켜야 한다. 교과 과정에 확실하게 초점을 맞춘 활동과 과제의 설정함으로써 학생들이 온라인에서 개인 정보 공유에 대한 강제적인 요구를 받는 압박 상황을 최소화하라. 교과 수업에 정말로 필요한 사항이 무엇인지 평가하고 나아가 학생들이 자신에 관해 요구된 수준 이상으로 공유하기를 기대 또는 요청하지 않아야 한다.

어떤 기관이든지 일반적인 포용 원칙들을 고려하되 소속 기관 전 학생의 특정 요구에 대응할 수 있어야 한다. 모든 기관은 약간의 차이를 보이는 일련의 학생 집단을 대상으로 하고 있으며, 이것이 의미하는 요점은 교육자의 관점에서 말하자면 소속 기관 외부에서 인터넷으로 안정적 접근이 불가능한 학생, 비싼 스마트폰을 살 만한 실소득이 없는 학생, 정규직으로 일하거나 가족의 생계를 책임지는 학생, 기술을 대하는 태도가 디지털 인문학 교육의 암묵적인 대상으로서 특권층에 일치하지 않는 문화권 출신 학생을 상대할 때에는 각 학생들에게 디지털 인문학 프로젝트 접근의 기회를 열어줄 수 있게끔 창의적으로 대처해야 한다. 따라서 사용해야 하는 프로그램의 수, 접근해야 하는 장비의 수, 가입해야 하는 온라인 계정의 수에 관한 제한을 권한다. 학기 내내 하나의 무료 소프트웨어를 반복 사용해서 다양한 프로젝트에 창의적으로 활용할 수 있는 프로그램을 선택하라. 더 나은 방법은 학생들이 또 다른 수업, 개인 생활, 진로에서는 물론이고, 향후 잠재적 사용을 기반으로 디지털 인문학 프로젝트와 사용할 장비를 선택하는 것이다. 그렇게 한다면 학생들이 단일 과제를 위해 반드시 난관을 극복하지 않아도 무방하며, 대신에 새로운 디지털 기술을 습득하는 더욱 광범위한 혜택들을 강조하게 될 것이다.

단 한 사람만 장비나 소프트웨어가 필요한 여건 속에서 그룹 단위 작업을 할당하는 것은 개별 학생의 부담을 줄일 수 있지만, 내장 브라우저 앱에 중점을 두면 스마트폰이나 노트북 등 장비가 필수적이지는 않음을 의미하기도 한다. 일부 경우에서 학생들이 수업 외부에서 기술에 과하게 의존해 과업을 손쉽게 완수할 것이라는 가정보다는 근본적으로 교실 중심 수업에 반드시 의존해야 할 수도 있다. 비록 상대적 특권을 누리는 기관에서 가르치거나 수업에 등록한 학생들이 디지털 기술에 접근하는 데 어려움이 있는지 확실히 알지 못한다고 할지라도 이와 같은 (기술 의존 감소) 전략을 고려할 수 있다. 어쨌든 이러한 전략은 학생들이 서로 협력하고, 그들이 항상 가장 비싼 장비나 가장 빠른 인터넷 연결을 갖추고 있지 않아도 기술을 이용하는 방법들을 확인시켜 준다. 게다가 앞서 제기한 전략들은 소속 기관이 제공할 수 있는 것을 더 많이 익히기 위한 이상적 상황의 제공은 물론 기관의 원천 자원을 확장하는 기회까지 제공해 줄 수 있다.

결론

고등 교육에서 접근성 문제에 대한 논의는 때로 강제적·인위적·관료적 느낌을 줄 수 있다. 법적 요구 사항, 지역적 필요, 기관 예산에 의해 가해지는 압력에서의 복잡함은 종종 혼란스럽고 불충분하거나 겉보기에 임의적인 일련의 권장으로 귀결된다. 그러나 그 핵심에서 '접근성 보장'이라는 문구는 단순히 학생 모두의 필요를 충족시키려고 노력한다는 점을 의미한다. 그렇게 하기 위해서는 수업 계획부터 다중 모드 학습 측면에서 생각하기 시작하고, 수단·참여·표현의 다양성을 확실하게 보장하고, 학생 모두의 안전과 개인 정보를 보호해야 한다. 여기에 요약된 전략을 사용함으로써 그리고 다음에 제시된 더 읽을거리를 참조해 이를 수행할 수 있다. 그러나 이와 같은 실용적인 조언의 기반은 학생들의 필요성과 처한 상황에 상관없이 수업이 학생들에게 제공할 수 있는 최상의 가능한 경험을 가질 자격이 있다는 가장 근본적인 태도 및 신념이다.

스미스가 FERPA 블로그 게시물의 결론에 제시했듯이 학생의 개인 정보를 철저히 보호하는 것은 "인터넷이 학생 작업을 대한 '금지 구역'이 되어서는 안 된다", 그 대신 "작업과 함께 완수하는 학생들을 주의 깊게 그리고 존중하는 마음으로 바라보아야 한다"(Smith, 2015.2.23: par. 8). 만약에 제프리 매클러큰Jeffrey McClurken의 제안처럼 학생의 개인 정보 보호를 위해 추가해서 주의를 기울이는 상황을 단순히 피하려는 목적으로 공개적 작업을 통합하지 않도록 결심했다면, 학생들의 통찰력을 공유할 기회를 허비할 위험에 처할 수 있다. "가능성 및 안전성을 갖춘 장소에서 학생들의 교과 작업과 의견을 공유하지 않는 것은 정말 아까운 일이다. 인문학이 특별히 심한 공격 대상이 되어 있는 현시점에서 일반적으로 고등 교육의 가치를 위해서 그리고 현재 인문학의 가치를 위해서 주장을 펼치지 못한 채 가만히 있는 현황은 정말 엄청난 낭비이다"(Smith, 2015.2.23: par. 3). 무엇보다도 예견, 준비, 현장에서의 조정에 대한 의지가 있다면 일부 학생들을 결코 무심하게 배제하지 않으면서 학생들이 수행하는 여러 종류의 작업, 방법, 교실을 넘어서 구성한 연결과 관계 모두를 확장할 수 있을 것이다.

더 읽을거리

Absher, Amy. "From Minecraft to Mindcraft: Integrating Digital Humanities into History Courses." Process: A Blog for American History. www.processhistory.org/from-minecraft-to-mindcraft-integrating-digital-humanities-into-historycourses/.

Bain, Keith, Sarah H. Basson, and Mike Wald. 2002. "Speech Recognition in University Classrooms: Liberated Learning Project." *Assets 2002: Proceedings of the ACM Conference on Assistive Technologies*. pp. 192~196.

Brewer, Elizabeth. 2013. "Inclusive Language." *Kairos*, vol. 18, no. 1(Fall), kairos.techno rhetoric.net/18.1/coverweb/yergeau-et-al/pages/comm/lang.html.

Burghstaler, Sheryl E. 2015. *Universal Design in Higher Education from Principles to Practice*, 2nd ed. Harvard Education.

Connell, Bettye Rose, Mike Jones, Ron Mace, Jim Mueller, Abir Mullick, Elaine Ostroff, Jon Sanford, Ed Steinfeld, Molly Story, and Gregg Vanderheiden. 1997.4.1. "The Principles of Universal Design." *The Center for Universal Design*, 2nd ed. www.ncsu.edu/ncsu/design/cud/about_ud/udprinciplestext.htm.

Davis , Lennard J. 2006. *The Disability Studies Reader*. Routledge.

Dolmage, Jay. 2015. "Universal Design: Places to Start." *Disability Studies Quarterly*, vol. 35, no. 2. dsq-sds.org/article/view/4632/3946.

Dunbar-Hester, Christina. 2020. *Hacking Diversity: The Politics of Inclusion in Open Technology Cultures*. Princeton Studies in Culture and Technology. Princeton University Press.

Fleming, Neil D. and Colleen Mills. 1992. "Not Another Inventory, Rather a Catalyst for Reflection." *To Improve the Academy*, 246. https://digitalcommons.unl.edu/podimproveacad/246.

Friedner, Michele, Rebecca Sanchez, and Mara Mills. 2020.8.2. "How to Teach with Text: Platforming Down as Disability Pedagogy," *Los Angeles Review of Books*. http://avidly.lareofbooks.org/2020/08/02/how-to-teach-with-text-platforming-down-as-disability-pedagogy/.

Gardner, Howard. 1999. *Intelligence Reframed: Multiple Intelligences for the 21st Century*. Basic Books.

Goldsmith, Selwyn. 2011. *Designing for the Disabled: A New Paradigm*. Routledge.

Hamraei, Aimi. 2016. "Beyond Accommodation: Disability, Feminist Philosophy, and the Design of Everyday Academic Life." *PhiloSOPHIA*, vol. 6, no. 2, pp. 259~271. https://doi.org/10.1353/phi.2016.0022.

_____. 2020.3.10. "Accessible Teaching in the Time of COVID-19." Critical Design Lab, https://www.mapping-access.com/blog-1/2020/3/10/accessible-teaching-in-the-time-of-covid-19.

Keralis, Spencer and Jonathan Hsy. 2016.1.6. "Universal Design and Its Discontents." *Disrupting DH*. www.disruptingdh.com/universal-design-and-its-discontents/.

Khazan, Olga. 2018.4.11. "The Myth of 'Learning Styles'." *The Atlantic*, https://www. theatlantic.com/science/archive/2018/04/the-myth-of-learning-styles/557687/.

Knight, Kim. 2014a. "Gender Representation." *The Johns Hopkins Guide to Digital Media*. edited by Marie-Laure Ryan, Lori Emerson, and Benjamin J. Robertson. Johns Hopkins UP. pp. 232~235.

_____. 2014b. "Race and Ethnicity." *The Johns Hopkins Guide to Digital Media*. edited by Marie-Laure Ryan, Lori Emerson, and Benjamin J. Robertson. Johns Hopkins UP. pp. 413~417.

Kolb, David A. 2015. *Experiential Learning: Experience as the Source of Learning and Development*, 2nd ed. Pearson Education.

Lucchesi, Andrew. 2015.8.25. "Workshop: Universal Design for the Writing Class-room." *Disability Writes*. disabilitywrites.commons.gc.cuny.edu/2015/08/25/workshop-universal-design-for-the-writing-classroom/.

McClurken, Jeffrey. 2015. "Public." *Digital Pedagogy in the Humanities*. digitalpeda gogy.commons.mla.org/keywords/public/.

Nakamura, Lisa. 2000. "Race in/for Cyberspace." *The Cybercultures Reader*. edited by David Bell and Barbara M. Kennedy. Routledge. pp. 712~720.

Page, Ruth. 2014. "Gender and Media Use." *The Johns Hopkins Guide to Digital Media*. edited by Marie-Laure Ryan, Lori Emerson, and Benjamin J. Robertson. Johns Hopkins UP. pp. 228~231 .

Position Statement on Multimodal Literacies. National Council of Teachers of English

(Feb 2016). www.ncte.org/positions/statements/multimodalliteracies.

Pritchard, Alan. 2013. *Ways of Learning: Learning Theories and Learning Styles in the Classroom*. Routledge.

Riechmann, Sheryl Wetter and Anthony F. Grasha. 1974. "A Rational Approach to Developing and Assessing the Construct Validity of a Student Learning Style Scales Instrument." *Journal of Psychology*, vol. 87, no. 2(July), pp. 213~223. https://doi.org/10.1080/00223980.1974.9915693.

Rose, D. H. and A. Meyer. 2002. *Teaching Every Student in the Digital Age: Universal Design for Learning*. Association for Supervision and Curriculum Development. www.ascd.org/publications/books/101042.aspx.

Samuels, Ellen. 2017. "Six Ways of Looking at Crip Time." *Disability Studies Quarterly*, vol. 37, no. 3(Aug 31). https://doi.org/10.18061/dsq.v37i3.5824.

Shaw, Adrienne and Katherine Sender(ed.). 2016. *Queer Technologies. Critical Studies in Media Communication*, vol. 33, no. 1. www.tandfonline.com/toc/rcsm20/33/1.

Smith, Kevin. 2015.2.23. "Where Does FERPA Fit?" *Scholarly Communications at Duke*, blogs.library.duke.edu/scholcomm/2015/02/23/where-does-ferpafit/#sthash.nKU2oWNB.dpuf.

The Three Principles of UDL. The National Center on Universal Design for Learning(Sept 18, 2014). www.udlcenter.org/aboutudl/whatisudl/3prin-ciples.

"Universal Design Education." *Universal Design Education*. The Center for Universal Design, n.d. http://udeducation.org/udeo/resources.html .

Williams, George H. 2012. "Disability, Universal Design, and the Digital Humanities." *Debates in Digital Humanities*. edited by Matthew K. Gold. U of Minnesota P. pp. 202~212 .

Willingham, Daniel T., Elizabeth M. Hughes, and David G. Dobolyi. 2015. "The Scientific Status of Learning Styles Theories." *Teaching of Psychology*, vol. 42, no. 3(July), pp. 266~271. https://doi.org/10.1177/0098628315589505.

제3장
교과 과정 설계하기

　이 장은 디지털 인문학을 교과 과정에 통합하기 위한 다양한 선택 항목을 예시하고 있다. 여기서 논의하는 사안 대부분은 디지털 인문학과 관련된 내용을 다루는 교과뿐만 아니라 디지털 구성 부문이나 관련 과제로부터 혜택을 받을 수 있는 교과 모두에 적용할 수 있다. 필자는 수업 진행 요목들과 온라인에서 실효성이 있는 자료들을 구성하는 과정에 대한 기본 논의를 필두로 교사가 사용하려는 플랫폼을 요약하고, 이처럼 교과를 운영하려는 이유를 논의하려고 한다. 그런 다음 디지털 인문학을 한 분야로 수업을 진행하는 데 나타나는 장단점을 논의하려고 한다. 그러면서 디지털 콘텐츠를 가지고 수업 계획서를 만드는 데 포함된 구조적 메커니즘과 실질적인 고려 사항을 언급하고, 이러한 제안들을 디지털 실천에 참여 정도에 따라 초급/중급/상급 등 디지털 인문학 방식 활용을 세 등급으로 분류함으로써 교사가 실험하려는 실험의 양적 측면에 어떤 상태이든 상관없이 관련된 제안들을 발견할 수 있을 것이다. 끝으로 필자는 디지털 인문학의 방법, 이론, 과제를 교과 과정에 통합하는 실질적인 의미로써 함의 내용을 고려하면서 수업 목표, 과제 지각 제출에 관한 정책, 접근성 설명문 등과 같은 문제 사항들 전체를 다룰 계획이다.

교과 웹사이트

교과 과정에 디지털 인문학 요소의 포함 여부에 상관없이 다양한 이유로 사용이 가능한 교과 과정 웹사이트를 다수 실제 사용자들이 활용함으로써 디지털 인문학 학습이 풍부해질 수 있다. 당연히 소속 기관의 학습 관리 시스템Learning Management System, LMS(예: 블랙보드Blackboard 또는 캔버스 Canvas 등)을 통해 디지털 방식으로 교과 자료를 제공할 수 있는데, 이것은 학생들의 자료가 안전하게 보호되어서 도움이 된다. 그렇지만 필자가 아는 한에 있어서 학생들은 LMS를 위해서 유용하면서도 보완이 가능한 또 다른 추가 디지털 공간(예: 교과 웹사이트, 패들릿Padlet 게시판, 위키)을 찾으려는 경향을 보여준다. 이들 두 가지 요소의 결합은 성적과 같은 기밀 정보를 안전하게 보관하는 보완성을 갖추면서 반면에 교과 과정에 '공개적인 측면'을 제공할 수도 있다. 신중하게 디자인된 사용자 인터페이스를 갖춘 간단한 웹사이트이라도 학생들이 필요한 모든 것을 쉽게 찾을 수 있도록 하는데 그 이유는 학생들이 워드프레스 또는 유사 플랫폼에서 만든 기본 웹사이트의 검색과 탐색에 이미 능숙하기 때문이다. 스펙트럼의 반대쪽 끝에서 만약 훨씬 더 정교한 기술에 대한 필요가 있다면 교사는 코드를 공유하기 위해 깃허브를 사용할 수 있을 것이다.

교과 과정 원천 자료와 학습 자료를 공유하면 교육 포트폴리오의 일부분으로 도움이 되며, 학생들이 때로는 교과 작업을 학생 작업물 온라인 '갤러리'를 통해서 친구와 가족 모두와 공유하는 기회는 높은 평가를 받을 만하다(물론 이러한 종류의 공유를 진행한다면 제1장의 라이선스 및 저작권 규정을 준수해야 함은 물론이거니와 제2장에서 개략으로 제시했던 권리 및 개인 정보 보호 규정을 반드시 준수해야 한다). 앞의 서술과 유사하게 다른 교육자들 또한 내부 비밀 번호만으로 접근이 가능한 LMS가 아니라 공개 사이트를 통해 교과 과정 자료를 배우고 교육 자료, 과정에 참여할 수 있어야 이를 바탕으로 소속 기관에 제한적이지 않으면서 담당 교사는 교육 공동체 구축을 시도할 수 있다.

만약에 새로운 시스템을 배우기를 고민하거나 때때로 전혀 직관적이지 못한 LMS 중 하나를 정말로 어렵게 습득하고 싶다면 다른 사람들도 LMS 의 학습 곡선이 즉시 사용할 수 있는 웹사이트 플랫폼보다 훨씬 가파르다 는 사실을 반드시 기억하라. LMS를 잘 활용하려면(말하자면 성적 업로드 및 수업 등록 세부 사항의 등재 등을 넘어서) 워드프레스 또는 스퀘어스페이스Square space와 같은 간단한 웹페이지로 동일한 작업을 수행하는 데 요구되는 시 간보다 더 많은 시간을 투자해야 할 것이다(LMS를 향상과 최적에 관련된 좀 더 의미를 담은 제안은 제11장 참조). 〈표 3-1〉에서 교과 과정 웹사이트를 만들기 원한다면 사용할 수 있는 몇 가지 선택 사항을 살펴보라. 기능, 비용, 사용 편의성에 있어서 상당한 수준의 다양성으로 말미암아서 특정 교과 과정 에서 완벽하게 작동하고 다른 교과 교정에는 큰 도움이 되지 못한다는 사 실을 확인할 수 있다.

도메인 및 웹 호스팅

〈표 3-1〉에 나열된 서비스에서 웹 주소에 (예를 들자면) 워드프레스이거 나 위블리weebly 등을 포함하면 무료임을 알 수 있다(다음과 같은 식이다. https://religion101.WordPress.com). 대부분 교과 과정에서 실제로 워드프레 스 주소라면 문제가 없고 무료로 유지하는 것은 당연히 이점이다! 그러나 원한다면 자신의 도메인(리클레임 호스팅Reclaim Hosting과 같은 수많은 서비스 제 공업체를 통해서 구입할 수 있는)으로 어렵지 않게 연결할 수 있다. 또 다른 선 택 사항은 학교 서버를 사용해 소속 기관을 통해 사이트를 호스팅하는 것 이다. 즉, 이것은 워드프레스 같은 사이트를 만든 경우도 마찬가지이다. 그러한 경우에는 특정 기관 웹 공간 생성에 관해서 IT 부서에 문의하고, 소속 기관이 변경될 때는 해당 공간에 접근 권한을 잃을 수 있다는 점을 명심하는 것이 최상의 방안일 수 있다.

표 3-1 교과 과정 웹사이트의 플랫폼

플랫폼	특화된 분야	난이도	비용
워드프레스	간단한 과정 웹사이트에는 수업 계획서, 이미지 및 미디어 갤러리, 텍스트, 소셜 미디어 통합 및 링크가 포함된다. 맞춤형으로 가입하면 CMS로서 상당히 강력하다.	초급과 중급: 가장 기본적인 형태로 사용하기 매우 쉽지만, 가입을 선택한다면 더 고급화된 맞춤형(특히 데스크톱 버전)을 갖고 있다.	wordpress.org 웹 주소는 무료(호스팅 포함)이고, 자신의 도메인 주소를 원한다면 비용을 내야 한다.
윅스(wix)	미디어, 텍스트, 소셜 미디어 통합, 링크를 포함한 간단한 교과 과정 웹사이트로 워드프레스의 대안이다.	초급: 디자인을 위해서 매우 간단한 끌어 놓기 (드래그 앤드 드롭) 인터페이스를 가지고 있다.	무료이지만 광고 배너가 있다. 광고를 제거하려면 사이트를 도메인에 연결하고 매월 5.95달러를 내야 한다.
스퀘어 스페이스	미디어, 텍스트, 소셜 미디어 통합, 링크를 포함한 간단한 교과 과정 웹사이트이며 워드프레스의 대안이다. 주요 장점은 외관상 멋진 테마를 갖고 있어서 워드프레스, 윅스보다 한 단계 위이다.	초급	비용은 연간 60~144달러 범위이다.
대학 웹사이트	간단한 교과 과정 웹사이트부터 사용자 중심 코드를 총망라한다.	중급: 이를 설정하기 위해 IT 부서나 도서관과 약간의 논의가 필요하다.	비용이 들지 않는다. 대부분 기관은 교수진에게 개인 웹 공간을 일부 예약해 둔다. 임시 강사나 박사 후 연구원은 이 자원에 접근이 불가할 수 있다.
위블리	간단한 교과 과정 웹사이트로, 미디어, 텍스트, 소셜 미디어가 통합된 워드프레스의 대안이다.	초급	위블리 웹 주소는 무료이다. 자신의 도메인을 원한다면 월 8달러 요금제부터 시작한다.
위키	학생, 동료와 협업하기에 가장 적합하다. 학생이 직접 편집 가능하고 위키에 기여할 수 있지만, 교사가 통제하는 정교하게	초급	무료

플랫폼	특화된 분야	난이도	비용
	디자인된 교과 과정 웹사이트를 위해서는 그다지 좋은 선택이 아니다.		
지킬(Jekyll)을 사용한 깃허브	컴퓨터 코드를 사용하는 호스팅에 가장 적합하다. 교과 과정 대부분에는 과도할 수 있지만, 광범위하거나 협업적인 코딩을 포함할 때는 필요하다.	상급	무료
맞춤 사이트	완전히 유연하다. 사용자 맞춤 사이트는 정의상 원하는 대로이다!	상급	매우 다양하다. 다른 사람에게 의뢰하면 비싸지만 직접 만들면 무료이며, 도메인만 생성하면 된다.
드루팔 (Drupal)	더 정교한 콘텐츠 관리 시스템으로 유용하게 맞춤 설정할 수 있으며, 특히 학생 과업 사이트를 통합하고 엄격한 메타데이터를 포함시키고 싶을 때 효과적이다.	고급	무료지만 호스팅이 필수이다.

온라인 수업 계획

교과 과정 웹사이트에 포함할 주요 항목 중 하나는 당연히 수업 계획서이다. 이것을 수행하는 가장 분명하고 직관적인 이유는 학생들이 컴퓨터, 태블릿, 휴대전화를 사용해서 언제든지 수업 계획서에의 접근 가능성을 열어주기 위해서이다. 일부 교사들은 전통적인 수업 방식을 위해서 접근성 혜택 그리고 개념적 개선을 제공할 수 있는 '시각적' 또는 '유동적' 수업 진행 요목을 선호한다(Pacansky-Brock, 2014). 필자의 경험에 따르면 이와 같은 선택은 수업 계획서 안에 과제 지각 제출 정책, 기타 사항에 관해서 이미 명시되어 있어서 학생들의 질문 쇄도를 미연에 방지할 수 있다. 그러나 수업 계획서를 온라인에 게시할 때 제1장에서 언급했던 열린 문화 및 오픈 액세스 원칙에 대해서 추가해서 고려할 사항이 있다. 디지털 인문학 교과 과정을 설계할 때 참고할 수 있도록 온라인에서 접속할 수 있는 웹 컴패니언 사이트에 여러 가지 예들이 포함되어 있고, 이러한 원천 자료는 새롭게 생겨나고 빠르게 변화하는 기술 중심 분야에서 특별하게 그 가치성을 입증했다. 자원의 상호 공유 정신, 즉 다른 이의 아이디어를 변형, 차용, 재사용함으로써 배움과 동시에 자신의 교과 과정 자료도 함께 공유하는 방향은 필자의 견해로는 정말로 이상적인 계획이라고 본다.

그러나 어떤 개방적인 자료 공유에도 동등하게 지식 재산권과 관련해 몇 가지 예방 조치를 고려함이 적절하다고 생각한다. 여기서는 두 가지 사항을 기억해야 한다. 첫째는 온라인에서 검색한 과제, 아이디어, 교과 과정의 측면 등을 사용한다면 사용 자체의 공개적 인정이 가치 있는 일이므로 콘래드 로슨Konrad Lawson이 "교과 과정 인용Citing Syllabi"(2014.8.21)이라는 게시글에서 제안했듯이 인용 여부에 연관해 원래 자료의 공로를 인정해야 마땅할 것이다. 두 번째 고려 사항은 자신의 교과 과정을 다른 사람들이 스스로 의도한 대로 사용하도록 보장하는 것이다. 필자는 자료의 저작권을 유지하는 데 관련해 크리에이티브 커먼즈 라이선스를 토대로 수업 계획서를 게시할 것을 권장하며, 교과 과정을 학생들 그리고 다른 교사들과 공유할 수 있도록 해야 한다고 생각한다(크리에이티브 커먼즈 라이선스에 대한 자세한 내용은 제1장 참조).

디지털 인문학 교과 입문 교육

교과 과정 웹사이트와 공유된 수업 계획서는 어떤 교과에서든 도움이 되지만, 디지털 인문학 내용이나 다른 디지털 인문학 방법을 사용하려는 열망에 상관없이 디지털 인문학 또는 기술 중심의 교과 과정을 가르칠 때 수업 계획서가 어떻게 변할까에 대해서도 역시 생각하고 싶을 것이다. 디지털 인문학 특성을 띤 교과목들을 가르칠 때 교사가 찾으려는 가장 최우선의 선택 사항은 디지털 인문학의 소개이다. 이러한 유형의 교과 과정은 전형적으로 디지털 인문학의 역사와 내용 정의로 시작해서 기존 디지털 인문학 프로젝트 검토로 들어선다. 이후 그와 같은 과정은 몇 가지 접근 방식으로 범위를 좁히고 학생들이 독립적으로 또는 (더 높은 가능성이 있는) 그룹으로 설정된 평가 작업을 생성하기 위해서 심화 학습할 특정 플랫폼이나 도구와 함께 짝을 이룬다. 흥미롭게도 이러한 과정은 웹사이트 제작부터 코딩까지, 디지털 편집 및 텍스트 인코딩부터 매핑 작업까지 그리고 소셜 미디어 및 뉴 미디어 연구부터 크라우드소싱 및 데이터 마이닝까지를 망라해서 많은 분야를 다룰 수 있다. 교과 과정의 마지막에 교사는 디지털 미디어의 정책과 한계를 토의하고, 디지털 미디어와 관련된 사회 정의 문제와 함께 #TransformDH 그리고 펨테크넷과 같은 그룹 등을 논의할 수 있을 것이다. 교과 과정 관리 측면에서 교사는 일반적인 정보를 전달하고 학생 작업의 협업과 결과물 공유의 촉진을 위해서 교과 과정 웹사이트 또는 블로그를 구축한다. 학생들은 일반적으로 자신의 작업 중 일부를 이 웹사이트나 블로그(또는 위키피디아처럼 기존 온라인 소스에 기여)에서 공개적으로 공유하기를 바란다.

이러한 교과 과정들은 소속 기관이 뉴 미디어 연구, 지리 정보 시스템, 정보 과학과 같은 디지털 인문학 또는 해당 관련 분야에서 주전공, 부전공, (교원) 자격증 또는 대학원 프로그램을 갖추고 있다면 매우 이상적일 것이다. 관심 있는 학생이 충분하다면 앞서 언급한 종류 등의 교과 과정이 일회성 특별 주제 수업 또는 상급 세미나에 정말로 이상적이다. 그러나 디지털 인문학자들이 공동으로 만들었던 모든 방법, 개념, 프로젝트를 조사하려 시도했던 교과 과정 종류에만 제한적으로 교사의 창의적 상상력을 집중하지 말기 바란다. 교사 대부분은 기존의 핵심 교과 과정에 디지털 인문학의 방법을 통합하고 사용자 친화적 관점에서 디지털 인문학 방법을 명확히 표현한다면 어쩌면 단기적 성공을 더 성취할 수 있을 것이다.

디지털 인문학에 관련해 특별한 교과 과정을 설정하기보다 기존 교과 과정에 디지털 인문학을 통합하는 방향이 더 이로울 것이다. 강연문을 수정한 "어떻게 디지털 인문학을 가르치지 않을 것인가How Not to Teach Digital Humanities"와 같은 널리 공유된 게시물에서 라이언 코델Ryan Cordell은 다음과 같이 제안한다.

> 학부생들은 디지털 인문학에 관심이 없다. 학생들의 무관심이 옳기도 하고 심지어 쓸모가 있다는 사실은 명확하다. 내가 진짜 말하고 싶은 것은 학부생들이 디지털 인문학 자체에 관심이 없다는 것이다(Cordell, 2015.2.1: par. 5).

여기서 코델이 암시하듯 디지털 인문학 자체는 대개 전문가들의 관심사이다(초판을 저술한 이후 가시성 및 탁월성에서 향상을 보여주었지만 말이다). 학생들의 흥미, 관심사를 제쳐두고라도 코델은 이러한 일반적인 디지털 인문학 교과 과정에서 "뚜렷하게 해당 분야를 정의하고 확산시키려는 관심이 디지털 기술, 교육 과정, 학부와 대학원 수준에서의 연구에 대한 혁신적이지만, 필연적으로는 지엽적 사고하기에 방해가 될 수 있다"는 점을 지적하고 있다(Cordell, 2015.2.1: par. 12). 필자는 이에 강력하게 동의하며, 결과적으로는 디지털 인문학을 고려한 교과 과정을 설계할 때 교육 관련 학문적 질문과 방법을 반드시 전면에 내세워야 한다. 이러한 교과 과정 운영은 학생들을 유인하면서도 교사 자신의 교육 관련 학문적 연구를 발전시킬 것이다. 여기서 말하는 '지엽적 사고하기'는 디지털 인문학 실행을 이미 교육 과정 알림에 공지된 수업을 새롭게 갱신하도록 돕는다. 교육 핵심 과정, 주전공이나 부전공 수업, 일회성, 특별 주제 수업 등 모두가 교과 과정에 디지털 인문학 통합의 이상적 기회를 제공한다.

대안적 접근: 디지털 인문학 활용 정도 선택하기

디지털 인문학 입문 과정을 가르칠 가능성을 제쳐둠으로써 기존 교과 과정에 디지털 인문학 주제와 과제를 추가하는 다양한 가능성을 열어준다. 시간이 지남에 따라 디지털 인문학 구성 요소를 점차 천천히 추가하는 것은 디지털 인문학 교육법에서 교사가 자신의 경험을 편안하게 축적하는 데 도움을 줄 뿐만 아니라 디지털 인문학에 관심이 있는 학생 그룹을 육성하는 데도 역시 이득이 된다. 게다가 모든 교과 과정이 디지털 인문학 접근으로부터 정확히 같은 방식으로 혜택을 받지는 않는다. 일부의 교과 과정은 신선하고 새로운 느낌을 주기 위해 디지털 인문학 과제 한 가지만을 필요로 하지만, 다른 교과 과정에서는 한 과목이더라도 학기 전체에 걸친 디지털 인문학 활동에서 혜택을 받을 수 있다. 또 다른 교과 과정은 여전히 교육적 학문 내용을 유지하면서 다양한 관련 활동과 과제를 지원할 수 있다.

이 사실을 고려해 디지털 인문학 구성 요소를 포함하는 수업 계획서를 작성하기 위해 세 단계 접근법을 제안한다. 이 세 단계 시스템은 각각의 수업에서 디지털 인문학을 초급/중급/상급 활용 단계를 결정하도록 요구한다. 그리고 나서는 이를 기반으로 적절한 수업 활동과 과제를 선택하고, 교과 과정 정책을 만들고, 학생 작업을 평가하는 방식을 설계하는 내용을 포함한 핵심적인 결정들의 중요한 시행 표준으로 활용해야 한다. 〈표 3-2〉는 이러한 결정을 내리는 방법을 설명하고 있다.

수업 계획서 분석 I : 수업 정보와 학습 목표

교과 과정에 디지털 인문학 요소를 추가하면 수업 계획서 작성 방식에 일부 변경이 필요하게 된다. 예를 들면 수업 시간 및 장소를 공유할 때 만

표 3-2 디지털 인문학 교과 과정의 활용 정도에 따른 특징

	디지털 인문학 초급 수준 활용	디지털 인문학 중급 수준 활용	디지털 인문학 상급 수준 활용
교과 읽기	이러한 종류의 교과 과정은 디지털 인문학 관련 읽기 자료가 전혀 없을 수 있다! 만약 있다면, 특정 과제와 관련된 짧은 기사나 블로그 글로 충분할 것이다.	어쩌면 일부 디지털 인문학 읽기 자료만 있으며, 일반적으로 디지털 인문학 관련 과제나 활동에 분명하게 관련된 자료로 제한된 대상들이다.	필자가 웹 컴패니언 포함했던 수업 계획서의 목록을 참고하고, 영감을 얻기 위해 디지털 인문학 과정 읽기 자료 목록의 여러 예시를 참조하라.
교과 활동	직관적이고 간단한 도구만 사용해 특별한 장비가 거의 또는 전혀 필요하지 않다.	사전 계획과 추가 자료가 필요할 수 있지만, 교과 활동은 하루 이상 걸리지 않을 수 있다.	학생들은 처음에는 도전적으로 보일 수 있는 새로운 기술을 배워야 할 것이다. 활동은 여러 교과 과정 수업 시간 기간에 걸친다.
과제	학생들에게 이미 익숙한 도구와 플랫폼에 초점을 맞추고 교사가 이미 할당한 작업 유형을 보완해야 한다.	학문 분야의 규범에 긴밀하게 연결되고 더 심화된 디지털 도구에 초점을 맞춘다.	직관적이지 않은 플랫폼으로 실험해 보라. 과제가 성적에서 큰 비율을 차지하도록 해서 추가적인 학생 과제 작업을 상쇄시킨다.
평가	디지털 인문학 특화 기술이 필요한 개별 과제에 대한 평가 기준에 따른다(과제 평가 기준에 대한 자세한 제안은 제7장 참조).	기술 평가와 내용 기반 평가에 대한 과제 지향적인 평가 기준과 일반적인 정책의 조합이 중급 교과 과정에서 유용할 것이다. 종종 이러한 교과 과정에서 학생들은 가장 큰 확신과 명확성을 요구할 것이다.	이러한 종류의 교과 과정을 위해서 제7장의 많은 부분이 적용될 것이다. 특정 과제 기반 평가 기준과 함께 일반적인 평가 기준을 고려해야 한다. 교사는 또한 기술적인 작업을 얼마나 평가할지 역시 고려하라.
과제 지각 제출 정책	교과 과정에서 정상적으로 원하는 바대로 과제 제출이 유지될 수 있다.	기술적인 프로젝트와 함께 발생할 수 있는 예상치 못한 지연으로 인해 유연성 일부가 요구될 수 있다.	디지털 교과 작업을 위한 정책 중 하나는 마감 기한 24시간 전까지 합당한 기술적 난관에 근거한 연장 요청의 수락이다. 이 방법은 마감 직전 요청을 피할 수 있고, 불가피한 문제에 대해서 약간

	디지털 인문학 초급 수준 활용	디지털 인문학 중급 수준 활용	디지털 인문학 상급 수준 활용
			이 유연성을 허용할 수 있다.
'안내 데스크'	필요하지 않을 수도 있거나, 수업 중 문제 해결이 충분할 수 있다.	기술적 문제 해결을 위한 특정 면담 시간을 설정할지, 이러한 종류의 질문을 이메일로 해결할지 또는 기술적인 질문에 수업 시간을 할애할지에 대해 생각해 보라. 이러한 선택 중에서 어떤 것이든 가능하지만, 학생의 질문에 답하기 위해 특정 시간을 따로 설정하는 편이 현명하다.	디지털 인문학 중심 과정의 경우에 제공할 수 있는 '안내 데스크'와 IT 서비스, 도서관 또는 다른 기관이 제공해야 하는 서비스들이 어떨지 생각해 볼 수 있다. 이러한 종류의 지원 연관 조언은 제9장을 참조하라.
기술 사전 지식	선택한 과제와 관련된 특정 능력에 대해 초점을 맞춘 조사가 이 경우에는 이상적이다.	수업을 시작할 때 더 광범위한 설문 조사(수업 계획서와 함께 배포)를 권장한다(설문 조사에 대한 추가적인 조언은 제7장 참조).	중급과 마찬가지로 수업 시작 시 기존의 기술 능력을 파악하기 위해 설문 조사 시행을 할 수 있다.
접근성 설명문	디지털 인문학 프로젝트에서 발생하는 문제들을 이해하고 기꺼이 다룬다는 설명으로 충분하다. 그러나 플랫폼, 공간, 기기에 관련해 특정 선정에 맞추어서 문구를 조정해야 한다.	초급 설명문와 같은 내용으로 수업 계획서에는 충분하지만, 특정 교과 활동 지시문과 과제의 경우에는 더 많은 정보를 추가하라.	프로젝트가 주어질 때 이에 관련해 생길 수 있는 문제에 대해 세심하게 설명문을 작성하고 가능하다면 정확하게 제공할 수 있는 편의 시설 항목을 특화해서 명시하라.

약 특별한 날짜에 다른 공간에서 만난다면 해당 사항을 명확히 해야 한다 (예: 컴퓨터 실습실에서 몇 번의 회의를 개최하거나 한 수업 시간에 아카이브를 방문할 수 있다). 연락처 정보에서 학생들의 개인 정보 관련 정보 기술적 지원을 하는 데 너무 많은 시간을 쓰지 않도록 원격 상담이 가능하면 학생들이 문의할 수 있는 일종의 면담 시간으로 '이메일 상담 시간'을 설정하라. '이메일 상담 시간'은 교사가 이메일을 확인하는 시간과 확인하지 않는 시간

은 물론 '정기적으로'를 어떻게 정의하는지를 명확하게 표시해야 한다(일부에게는 시간당 한 번일 수 있지만, 다른 사람에게는 업무의 시작과 끝일 수 있다). 학생들이 이메일 상담 시간 외에 교사를 접촉하고, 그 결과 과제를 제때에 제출하지 못하거나 교과 활동을 제대로 완료하지 못한다면 전적으로 학생 책임이라는 점을 명시하라. 여기에서는 학생들이 수업 계획서를 확인하고, 온라인을 검색하고 동료 학생들에게 도움을 요청할 때까지 교사에게 직접 연락하지 말라고 지시할 수도 있다.

이러한 상의 및 연락처 세부 정보 이후 교과 과정 설명은 학생들이 과정 자체를 성공적으로 마치려면 필요하며 활용할 디지털 기술의 양과 유형에 익숙하게 만들어야 한다. 일반적 컴퓨터 기술 지식 이상으로 사전 경험이 필요 없다고 학생들을 안심시키든지 그와 반대로 학과에서 정의한 모든 공식적 교과 과정 선수 과목 등 필수 조건을 완벽하게 명시하라. 교사가 정한 교재/읽기 자료 목록에는 많은 하이퍼링크를 포함시켜 수업 계획서를 전달하면서 해당 링크들을 '클릭'하기 쉽게 하거나 링크 단축 서비스(예: 비틀리Bit.ly)를 활용해서 학생들이 수업 계획서에서 링크를 어렵지 않게 수동으로 복사할 수 있도록 하는 게 좋다. 이것이 수업 계획서를 위해서 온라인 버전을 구축하는 적절한 근거이고(앞에서 논의한 바와 같이), PDF 또는 다른 디지털 수업 계획서 파일 링크가 클릭 가능한지 확인하기 위해 이중 확인은 매우 좋은 방법이다. 교과 과정이 소프트웨어, 앱, 장치, '제작'에 필요한 재료의 구매가 필요하다면 이것을 교재/읽기 자료 목록에서 명확하게 밝히라. 여기에서 학생들이 교과 과정 자료의 총비용을 확인할 수 있기 때문이다. 가능하다면, 이처럼 특이하게 보이는 비용이 교과 과정에서의 최종 성취를 달성하는 데 왜 중요한지 그리고 이 비용을 최소화하기 위해 무엇을 했는지 학생들이 서술하는 설명 시간을 갖도록 하라. 적절한 경우에는 IT 지원 부서, 도서관 사서, 학과장에게 일부 학생들에게 비용 부담이 크다면 자금 및 장비 지원 등이 가능한지 문의하라.

필자는 명시적인 학습 목표가 교과 과정의 디지털 인문학 구성 요소를 위해서 학생들에게 받아들여지는 것은 매우 중요하다고 믿고 있다. 인문학 수업을 위해 새로운 기술의 배움은 일부 학생들에게는 이상하게 보일 수 있어서 디지털 기술을 교과 과정 목표 목록에 통합하면 학생들에게 그들의 학문적 지식의 발달 그리고 최종 성적에 어떻게 기여할지를 보여준다. 학습 목표와 포괄적 어휘에 빠르고 쉽게 적응하기 위해 필자는 앤 버딕 Anne Burdick과 동료들이 공동 저술한 『디지털_인문학Digital_Humanities』 (2012)을 통해서 제공된 유용한 일련의 어휘 집합 모음을 선호한다. 그들은 디지털 인문학 교과 과정 및 교육 과제의 예상 결과를 여섯 가지 범주로 나눈다. 즉, "출처와 데이터를 평가하기 위한 비판적인 관점 개발", "디지털 중심의 연구 목표, 방법 및 미디어를 학문적 탐구와 통합하는 능력", "데이터를 이해하고 분석하며 활용하는 능력", "디자인을 비판적으로 사용하는 능력", "정보와 정보 기술을 비판적으로 평가하는 능력", "협력해 일하는 능력"(Burdick et al., 2012: 134). 디지털 인문학 입문 과정이나 디지털 인문학 중심 교과 과정에서 앞서 제기한 여섯 가지 기준은 교과 과정에 관련된 전체 학습 결과를 구성하기에 충분한 범위가 될 수 있다(물론 소속 기관이나 학과 규정에 맞게 조정된다면 말이다). 그렇지만 다른 교과 과정에서는 이러한 기준들이 개별 과제나 활동을 위한 학습 목표로서 더 적절할지도 모른다.

이러한 선택 사항 모두가 맞지 않는다면, 교육 과정의 주요 학습 결과 중 하나로서 '디지털 리터러시(문해력)'를 확인할 수 있다. 디지털 리터러시에는 다양한 접근 방식이 있지만, 미국 공공 도서관 협회ALA는 디지털 리터러시를 "정보와 커뮤니케이션 기술로써 정보를 찾고, 평가하고, 생성하며, 소통하면서 아울러 인지적 및 기술적 기술을 모두를 요구하는 능력"으로 정의하고 있다(Visser, 2012.9.14: par. 2). 이와 같은 원천 기술적 기능뿐만 아니라(기술을 사용할 수 있으면서 또한 기술로부터 정보를 추출할 수 있는) 개념적 기술(해당 기술에 대해 성찰하고, 평가하고, 소통하는 능력)도 함께 포함시킨다고 보아야 한다.

교사가 교과 과정 목표를 전달하는 마지막 방법은 학기 초에 디지털 인문학 전략을 통합하는 이유에 대해 논의하는 시간을 별도로 설정하는 것이다. 그리고 새로운 접근 방식이 특히 해당 교과 과정, 수업 참여 특정 학생들, 소속 특정 기관에 적합한 이유를 명확히 밝히라. 관련 분야에 대해서 디지털 인문학 방법이 제공한 새로운 통찰 방향을 공유하고, 인문학의 통찰과 방법이 기술과 디지털 문화를 이해하려는 모든 사람에게 절실히 필요하다는 점을 강조하고, 제2장에서 교사가 통합한 전략이 수업 시간에 관련자들에게 성공 및 참여 가능성의 극대화에 초점을 두고 있음을 설명하라. 수업 초반에 교수법과 가정 등에 관한 성찰하기 과정이 학생들의 수업 참여를 높일 것이다. 학생들은 앞으로 본인이 투자할 노력에 크게 흥미를 느끼면서 디지털 방법과 인문학의 상호 연계성에 관해서 더 많은 정보를 접하게 될 뿐만 아니라 교사는 또한 교과 과정이 진행되면서 학생 기억력 유지에 영향을 미칠지 모르는 오해 또는 저항을 사전에 방지할 이상적인 기회를 생성할 수 있다. 그렇다! 바로 교사가 교재를 빼거나 퀴즈를 취소하거나 강의를 압축해야 할 수 있지만, 교사는 학문적 방법론, 학습 접근 방식, 교과 과정이 반드시 제공해야 할 장점 및 기회 등에 관해서 수행되는 풍부한 토론에 의한 보상을 받게 될 것이다. 마지막으로, 제11장에서 필자가 관찰했듯이 일부 교사들은 학생들이 교과 과정 정책, 목표 및 실용적인 세부 사항을 학생들의 이해 수준을 평가하는 데 '수업 계획서 퀴즈' 사용을 제안한다.

수업 계획서 분석 II : 교과 과정 정책

출석 및 참여 관련 정책은 디지털 인문학 활동의 특이한 제약들과 요구 사항들을 반영해야 한다. 예를 들면 스마트폰과 노트북 등의 도구 장치를 사용해야 할 때와 사용하지 말아야 할 때를 정확히 명시할 수 있다. 디지털 인문학 활동을 하지 않을 때는 그 장치를 치워야 하는가, 아니면 그 도구들로 거의 계속해서 수업 트위터 피드를 팔로하거나 아니면 온라인 읽기 자료를 참조하도록 기대해야 하는가? 여러 교사가 이 주제에 대해 강한 의견을 가지고 있으므로, 특정 학생 집단과 교수 방식에 맞게 정책을 조정하기를 제안하고 싶다. 어떤 경우에라도 모든 교사는 그룹 작업이나 디지털 인문학 프로젝트를 만드는 워크숍에 출석하는 것이 필수임을 강조하려 할 것이다. 또한 학생들의 디지털 인문학 도구와 상호 작용을 수업 시간 중에 수용할 수 있으면서 활동적인 참여의 기준이 크게 상승할 수 있다는 점을 설명하라. 즉, 이 말에 따르면 (학생들이) 단순히 시간에 맞춰 도착하고 수업 내용 청취만으로는 충분하지 않다.

디지털 인문학 구성 요소를 추가할 때 수업 계획서에 적용할 가장 힘든 조정은 결과물 제출 마감일과 과제 지각 제출에 관한 사항일 것이다. 학생들에게 평소와 다른 작업을 수행하고 새로운 기술을 배우도록 요구하기 때문에, 평소 정책을 완화하거나 적어도 재고할 것을 권장한다. 학생들이 디지털 인문학 관련 과제를 완성하고 제출하면서 피할 수 있는 문제와 피할 수 없는 난제 모두를 경험할 것이고, 그런 상황 속에서 수업 계획서에 이 문제를 구분하는 부분을 할애하라. 예를 들면 만약 교사가 온라인으로 가르친다면 학생들이 소속 기관의 LMS를 사용할 수 있는 능력을 당연한 사항으로 판단해야 하며, 그에 따라 LMS와 관련된 어려움은 피할 수 없는 난제라기보다 오히려 피할 수 있는 문제로 간주되어야 한다(물론 LMS 자체가 다운되는 경우가 아니라면 말이다!). 피할 수 있는 상황과 피할 수 없는 상황을 정의한 이후에 각 상황에 따른 결과를 명확하게 설명해야 한다. 수업에 맞추어 접근성 설명문을 작성하고 포괄적인 환경 보장 조치들의 개요를 작성할 경우 제2장을 참조하기 바란다.

수업에서 디지털 인문학을 '초급' 수준에서 통합하지 않는다면 예외적 방식으로 학생별로 정책을 조정하려는 대안이 많은 시간을 소비하면서 평가 정책에서 의도치 않게 일관성을 잃을 수 있다. 이 상황을 피하려면 학생 자신이 겪는 문제를 알리기 위해 따라야만 하는 절차를 설정하라(사전 통지 기준과 선호하는 소통 채널을 포함해야 한다). 그리고 기술 지원 역할을 위한 교사의 의도에 관련해 단호하고 명확한 경계를 설정해야 한다. 필자는 제7장의 '루브릭 분석' 절에서 기술 지원 문제를 더 자세히 논의한다. 현재로써는 교사가 학생들에게 약간의 기술 지원을 제공하리라는 사실을 작성할 수 있다(적어도 올바른 URL, 튜토리얼 또는 교내 원천 자원의 제시 등을 준비하라). 필자는 일정량의 기술 지원의 제공은 크게 상관없다고 본다. 제러미 보그스Jeremy Boggs가 관찰한 바에 따르면 다음과 같다.

> 블로그, 위키, RSS 피드, 유튜브, 플리커Flickr의 기술적 측면에 대한 설명은 수업 시간 안팎에서 다른 대상에 활용되지만, 이와 같은 역할을 맡는 것이 매우 중요하다고 생각한다. …… 이것이 막대한 양의 작업이 될 수 있지만, …… 기술 지원으로써 공헌하는 내 역할은 학생들에게 기술을 사용하거나 해당 기술을 직접 사용하는 내 능력에 대해 더 많은 신뢰를 주었다고 (나는) 생각한다 (Boggs, 2013: 82).

그래도 기술 지원에 드는 시간을 최소화하는 간단한 방법이 있으며, 기술 지원이 학생들과 공유하는 특별한 새 도구와 방법을 주로 다루는데 일반적인 컴퓨터 기술은 교사가 책임지지 않는다는 제반의 상황들을 확인하도록 하라. (일반 컴퓨터 관련) 후자 종류의 기술 지원을 제공하지 않기 위해서 학생들에게 정기적으로 교과 연관 작업을 저장하고 백업하는 것이 자신의 책임임을 강조하고, 개인 장비가 고장이거나 기본 컴퓨터 기술의 재학습 보충 멘토링이 필요하다면 사용할 수 있는 교내 전체 기술 연관 자원에 대해 재공지하라. 대학에서 데이터베이스를 구독하듯이 동일한 방식으로 튜토리얼 서비스를 구독하고 있어서 소속 기관이 이러한 프로그램 접근을 마련하고 있는지 확인하라(예를 들면 로스의 대학교는 학생과 교수진에게 린다Lynda 교육 구독을 제공한다). 다른 교육 기관은 컴퓨터 또는 공학 과정과 관련된 무료 튜터링 서비스가 가능하며, 교내 글쓰기 센터와 유사한 방식으로 업무를 수행하기도 한다. 끝으로 제4장과 제6장에서 활동 및 과제 설계에 대해 더 자세히 논의했듯이 튜토리얼, 웹 포럼, FAQ 링크 공유를 통해서 기술적 문제 발생 이전에 해당 사항들을 최소화시킬 수 있다.

만약 학생들이 피할 수 없는 기술적 난조에 빠졌을 때 일반 교사로서 본인이 교과 과정 규정 정책 완화를 여전히 회의적으로 바라본다면, 마감을 어긴 과제 제출 지각에 엄격한 규정을 고수하는 것에 대해서 정당성을 인정할 만한 특정한 사안들 몇 가지를 생각해볼 수 있다. 예를 들면 특정 과제의 학습 목표가 문제 해결, 특정 플랫폼 숙달 또는 집단 문제 해결(문제를 예견하거나 수정했어야 하는 그룹 작업) 등을 정말로 초래하는 경우라면 규정에 관한 입장을 분명하게 유지해야 한다. 만약 기술적 숙달에 특별 점수를 부여하는 것으로써, 즉 이러한 행위가 문제가 없다면 과제의 기존 범주 안에서 해당 문제의 처리 방법을 이미 제공한 것으로 볼 수 있다. 마지막 접근 방식은 (수업에서) 성공적으로 참여를 수행하기 위해서라면 어떤 상황이든 협상이 불가한 근본적 요인으로서 기초적 기술과 특정 교과 과정을 디지털 인문학의 범주 안에서의 교과 수업을 진행하려는 교육적 목표에 기준해 결정한 선택적인 기술 두 요소를 구분해야만 한다. 이때 과제의 기본 목적을 저해하지 않는 범위에서 모든 합리적인 편의를 제공할 것을 권장한다. 로스는 때때로 학생에게 다른 수단(다른 기술이나 때로는 과제의 학문적 지적 요구에 부합하는 비디지털 해결책을 통해)으로 과제의 학습 목표를 달성하도록 허용했으며, 배터실은 특정 과제에 맞게 마감일을 지키지 않은 과제 제출 지각 정책을 조정하는 데 더 개방적 태도를 보였다.

교과 설계 전후 관계 설정

아무리 완벽하게 설계된 수업 계획서라고 해도 디지털 과제와 활동을 채택한 근거를 설명하지 않는다면 학생들이 해당 교과에 회의적이거나 심지어 저항하는 태도를 보일 수 있다. 교사는 처음으로 교실에 디지털 인문학 가능성이 있는 작업을 도입하려 할 때 학생들은 의심, 우려, 두려움을 외연적으로 소통하려는 시도를 무례로 여기거나 염려할 수 있으나 디지털 요소를 교과에 통합 결정한 사유를 학생들에게 명확히 설명함으로써 부정적인 반응을 예상해서 대처할 수 있다. 그와 같은 방법을 통해 디지털 인문학에 대한 다음과 같은 일반 학생들의 반응에 대응할 수 있을 것이다.

"나는 인문학 수업을 원했다. 지금 이것이 내가 등록한 과목과 어떤 관련성을 갖는단 말인가?" 대부분 학생이 항상 노트북, 인터넷, 스마트폰이 있는 세상에서 살았지만, 많은 학생은 여전히 코딩 및 더 복잡한 기술 프로젝트를 불편하게 여긴다. 실제로 일부는 과학의 기술적 요구 사항을 피하려고 인문학 분야 교과 수업을 선택했다. 이러한 저항에 대처하기 위한 가장 효과적인 방어책은 첫째로 학생들에게 주어진 과제들에 완벽하게 대비함으로써 성공을 설정해 주며, 둘째로 기술이 인문학적 자료와 관련되어 있으면서 동시에 해당 자료를 강화한다는 점을 명확하게 보여주는 방식으로 교과 과정을 설계하는 것이다. 예를 들어서 웹사이트와 디지털 저장소에 수록된 실제 인문학 연구 및 실제 원본 자료를 학생들에게 보여준다면, 수많은 연구와 문화적 유산 작업이 디지털 방법을 사용해 온라인에서 이루어지고 있음을 또한 보여줄 수 있을 것이다.

"나는 컴퓨터 공학 전공이 아니다. 컴퓨터를 사용하지 않을 것이다." 드루팔Drupal 또는 워드프레스와 같은 CMS을 이해하는 것부터 데이터베이스와 상호 연동하고 스프레드시트를 생성하는 것까지 이제 기본적 '디지털 리터러시'는 거의 모든 직업에서 요구되고 있는 실정이다. 기술 분야 자체가 졸업 후(인문학 전공자에게도 마찬가지로) 고용의 가능성 중 하나이지만, 갤러리, 도서관, 아카이브, 박물관 분야(Gallery, Library, Archive, and Museum, 줄여서 GLAM), 비영리 단체, 정부 기관, 소매 회사 분야 등 모두가 디지털 시스템 사용에서 숙련된 기능 및 여유롭게 활용하는 능력을 요구한다. 직업적 포부가 어떠하든지 학생들은 가능한 기술 중심 프로젝트에서 다른 사람들과 함께 일하는 방법을 많이 배우는 것이 유익하다. 어쨌든 졸업 이후 심지어 수제 빗자루 제작자와 프리랜서 활동 논픽션 작가조차도 자신의 웹사이트, 트위터, 페이스북 계정, 회계 프로그램 등을 구비하고 유지하고 있다. 학기 초반에 학생들이 몇 개월 안에 이력서에 새로운 디지털 기능을 추가할 수 있어야 한다는 사실을 언급하는 것이 좋다.

"나는 그룹 작업을 싫어한다." 디지털 인문학 연접 도구들의 기술의 특이한 속성 혹은 광범위성 때문에, 평소보다 더 빈번하게 그룹 작업을 할당할 수도 있다. 학생들의 그룹 작업 저항에 대처하는 두 가지 가능한 방법들을 고려할 수 있다. 그 하나는 디지털 사항을 협업과 분리해서 여러 복잡한 프로젝트들이 디지털 유무에 상관없이 협업이 필요로 하다고 설명하는 방법이다. 또 다른 방법은 학생들에게 그룹 작업이 수업에서 성공 촉진, 긍정적인 학습 결과 달성, 참가자들 사이의 더 높은 공감력과 사회적 발달을 개발하는 데 효과적임을 보여주는 수많은 연구를 지칭해서 예시하는 방법이다. 필요하면 개별 작업을 위한 대안을 항상 제공할 수 있다. 즉, 예를 들면 로스는 학생들에게 단독 연구 작업을 할당한 이후에 해당 연구 작업을 또한 관련 그룹에 전달하고, 디지털 원천 자원을 구축하도록 했다. 로스는 조금은 수줍음을 타는 학생들에게 개별적으로 예술 작품을 만들거나 다른 그룹의 작업을 위해 부수적 작업물로 사용되는 인쇄물을 작성하게 했고, 반면에 다른 학생들은 학생들이 제공한 대상들을 개선하는 (비판적 눈썰미를 가진) 독수리눈의 인쇄물 편집자로서 활동했다.

"이런 것들이 내 성적에 반영되지 말아야 한다." 교사로서 평가가 얼마나 불안을 유발할 수 있는지 간과하기 때문에 실패에 대한 학생들의 두려움을 인정해야만 한다. 대부분 학생은 성적을 매우 중요하게 생각하며 교과 과정을 가능하다면 원활하게 진행해 자신의 삶의 다음 단계로 나아가려 한다. 기술적 역량 자체로 결과가 평가되지 않음을 밝힘으로써 학생들을 안심시켜야 한다. 대신에 학생들에게 이미 컴퓨터 마스터가 아니어도 불리한 평가를 받지 않으며, 평가는 인문학 분야 내에서의 기술 숙달, 프로젝트에 대한 비판적 사고, 프레젠테이션 기술, 수업 내 과제와 워크숍 참여, 기술적 어려움을 겪을 때의 회복력, 교과 과정을 기술적 문제와 연결하는 능력을 평가할 것임을 반드시 언급하라.

결론

이 장 '교과 과정 설계하기'에서 필자는 슬라이드제[1]를 적용해 디지털 인문학 활용을 선택하는 가운데 사고 실험을 수행할 것을 요청했고, 학생들이 교사에게 너무 늦게, 도움을 요청하는 횟수를 최소화하기 위한 간단한 방안 등을 공유했다. 이러한 다양한 성향은 수업 계획서 구성은 교육자들이 새로운 기술, 도구, 접근 방식을 통합하기 이전에도 요구되는 과업들의 다양한 상황을 반영하고 있다. 완벽한 수업 계획서 또는 교과 과정 웹사이트를 구축함으로써 모든 질문 및 문제를 사전에 방지하려고 시도한다면 수업 계획서 작업에 연관된 모든 사항이 교사의 기대를 명확하게 밝히는 과정으로 귀결된다는 사실을 기억하라. 각 정책, 읽기 자료, 요구 사항 등이 교과 과정 목표와 일치하는 범위 이내에서 수업 계획서는 학생들이 그 자체를 사용하는 방법을 습득하는 가장 강력한 도구 중 하나가 될 것이다.

---

1   서비스 비용이 사용자의 소득 수준에 따라 달라지는 경우, 이것을 유동적 요금 체계라고 할 수 있다. 슬라이딩제는 소득, 필요성 혹은 기타 조건에 따라 값이나 조건이 조정되는 방식을 가리킨다.

더 읽을거리

Aikat, Debashis(ed.). 2011. *Effective Strategies for Teaching in the Digital Age*. AEJMC. www.aejmc.org/home/wp-content/uploads/2015/03/teach_digital_aej11St_louis. pdf.

Boggs, Jeremy. 2013. "Three Roles for Teachings Using Technology." *Hacking the Academy: New Approaches to Scholarship and Teaching from Digital Humanities*. edited by Daniel J. Cohen and Tom Scheinfeldt, U of Michigan P. pp. 81~84.

Burdick, Anne, Johanna Drucker, Peter Lunenfeld, Todd Presner and Schnapp Jeffrey. 2012. *Digital_Humanities*. MIT P.

Chase, B., R. Germundsen, J. Cady Brownstein, and L. Schaak Distad. 2001. "Making the Connection between Increased Student Learning and Reflective Practice." *Educational Horizons*, vol. 79, pp. 143~147.

Clark, C. 2014.8.26. "Turn Your Syllabus into an Infographic." https://ltlatnd.word press.com/2014/08/26/turn-your-syllabus-into-an-infographic/.

Codone, S. 2004. "Reducing the Distance: A Study of Course Websites as a Means to Create Total Learning Spaces in Traditional Courses." *IEEE: Transactions on Professional Communications*, vol. 4, no. 3, pp. 190~199.

Cordell, Ryan. 2015.2.1. "How Not to Teach Digital Humanities." ryancordell.org/teach ing/how-not-to-teach-digital-humanities/.

Dombrowski, Quinn. 2016. *Drupal for Humanist*s. Texas A&M P. drupal.forhumanists. org/.

Dudeney, Gavin, Mark Pegrum, and Nicky Hockly. 2014. *Digital Literacies*. Routledge.

Fyfe, Paul. 2016. "Mid-Sized Digital Pedagogy." *Debates in Digital Humanities 2016*. edited by Matthew K. Gold and Lauren Klein. U of Minnesota P. pp. 104~117.

Hammond, Adam. 2016. *Literature in the Digital Age: An Introduction*. Cambridge UP.

Hirsch, Brett D.(ed.). 2012. *Digital Humanities Pedagogy: Practices, Principles, and Politics*. Open Book.

Lawson, Konrad. 2014.8.21. "Citing Syllabi." *The Chronicle of Higher Education*. chronicle.com/blogs/profhacker/citing-syllabi/57893.

O'Brien, Judith Grunert, Barbara J. Mills, Margaret W. Cohen, and Robert M. Diamond. 2008. *The Course Syllabus: A Learning-Centered Approach*, 2nd ed. Jossey-Bass.

Pacansky-Brock, M. 2014.8.13. "The Liquid Syllabus." https://sites.google.com/view/tess2020/home.

Sample , M. 2011.5.31. "Planning a Class with Backward Design." *The Chronicle of Higher Education*. Retrieved from http://chronicle.com/blogs/profhacker/planning-a-class-with-backward-design/33625.

Selisker, Scott. 2016. "Digital Humanities Knowledge: Reflections on the Introductory Graduate Syllabus." *Debates in the Digital Humanities 2016*. edited by Matthew K. Gold and Lauren Klein. U of Minnesota P. pp. 194~198.

Smith, Tracy. "Sample Syllabus Quiz Questions." *Teach Online*. Arizona State University. https://teachonline.asu.edu/2013/12/sample-syllabus-quiz-questions/.

Spiro, Lisa. 2011.6.20. "Making Sense of 134 DH Syllabi." digital scholarship.WordPress.com/2011/06/20/making-sense-of-134-dh-syllabi-dh-2011-presentation/.

Terras, Melissa. 2006. "Disciplined: Using Educational Studies to Analyse 'Humanities Computing'." *Literary and Linguistic Computing*, vol. 21, no. 2, pp. 229~246 .

Visser, Marijke. 2012.9.14. "Digital Literacy Definition." ALAConnect. connect.ala.org/node/181197.

Whalen, Zach. 2016.2.24. "Notes on Teaching with Slack." www.zachwhalen.net/posts/notes-on-teaching-with-slack/.

제4장

교실 활동 설계하기

이 장에서는 교실 활동 설계에 대해서 다양한 접근 방식을 제안한다. 제5장에서 잘 설계된 계획을 실행에 옮기는 실용적인 문제를 논의할 예정이지만, 이 장에서는 애초부터 그러한 계획을 어떻게 구성할지를 다룬다. 필자는 디지털 인문학 활동 설계를 이끄는 광범위한 원칙을 논의하면서 시작한다. 그런 다음 특별한 교과 활동들의 넓은 범위를 망라하고, 가장 짧고 간단한 교실 내 활동부터 한 주 이상 걸리거나 때로는 세션 사이에 휴식 시간이 들어간 다수 교과 과정의 혼합을 거쳐서 주기적으로 이루어진 복잡한 프로젝트에 이르기까지 다양한 활동을 조직한다. 필자는 각각 활동의 강점과 약점이 지닌 특징에 연관된 조언은 물론 적절한 도구나 프로그램을 선택하는 것에 연계된 실용적인 도움말들과 함께 각기 제안된 활동에 설명을 추가한다. 필자는 짧은 시간 내에 쉽게 완료할 수 있는 활동을 제시한 이후에 더 많은 수업 시간, 교과 과정에 대한 추가 계획 등이 요구될 수 있는 소수의 상급 활동이나 또는 함께 추가 재정 지원, 특화된 공간, 현물 자원 등이 없다면 모든 교사의 접근이 불가능한 원천 자료들을 상호 공유하고 있다.

실험적 교실 활동

　교실에서 진행되는 활동으로서 특히 정식 평가 대상 과제의 대안이나 준비로 간주할 수 있는 교과 활동은 교사와 학생 모두가 이 책 전반에 걸쳐 북돋으려 했던 용기를 포용하고 새로운 무엇인가를 시도하려는 정말로 훌륭한 기회이다. 비록 교실 활동에서 창의적 실험 수행이 전혀 새롭지는 않더라도(사실 유치원부터 박사 과정에 이르기까지 모든 단계의 교육에서 기초적으로 존재해야 하지만), 디지털 인문학은 이러한 실험을 위한 새로운 활동 영역을 제공한다. 이 책 전체적으로 필자가 언급하는 디지털 인문학에서의 실패를 재고하거나 포용하는 경우의 수많은 논의가 디지털 그 자체에 관해서 수위가 더 낮게 보일 수 있고, 또한 어떤 종류의 창의적 참여에 관해 관련성 여부가 더 높게 보일 수 있다. 교과 활동은 교사와 학생이 함께 수행을 시도하기 위한 완벽한 기회를 제공한다. 즉, 학생들이 실시간으로 창의적이고 사색적인 교과 작업을 모델링하는 연습 기회를 가지며, 그리고 학생들이 이처럼 새로운 디지털 프로젝트를 창의적으로 탐색하면서 각 학생이 서로 지원을 주고받는 상황을 허용할 수 있다.

　창의성이 어떤 이유로 디지털 맥락에서 특별하게 관련성을 갖는가? 한 가지 이유는 디지털 도구가 끊임없이 업데이트되고 업그레이드되거나 단계적으로 폐기되기 때문인데, 이 말은 가장 준비가 잘된 사용자들조차 적응성과 유연성을 보여야 한다는 의미이다. 그리고 비록 특정 자원이나 소프트웨어 앱이 상대적으로 안정적으로 유지된다고 하더라도 많은 사용자들이 우선해서 도구들을 탐색하기 위해 광범위한 역동적 반응을 개발할 것을 주문한다. 정보 문화가 이동하면서 구글 중심으로 변화함에 따라(이 변화는 문제를 갖고 있지만, 여전히 진행 중) 학생들이 디지털 탐색에 기민하면서 능숙해지는 상황은 그 중요성이 더욱 분명해지고 있다. 마이클 웨시Michael Wesch는 다음과 같이 설명한다.

우리가 즉각적이고 무한한 정보 환경으로 점점 더 옮겨지면서 학생들이 알고, 암기하고, 정보를 기억해 내는 회상 여건들에 대한 중요성 비중이 옅어지고 정보를 찾고, 분류하고, 분석하고, 논의하고, 비판하고, 생성하는 능력 소유 부분의 중요성이 더욱 높아지고 있다. 학생들은 단순히 지식을 소유하는 단계를 벗어나 지식을 취득하는 방향으로 나가야 한다. …… 위키, 블로그, 태깅, 소셜 네트워킹 등의 개발은 …… 학생들이 상호 작용, 참여, 협력의 정신에 의해 영감을 받기 때문에 이러한 관점에서 특히 미래를 기대하는 유망한 부분이라고 할 수 있다(Wesch, 2013: 69~70. 강조는 원문).

정보가 풍부한 문화에서는 지식 자체가 덜 중요하다는 의견에 동의하지 않을 수도 있다. 비록 정보의 요점에 대한 질의응답[1]이 찾아보기 어렵지 않을 만큼 점점 늘어나고 인터넷에 거대한 지식 저장소가 생겼지만, 비판적 사고가 더욱 중요해짐을 명심해야 한다. 그리고 '웹 2.0' 문화의 상호 작용적 속성이 지식의 필요성을 필수적으로 감소시키지는 않더라도 정보와의 상호 작용 과정이 새로운 미디어와 디지털 형태에 의해서 분명히 더 복잡해진다.

그렇다면 탐색 활동은 무슨 사실 또는 내용 지식의 학습 대신 무슨 기술과 사고가 생성되는지에 초점을 더 맞춘다. 흥미로운 것은 이러한 활동들은 협업적 사고와 혁신적인 방법을 요구하며 이러한 과정을 통해 새로운 관점들을 소개하기 위해 적은 위험 부담으로 새로운 관점을 도입하려는 뜻에서 학문 영역의 경계를 넘어 다양한 형태의 교실 활동을 시도해 볼 수 있다. 그리고 이에 대해서 예를 든다면 비록 인문학자들이 종종 연구의 기초로 텍스트 기반 작업을 할당하고 연구의 기초로서 텍스트 기반 원천 자료를 활용하더라도 텍스트와 텍스트 연관 자료에만 초점을 둔 교실 활동에 국한될 필요가 없다. 공간, 오디오, 비디오, 시각화, 애니메이

---

1   point-of-information question. 영어 토론이나 모의 유엔에서 주로 쓰인다.

션, 사물 등이 신선한 흥미를 불러일으키는 주교재를 바라보는 방법을 제시할 수 있다(그리고 제2장에서 필자가 언급했던 접근성 원칙의 준수에 도움이 된다). 여기서 말하는 원칙에 연관된 예시들을 보고 싶다면 더 읽을거리에 에일린 가디너Eileen Gardiner와 로널드 무스토Ronald Musto의 「디지털 인문학의 요소: 객체, 인공물, 이미지, 소리, 공간The Elements of Digital Humanities: Object, Artifact, Image, Sound, Space」(2015)을 추천한다. 다음으로는 교실에서 탐색의 실천을 촉진할 수 있는 다양한 접근 방식을 보여주기 위해 이미지, 지도, 소리, 그래프, 텍스트를 포함한 다양한 형태의 혼합을 포함함으로써 다중 모드 원칙을 강조하고 있다. 이러한 형식이 어떤 분야에는 적합하고 다른 분야에는 그 중요도가 높지 않을 수 있지만, 그러한 가정이 활동 설계에서의 탐색을 제한하지 않게 해야 한다. 또한 명심할 점이 있다면 선정한 형식이 심지어 생소하고 예측 이상의 상황을 보이는 형식일수록 학생들이(물론 교사 자신 포함해) 지식과 창의성을 최대한 활용할 더욱 예측 불허의 그리고 가치를 지닌 결과를 만들게 된다는 사실을 필자는 전하고자 한다.

교실 활동 설계: 통합과 융통성 균형 잡기

이 장에서는 특정 교실 활동 중 몇몇 활동을 중심으로 특정 수업의 교과 활동에 적합한 디지털 인문학 프로젝트를 선택할 때 일관성, 단순성을 가진 진행을 장려한다. 각 활동 유형 내에서 필자는 직관적이고 보편적인 몇 가지 인기 플랫폼으로 구성된 빠르고 쉬운 모델을 제공하기 위해 일반적인 접근 방식보다는 특정 플랫폼을 선택했다(소셜 미디어 대신 트위터, 텍스트 시각화 대신에 보이언트Voyant 등). 학생들에게 매주 새로운 플랫폼에 적응하거나 학기 동안 열 가지 다른 유형의 과제를 완성하도록 요구하기보다는 모든 수업에서 너무 많은 양과 종류의 디지털 인문학 기술의 부담을 주지 않으면서 학생들의 호기심을 그대로 살리기 위한 통합성 및 유연성의 이상적인 균형을 찾으려고 노력할 것이다. 그리고 이러한 시도는 익숙한 접근 방식과 새로운 접근 방식 사이에서 균형을 유지하는 방법으로, 명심할 점은 그 중요성의 비중으로 인해서 교사와 학생 모두가 너무 깊이 빠지지 않도록 주의가 필요하다.

디지털 미디어 연관 교실 활동과 과제에서 교사의 선택은 어떤 방식으로든 일관성을 지켜야 하지만 필자가 제안하는 활동과 플랫폼에 제한하고 싶지 않다. 어떤 특정 디지털 인문학 접근 방식(텍스트 분석, 시각화, 매핑, 인코딩, 코딩, 만들기, 주석 등)을 선호하는 플랫폼에 맞도록 적응시킬 수 있지만, 가능한 범위 안에서 학생들이 전적으로 다른 소프트웨어나 장비를 완전하게 습득해야 하는 시행 횟수를 최소화할 수 있다. 교과 활동에서 학생들에게 특정 플랫폼을 소개하고 나중에 동일 플랫폼을 사용해 평가 대상인 교과 과제를 완료하도록 요구하는 것은 학생들이 개별 기술 모음을 연습하고 능력을 강화할 수 있게 한다. 이것은 학생들의 자신감을 고무시킬 뿐만 아니라 되돌아보는 반성 과정으로 나아가는 더 커다란 기회를 제공한다. 즉, 이 도구가 잘하는 역할이 무엇일까? 무엇을 하지 않는 것일까? 우리가 이것을 사용하는 이유가 무엇일까? 이 특정 플랫폼을 사용하는 것에 어떤 역사나 규정 등이 관련된 것일까? 교사의 학문 분야는 이 플랫폼의 생성에 어떤 영향을 미쳤을까? 혹은 이 기술이 어떻게 그리고 왜 등장했는지 설명하는 데 도움이 될 수 있을까? 그리고 해당 분야가 이를 활용함으로써 어떻게 더 나아질 수(아니면 더 나빠질 수) 있을까?

10분 소요 활동

워드클라우드
활동 설명: 이 간단한 실습은 교재 텍스트 일부를 복사하고 워드클라우

드word cloud 생성기에 붙여 넣기하는 것인데 이 생성기는 주어진 단락에서 나타나는 단어 빈도수의 표기를 도표 방식으로 나타낼 때 가장 자주 사용된 단어를 선택하고 계산해, 더 자주 나타난 단어는 대문자 형식 글자로 그리고 단계적으로 빈도가 적게 나타난 단어는 다소 작은 크기 글자로 제시하는 이차원 방식으로 표시하는 일종의 그림 형태의 단어 빈도수 특성을 시각적으로 표기한다. 이것은 텍스트 형식에서 주요 키워드를 즉각적으로 그리고 시각적으로 표현할 수 있는 가장 빠른 교과 활동 중 하나이다. 이 활동 시행은 학생들이 자신이 선택한 텍스트를 첨부해 자신만의 워드클라우드를 생성하도록 할 수 있다. 다른 방안으로서 학생들이 수업을 하는 동안(혹은 수업이 시작하기 이전에) 직접 워드클라우드를 생성하고, 해당 교과 활동은 워드클라우드에서의 발견을 토론 대상으로 삼을 수 있다. 수업의 마지막에 요약 도구로써 워드클라우드 사용이 도움이 될 수 있다. 로스는 이것이 마지막 날의 재미있는 교과 활동이라고 여긴다. 그리고 교사 역시 일부 학생들의 과제 텍스트를 첨부하고 한눈에 학생들의 관심사를 보여주는 워드클라우드를 만들 수 있다.

공지 사항: 이 활동은 학생들이 텍스트의 중요한 주제를 식별하고 텍스트의 표현 어휘에서 흥미로운 패턴을 조사하는 데 도움이 된다. 그리고 워드클라우드는 우리가 접하는 시각화라는 가장 친숙한 유형 중 하나로서 해당 클라우드가 만들어지는 방법을 이해하는 데 매우 중요하다.

도움말과 요령: 이 교과 활동은 가장 빠른 활동 중 하나로서(10분이 주어진다면 토론에 8분, 워드클라우드 생성에 2분이면 충분!) 초보자에게 적합하다. 여기서는 워들Wordle을 추천하지만, 대부분의 워드 프로세서, 스프레드시트 프로그램, 슬라이드쇼 프로그램 범위 내에서도 워드클라우드를 생성할 수 있다. 상급 학생들은 파이선python 코드 몇 줄만으로 명령어 표기들을 활용해서 워드클라우드를 생성하는 방법을 선호할지도 모른다.

시간에 따른 단어 빈도수

활동 설명: 시간에 따른 단어 빈도 분석(일반적으로 구글 엔그램N-gram 형태로 접하게 됨)은 전산 언어학에서 시작되었으며, 여기서는 주어진 텍스트나 발화에서 음절, 글자, 단어의 연속적인 연결 구조를 지칭한다. 디지털 인문학 맥락에서 엔그램의 가장 많은 사용은 워드클라우드가 때때로 수행하는 것처럼 단일 텍스트가 아닌 대규모 텍스트 코퍼스에서 단어 사용을 분석해 특정한 역사적 순간에 하나의 단어가 얼마나 자주 사용되었는지를 살펴보는 것이다. 수업에서 논의한 역사적 사건들, 예를 들어 산업 혁명이 지루함이나 여가 등과 같은 개념이나 감정과 어떻게 일치하는지(또는 그렇지 않은지!)를 보는 데 흥미를 가질 수도 있다. 두 개 이상의 단어의 시간에 따른 사용을 비교하기 위해 엔그램 그래프를 사용할 수도 있다(특정 시점에서 '지루함'이 '나태함'을 대체하는가?). 다시 말하면 이 활동은 두 가지 방식 중 하나로 진행이 가능하다. 즉, 학생들이 단어를 선택하게 하든지(아마도 워드클라우드 연습에서 생성되었거나 수업 토론을 많이 유발한 특정 단어나 구절에서) 아니면 엔그램을 생성하거나, 단일 엔그램에 반 전체 인원과 함께 협력을 통한 토론을 유도할 수 있다.

공지 사항: 여기서 교과 활동은 시간에 따른 용어나 개념의 인기를 차트로 구성함으로써 학생들이 역사적 추세를 판별하는 도움을 줄 수 있다. 그리고 하나의 언어 안에서라도 시간에 따라 특정 단어의 의미하는 방향에 변화가 발생한다는 사실을 상기시킬 것이다.

도움말과 요령: 이러한 교과 활동은 한 번의 클릭이면 결과가 나와 정말로 신속하다. 즉, 초보자에게도 적합함을 가리킨다. 필자는 구글 엔그램 뷰어를 추천하며 이유는 해당 프로그램이 단어 빈도를 가장 쉽게 인지 가능한 시간 흐름의 뷰어이기 때문이다.

디지털 양식, 질문, 퀴즈

활동 설명: 교사라면 이전부터 스케줄링 앱, 온라인 퀴즈, 서베이몽키

Survey Monkey, 두들Doodle, 심지어 버즈피드BuzzFeed 등 설문 도구들에 익숙하리라고 생각한다. 이러한 도구 중 일부는 별로 특별해 보이지 않거나 비중이 매우 적어 보이지만 학생들과 회의 일정을 설정하거나 현재 기분에 적절한 십자화과 채소를 알아내는 정도 이상의 유용성을 보여준다. 학기 초나 수업의 단원 시작 시점에서 질문지 등의 의견 수합 방식을 통해 학생들이 현재 주제에 관해 알고 있는 지식 정도, 태도 및 학습 목표를 평가해 보라. 수업의 교과 과정 끝에서 학생들의 학습 정도를 측정하고, 학교의 표준 양식보다 유용성이 더 높은 학생 피드백을 만드는 게 좋다. 로스의 버지니아 울프 수업에서 학생들이 울프의 소설에 어떻게 반응했으며 어려운 텍스트를 탐구하기 위해 어떻게 개별 기술을 구축했는지에 대해 광범위한 설문 조사를 실시했고, 그 결과는 이듬해 수업 계획서를 재구성하는 데에 크게 기여했다. (익명의) 결과를 학생들과 공유함으로써 교과 활동은 비판 및 이론에의 접근 방법에 연관된 중요하고도 상위 수준의 학문적 개념에 관해서 활기찬 수업 토론을 촉발했다. 그래서 이러한 교과 활동은 평가 결정 대상의 과제로 그 형태를 갖출 수 있게 되는데 이런 상황은 하나의 학생 그룹이 조사 결과를 활용해서 분석한 슬라이드쇼 프레젠테이션을 구성하고, 반면에 또 다른 학생 그룹이 울프 작품에 관련해서 앞으로의 학생들과 신진 독자들을 위해서 아름다운 데이터 시각화 자료를 만드는 과정의 바로 그 시기에 발생한다고 볼 수 있다.

공지 사항: 여기서 교과 활동은 교사에게 도움이 되면서, 수업을 학생들의 관심사에 맞추고 피드백에 응답할 수 있게 한다. 학생들 역시 개인적인 학습 목표가 일반적인지 독특한지를 확인해서 교육에 대해 의식적으로 생각하도록 북돋울 것이다.

도움말과 요령: 온라인 실시간 동기화 수업 모델에서는 줌 설문이 순간적인 의견 조사나 토막 퀴즈에 매우 유용하다. 필자는 구글 설문지Google Forms도 선호하는데 그 이유는 결과를 자동으로 스프레드시트로 출력해 결과 데이터를 산출하고, 해당 데이터를 저장하고, 재구성하고, 심지어 도

표와 도식을 만들어내기 때문이다. 그렇지만 만약 학생들이 퀴즈나 투표를 만든다면 버즈피드와 같은 더 활약 수준이 높은 플랫폼의 선택을 추천한다.

30분 소요 활동

집합적 이미지 주석 첨가

활동 설명: 30분 소요 활동을 위해서 학생을 그룹으로 분리하고 학생들에게 디지털 이미지에 주석을 달도록(메모 기록을 첨가하도록) 요청하라. 각 그룹이 스마트폰, 노트북, 컴퓨터 터미널에 접근할 수 있도록 하거나, 그렇지 않다면 수업 외 시간에 교과 활동으로서 실제 이미지 주석 작업을 도서관 컴퓨터실에서 진행하도록 하고, 따라서 수업 중에는 교사의 컴퓨터를 사용해 각자가 구축한 이미지를 전시, 전개하면서 그룹 구성원들이 직접 자신들이 한 작업을 설명하게 하라. 각 그룹은 수업 내용과 관련된 디지털 이미지를 선택한 다음에 구축된 이미지에 정보를 추가한다. 예를 들면 이미지 속 사람이나 장소를 식별하는 라벨링, 관련 연구나 다른 디지털 이미지로의 링크, 이미지에 대한 해석 또는 주장 추가하기 등을 통해서 학생들이 수업 개념에 숙달된 수위는 물론 현재 학습 주제에 관련된 즉흥적 연구의 수행 능력까지 보여준다. 각 그룹이 15~20분 동안 이미지에 주석을 첨가하게 한 이후에 교실을 돌면서 다른 학생들이 주석을 첨부한 이미지를 관찰하도록 요구하라.

공지 사항: 이 교과 활동은 동일한 문화적 객체에 대한 다양한 반응이 어떤 방식으로 이루어질 수 있을지 그리고 단일 이미지가 어느 정도로 복잡해질 수 있는지를 극적으로 보여줄 것이다. 게다가 이미지 주석은 유니버설 디자인에 중요한데 그 이유는 대체 텍스트를 추가할(제2장 참조) 수 있게 허용하기 때문이며, 마케팅에서도 중요성이 있는데 그 이유는 검색

엔진 최적화SEO에 사용되기 때문이다.

도움말과 요령: 필자는 플리커를 추천하며 그 이유는 통합된 주석을 지원하기 때문이다. 이에 더해서 플리커는 교사가 공공 저작 이미지를 검색할 수 있게 해주면서 학생들이 결과물로 제시할 주석 첨가 이미지를 안전하게 재생산하고 내장하는 가능성을 보장한다. 학습 곡선이 더 가파른 것을 감안하면서 동시에 더 풍부한 주석 옵션을 제공하는 다른 플랫폼을 고려한다면 싱링크ThingLink와 기가픽셀Gigapixel 등이 포함될 수 있다.

가장 빈번한 단어의 심층 분석

활동 설명: 가장 빈번한 단어(Most-Frequent-Word, MFW) 분석 활용을 단순한 워드클라우드 이상으로 탐구할 수 있다. 워드클라우드 수행 연습이 학생들에게 워드클라우드 자체를 해석하도록 요구하는 반면에 MFW 심층 분석은 워드클라우드를 생성하면서 학생들에게 데이터를 워드클라우드보다 더욱 다양한 방식으로 시각화할 수 있게 허용하는 자료 데이터를 파고들게 한다. 필자가 비록 강력하지만 비교적 간단한 MFW 시각화 도구로서 추천하려는 보이언트(voyant-tools.org)같이 직관적인 플랫폼으로 학생들이 워드클라우드 이외의 시각화 유형들을 생성할 수 있고 손쉽고 빈번하게 사용되는 단어들의 큰 맥락을 찾아낼 수 있다. 예를 들면 관심 있는 단어를 클릭하면 교사가 선택한 해당 단어의 전체 텍스트에 대한 빈도를 추적하고 선택한 해당 결과를 또 다른 용어의 빈도수와 비교하며 그 단어가 출현한 문장을 읽을 수도 있다. 사용자가 종종 단어부터 단어까지 시각화부터 시각화까지 플랫폼부터 원본 텍스트까지 빠르게 훑어보고 다시 회귀하면서 가설을 추적하기 때문에, 이와 같은 과정은 매우 특이한 예외적 과정이기도 하다. 만약 모든 가능성을 염두에 둘 수 있다면 학생들이 MFW 시각화 도구를 개별적으로 다룰 수 있도록 조치하면 좋다. 학생들이 하나의 텍스트를 사용해서 신속하게 흥미로운 결론에 도달한다면 하나의 텍스트 이상에서 MFW 분석을 수행함으로써 '코퍼스'(플랫폼에 분석

하도록 지시한 텍스트)를 실험하라.

공지 사항: 이 활동은 학생들이 주어진 텍스트에 관련된 가설을 시험하고 개선할 수 있다. 만약 수업에서 MFW 시각화 도구로 그들이 본 대상을 해석하도록 학습했던 지식의 적용을 장려한다면, 학생들은 또한 단순화된 워드클라우드의 한계점을 이해하게 된다.

도움말과 요령: 보이언트 활동 모음의 자세한 지침들을 웹 컴패니언에서 확인할 수 있다. 이러한 활동은 또한 학생들이 웹 컴패니언의 보이언트 스타일 랩Style Lab 예시 과제를 준비하는 데 매우 좋은 과정이다. 만약 이 중 어느 것도 선호하지 않는다면, 이와 같은 연습을 학생들이 과제를 할 때 브레인스토밍하거나 소논문 또는 보고서 형식의 시험을 위한 학습 방법으로서 고려해 보라.

이형 변형 분석

활동 설명: 컴퓨터가 인간보다 훨씬 뛰어난 과업 중 하나가 바로 대조 사항 부문이다. 즉, 이것은 텍스트를 다른 버전의 텍스트와 비교하는 행위이다. 이와 같은 비교가 계산상 자동화되면 모든 종류의 텍스트 이형異形 변형에 대한 흥미로운 발견으로 연결될 수 있다. 이런 활동은 학생들이 개인이나 둘이 짝을 짓거나 소그룹일 때 가장 효율적으로 수행할 수 있다. 각 학생 또는 그룹은 텍스트의 두 가지 디지털판에 접근이 허용되어야 한다. 시의 경우에서 초판과 이후 판본을 비교할 수 있고, 또는 신문 잡지 기사 또는 법원 문서 등을 동일한 접근 방식을 기반으로 응용할 수 있다. 간단하게는 아래에 추천된 플랫폼에 각 판본 텍스트를 첨부해 넣도록 지시하면 이형으로 나타나는 변형 부분이 간단히 강조되어 쉽게 볼 수 있다. 이후에 학생들에게 발견한 이형 내용의 중요성을 후속 질문으로 제시한다(어쩌면 학생들은 변형 이유에 대한 저자의 의도나 검열 등을 추측할 수도 있다).

공지 사항: 이 교과 활동은 학생들에게 텍스트 제작에서 자료 중심 과정이 읽는 데 어떤 영향을 미치는지 보여준다. 그리고 학생들은 출처를 분

석하는 훨씬 더 비판적 시각을 개발해야 할 것이다.

도움말과 요령: 학생들은 마이크로소프트 워드Microsoft Word 또는 구글 문서Google Docs 속의 문서 비교 기능을 가장 편하게 사용할지도 모른다. 그렇지만 디지털 인문학자 대부분은 이형 변형 분석 플랫폼으로서 적스타Juxta를 추천한다. 적스타는 매우 간단하며 PDF와 호환되고 사전 기술 지식이 필요하지 않다. 거기에 더해서 적스타 웹사이트(juxtasoftware.org)를 방문하면 적스타로 반영된 기술과 생성된 결과, 학술적 주장을 담은 블로그 게시물을 볼 수 있다.

디지털 아카이브 또는 판본에 대한 평가

활동 설명: 이 교과 활동은 학생들이 디지털 아카이브와 저장소를 신중하고 비판적으로 활용하는 방법 습득을 돕는다. 배터실은 교실 활동에서 학생들이 디지털 판본이나 아카이브(제1장에 언급된 무엇이든)를 직접 방문하고 자신이 찾은 것에 열린 태도를 가지기를 요청한 것이 가장 성공적임을 발견했다. 이러한 탐색을 바탕으로 짧은 비판적 또는 성찰적인 논문을 요청하거나 수집하라. 학생들에게 텍스트 제작 및 생각 전달의 형태와 규범의 변화를 고려하게끔 하라. 즉, 스크롤(컴퓨터 방식)과 전자책이 어떻게 다른가? 역사적으로 중요한 텍스트가 초판과 지금 판본이 '동일'하게 보이는가? 더 많은 시간이 있다면, 학생들에게 디지털 아카이브나 판본을 비판적으로 살피도록 하는 것도 좋다. 즉, 그 장점과 단점이 무엇인지를 말이다. 학술적인가 아닌가? 그리고 어떻게 알아낼 수 있는가? 그 자금 조달 및 작업 모델은 무엇이었는가?(그리고 가시적인가?) 직접 만든다면 어떻게 바꾸고 싶은가? 이러한 종류의 활동은 학생들이 나중에 자신의 작업에서 디지털 아카이브를 사용하는 방식을 도울 수 있다. 이와 같은 활동이 학생들에게 독서 습관을 돌아보도록 시도함으로써 디지털 리터러시를 향상시킬 것이다. 더 나아가서는 학생들이 정보를 접하는 매체가 해당 정보에 대한 틀을 형성한다는 점을 인지해야 한다.

공지 사항: 이런 활동은 학생들의 읽기 습관에 대해 스스로 돌아보도록 함으로써 디지털 리터러시를 향상시킨다. 그에 더해서 학생들이 정보를 접하는 매체가 디지털 문해력에 관한 경험을 형성한다는 사실을 분명하게 인식해야 한다.

도움말과 요령: 제1장과 관련된 자료 내에서 웹 컴패니언의 아카이브 목록을 살펴보라. 장기 프로젝트는 학생들에게 학습 기관이나 현지의 박물관, 학교 밖 도서관에 보관된 자료에서 만들어진 디지털 대용물이나 아카이브를 찾는 활동으로 이어질 수 있을 것이다.

전체 수업 시간 소요 활동

디지털 행사

활동 설명: 수업으로 온라인 문화와 디지털 지식에 연관된 중요한 공공 행사에 참여할 수 있다. 예를 들면 디지털 공공 역사와 공동체 참여에 도움을 되는 위키피디아 에디터톤Wikipedia Edit-a-thon 혹은 에이다 러브레이스 데이Ada Lovelace Day[2]를 고려해 보라. 이에 대해서 에이드리언 웨이드위츠Adrianne Wadewitz, 앤 엘런 겔러Anne Ellen Geller, 존 비즐리머리Jon Beasley-Murray가 『아카데미 해킹하기Hacking the Academy』에서 다음과 같이 언급했다.

위키피디아 기사를 분석하고 개발에 참여하는 학생들은 지식의 구성과 사용 목적을 인식한다. 대부분 학생은 위키피디아를 정보를 찾는 목적으로만 사

---

2   에이다 러브레이스 데이는 매년 10월에 열리는 행사로서 여성들의 과학 기술 분야 공헌을 기념한다. 특히 에이다 러브레이스는 세계 최초 프로그래머로 알려져 있고, 그녀의 업적을 기리는 차원에서 기획된 행사이다.

용해서 특정 내용의 기사가 개발되는 방법, 개발자, 기사 구성을 위한 때로는 광범위할 수 있는 논의 및 검토에 대해 이해하지 못한다(Wadewitz, Geller, and Beasley-Murray, 2013: 85).

위키피디아가 작성자에게 출처를 인용하도록 요구하는 이유로 인해서 학생들이 신뢰할 수 있는 연구의 엄격성을 배우면서도 위키피디아 기사에 더욱 해박하고 비판적인 독자로 거듭난다. 학생들이 이러한 교훈을 내면화하려면 지금까지 변화를 만들어내기 위한 동기 그리고 이전에 알지 못했던 위키피디아에 관해 학습한 것은 무엇인가에 대해 요약 및 소견을 작성한 보고서를(한 단락을 넘기지 않도록) 요구하라.

공지 사항: 이런 활동은 학생들에게 교실에서 배운 내용이 광범위한 대중에게 얼마나 중요한지 보여준다. 그리고 학생들은 공공을 위해 교과 작업을 편집하는 연습을 수행할 것이다.

도움말과 요령: 위키피디아 에디터톤 및 교실 수업에 도입이 가능한 기타 공공 행사에 관련해서 좀 더 상세한 정보와 도움말을 웹 컴패니언에서 확인하라. 트위터의 디지털 인문학 커뮤니티는 이와 같은 행사 소식을 알 수 있는 가장 좋은 출처이다.

인물 역할극 또는 토론
활동 설명: 소설, 비소설, 우화적 인물이 등장하는 토론 및 역할극 실습은 디지털 플랫폼을 수업 교실에 통합하는 흥미로운 방법이다. 만약에 교사가 예정된 수업 날짜를 지키지 못하거나 학생들이 중요한 시험이 앞두고 있거나 과제 제출이 막 끝난 이후에 필자는 원격 수업을 추천한다. 학생들이 익숙한 과제를 하는 동안 짧지만 의미 있는 휴식 시간을 가질 수 있는 이상적인 시간이다. 트위터와 페이스북 같은 대중적인 소셜 미디어 플랫폼의 공개적 속성을 활용해 학생들에게 교과 내용에 대한 지식을 제시하고 심화하는 토론을 진행하도록 요청한다.

소셜 미디어를 사용하지 않으면서 토론을 진행하려면 학생들에게 짧은 연극을 준비하고 녹화해 유튜브에 게재해 쉽게 공유할 수 있도록 하라. 적절한 틀이 제공된다면, 예를 들면 교사가 실제 활동을 진행하기 이전에 수업 시간 동안 활동에 대해 충분히 설명한다면 '재미'가 곧 '피상적이다' 또는 '쉽다'를 의미하지 않을 것이다. 학생들에게 자신의 관점을 표현하는 대신 다양한 페르소나를 구현하도록 요구함으로써 유익한 지적 또는 정서적 거리를 제공한다. 이 활동에 필요한 주의력과 창의성을 가지고 교과 활동에 접근하도록 확신을 주기 위해서 학생들이 보여주리라고 기대하는 기술과 지식은 물론이거니와 활동의 목적을 명확하게 밝히라. 이러한 요구 사항 범주를 좁혀서 일부 목적에 초점을 맞추고, 학생들은 기술 용어를 정확하게 사용하거나, 학문 분야의 개념들을 새로운 맥락에 적용하거나, 다양한 관점들을 고려하거나, 특정 사상 또는 논증 유형의 특정 학파를 인용할 수 있게 된다.

공지 사항: 이 활동은 허구 또는 역사적 인물에 대한 이해도를 심화시킨다. 그리고 학생들은 소셜 미디어를 사용하면서 세계에 투영하는 페르소나를 인지하고 공정하게 관찰하는 일을 도울 수 있다.

도움말과 요령: 페이스북은 가상 디지털 캐릭터를 만들 때 흔히 활용되는 인기 있는 플랫폼이지만 최근에는 실명 정책이 가상 계정을 만들려는 이들이나 심각하게는 개인 정보를 보호하려는 사람들에게 도전적 사안이 되고 있다. 이 정책을 우회하는 시도가 불가능한 것은 아니지만, 즉 새로운 페이스북 계정을 만들 때 단순히 창의성 정도가 필요하지만, 필자는 이러한 우려로 인해 교과 활동을 위해서 트위터를 더 선호한다. 자세한 지침은 웹 컴패니언에 트위터 활동 모음을 참고하라.

도서관, 아카이브, 실험실, 현장 학습

활동 설명: 학생들이 맞닥뜨릴 가장 흥미로운 대상 중 일부는 학습과 연관된 자료나 역사 문헌과의 조우이다. 이와 유사하게 현대 미술관, 지역

전시회, 인근 기술 실험실이나 회사 등이 교실 경험에 대응하는 요소들을 제공할 수 있다. 직접 찾아본 전시나 컬렉션과 수업 내용이 연결성이 없다고 판단되더라도 포기하지 말고 창의적으로 생각하라. 즉, 이러한 컬렉션이 (교과 과정이 아니라면) 교수법과 관련되었는가? 교과에 관련된 (임시 전시회에 반해서) 상설 컬렉션이 존재하거나 혹은 이 공간 방문이 교육 과정의 더 광범위한 목표에 기여하는가? 부분적 제안으로는 상호 작용/현장 학습에 관해서 학과 주변에 문의하고 그들의 경험을 바탕으로 자료 담당자 또는 도서관 사서에게 새로운 것을 설계하도록 요청하라. 그리고 필자는 또한 아카이브 참여와 모든 준비 사항을 확정하고, 또한 장애 학생을 수용하기 위해서 사전에 앞서 언급한 교과 활동을 준비할 것을 권고한다. 교과 주제에 따라서 학생 중 한 명이 가족 소유의 자료를 공유할 수 있고, (그리고 기꺼이) 교실에 가져온다면 분명히 아카이브로서의 역할을 보여줄 수 있다.

공지 사항: 이 활동은 학생들에게 이용 가능한 흥미로운 학습의 원천 자원을 소개한다. 그리고 대학이 학위 수여만이 아니라 그 이상으로 세계 지식에 공헌하는 많은 방법을 보여준다.

도움말과 요령: 이러한 종류의 현장 학습에는 수많은 다양한 변화가 있으며, 그래서 교과 활동은 활용 가능한 자원에 의해 좌우될 여지가 많다. 만약 가능하다면 인근 특별 컬렉션 또는 아카이브에 존재하는 역사적으로 유의미한 보관 자료가 있고 이들이 디지털 구축 준비가 되어 있다면, 디지털 판본 과제와 스캐너프로ScannerPro 튜토리얼 두 가지를 함께 사용할 것을 고려해 보라.

일주일 이상 소요 활동

비디오 주석 달기 협업
활동 설명: 다중 모드, 시청각적 실습은 종종 다소 '장기간'의 그룹 교과

활동으로 조직하기에 재미있고 생산적이다. 그 이유는 교사를(최종적 권한자로서) 인심하면서 한 발 물러나게 하고, 아울러 학생들이 일종의 다중 모드 산출물을 만들 당시에 학습 과정을 구체적으로 관찰할 수 있기 때문이다. 이미지 주석 활동이 하나의 '프레임'의 정보에 국한했던 반면에 비디오 주석은 의미 있는 결과를 취득하려면 더 긴 시간을 요한다. 이미지 주석 플랫폼과 마찬가지로, 비디오 주석 소프트웨어는 학생들이 수업 텍스트에 주석을 달듯이 영상 클립에 답하는 방식을 취한다. 수업에서 비디오 주석을 위해서 학생들이 주석을 달 클립이 제3자에 의해 미리 만들어진 것인지 아니면 수업 목적을 위해 교사가 또는 수업 중에 만들어진 것인지를 결정해서 알려주어야 한다. 주석에 관한 과제 설명과 주석 첨가를 위해 선택한 소프트웨어에 관련해 제공된 지침을 설명한 이후에 학생들은 영상 클립을 선택하고, 주석에 대해 아이디어를 짜내고, 각 그룹 구성원에게 담당 작업을 할당한 다음, 영상 클립에 주석을 추가할 것이다. 이와 같은 활동은 질의응답 시간을 포함한 흥미진진한 교실 수업에서 '보여주기 그리고 설명하기'로 끝을 맺는다.

공지 사항: 이 활동은 학생들의 협업 기술을 품위 있게 정리하고 학생들이 움직이는 이미지를 정보 전달의 매체로서 탐색할 수 있도록 한다. 그리고 학생들은 디지털 문화 영역에 수동적 소비 태도보다 오히려 적극적으로 공헌하는 새로운 방법도 배우게 될 것이다.

도움말과 요령: 일주일 동안 이런 종류의 교과 활동을 수행하는 진행 방법사례를 위해 웹 컴패니언 내에서 비디오앤트VideoAnt 활동 모음을 살펴보라. 이러한 과정을 통해서 교사의 역할은 무엇보다도 연구 및 기술 자문자이기에 보통은 다른 서비스, 교육, 연구 위원회 활동으로 매우 분주하거나 수업 준비에 평소와 같은 시간을 할애하기 어려운 시기에 이러한 선택이 정말로 적절한 조치라고 볼 수 있다.

지도와 타임라인

활동 설명: 가장 익숙한 시각화 기법에는 지도, 타임라인, 인포그래픽 등이 포함된다. 지도는 학생들이 가상의 풍경을 실제 세계에 표시하거나, 역사적 지도를 현대 지도에 중첩하거나, 지리적 풍경에 통해 사회 현상을 추적하는 과정에 도움이 된다. 타임라인은 역사적 정보를 한눈에 살펴보기에 훌륭한 요약이 될 수 있으며, 인포그래픽은 복잡한 서술과 문제 들을 간소화된 시각 자료로써 명료하게 설명한다. 학생들에게 평가 연계 과제를 완성하기를 요구하기 이전에 수업 활동을 위해서 플랫폼을 배울 수 있도록 표본 자료 꾸러미를 제공할 수 있다. 학생들은 자신이 선택한 자료로 실험을 수행하고 싶을 수도 있다. 교사는 지도를 위한 한 세트의 지리적 좌표, 타임라인을 위한 일련의 날짜들, 인포그래픽 제작을 위한 설정된 이야기를 제공할 수 있다. 지도 작성을 위한 일부 표본 데이터 묶음 자료는 웹 컴패니언에 연결된다. 타임라인과 지도는 시험 준비 중인 학생들을 위한 훌륭한 학습 도구가 되며, 교육 과정이나 수업 웹사이트를 풍부하게 만들기 위해 환상적인 이미지를 구축할 수 있다.

공지 사항: 이러한 활동은 독서, 강의, 토론을 다른 매체로 번역하도록 요구함으로써 학생들의 교과 수업 내용 지식을 향상시킬 수 있다. 만약 최종적인 지도나 타임라인을 오픈 액세스 자원으로서 출판하는 프로그램을 선택한다면 학생은 또한 자신의 수업 결과물을 일반인들과 공유하고 미래의 학생들을 돕는 기회를 가질 수 있다.

도움말과 요령: 지도의 경우에는 구글 어스Google Earth 혹은 스토리맵 Storymap을 시도해 보라(맵박스MapBox나 오메카용 니트라인Neatline 등 강력한 프로그램들이 훨씬 긴 과제에 더 적합하다. 제6장 참조). 타임라인을 위해서는 타임글라이더TimeGlider가 적절한 선택이며, 인포그래픽 제작을 위해서는 벤게이지Venngage(무료) 또는 픽토차트Piktochart(유료)를 시도해 보라.

디지털 텍스트 캡처

활동 설명: 디지털 텍스트 캡처는 접근 가능한 서적이나 다른 물리적 텍스트로부터 일반 텍스트 파일을 생성하는 것을 말한다. 이것은 특히 데이터베이스, 아카이브, 디지털 판본 생성과 관련된 활동 등 수많은 디지털 학술 활동의 기반이다. 게다가 잉크로 쓰인 글자들을 디지털 텍스트로 변환하는 것은 텍스트를 전 세계 어디서나(잠재적으로) 사용할 수 있으면서도 동시에 텍스트·음성 변환 프로그램에서 읽음으로써 접근성을 증강시킨다. 결과적으로, 변환 시도가 깔끔한 네트워크 그래프나 워드클라우드를 만드는 과정보다 덜 흥미로워 보일 수 있지만, 디지털 인문학이 중심인 모든 과정에서 디지털 텍스트 캡처가 주요한 역할을 해야 한다고 생각한다. 어느 서비스 활동에서든 마찬가지로, 디지털 텍스트 캡처는 시간이 많이 소요되는 만큼 복잡하고 흥미로우며 보람 있는 작업이다. 학생들이 디지털 텍스트 캡처를 실습함으로써 동시대 아카이브와 판본의 내부를 엿볼 기회를 주기 바란다. 이러한 활동은 네 가지 주요 단계를 포함하기 때문에 일주일간 진행되는 과정이다. 네 가지 단계는 훈련 및 준비(말하자면 소프트웨어 획득), 이미징(사진 촬영), 광학 문자 인식OCR(사진에서 일반 텍스트 추출) 그리고 정정(오류 수정) 등을 포함한다. 텍스트 캡처와 정정에 관련된 노력이 디지털 자산의 생성을 알려주는 실용적이고 정치적인 문제는 물론 일반적으로 텍스트성에 관련된 질문들을 유발할 것이다. 필자는 디지털 텍스트 캡처를 디지털 편집본의 집단 창작을 준비하기 위한 활동으로서의 사용을 권장한다.

공지 사항: 이 활동은 학생들에게 종이 기반에서 디지털 기반으로 전환하는 유용한 방법을 제공한다. 그리고 학생들은 소비하는 텍스트에 투입되는 방대한 양의 편집 작업 과정을 이해하고 더 큰 고마움을 느낄 것이다.

도움말과 요령: 디지털 텍스트 캡처를 디지털 편집 과제와 함께 사용하는 것을 고려하라. 이 디지털 캡처 작업 과정은 동료들과 희귀한 책이나 기사를 또는 아카이브 작업을 공유할 때 도움이 되며, 수업 노트 준비와

연구에도 유용하다(긴 인용문을 더 이상 손으로 타이핑할 필요가 없다).

텍스트 인코딩

활동 설명: 텍스트 인코딩이 간단한 마크다운Markdown과 같은 간단한 마크업[3] 방식이든 TEI 인코딩 같은 더 복잡한 방식을 통해 이루어지든 학생들에게 텍스트의 구조적 특성을 고려하고 그리고 기계가 읽을 수 있는 형태로 그러한 구조적 특성을 표현하도록 요구한다. 대부분 경우에 텍스트 인코딩은 학술적 디지털 판본을 편집하는 필수 단계로 활용되지만 필자는 또한 만약 최종 목표가 출판이 아닐지라도 흥미로운 연습 시행이라고 믿는다. 텍스트 일부에 적절한 태그와 식별자 태그를 표시함으로써 학생들이 텍스트의 내부 구조를 학습하고 저작권, 의미론, 텍스트성의 추상적 정의, 특별한 기존 텍스트의 중요한 구성 요소 등에 관해서 결정을 내린다. 일주일 동안의 활동으로 우선 학생들에게 선택한 마크업 언어에 대한 튜토리얼을 완료하고 그런 다음 학생들을 짝을 이루게 하라. 선호하는 게 플랫폼에 없다면 웹 컴패니언의 디지털 편집 과제에서 일부 자료를 가져와 조정하고, 예를 들어 기존 튜토리얼을 사용하더라도 학생들이 서로 텍스트 일부를 인코딩하도록 요청하라. 그리고 교실을 돌아다니면서 질문에 답하라. 만약 이러한 교과 활동을 확장하려면 인코딩 연습 주 이후 웹 컴패니언에서 전체 디지털 편집 과제를 할당하는 것도 좋다. 온라인에서 사용할 수 없는 상황(또는 온라인 대용물이 부정확하거나 접근할 수 없는 텍스트 경우)이라면 이 활동을 디지털 텍스트 캡처 활동과 함께 진행하라.

공지 사항: 이 활동은 학생들에게 모든 웹사이트의 기반 역할을 하는 마크업 언어를 시도함으로써 코드를 작성하는 방법을 소개한다. 그리고 이런 과정은 연구 자료의 출처를 아는 것이 얼마나 중요한지 알려준다.

도움말과 요령: 복잡한 텍스트 인코딩은 TEI 마크업 언어를 위해 전문화

---

3   텍스트 안의 특정 부분에, 그 속성을 나타내는 표지(標識) 부가하기, 또 그 표지.

된 XML 소프트웨어를 사용하지만, 필자는 초보자들을 위해서 다운로드할 필요가 없으면서 인터넷 액세스만 하면 되는 브라우저 기반 마크다운 편집기로서 딜링거Dillinger를 선호한다. 딜링거의 두 개 화면은 사용자가 코드와 코드로 나오는 결과물(코드가 어떻게 웹페이지에 시각적 결과로 나타나는지)을 동시에 볼 수 있게 한다.

심화 활동

디지털 미디어 아트

활동 설명: '디지털 미디어 아트'란 주로 시각 예술에서 사용되는 그래픽 디자인, 애니메이션, 기타 디지털 프로세스를 가르치는 학과 또는 학위 과정을 가리킨다. 이 책에서 '디지털 미디어 아트'는 디지털 문화에 대해 고찰하거나 이 콘텐츠에 대한 가설을 텍스트 블록이나 데이터 도표 등을 넘어서 수업 콘텐츠 혹은 해당 콘텐츠에 관련된 가설을 디지털 형식으로 변형한 것, 넓게는 학생들이 접근할 수 있는 디지털 도구로 만들 수 있는 것이라면 무엇이든 의미한다. 학생들은 고대 로마에서 생활하는 경험을 재현하기 위해 디지털 미술 작품을 만들어내든 실존주의에 관한 시험에 사전에 대비하도록 학습 자료를 제작하는 수업 콘텐츠에 관해서 감정적 반응을 표현할 수 있다. 가장 간단한 교과 활동은 이미지 매크로(밈meme[4])를 만드는 것이다. 학생들이 어쩌면 이미 밈 만들기에 대한 선호가 있겠지만 밈제너레이터MemeGenerator와 이머저는 이전부터 인기 있는 이미지 매크로를 제공하는 가장 간단한 도구 중 두 가지이다. 만약 학생들이 더 많은 선택지를 원한다면, 예를 들어 자신만의 배경 이미지를 선택하려면 필모라Filmora 또는 캔바Canva를 시도하라. 만약 스마트폰을 사용한다면

---

4   특정 메시지를 전하는 그림, 사진 또는 짧은 영상으로 재미를 주는 것이 목적이다.

미매틱Mematic 앱을 추천한다. 시각적 디지털 콘텐츠의 생성을 넘어서 사운드스케이프도 제작할 수 있다. 즉, 이것은 다양한 음향 효과가 있는 '채널'을 조합하고 섞어서 가상의 풍경을 만드는 것이다. 학생들은 이미 음악 앱이나 유튜브에서 호스팅된 사운드스케이프를 많이 사용하며 도움을 받고 있을 것이다. 그리고 앰비언트 믹서Ambient Mixer(브라우저 기반 도구 및 iOS 앱으로도 사용 가능) 또는 마이노이즈myNoise(iOS 및 안드로이드 모바일 브라우저 기반 도구 또는 앱으로 사용 가능)를 사용해 직접 만들어보도록 하라. 로스의 학생들은 셜록 홈즈 수업을 위해 빅토리아 시대 런던의 사운드스케이프를 만들었다. 그리고 또 다른 디지털 기반의 미디어 아트는 글리치[5] 아트이다. 글리치 아트란 작은 결함들을 미학적 맥락에 배치하거나 장비 장애, 왜곡, 형식 불일치로 인해 발생하는 사고로 나타날 효과를 의도적으로 만듦으로써 '우연한' 작은 결함들의 초현실적 아름다움에 관한 감상을 담은 매체를 가리킨다. 후자의 예로서 오더시티Audacity를 사용해 수업에서 글리치 아트를 구성하는 방법을 설명한 잭 웰런Zach Whalen의 튜토리얼을 검색해 보라.

공지 사항: 이 활동은 컴퓨터와 인터넷이 단순히 다른 곳에서 이미 형성된 예술 결과를 전달하는 수동적인 도구가 아님을 보여준다. 학생들은 주어진 예술 가공품들을 주도적으로 변경하고, 새로운 방식으로 관객이 예술과 상호 작용하게 한다. 그럼으로써 예술가는 예술 작품 창작을 위한 완전하게 새로운 기술을 만든다.

도움말과 요령: 학생들이 수업 시간에 예제를 살피고 예술가의 기획 의도 검색해 이를 토대로 디지털 아트를 만들 수 있도록 준비하라. 예를 들면 위키피디아 편집 내용을 실시간 음악으로 변환하는 서비스(listen.hatnote.com/)를 통해 수업에서 위키피디아를 '듣고' 학생들에게 공부할 때 도움이 될 만한 선호하는 앰비언트 믹스를 공유하도록 하라. 로자 멩크먼Rosa Menkman

---

5   순간적으로 나타나는 잡음 펄스

의 '글리치 연구 선언Glitch Studies Manifesto'(자세한 내용은 더 읽을거리 참조)과 글리치 아트(https://beyondresolution.info/)를 찾아보고, 학생들에게 구글 도서에서 스캔옵스ScanOps(구글 도서에서 책의 스캔 작업을 하는 운영자 그룹)가 생성한 '글리치'를 검색하도록 하라.

물리적 컴퓨팅과 비판적 제작하기

활동 설명: 디지털 인문학의 많은 부분은 새로운 소프트웨어의 생산 또는 디지털 연구 결과물을 생성하기 위해서 통계, 시각화, 텍스트의 디지털 대체물, 희귀한 예술적 유물의 3차원 모델링 등 소프트웨어들의 적용에 초점을 맞추고 있다. 그와는 반대로 물리적 컴퓨팅은 하드웨어를 실질적으로 작동해 보는 참여 행동으로서 컴퓨터를 구성하는 플라스틱, 실리콘, 금속, 전기적 내부 부속 등에 집중한다. 관련 용어로서 '비판적 제작하기Critical Making'는 2008년 매트 래토Matt Ratto가 제창했고 이러한 용어가 언어학적 혹은 이론적 추상을 형태화하거나 물리적 제작 사이를 연결하는 교량 역할로서의 활동을 의미한다. 가장 복잡한 형태로는 물리적 컴퓨팅을 사용하는 교사가 제작 공간Makespace을 만들 수도 있다는 가정이며, 여기서 제작 공간이란 제작 여건에 필요한 작업 환경을 위한 탁자와 의자가 있는 공간은 물론이고, 3D 프린터, 스캐너, 레이저 커터, 프로젝터, 납땜인두, 미니컴퓨터 등을 위한 일종의 개인 공간을 가리킨다. 그렇지만 만약 아두이노Arduino로 학생들에게 단일 보드 마이크로컨트롤러를 실험해 회로 및 이진 계산의 기본 요소들을 학습한다면 방 전체가 필요하지는 않다. 많은 전력과 전체 공간이 없더라도 학생들은 센서들이나 다른 하드웨어를 손쉽게 연결할 수 있다. 아두이노는 깜빡이는 빛 동작, 자동 텍스트 생성, 물건을 이동시키는 액추에이터(작은 규모의 모터) 등의 다양한 작업을 이행하기 위해 프로그래밍을 수행할 수 있다. 아두이노가 하나의 프로그램을 실행하는 동안 미니컴퓨터가 다수 프로그램을 실행할 수 있다. 디지털 인문학 교육에서 인기가 가장 높은 미니컴퓨터는 라즈베리파이

Raspberry Pi(디지털 제작 목적으로 설계된 저비용, 고성능, 실습형 컴퓨팅 시스템)일 것이다. 라즈베리파이는 영국 기반 자선 단체가 학생들의 프로그래밍 교육을 지원하려고 만든 저렴한 신용 카드 크기의 컴퓨터이다. 이 단체는 4달러 마이크로컨트롤러 보드부터 키보드, 여러 개의 USB 및 HDMI 포트를 포함하면서 아울러 모니터를 실행할 수 있는 100달러 키트까지 다양한 장비를 판매한다. 라즈베리파이는 강력하며 컴퓨터가 작동하는 전기적 방식을 학생들에게 가르칠 때 사용이 가능하고, 주변 장치로서 액세서리들(카메라, 팬, 헤드폰 앰프, VGA 어댑터, 게임 컨트롤러 등)이 컴퓨터 사용 영역을 넓혀줄 수 있다. 온라인에 퍼져 있는 무료 튜토리얼은 학생들이 음악 작곡, 작시 작업 수행 로봇 제작, 블로그 운영, 이미지를 글리치 아트로 변형하는 등의 기능을 위해 사용할 수 있다(raspberrypi.org의 'Blog' 참조). 과거에 로스는 종이 회로와 3D 프린팅 펜으로 좋은 결과를 만들었다. 종이 회로에 관해서는 단 한 장의 종이, 시계 배터리, 전도성 매체(말하자면 구리 테이프 또는 금속성 은銀 잉크), 바인더 클립, 회로가 닫힐 때 작동하는 전원 장치(전형적으로 LED 조명 또는 소형 액추에이터) 등으로 회로를 설계하고 완성하는 실습을 수행할 수 있다.

학생들은 자석 잉크 펜으로 종이에 그리거나 테이프를 사용해 회로를 추적하고, 배터리를 전도성 재료에 연결하기 위해서 종이를 접을 때는 회로가 닫혀버린다. 학생들이 만든 패턴은 필요에 따라 수업에 적용된다. 로스의 서지학 수업 학생들은 강의 계획서의 인쇄본을 접어 하나로 묶어서 소책자를 만들고 나서 자신들이 크게 흥미를 보였던 주요 강의가 어떤 것인지를 나타내기 위해 해당 자료에 스티커형 LED 조명 치비라이트Chibi-Lights를 간단하게 부착했다.

공지 사항: 비록 인터넷이 눈으로 볼 수 없고, 휴대 전화 내부에 무엇이 있든 무관심하기 일쑤더라도 디지털 기술은 물질적·물리적 세계에 분명하게 존재하고 있다. 암석과 원자는 컴퓨터의 기반에 있으며, 이진 코드 방식의 '켬/끔' 작업 연습하기처럼 회로를 작동하는 과정에서 이런 사실을

학생들에게 더 명확하게 인지하게 만들 수 있다.

도움말과 요령: 몇 가지 컴퓨터 제품을 구입하기 위해서 학과에 소액의 보조금을 요청하기를 두려워하지 말라. 수업을 풍부하게 만들거나 교과 과정을 향상하기 위한 소액의 보조금은 종종 가능하고 기회가 있다면 이메일을 주의 깊게 확인하라. 스파크펀SparkFun이라는 회사는 종이 회로 키트, 메이키메이키Makey Makey,[6] 릴리패드LilyPads(옷 등에 꿰매어 부착할 수 있는 회로), LED 스티커 등을 판매하는데 인기가 높다. 또한 많은 전자 폐기물을 생성하고 불공정한 근로 조건 속에서 값진 금속의 채굴을 요구하는 유비쿼터스 컴퓨팅의 환경 비용에 관한 대화를 시작할 수 있다. 이러한 대화는 미디어 고고학 분야의 기초에서 이루어진다(더 읽을거리에서 Parikka, 2013 참조).

크라우드소싱 방식 연구

활동 설명: 최근 몇 년간 크라우드소싱 기획들이 특별히 인문학 분야에서 대규모 데이터 프로젝트를 위한 원자료 전사transcription 작업을 위해 등장했다. 공공 분야에서 제1차 세계대전의 편지들을 전사하고, 별들과 별자리들을 명명하고, 공리주의 철학자 제러미 벤담의 저작물을 인코딩하고, 특정한 종류의 물고기를 식별하고, 역사적으로 의미 있는 날씨 기록을 전사했다. 이러한 작업을 위한 주요 플랫폼 중 하나는 영국에 기반을 둔 주니버스Zooniverse로 대규모 연구에 대중 참여를 촉진하기 위해 게임화했다(사람들의 기억에 남도록 이것을 '사람이 추진하는 연구'라고 불렀다). 물론 학생들이 전사 노력에 기여함으로써 기존 프로젝트에 참여하고 그런 과

---

6   간단한 회로와 연결을 통해 일상적인 물체를 입력 장치로 바꿀 수 있는 발명 키트이다. 예를 들자면 바나나, 종이, 알루미늄 호일 같은 물건들을 컴퓨터 키보드, 마우스 같은 입력 장치로 사용할 수 있다. 전자 공학에 대한 기초 지식을 제공하고 상호 작용하는 흥미로운 방법을 제공한다. 특히 학생, 교사, 발명가 사이에서 인기가 많으며, 기술과 예술을 결합해 창의적인 프로젝트를 만들 수 있도록 도움을 준다.

정을 토대로 디지털 데이터 수집에 관해서 이해를 높일 수 있다. 최신 기획은 중첩 데이터를 문서화하기 위해 실시간 '새 관찰 카메라'를 시청하고, 카이로Cairo 오랜 다락에서 발견된 중세 이전 및 중세의 아랍어, 히브리어 텍스트 조각을 글로 전사하고, 초신성 자동 탐사 전천 카메라All Sky Automated Survey for Supernova의 빛의 곡선을 문서화하는 작업을 포함하고 있다. 보다 수준이 높은 고급의 선택으로는 자신들만의 데이터 전사 게임 인터페이스를 만들기 위한 목적으로 주니버스의 '프로젝트 구축Build a Project' 플랫폼을 사용한다. 어떤 활동이든 앞에서 언급한 내용은 이러한 교과 활동이 전문성, 공공 연구 공동체, 데이터 타당성에 대한 담론을 학생들과 논의하기 위한 기회를 제공한다.

공지 사항: 이런 종류의 기획은 '공공 인문학'에 대한 개념에 대해 그리고 대학 연구 프로젝트와 특정 기획의 연구 활동에 흥미를 갖는 더 광범위한 대중 사이의 관계성에 대해 이야기를 나누는 중요한 기회이다. 학생들이 프로젝트를 만들려고 한다면 무엇이 효과적인 인터페이스를 형성하고, 무슨 종류의 프로젝트가 연구 크라우드소싱에 적합한지를 이해하기 위해서 자원자로서 먼저 여러 기획에 참여해 보아야 한다.

도움말과 요령: 주니버스에 참여하는 활동은 정말로 간단하며, 무엇이든 기획을 선택하고 보여주는 것만으로 어떤 반이든 수업을 진행할 수 있다. 그러나 1년 과정으로 프로젝트 구축의 개발, 연구, 적합한 자료 선택을 시간을 쓰는 것이 충분히 바람직한 상황일 것이다.

메타데이터 생성 및 모델링

활동 설명: 학생들에게 메타데이터와 그 중요성을 가르치는 가장 쉬운 방법 중 한 가지로는 학생들이 직접 메타데이터를 만들게 하는 것이다. 배터실은 이와 같은 목적을 위해 오메카를 사용했는데, 더블린 코어Dublin Core[7]와 통합되어 있고 인터페이스가 사용하기 쉽다. 각 학생이 객체(손가락에서부터 희귀한 책에 이르기까지 무엇이든 작업이 가능하다면)를 선택하도록 하

고, 그리고 기존 스키마의 기본 필드를 채움으로써 기존의 디지털화된 객체와 전시 또는 디지털 아카이브 안에서 다른 객체들과의 구조적 관계를 즉각적으로 이해하기 시작한다. 좀 더 심화 활동으로서 학생들이 하나의 객체에 부착하기를 원하는 정보 유형들 사이에 관계성 및 연결성을 예시하려는 목적으로 새로운 데이터 모델을(제11장에서 제안된 컨셉트보드Concept-Board 혹은 또 다른 디지털 화이트보드이거나 아니면 종이에 그려진 간단한 개념도를 함께 갖춘) 제안하거나 생성할 수 있다. 데이터 모델의 전형적인 개념적 스키마는 엔티티entity 유형, 속성, 엔티티 사이의 관계성 등을 포함한다(실제로 이들은 선으로 연결될 텍스트 상자가 있는 '마인드맵'을 닮았다).

비록 이 데이터 모델링 과정이 소프트웨어 엔지니어링에서 흔하다고 해도 개념적 모델링은 어떤 분야에서든지 매우 효율적인 실행이라고 볼 수 있다. 데이터 모델링 및 메타데이터 생성에서는 비판적 성찰이 핵심이다. 즉, 객체가 왜 언제 만들어졌는지 시기를 알고 싶은가? 왜 재질 구성에 관해서 알고자 할까? 바로 '왜'라는 질문을 통해서 학생들이 메타데이터를 단순히 도서 목록의 실용적 구성 요소로 바라보는 시야를 벗어나고, 나아가서는 구조화된 관계의 선명한 경계가 데이터 자체를 에워싸고 있는 권력 체계, 물질성, 사회학적 맥락의 체계를 어떤 방식으로 새롭게 바라보아야 하는지에 대해서 학생들이 이해할 수 있는 영역으로 옮아 가도록 만든다.

공지 사항: 메타데이터는 어디에나 존재하며 학생들의 디지털 생활과의 관계는 끊임없이 메타데이터로 구조화하고 있다. 학생들이 메타데이터 생성을 위해서 매일 일상에서 특정한 구체적 접근 사례들을 지적함으로써 그 중요성을 즉각적으로 이해하고 평가할 수 있다.

---

7   표준화된 메타데이터 요소 집합으로 물리적·언어적 특성이 다양한 전자 자원의 특성을 기술하기 위해 만들어졌다. 크게 자원의 내용(표제, 출처 등), 지식 재산권(창작자, 기여자 등), 구현 속성(날짜, 형식 등) 범주로 나뉘고 총 15개 기본 요소로 구성된다.

도움말과 요령: 더블린 코어 같은 사전 설정된 스키마로 시작해 더 맞춤형이거나 또는 창의적인 스키마 또는 데이터 모델로 넘어가서 학생들이 왜 그리고 어떻게 표준들이 존재하는지를 살펴보고 교육 수업 자료에 연계해서 어떤 종류의 정보를 학습하려고 하는지를 생각해 보도록 격려 또한 시도할 수 있다.

효율적 프롬프트 작성

효과적으로 작성된 프롬프트는 명확하고, 흥미롭고, 간결해야 한다. 즉, 대부분 경우에 한 쪽을 넘지 않아야 한다. 자세하고 철저하게 구성되는 과제 보고서와 달리 프롬프트는 길이가 짧아야 한다. 이러한 프롬프트는 전형적으로 두 가지 역할을 충족한다. 즉, 여기에는 프롬프트가 뛰어드는 출발점이 되고, (최소한의) 참조 자료가 된다. 앞쪽 보드에 투사하든, 강의 웹사이트나 LMS에 게시하든, 인쇄된 자료로 배포하든, 프롬프트는 ① 간단한 일련의 단계별 지침, ② 추가 도움을 찾는 방법에 대한 지침만 필요로 한다. 그것이 프롬프트에 필요한 전부이다! 프롬프트는 복잡할 필요는 없고 교과 활동을 탐색의 수단으로 진정 사용한다면 지나치게 까다롭고 상세하게 제시되지 않는 편이 더 좋을 것이다. 학생들이 교과 활동에 자신을 갖고 접근할 수 있을 만큼의 정보를 제공하되 활동을 시작하기도 전에 지나칠 정도로 세부 사항이나 기술적인 사소한 문제로 인해서 초점을 벗어나버리는 방해를 직면하지 않게 하라. 초점은 새로운 디지털 기술에 의해 가능성이 열린 새로운 아이디어에 맞춰져야 한다. 학생들 개인이 독립적으로 문제를 해결하게끔 돕거나 추가 설명을 위해 일시적으로 수업을 다시 소집하는 방식으로 활동 설명을 마친 이후 수업이 끝나기 전에 교사가 교과 일정을 재조정하려는 시도보다 훨씬 수월할 수 있음을 마음에 새기라.

그리고 학생들에게 특정 플랫폼에 대한 튜토리얼을 미리 보고 오도록 요청할 수도 있다. 교사가 맞춤형 튜토리얼을 손수 만들든, 온라인에서 구하든, 만약 수업에 오기 전에 학생들이 튜토리얼을 사전에 봐야 한다면 또는 수업 시간을 할애해 튜토리얼을 다루거나 간단한 시연을 실행한다면, 교과 활동 시작 예정일 이전에 미리 결정하라. 마찬가지로 학생들이 몇 가지 종류의 데이터 세트(특정 텍스트나 작업하고 싶은 이미지 등)를 준비해야 하거나 연구 질문을 준비해야 한다면, 적절한 시기에 알려서 준비할 수 있도록 하라. 부연하면 학생들이 특정 장비(예: 스마트폰 등)를 수업에 지참해야 할 수도 있다.

아주 낯설거나 여러 단계나 연습 시간을 요구하는 도구를 활용하는 교과 활동들처럼 훨씬 복잡한 경우를 위해서라면 개요(간단한 수업 활동의 설명) 그리고 활동에 대한 학습 목표(예: 학습 목표나 내용으로의 분명한 관계성 연결)에 대한 짧은 설명을 프롬프트 앞쪽에 두도록 하라. 학습 목표 작성하기가 프롬프트를 복잡하게 만든다면, 수업을 시작할 때 이 정보를 구두로 공유하라. 요점은 학생들이 성취 대상을 인지해야 한다는 사실이다. 어쨌든 결과적으로 학생들은 터널 끝에서 보게 될 빛이 무엇인지 알게 된다면 낯선 프롬프트들을 헤쳐 나가야 하는 상황에 고생을 마다하지 않으며 훨씬 기쁘게 참여할 것이다. 이런 경우에 수업 운영 교사는 학생들이 방금 완수하고 성취한 대상(또는 종종 성취하지 못한 것)에 대해 비판적으로 돌아보도록 요구하는, 수는 적지만 다소 깊은 사고를 요구하는 질문들의 나열이 반드시 필요한 '돌아보기' 시간을 가지면서 프롬프트의 마무리를 결정할 수도 있을 것이다.

활동이 간단하든 복잡하든 만약 바로 즉시 혹은 최종적으로 평가 과제가 된다면 (배포 유인물에서 눈에 띄는 곳에 쓰인) 학기 후반에 프롬프트가 필요하게 되리라는 지적은 정말 바람직하다고 본다. 교과 활동 자체가 성적으로 평가된다면 학생들이 실험 결과를 기록할 수 있도록 프롬프트에 그와 같은 목적을 위한 부분을 설계하라(또는 단순히 빈칸을 둔다거나, 종이의 뒷면을 반드시 사용하라고 표시한다거나 등). 더 좋은 방법은, 강의 웹사이트, 소셜 미디어 그룹, 위키, 아니면 학생들이 공헌할 수 있는 다른 대화형 공간을 유지해 그곳에 결과를 게시할 수 있을 것이다. 트위터에서 사용자 지정 강의 해시태그가 앞서 말한 내용을 위해 매우 효과적이다. 학생들의 교과 활동을 평가하지 않았더라도 교사에게는 다음의 교과 활동 설계를 조정하고 미래의 학생에게 지금 활동 중인 학생들이 만든 예시를 보여줄 수 있다는 측면에서 현재 참여 학생들의 결과와 성찰을 수집하는 것은 상당히 도움이 된다. 그리고 이런 자료가 더욱이 혁신적인 교수법의 증거가 되므로 반드시 도움이 된다! 학생들의 작업을 공유할 때는 허락을 구하고 실수로 학생들의 개인 정보를 외부에 공개하지 않도록 반드시 주의하라.

끝으로 프롬프트가 무엇을 말해야 하는지 알았다면 프롬프트를 명확하고 간단하게 구성하기 위해 중요한 연계 사항으로서 설계 과정을 반드시 기억하라. 일관된 시각적 상하 위계를 구축하라. 그리고 이 말은 더 중요한 아이디어 그리고 덜 중요한 아이디어를 구분함으로써 정보를 더 쉽게 찾을 수 있도록 시각적 단서를 사용하라는 권유이다. 제목, 글머리 기호, 기울이거나 진한 글꼴, 크기 또는 글꼴 변경을 사용하라. 의도적인 공백(여백과 단락 간격을 포함)의 투입은 사람의 눈이 개별 정보 단위를 찾아내고 해당 내용에 집중할 때 도움을 주어서 편안하고 단순한 느낌을 만들어준다. 여러 단계가 있다면, 그것들을 하위 단계들로 분류하라. 네 단계로 구성된 네 단계 분류가 총 열여섯 단계의 복잡한 목록보다 행할 능력이 더 많아 보일 수 있다.

결론

재미있고 도전적인 활동을 위해 이와 같은 전략을 사용해서 구축하는 수업 시간은 필자가 강의를 통해서 얻었던 가장 좋아하는 추억 중 일부이다. 대부분을 교실 밖에서 작업하는 과제와는 다르게 교실 안 교과 활동은 학생들이 스스로 배우고, 서로를 지원하며, 교사가 가르친 개념과 기술을 적용하는 학습 과정을 확인할 수 있다. 이러한 활동에 시간을 마련하기 위해 토론이나 강의 시간을 줄여야 하므로 일부 타협이 필요하다. 그렇지만 이러한 활동들은 학생들에게 오래 기억되며, 학생들 사이에서 상호 작용을 장려하고, 의사소통 기술을 세련되게 하고, 적극적인 학습을 촉진하고, 학문적 지식을 표현하고, 연구 기술을 전개하는 기회를 제공한다. 잘 설계된 교과 활동은 강의와 반 전체 토론에 대해서 대안이 될 수 있다. 이런 교과 활동을 통해 학생들은 자신의 능력을 시험하고, 서로 맞물리는 협업에 임하며, 새로운 학습 방법으로 실험해 볼 수 있다.

더 읽을거리

Belojevic, Nina, Devon Elliott, Shaun Macpherson, and Jentery Sayers. "Physical Computing+Fabrication." DHSI 2015, Victoria, BC. https://github.com/uvicmakerlab/dhsi2015/blob/master/index.md.

Drucker, Johanna. 2014. *Graphesis: Visual Forms of Knowledge Production*. Harvard UP.

Eide, Øyvind. 2014. "Reading the Text, Walking the Terrain, Following the Map." *Advancing Digital Humanities: Research, Methods, Theories*. edited by Paul Longley Arthur and Katherine Bode. Palgrave. pp. 194~205 .

Fyfe, Paul. 2016. "Mid-Sized Digital Pedagogy." *Debates in the Digital Humanities 2016*. edited by Matthew K. Gold and Lauren Klein. U of Minnesota P. pp. 104~117 .

Gardiner, Eileen and Ronald G. Musto. 2015. "The Elements of Digital Humanities: Object, Artifact, Image, Sound, Space." *The Digital Humanities: A Primer for Students and Scholars*. Cambridge UP. pp. 43~66.

Halfacree, Gareth and Jacob Cabral. 2020. *The New Official Raspberry Pi Beginner's*

Guide. Raspberry Pi Foundation.

Hertz, Garnet. "What Is Critical Making?" https://current.ecuad.ca/what-is-critical-making.

Johanson, Chris and Elaine Sullivan. 2012. "Teaching Digital Humanities through Digital Cultural Mapping." *Digital Humanities Pedagogy: Practices, Principles, and Politics*. edited by Brett D. Hirsch. Open Book. pp. 121~150.

Knight, Kim Brillante. "Making Space: Feminist DH and a Room of One's Own." *Minimal Computing*. https://go-dh.github.io/mincomp/thoughts/2017/02/18/knight-makingspace/.

Martin, Kimberley. 2020. "Review: Makers by Mail." *Reviews in Digital Humanities*, vol. 1, nos. 6-7(July 5), https://doi.org/10.21428/3e88f64f.6b214584.

McGann, Jerome. 2015. "Marking Texts of Many Dimensions." *A New Companion to Digital Humanities*. edited by Susan Schreibman, Ray Siemens, and John Unsworth. Blackwell. pp. 198~217.

Menkman, Rosa. "The Glitch Studies Manifesto." *Amodern*. https://amodern.net/wp-content/uploads/2016/05/2010_Original_Rosa-Menkman-Glitch-Studies-Manifesto.pdf.

Montfort, Nick. 2015. "Exploratory Programming in Digital Humanities Pedagogy and Research." *A New Companion to Digital Humanities*. edited by Susan Schreibman, Ray Siemens, and John Unsworth. Blackwell. pp. 98~108.

Parikka, Jussi. 2013. *What Is Media Archaeology?* John Wiley.

Ratto, M. 2011. "Open Design and Critical Making." *Open Design Now: Why Design Cannot Remain Exclusive*. BIS. http://opendesignnow.org/index.php/article/critical-making-matt-ratto/.

Rehbein, Malet and Christiane Fritze. 2012. "Hands-On Teaching Digital Humanities." *Digital Humanities Pedagogy: Practices, Principles, and Politics*. edited by Brett D. Hirsch. Open Book. pp. 47~78.

Reider, David M. and Jessica Elam-Handloff. 2017. "Makerspaces." *Digital Humanities Pedagogy: Concepts, Models, and Experiments*. edited by Rebecca Frost Davis, Matthew K. Gold, and Katherine D. Harris. MLA Commons. https://digital

pedagogy.hcommons.org/.

Sabharwal, Arjun. 2015. *Digital Curation in the Digital Humanities: Preserving and Promoting Archival and Special Collections*. Chandos.

Sayers, Jentery, Jentery Sayers, Devon Elliott, Kari Kraus, Bethany Nowviskie, and William J. Turkel. 2015. "Between Bits and Atoms: Physical Computing and Desktop Fabrication in the Humanities." *A New Companion to Digital Humanities*. edited by Susan Schreibman, Ray Siemens, and John Unsworth. Blackwell. pp. 3~21.

Seo, Kay(ed.). 2013. *Using Social Media Effectively in the Classroom: Blogs, Wikis, Twitter, and More*. Routledge.

Wadewitz, Adrianne, Anne Ellen Geller, and Jon Beasley-Murray. 2013. "Opening up the Academy with Wikipedia." *Hacking the Academy: New Approaches to Scholarship and Teaching from Digital Humanities*. edited by Daniel J. Cohen and Daniel Tom Sheinfeldt. U of Michigan P. pp. 84~86.

Wesch, Michael. 2013. " From Knowledgeable to Knowledge-able." *Hacking the Academy: New Approaches to Scholarship and Teaching from Digital Humanities*. edited by Daniel J. Cohen and Daniel Tom Sheinfeldt. U of Michigan P. pp. 69~77.

제5장

교실 활동 운영하기

이 장에서는 제4장에서 설명한 교과 활동들의 운영에 필요한 실용적 조언을 제공하려 한다. 일단 수업의 연관 과제들이 잘 정리되고 설계되었다면 수업에서 교과 활동들이 원활성, 숙련도를 갖추고 가능하다면 의도성을 보이는 방법으로 시행되어야 한다. 아무리 매끄럽고 간단한 교과 활동조차도 만약 기술상 복잡한 교과 활동을 처리하는 실용적인 상세한 사항들을 계획에 넣지 않거나 요구되는 장비 등이 제대로 작동하지 않을 경우를 대비해서 보완 계획을 세우지 않았다면 성공을 기대하기 어렵다. 이장에서 필자는 이러한 문제들을 다루고, 특정 종류의 장비를 찾는 방법과디지털 인문학 목적에 가장 적합한 활용을 결정하는 방법의 전반적인 상황을 다루고 있다. 이러한 과정에서 무료 또는 저비용 자료를 찾는 이유및 방법을 설명하고, 학생들이 문제 해결을 위해 교사를 방문하는 횟수를최소화하는 전략을 언급하고 있다. 마지막으로 완전하게 실패할 수 있는수업에서 발생할 부정적 결과를 최소화하는 일련의 전략들과 함께 교과활동에서 흔하게 발생할 수 있는 기술적 문제들에 대처할 수 있는 대응책을 공유한다.

기존의 무료 원천 자료로 작업하기

이 책에서 필자는 오픈 액세스, 저렴한, 널리 사용되는 디지털 자원의 가용성과 실용성을 강조했다. 그래서 여기서 교실 수업 운영의 첫 번째 원칙을 되풀이하려고 한다. 즉, 가능한 범위 내에서 처음부터 비용을 감당할 수 있는 저렴한(또는 이상적으로는 무료인) 디지털 원천 자료와 앱을 응용하는 교과 과정의 설계가 아주 현명하다는 점을 의미한다. 예를 들면 교과 과정 텍스트를 영어 고문헌 컬렉션Early English Books Online, EEBO에서 내려받거나, 교육 기관이 하티트러스트를 구독하고 있다면 내려받을 수 있고, 학생들은 다종다양하고 복잡한 텍스트 경험들 속으로 빠져들어 수업 토론에서 혼란을 일으킬지도 모를 저렴한 판본을 찾고자 시도하지 않을 것이다.

마찬가지로 이 책에서 언급한 아이디어 대부분을 시도하기 위해서라면 많은 대학 강의실에서 무엇이 가능할지를 확인하는 수준 이상으로, 대개의 디지털 인문학 교과 활동에 특화된 장비는 필요하지 않을 것이다. 만약 인터넷에 연결할 수 있는 노트북이나 워크스테이션에 연결된 프로젝터에 접근할 수 있다면 제4장과 제6장에서 설명한 모든 교과 활동과 과제 등에 매우 익숙할 것이다. 그럼에도 학생들이 표준 교실 시청각 설정을 넘어서는 장비에 접근하거나 사용하기를 원한다는 것을 알게 될지도 모른다. 이러한 경우에 비록 더 정교한 장비의 수용이 약간의 위험을 수반하더라도 필자는 그러한 장비들이 학생들의 교실 경험에 추가될 수 있도록 수용을 권장한다. 만약 플랫폼이나 장비에 익숙하지 않다면 학생들에게 다른 학생을 가르치게 하거나 또는 교과 활동 특정 부분을 운영하거나 의사소통 기술을 개발하도록 하면서 교실에서 지도력을 보이는 기회를 가지도록 요청하기 바란다.

비록 디지털 인문학이 최근에서야 명시적 이론 대상이 되었더라도 교사가 이미 소유한 것의 활용은 디지털 인문학에서는 고전적 접근법이다.

존 새클로프스케Jon Saklofske, 에스텔 클레멘츠Estelle Clements, 리처드 커닝
엄Richard Cunningham이 이에 관련된 연구 작업을 수행했다. 그들은 우리에
게 필요로 하지 않는 것은 바로 "오늘날 대학에서 찾을 수 있는 것보다 더
많은 기술 장비"이며, 대신 "그러한 도구와 함께" 임하기 위한 새로운 방법
그리고 "학생이 제안하는 기술에 수업을 개방하려는 의지"가 필요하다는
점을 언급하고 있다(Saklofske, Clements, and Cunningham, 2012: 322). 그들은
계속해서 다음과 같이 주장한다.

> 일부 학생들은 영화 편집에 적합성이 높은 컴퓨터에 접근하는 반면에 다른
> 학생들은 고품질 디지털 영상 자료를 캡처할 수 있는 휴대 전화 기술을 소유할
> 수 있다. 이러한 상황은 대학이 학습 비용으로 인해 문턱이 높다고 바라보는
> 엄청난 재정적 의무 부담을 완화하는 동시에 교직원과 학생 들에게 새로운 기
> 술에 대한 기회를 제공한다. 이 모델에서 학습은 학생 중심이고 개별적이며,
> 학생들은 다양한 매체와 하드웨어를 사용해 서로 의사소통을 하면서 상호 피
> 드백을 제공한다. 대학이 학생에게 새로운 형태의 기술 및 의사소통 수단에 대
> 해 접근을 열어주는 것이 이상적으로 보일 수 있는 것처럼 학생들도 서로에게 새
> 로운 도구와 기술을 소개할 수 있어야 한다(Saklofske, Clements, and Cunningham,
> 2012: 322).

학생들이 자신의 원천 자료를 공유하거나 조사함으로써 때때로 교과
과정, 프롬프트, 과제 안내서를 조정하도록 요구할 수 있다(명확하고 일관된
평가 기준을 위해서 제7장에서 제안하는 변수들을 그대로 준수해야 한다). 학생들이
알려주는 새로운 프로그램을 배울 수도 있다. 이러한 일들은 교사에게 매
우 흥미로운 경험이 된다. 로스는 학생이 인터랙티브 다중 모드 콜라주를
생성하는 도구인 플랫폼 크롬Chrome 웹 브라우저용 확장 프로그램 아이
디어마셰IdeaMâché를 알려주었을 당시 기쁘기 한량이 없었다.
인정하자면 예상치 못한 시간이 소요되는 것은 힘들지만, 새로운 소프

트웨어, 새로 나온 앱, 신기술은 흥미로운 경험이다. 따라서 학생들이 사용하는 도구와 자원에 적응하고 흥미를 느끼고 여전히 교과 과정을 적절하게 통제할 수 있으면서도 옆으로 삐지거나 압도되지 않도록 명확한 경계 설정이 필수적이다. 필자는 이러한 통제를 위해 구체적 지침 몇 가지를 다음처럼 추천한다.

① 가능하다면 동일한 도구나 접근법을 사용하는 학생 수를 최대화하라. 개인 중심의 개별 작업 대신 그룹 작업을 할당하거나, 학생들이 함께 작업하고 연락처를 공유해 개별 프로젝트를 수행하면서 도움말 등을 공유하도록 지도하는 '컨설팅 그룹'으로 일하게 만드는 단순한 과정을 통해 학생들의 수많은 질문이나 도움 요청이 교사에게만 집중되는 부담을 감소시킬 것이다. 학생들이 스스로 그룹 안에서 문제를 해결함으로써 문제 해결 기술의 중요성을 배울 것이다. 학생들이 문제 해결을 완수할 수 없다면 물론 그들을 도울 수 있다.

② 학생들에게 질문하기 이전에 스스로 답을 찾아보도록 사전에 알린다. 그룹 작업에서는 한 그룹의 대표자가 잠정적으로 다른 구성원을 돕는 '진행자'로서 역할을 담당할 수 있다. 특히 디지털 인문학자들의 관심을 끄는 소프트웨어 개발자들은 질문에 답을 능숙하게 하는데 이메일 주소 혹은 트위터 계정을 찾아보라고 알려준다. 학생들이 낯선 사람들에게 도움을 요청하려면 의사소통 방식에 신경을 쓰면서 예의 바르게 말을 전하는 행위가(그리고 특정한 그룹 혹은 작업 환경에서 도움 요청을 위한 기준을 찾게 함으로써) 직장에서의 좋은 연습이 된다. 물론 이런 경우에는 학생 요청 내용이 IT 전문가와 대화할 때 간결하고 구체적이며 예의 바른 의사소통 형식을 갖추기를 격려해야 한다.

③ 일단 학생들이 다른 자원을 모두 소진하고 교사에게 문의할 시간이라고 여기면, 문제 해결을 위한 대응 노력에 시간적 제한을 설정하고 결단코 지킨다는 의지를 가지라. 여기서 시간적 제한은 또 다른 학생

질문이나 문제에 대응할 때 보통 소요하는 시간에 맞추어서 훨씬 길거나 짧지 말아야 한다. 또 다른 대안으로서 학생들이 수업 중 교사 개인의 한정적인 '안내 데스크'(일종의 면담) 시간을 둠으로써 문제 해결을 위한 시간표를 설정하라. 만약 이러한 방법을 선택한다면 학생들이 시간상 충분한 기회가 있다는 점을 확신하도록 수업 시간 시작 또는 종료 부분에 주기적 10분간 질문 및 답변Q&A 시간을 보완해서 진행할 것을 고려하라.

학생들의 질문과 장애물을 관리하면서, 교사는 수업에서 홀로 동떨어진 존재가 아니며 그렇다고 모든 일을 알기 어렵다는 점을 기억하기 바란다. 튜토리얼 링크를 알려주고, 교과 과정을 사전에 연습하거나, 명확하고 상세한 지시 사항을 제공하고 있다면 무엇을 어떻게 할지 모른다고 해서 죄책감이나 당혹감을 가질 필요가 없다. 실제로 디지털 인문학은 일반적으로는 공동체 구성원 모두가 서로 질문을 주고받는 상호 의존적 집합체로서 정확하게 묘사될 수 있다.

스티븐 램지Stephen Ramsay의 자주 인용되는 글 「빈둥거림의 해석학The Hermeneutics of Screwing Around」(2014)의 제목이 시사하는 방향과 마찬가지로 놀이, 실험, 실패는 디지털 인문학의 중요한 측면으로서 해당 학문 분야의 기반이다. (위 제목을 보면) 그에 더해서 학생들이 기술적 오류나 문제에 대해 제안하는 해결책을 개방적으로 받아들이는 것도 중요하다. 나아가 수업에서 학생들이 이미 가지고 있는 전문 지식이나 문제 해결 능력을 활용하는 건 어떨까? 학생들은 이러한 전문 지식에 공헌하고 있을 때 나름의 권한을 부여받으며 존중받는다고 생각할 것이다. 마지막으로, 이미 알고 있는 도구의 사용을 극대화할 수 있다면 새로운 도구를 배울 필요성을 최소화할 수 있다는 점을 염두에 두기 바란다. 〈표 5-1〉, 〈표 5-2〉, 〈표 5-3〉, 〈표 5-4〉에서 이미 사용법을 알고 있는 도구들 속에 숨겨진 가능성 속에서 보여주기 위해서 필자는 친숙한 소프트웨어 패키지를 최대한 이

표 5-1 익숙한 브라우저를 위한 도움말과 요령

	편의성	공유	접근성	통합성
파이어폭스 (Firefox)	북마크, 브라우징 기록 등을 신속하게 탐색하려면 탭 설정을(새로운 탭을 열 때 자동으로 항상 열리도록 해주는) 사용자 지정한다. 세 개의 점으로 된 설정을 클릭하고 기기의 아이콘을 눌러서 빠르게 스크린샷을 찍을 수 있다.	이메일로 큰 파일(최대 2.5GB까지)을 보내려면 파이어폭스를 사용한다. 그리고 암호화가 내장되어 있거나 아니면 파일을 접근 제한하여 암호를 추가할 수 있다.	접근성을 전체로 소속 하거나 자료를 확인하기 위해 WAVE 웹 접근성 검사기 확장 프로그램을 사용하다. 죽은 파이어폭스에서 '도구'로 이동한 다음 '웹 개발자로 옮겨 가거나 '접근성'으로 이동한 다음으로 '문제'로 확인을 클릭한다.	연결된 기기(예: 휴대 전화, 태블릿, 데스크톱 사이에서 주고받기)에 링크를 보내기 위해서 주소 표시란의 세 개의 점으로 된 설정을 누른다. 교과 강의 사이트 또는 학습 관리 시스템(LMS)에 연결하기 위해 파이어폭스 추가 기능을 훑어보라(예: 구글 교실(Google Classroom)에 링크를 한 반의 링크로 보내기)
파이어폭스 (모바일)	'선택'으로 이동해 웹페이지에서 용어를 검색하고, 이후 '페이지'에서 '찾기' 명령을 선택한다. 페이지를 PDF 형식으로 저장하기 위해 선택-페이지-PDF로 저장하기를 누른다.	'보내기'는 안드로이드, iOS 브라우저의 플랫폼에서도 사용 가능하며 휴대 전화에 저장된 파일을 전송하도록 허용한다.	토크백(TalkBack(파이어폭스용 안드로이드에 통합)) 또는 보이스 오버(VoiceOver(iOS용))를 사용해 자료를 확인하고 웹사이트를 시범 작동한다.	파이어폭스 계정을 사용해 설정, 즐겨찾기 등을 기기들 사이의 상호 동기화가 가능하다. 파이어폭스 노트(Notes by Firefox)를 사용해 노트를 기기와 상호 동기화가 가능하다. (종단간 암호화(End-to-end encryption)로 송신자와 수신자 사이의 통신 내용을 중간자가 가로채거나 읽을 수 없도록 보호한다. ─ 옮긴이)
크롬	계산하거나 간단한 질문에 답하고, 특정 웹사이트에 한정해 검색하려면 검색창의 옴니박스(omni-	그룹과 자료를 공유하거나 협업 또는 그룹 채팅을 하려면 그룹 때스케이드(Taskade) 확장 프로그	접근성을 테스트하기 위해 크롬용 WAVE 웹 접근성 검사기 확장 프로그램을 사용한다. 그룹용 미	블랙보드(Blackboard) 사용자는 블랙보드 협업 울트라(Blackboard Collaborate Ultra) 크롬 확장 프

	편의성	공유	접근성	통합성
	box)' 기능을 사용한다. 만약 단어를 강조 표시하고 마우스 오른쪽 버튼을 클릭하면 해당 용어에 대한 구글 검색 결과를 보여주는 새로운 창이 열린다.	탭을 사용한다. 또는 실시간으로 세 개의 화이트보드 사용이 가능한 무료 앱 리얼타임보드(Real-timeboard)를 사용하라.	제 웹 접근성 확장 프로그램으로 서 테나인(Tenon), 엑스(Axe), 구글 라이트하우스(Google Lighthouse) 등을 시도해 본다.	로그램을 통해서 실시간 동기화된 온라인 수업을 진행할 수 있다. 그룹에서 구글 드라이브로 쉐어 이지, 노트 기록물, 기타 정보를 저장하기 위해서는 구글 킵(Google Keep) 그룹 확장 프로그램을 사용하라.
그룹 (모바일)	컴퓨터의 중앙 처리 장치에서 독립된 인터넷이 오프라인이거나 또는 와이파이가 강력하지 못해 서 연결이 자주 끊어지는 장소의 경우에는 내려받기를 위해서 세 개의 접속을 선택하고 메뉴에 있는 다운로드 설정을 통해 웹페이지에 접근하라. 그리고 데이터를 저장하고자 시도하거나 셀룰러 용량을 절약하기 위해 해당 페이지에 더 빠르게 접속하려면 다이어트 모드('설정' 메뉴 아래쪽에 위치)를 사용한다.	손으로 적은 메모를 사진으로 적 으려면 구글 렌즈(GoogleLens)를 사용해 복사 가능한 텍스트로 변환한다. 텍스트를 저장하고 데스크톱 컴퓨터로 전송할 수 있다.	접근성을 확인하려면 안드로이드 용 토크백 그리고 웹 콘텐츠 접근성 지침(WCAG) 체크리스트를 활용해 자료 및 웹사이트를 탐색하라(www.w3.org 참조).	그룹 모바일 앱의 '설정'을 열어서 안드로이드 전화기의 그룹과 데스크톱 컴퓨터의 그룹을 동기화 하라. 그리고 (비밀번호, 즐겨찾기, 브라우저 방문 기록 등) 공유 함목부터 공유하지 않을 함목을 선택하려면 '전체 동기화' 기능을 끈다.
사파리 (Safari)	탭 개요에서 Ctrl+F를 입력해 여러 개의 탭을 한꺼번에 검색한다. 복잡한 페이지들을 간단하게 만들고 주요한 표시줄을 왼쪽에 있는	웹사이트에서 객체나 텍스트를 선택한 다음 마우스 오른쪽 버튼을 클릭하고 여러 앞에 접근하기 위해 '공유'를 선택하려면(클릭하라(클라우드	보이스오버(최신 접근성 애플 장치 모두 포함) 및 WCAG 접근성 체크리스트에서 제공하는 도구 활용을 통해 자료 및 웹사이트의 접근성	다른 기기에서 작업을 계속하려 면 핸드오프(Handoff)를 사용한다(예: 웹사이트 검토하기). 누가 기 모두 동일한 애플 계정에 연결

	편이성	공유	접근성	통합성
	단락 버튼을 클릭해 동영상 자동 재생을 중지시키려면 읽기 모드를 활용하라.	기반 앱 노트(Notes)에도 저장이 가능하다.	을 검토하라.	피어야 한다. 시스템 환경 설정으로 이동해 핸드오프를 활성화하기고, 다음에 '일반' 메뉴로 이동한 후에 '설정'으로 들어가라.
사파리 (모바일)	윈면 상단에 이중 A 버튼(AA)을 클릭하고 데스크톱 버전 웹사이트를 선택해 검색하라. 그리고 웹사이트를 찾으려면 '공유'에서 '페이지에서 찾기'를 클릭한다.	공유 메뉴(위로 향한 화살표가 있는 상자)의 선택에 친숙해지라. 앱을 통빼 공유-선택을 누르면 웹사이트를 PDF 형식으로 공유하거나 아카이브로 저장할 수 있다.	iOS를 위한 보이스오버 그리고 iOS를 위한 WCAG 접근성 체크리스트를 사용해 자료 및 웹사이트를 탐색하라. 그리고 자료들은 iOS 색 대조 확인기(iOS Color Contrast Checker)에서도 검토하라.	여러 기기[동일한 아이클라우드(iCloud) 계정에 연결된 기기]가 이에 북마크를 동기화하려면 아이클라우드를 사용하라. 사파리나 현재 탭을 벗어나지 않으면서 작업을 수행하려면 단어를 강조 표시하고 '조회(Look Up)'를 선택한다.

표 5-2 익숙한 인용 관리자를 위한 도움말과 요령

	편이성	공유	접근성	통합성
조테로 (Zotero)	여러 기기에 노트를 동기화하라. 데이터는 로컬 기기나 클라우드에 예 저장될 수 있다. 웹 브라우저에서 빠른 참고문헌 번역기(컴파일러)로서는 zbib.org를 사용하라.	해당 항목을 선택하고 드레그해 공유하거나 Ctrl+Shift+C(매킨토시 경우 Cmd-Shift-C)를 누르는 시 을 원하는 장에 붙여 넣기한다. 특정 교과 수업과 도서관을 공유할 그룹을 생성하라.	단축키로 접근성을 높이려면 주 텝로(Zutilo) 플러그인을 사용하고, 조테로 스탠드얼론(Standalone)을 사용하는 것이 가장 효율적이며 웹으로부터 메타데이터를 가져오기 위해서는 파이어폭스를 사용하라.	조테로 카네터 플러그인은 파이어폭스, 크롬, 사파리, 에지(Edge) 브라우저와 호환된다. MS오피스, 리브레 오피스(LibreOffice), 구글 문서와 통합하는 플러그인이 제공된다. EBSCO 데이터베이스에서 내보내기 기능도 사용이 가능하다.
멘델레이	조테로와 마찬가지로 여러 기기	이메일로 인용 항목을 끌어 놓기	시각 장애인은 접근 불가능하다	MS오피스와 리브레 오피스용 플러

	편의성	공유	접근성	통합성
(Mendeley)	사이에 노트를 동기화하고 메타데이터를 폴더 기기나 클라우드에 저장할 수 있다.	를 할 수 있다. 협업 참고 문헌을 만드려면 '초대' '전송' 또는 '공개'로 지정된 그룹을 생성하라.	[스크린 리더 프로그램 JAWS나 NVDA로 파싱할 수 없다.]	그인이 있다. 웹 가져오기 북마크는 웹 브라우저에 통합되어 있다.
엔드노트 (Endnote)	많은 기관이 서비스에 가입했고, 무료 버전인 엔드노트 베이직도 사용할 수 있다.	파일 공유로 이동해 다른 사용자와 라이브러리를 공유할 수 있다. 다이 브러리는 하나만 공유할 수 있다.	스크린 리더(JAWS 및 NVDA)와 작동이 운활하다.	EBSCO 데이터베이스에서 내보내기 기능을 사용할 수 있다.

표 5-3 익숙한 워드 프로세서 그리고 스프레드시트 프로그램의 도움말과 요령

	편의성	공유	접근성	통합성
워드	문서의 아무 곳이나 더블 클릭해 화이트보드나 마인드매핑 도구 워드서(아이디어를 한 줄 줄씩이 아닌 의미 있는 공간적 배열로 배치하려면) 워드를 사용하라. 새로운 '받아쓰기' 기능을 사용하면 mp3 파일을 자동으로 텍스트로 변환할 수 있다.	이메일 없이 협업하기 위해서는 원드라이브(OneDrive) 또는 셰어포인트(SharePoint)를 사용하라. 그렇지 않으면 변경 주적 주석 을 사용하라. 그리고 주석의 끄러면 변경 사항 메뉴에서 주석 참검 을 선택하거나 혹은 변화된 내용을 다시 복구하기 위해서 검토 탭에서 '비교'를 선택하라.	접근성을 확인하려면 '파일'을 선택한 다음 '정보'로 이동하고 이후 접근성 확인 검사 기능에 접근하라. 검면 '문서 검사'를 클릭하라. 문서를 수동으로 서식을 조정하는 대신 문서 서식을 지정하기 위해 스타일 명령을 사용하라.	PDF, 스프레드시트, 차트, 이미지 등을 삽입하려면 삽입-개체를 선택한다. 드롭박스 내부 오피스 선택한다. 온라인과 함께 열기를 선택해서 드롭박스에 저장된 문서를 편집하라. 블로그 게시물을 작성하려면 전체 파일을 생성할 때 서식 파일에서 블로그 게시물 서식 템플릿을 선택한다. 워드프레스, 블로거(Blogger), 타이프패드(TypePad), 다른 블로그로 내보내려면 '계정 관리'를 사용한다.
구글 문서	구글 문서를 벗어나지 않고 정보를 검색하기 위해서 '탐색'을 사용	협업자들과 빠르게 연락하려면 파일의 '협업자에게 이메일 보내	텍스트를 수동으로 서식 지정하지 않기 바란다. (제목, 부제목, 제	웹사이트에 문서를 임베딩하려면 웹 출판을 위해 게시를 선택하고 임

	편의성	공유	접근성	통합성
	한다. 한 부분의 서식을 다른 부분에 적용하려면 (인쇄 아이콘 옆에) 페인트 롤러 아이콘을 사용한다. 빠르게 새 문서를 시작하기 위해 브라우저에 'doc.new'를 입력하면 된다.	기를 선택하거나 ᄀ코멘트에서 '@' 기호를 사용해 이름을 입력한다. 이 사람은 알림 내용 이메일을 받게 된다.	목 1, 제목 2 등과 같은 제목 스타일을 사용하고 지정된 목록 (서식)을 만든다. 그리고 '삽입'을 선택해 화면 읽기를 위한 문서의 이동을 최대화하기 위해서 차례의 도표를 첨가할 수 있다.	메뉴을 한다. 추가 기능(도움말 줄을 탐색하고 인용문 주석, 연결을 탐색하고 구 노트에 링크 및 글꼴 추가, 반역, 평가 기준표 사용, 교정, 문서 서명 등의 도구를 검색할 수 있다.
파워포인트	삽입 탭을 사용하고, 스크린샷을 선택해 화면 이미지를 추가해 삽입할 수 있어 삽입할 수 있다. 또는 '온라인 그림' 옵션을 사용해 클립아트, 원노트(OneNote), 페이스북에서 이미지를 가져올 수 있다.	오피스 365 계정이 있으면 설문 조사, 퀴즈, 또는 투표를 추가해 슬라이드를 인터넷티b하게 만들 수 있다. 삽입 탭에서 '양식' 옵션을 선택한 후, 원하는 양식을 선택하면 된다. 결과는 forms.office.com에서 확인이 가능하다.	미리 설정된 슬라이드 디자인과 산세리프로 글꼴을 사용한다. 애니메이션과 전환 효과는 피하거나 PDF로 변환해 공유한다. 가능하다면 슬라이드의 PDF 버전을 제공한다. 그 파워포인트 정보로 이동한 후, 문제의 사항들을 위한 '확인'을 선택한 후 이후에 '접근성 확인'을 실행한다.	파워포인트에서 실시간 웹사이트 표를 표시하려면 슬라이드에 MS 웹 브라우저를 삽입한다. 개발자 탭에서 기타 컨트롤을 클릭한 후 MS 웹 브라우저를 선택한다. 그리고 이후에 미리 작성된 코드의 URL을 원하는 사이트 주소로 바꾸면 된다.
엑셀	학생 답안 템플릿은 학생들이 하나의 시트에서 일정과 마감일을 관리하는 데 도움이 될 수 있다.	교실 데이터를 기반으로 다이어그램을 구성해 중이모음 정보를 공유한다. 예를 들어, 성적 분포를 나타내는 표나 투표 결과를 보여주는 원형 차트를 만든다. 이를 통해 데이터 시각화를 시도해 학습 내용이나 설문 결과를 보다 효과적으로 전달한다.	대체 텍스트로 이미지, 도형, 스마트아트(SmartArt) 그래픽 그래픽 테이블에 쉽게 추가할 수 있다. 또한 삽단 머리글을 사용하고 모든 시트에 이름을 지정한다 (빈 시트를 남겨두지 않도록 한다).	마이크로소프트 팀을 사용해 스프레드시트에서 협업이 가능하다. 안드로이드 및 iOS용 오피스 모바일 앱을 통해 학생들이 스마트폰에서 오피스 문서를 편집할 수 있다.
구글 시트(Google)	성적 관리 템플릿을 사용해 학생들이 성적을 추적할 수 있다(개인	구글 설문지를 사용해 학생들이 개 설문 조사를 실시하고, 결과는	시각 장애 사용자의 접근성을 향상시키기 위해 크롬에서 그래픽	다양한 기기(스마트폰, 태블릿, 노트북, 데스크톱)에서 접근이 가

	편이성	공유	접근성	통합성
Sheets)	정보를 반드시 보호해야 한다).	자동으로 스프레드시트 형식의 로 확인할 수 있다. 또한 모든 시트에 댓글을 추가할 수 있다.	시트(Grackle Sheets) 플러그인을 사용한다.	능하다.

표 5-4 기타 프로그램을 위한 도움말과 요령

	편이성	공유	접근성	통합성
마이크로소프트 팀	교사와 학생 대상으로 모두 무료이다. 앱을 설치하지 않으려면 브라우저에서 실행할 수 있다. 스마트폰 사용을 위한 다양한 모바일 앱에서 사용 가능하다.	원노트 클래스 노트북(OneNote Class Notebook)은 모든 종류의 수업 자료를 저장하고 공유할 수 있다. 교사와 학생 역시 자료에 주석을 추가하고 메모나 피드백을 작성할 수 있다.	회의 환경 설정 탭에서 '음성텍스트 변환' 기능에 들어가 회의를 위한 실시간 자막을 추가할 수 있다.	모든 MS 오피스를 통합한다. 스카이프나 플립그리드(Flipgrid)를 사용한 화상 회의 기능도 통합되어 있다. 만약 교사가 LMS라면 마이크로소프트 팀을 윈데브로 시도해 보다. 아니면 마이크로소프트 팀 교육(Microsoft Teams for Education)을 시도해 보라.
드롭박스	스마트폰에서 파일을 오프라인 상태에서 볼 수 있으려면 파일을 오른쪽으로 스와이프하면 된다. 환경 설정에서 '드롭박스를 사용해 화하면 협치 공유를 활성화하 면 협치를 간편하게 할 수 있다.	댓글 기능은 사용이 문서 편집 없이도 피드백이나 동료 검토 수행이 가능하다. 드롭박스 교육(Dropbox Education)은 안전한 협업과 문서 공유가 가능하다. 이런 방식은 이메일로 보낼 수 없는 대량의 수업 자료 파일이 전송이나 학생과의 제 파일 수신이 가능하다.	WCAG을 준수한다면 보이스오버에 접근할 수 있다.	MS 오피스 온라인과 파일을 통합시켜 브라우저에서 파일을 편집하도록 한다. 크롬용 드롭박스 확장 기능에서 구글 메일(Gmail)에 드롭박스 파일을 손쉽게 공유하는 버튼을 설치할 수 있다. 노트북을 자동으로 저장할 수 있다. 화하기 위해 드롭박스 안에 원노트 노트북을 저장하다.

	편이성	공유	접근성	통합성
구글 드라이브	단축기, 추가 기능, 앱, 브라우저 확장 기능을 탐색하라. 그룹을 사용한다면 설정에서 '오프라인에서 드라이브 파일 접근 설정을 활성화하고, 문서나 슬라이드를 말소리로 조정하기(또는 서식 지정) 위해 음성 입력 기능을 시도하라.	특히 비동기화 커뮤니케이션을 위한 댓글 그리고 실시간 커뮤니케이션을 설정에서 채팅을 사용할 때는 다수의 동시 사용자 또는 다양한 기기에서 동시에 편집하기가 그룹 작업과 피드백을 단순화시킬 수 있다.	구글 드라이브에서 자료 공유는 그룹의 접근성 기능을 원활하게 사용하도록 허용한다. 실시간 자막을 사용하려면 구글 프레젠테이션에서 주슬라이 아래에 있는 CC 버튼을 클릭하라.	캔버스에서는 구글 문서, 시트, 프레젠테이션을 '실시간' 버전(예: 자동 업데이트)으로 내장한다. 그리고 구글 앱에서 '쉽게 캐시를 복사 기를 선택하고, 내장 코드를 복사한 다음 캔버스 콘텐츠 에디터(Rich Content Editor)에 첨부해서 넣으면 된다.
유튜브	스크린 캐스트를 만들려면 생성 버튼(화면 +가 있는 화면 카메라)을 누르면 된다. '라이브 시작'을 선택하고, '비공개'로 설정한 다음, 오른쪽에 있는 녹색 화면 공유 선택을 선택하고 '시작'을 누른다. 대시보드를 통해 공유하거나 내려받기가 가능하다.	영상에 댓글을 담거나 영상을 공유하면서 학생이 만들고 내장된 유튜브 영상들을 강의 LMS 아카이브나 비밀번호로 보호된 강의 웹사이트 내부에 유지하거나, 모든 주석을 통해 댓글을 담을 수 있도록 하이포세시스(Hypothes.is) 프로그램 안에 비공개 그룹을 지정한다.	유튜브는 완벽하지 않더라도(관리감독이 없으면 문제 발생) 자막을 추가하기 위해 기계 학습을 사용한다. 그렇지만 자막이 완벽하지 않기 때문에 그것을 수정하거나 나 추가하기 위해라면 유튜브 스튜디오(YouTube Studio)에 로그인해 자막 메뉴로 이동하라.	대부분의 LMS는 강의 아카이브 안에 내장된 유튜브 영상을 지원한다. 마이크로소프트 팀, 슬랙(Slack), 기타 플랫폼용 유튜브 앱은 여러 교과 과정이 온라인 환경을 벗어나지 않고도 비디오를 공유할 수 있다.
줌	토론 경험을 개선하기 위해 배경을 슬라이드로 설정하라. (화면을 공유할 때)'거상료 해야는 음을 최소화하기 위해 (설정에서) 키보드 단축키를 숙지하라.	소규모 토론을 위해 회의방을 나누어 사용하라. 학생들이 텍스트 채팅창을 사용하도록 장려하라. 화면 공유 기능으로 화이트보드 음을 선택하거나 주석 기능을(강조, 텍스트, 지우기, 신, 도형 등)을 활용화하라.	줌 회의는 승데이나 캔버스 앱에서 시작할 수 있다. 이미지, 텍스트 등을 결합한 캔버스에서 사용자 지정 배경을 생성하라. 또한 화면 공유로 모바일 화면을 공유할 수도 있다. 파일 공유 혹은 투표 기능을 고려하라(설정에서 고급 선택).	토론을 나중에 검토해야 하는 학생들을 위해 회의를 녹화하라. 폐쇄형 자막을 추가하거나 대본 파일을 생성하기 위해서 설정에서 클라우드 녹음(Cloud Recordings) 아래 '오디오 받아쓰기'를 활성화하라.

로운 관점에서 활용하도록 일련의 제안들을 제시하려고 한다.

장비를 보증하는 여러 가지 방법

비록 여기에서 다루는 디지털 인문학 활동은 간단한 장비의 사용을 통해서 완성할 수 있다고 해도 특별히 만일 수업 시간에 학생들이 직접 디지털 활동에 참여하게 한다면(그리고 프로젝터·노트북·인터넷 설비를 이상의 장비가 필요하다면), 약간이더라도 보급 작업이 필요하다. 여기 부분에서는 수업 중 컴퓨터 작업 선택 사안을 간략하게 논의하고 있다. 필자가 여기서 강조하고 싶은 점은 디지털 인문학 중심 수업을 수행하기 위해 항상 컴퓨터 실습실을 예약하지 않아도 무방하다는 사실이다. 대학에서 수요가 많은 공간 예약을 염려할 필요가 없이도 학생들이 디지털 학습에 참여시키는 방법은 얼마든지 찾을 수 있다. 다음 해결 방안들은 필자가 생각하기에 비용에 따라서 가장 적게 드는 방식부터 가장 많이 드는 방안까지 순서에 따라서 제시한 것으로서 비용 문제에 대한 추가적인 고찰은 제1장을 참고하기 바란다.

학생의 스마트폰 사용

설명: 비록 학생들의 수업 중 스마트폰 사용이 본래 주의 집중을 방해하고 교육 목표로부터의 벗어나는 상태에 연관될 수 있더라도 그들이 극도로 모바일 기술에 매우 익숙함으로 인해서 다양한 방식으로 수업 참여 분위기를 구축할 수 있다. 비록 필자가 때때로(그리고 일반적 경우에는 정확하게) 기술 접근성이 낮고 형편이 어려운 학생들은 이런 상황을 난관으로 가정하더라도 세계 일부 지역에서는 컴퓨티 시설을 구비한 도서관에 접근하기보다 인터넷이 더 넓고 흔하게 퍼져 있으며, 노트북 또는 가정용 컴퓨터의 구입 여력이 없는 수많은 학생은 전자 텍스트를 작동하고 내려 볼

수 있는 스마트폰을 대부분 소유하고 있다. 최근 연구가 이러한 가정 일부를 확인해 주면서 다른 가정들에 대한 반박으로 문제를 제기한다. 인터넷 접근은 정말로 다양하며 세계에 걸쳐서 특권으로서 영어를 사용하는 사용자들과는 긍정적으로 연계되어 있지만, 인터넷이 가능한 기기(특히 모바일 기기) 접근성은 본능적인 판단보다는 훨씬 더 넓게 퍼져 있는 상황이다[더 읽을거리에서 「신생 및 개발 도상국의 온라인 활동Online Activities in Emerging and Developing Nations」(2015.3.19)을 참조].

비록 대다수 학생이 다른 기술 장비를 소유하고 있지 않아도 그들 대부분이 모바일 기기를 소유하고 있어서 때때로 당장 컴퓨터 실습실을 예약하려고 시도하기보다는 오히려 모바일 기기에서 교과 활동 시도를 통해 시작 단계를 밟는 방법이 더 바람직할 수 있다. 또한 모든 학생이 인터넷이 가능한 휴대 전화를 소유하지 않아도 무방함을 기억하라. 그리고 그룹 교과 활동을 주의 깊게 설계함으로써 그룹당 한 명만 휴대 전화가 필요하지만 그룹의 다른 구성원들에게 중요하고 도전적 역할을 여전히 제공할 수 있다는 점을 분명하게 밝힐 수 있어야 한다.

활동 예시: 스마트폰을 사용해 제4장에서 수업 중 엔그램 활동, 워드클라우드, 일부 디지털 이벤트, 역할극, 디지털 미디어 아트, 크라우드소싱 활동(후자는 주니버스 모바일 앱을 통해) 등을 할 수 있다.

개인 노트북 사용 학생

설명: 학생들 사이에서 스마트폰 소유는 거의 보편적 현상이지만 노트북은 그렇지 않다. 학생마다 노트북 소유를 전제한 수업 활동을 설계하기 전에 한 반의 학생 전체가 실제로 노트북에 접근할 수 있는지 확인하는 것이 현명하다(이것은 제7장과 제11장에서 필자가 제안하는 수업 초반 학생 설문 조사를 통해 요청할 수 있는 정보이다). 만약 반에서 노트북이 없는 학생을 한두 명 발견한다면 도서관, IT 서비스 또는 소속 학과에서 개인용 노트북의 대여 가능 여부를 확인할 수 있다. 학생들이 개인 노트북을 사용하도록 지도한

다면 학기 동안 교실 공간에 머무를 수 있으며, 이런 상황을 통해 컴퓨터실을 예약하는 것보다 덜 혼란스럽고, 누구나 원하는 인기 높은 공간의 차지를 위한 경쟁에서 벗어날 수 있다. 수많은 일반 교실이 컴퓨터실보다 더 나은 장점 중 하나는 인문학 교실들은 고정된 좌석이 없으며 그로 인해 다양한 교과 활동과 접근 방식에 맞춘 재구성되어 역동적 교실 공간을 더 쉽게 제공한다는 사실이다. 그렇지만 예를 들어 반 학생의 50%만이 노트북을 소유하고 있고 수업에 지참할 수 있음을 알게 된다면 교사는 개인 노트북을 서로 공유하는 활동을 기반으로 학생들을 그룹이나 짝을 이루어서 진행한 활동을 설계하려고 시도할 수 있다. 이러한 상황은 실제로 학생들이 항상 수업 시간에 노트북으로 작업할 수 있듯이 개인용 노트북을 수업에 통합하는 방법으로서 필자가 선호하는 방법이기도 하다. 종종 그룹 학습은 새로운 도구와 앱을 통해 작업하는 가장 효과적인 방법들 중 하나이며, 비록 교실 내 컴퓨터 수가 충분하지 않더라도 그룹 작업을 효과적으로 조율할 수 있다면 자신의 공간인 교실에 머무는 이점을 얻을 수 있고, 동시에 때로는 그룹 및 파트너 학습으로부터 발생할 예상치 못한 이점을 증진할 수 있다.

활동 예시: 제4장의 모든 활동은 물리적 컴퓨팅 연습을 제외하고 학생들의 노트북만으로도 수행이 가능하다.

컴퓨터 실습실

설명: 비록 학생들의 개인 기기 사용이 일부 장점을 주기도 하지만 컴퓨터 실습실도 마찬가지로 디지털 인문학 방법을 사용하는 수업에서 실행이 가능한 선택이다. 소속 기관에서 실제 컴퓨터 실습실 사용은 컴퓨터가 모두 동일한 사양, 동일한 보안 설정, 기본적으로 설치된 동일한 소프트웨어를 갖추고 있어서 학생을 위해서 더욱 균일한 경험을 생성할 수 있을지 모른다. 그렇지만 컴퓨터 실습실의 사용을 결정한다면 필요한 날에만 실습실을 예약하거나, 학기 내내 모든 수업을 위해 실습실을 예약하거

나, 컴퓨터 실습실을 공유하는 특별한 순서 배열을 설정하는 등 세 가지 방법 중에 하나를 선택할 수 있다(실습 공간과 전통적인 교실 사이에 날짜나 주를 번갈아 가며 사용하는 방식이다). 가장 마지막 선택은 교사의 학과가 단지 일부의 컴퓨터 실습실에 접근이 허용되고, 이로 인해서 교사들이 공간 문제로 경쟁해야 하는 경우가 빈번하다면 현명한 선택이 된다. 그리고 이런 상황은 새로운 자원이 필요 없는 타협 방식이며 오직 사전 계획만 필요할 뿐이다. 이들 세 가지 선택 모두 필요에 따라 적용할 수 있지만, 필자는 컴퓨터 실습실 공간이 절대로 부족하거나 예약이 번거롭다면 대안 해결책을 찾으면서 좌절하지 않도록 권장한다.

활동 예시: 제4장의 활동 중 어느 것도 반드시 컴퓨터 실습실이 필수가 아니지만 모든 활동은 그와 같은 공간에서 수행될 수 있으며, 특히 텍스트 인코딩과 물리적 컴퓨팅 같은 일부 교과 활동은 실습실 설정으로부터 확실하게 혜택을 기대할 수 있다.

도서관 실습실과 시설

설명: 교실 기반 컴퓨터 실습실 외에도 여러 대학 도서관들이 디지털 인문학 및 기술 서비스에 점점 더 초점을 맞추고 있다. 몇몇 도서관 내부에 전통적인 컴퓨터 실습실이 있기도 하지만 최근에는 '공동 연구 공간' 혹은 '메이커 스페이스' 범주에 속하는 더욱 새로운 영역들도 있다. 이처럼 새로운 실습실에는 다른 곳에서 접근이 쉽지 않으면서 흥미로운 장비들이 있어서 이런 측면에서 소속 기관에서 사용 가능한 대상이 무엇인지 탐색하는 과정은 정말로 가치 있는 일이다. 그리고 디지털 인문학은 미디어 연구 및 서지학 등과 밀접하게 관련되어 있어서 본래는 컴퓨터 관련성이 갖지 않더라도 원천 자료와 일반 자료를 확보하는 차원에서 도서관을 이용할 수도 있다. 특별 컬렉션과 아카이브의 현장 방문이 필자가 제1장에서 언급한 것처럼 무엇이든 향후의 디지털 도구들로 다루기 위한 풍부한 자료로 수업에 채워 넣을 수 있다. 지역 공공 도서관의 디지털 및 실습

실 관련 자원을 조사하고 고려해 볼 수 있다. 대학 환경에서처럼 공공 도서관들도 도서관의 기반 시설상의 우선순위 및 프로그래밍에서 디지털 문해력과 창의력을 점점 더 강조하고 있다. 예를 들면 밴쿠버 공공 도서관Vancouver Public Library이 새롭게 시도한 '영감 촉진 실습실'은 비디오와 오디오 녹음 시설, 사진 편집 소프트웨어, 전자 출판 플랫폼에 대한 장비에 대한 기술 지원 등을 제공한다. 이러한 시설을 사용해 팟캐스트나 다큐멘터리 영상 과제를 만들거나, 그냥 학생들과 함께 현장을 방문해 실습실을 확인할 수 있다. 예를 들면 '영감 촉진 실습실'은 일반 대중뿐만 아니라 대학 그룹에게도 개방되어 있으며, 때로는 학생들이 장비를 사용하는 것 이상의 작업을 수행할 수 있다. 즉, 시작은 교실에서 하지만 지역 사회에서 발생하는 절대적으로 중요한 디지털 활동에 연결되는 실습실 기반 활동을 통해 참여를 시도할 수 있다.

활동 예시: 모든 아카이브 관련 활동은 현장 학습과 마찬가지로 도서관에 잘 맞는다. 디지털 텍스트 캡처, 디지털 인코딩, 물리적 컴퓨팅 활동 등도 부분적으로 도서관에서 진행할 수 있다.

학과 소속 장비

활동 설명: 소속 학과를 통해 노트북, 프로젝터 등을 안정적으로 제공하고 학습 관련 장비를 충분하게 갖춘 교육 기관에 근무한다면 3D 프린터 같은 최신 장비 보유를 기대해 볼 수 있다. 몇몇 경우에 이러한 장비들이 교사에게만 대여가 허용되고 때로는 (배터실의 경험을 보아 예술 및 디자인 대학에서의 경우처럼) 학생들도 사용하고 싶은 카메라나 시도해 보고 싶은 드론도 대여할 수 있다. 이와 같은 대여에는 대부분 빈번하게 보증금 명목의 비용을 요구하거나 학생 또는 교사의 신분증이나 일정 금액의 현금이 소요되기도 한다. 많은 학과를 보면 교수가 대여할 수 있는 노트북 카트 혹은 태블릿 컴퓨터 세트를 보유하고 있다. 대여 장비의 제공 여부는 물론 어떤 장비를 대여할 수 있는지 조건 및 상황 등을 미리 확인하는 과정은

언제나 적절한 생각이다. 때때로 이러한 종류의 기술 장비는 사전 예약이 불가능하지만 먼저 온 사람에게 선점권을 허용하는 선착순 방식으로 사용할 수 있기 때문에 사용자로서 마지막 순간에 확보 자체가 어려워질지도 모르는 특수 장비에 전적으로 의존하지 않도록 주의해야 한다. 소속 기관의 강점 및 자원에 따라 상당히 다르게 나타날 수 있기 때문에 필자는 학과와 기관이 이러한 측면에서 제공하는 것이 무엇인지 알아보기를 권고한다.

활동 예시: 특정 장비에 따라 다를 수 있지만 소속 학과에 비치된 장비는 학생들이 개별적으로 작업하는 예를 들자면 지도, 타임라인 그리고 MFW 분석 등의 교과 활동에 특별하게 유용할 수 있다(이러한 활동이 마지막에 평가 과제로 이어진다면 더욱 그렇다).

학과에 소장된 기타 자원

활동 설명: 교육 기관에는 대체로 접근하지 못하는 장비 또는 교실에 대해서 과학, 기술, 공학, 수학STEM 학과에 소속된 동료 교수진이 접근할 수 있는 자격을 갖기도 한다. 예를 들면 SCALE-UPStudent-Centered Active Learning Environment with Upside-Down Pedagogy 원칙을 따르는 교실에 접근할 수 있는지 아닌지를 확인하기 위해서 앞에서 언급한 STEM 연관 학과 교수진 또는 예약 일정 및 물리적 자원을 담당하는 행정 직원과 연락해 볼 필요가 있다. 학생 주도 능동적 학습 환경과 역방향 교수법을 가리키는 SCALE-UP 원칙은 본래 노스캐롤라이나 주립대학North Carolina State University에서 대규모 물리학 강의를 위해 설계되었지만, 현재는 인문학과 교수진도 참여하고 있다. 앞서 언급한 이와 같은 교실의 경우 실습실과 강의를 분리하거나 학생들을 책상을 나누어 고립시키는 방향을 선택하기보다는 오히려 이동성, 실험, 그룹 작업을 촉진하기 위해 배치되어야 할 것이다. 교육 기관이나 커뮤니티 기관이 이러한 공간을 소유하고 있는지를 알아보고 이후에 예약 가능성을 찾아보라.

활동 예시: 여기에서 제안하는 모든 시각화, 제작, 텍스트 기반 활동들은 교사가 학과 외부로 범위를 넓힘으로써 가용한 특정 자원과 수업에 응답하면서 생산적으로 수정되면서도 확장될 수 있다. 한 교과 과정을 팀 티칭으로 진행하거나 단순하게는 과정의 한 부문 또는 단원을 STEM 과정과 병합하라. 그래서 두 개의 반이 하나의 프로젝트에 공동 협력을 할 수 있는지를 고려하라.

수업 또는 교육 과정 재원

활동 설명: 소속 학과, 대학 도서관, 지역 공공 도서관 또는 기관을 통해 사용할 수 없는 특정 장비가 교육 목표를 달성하기 위해 교사가 반드시 구비해야 한다고 판단하는 데 고민이 있다면, 교육 또는 수업 개발 기금을 신청해 장비를 갖추려 할 수 있다. 이상적 시각으로 본다면 장비를 사용해 혜택을 받을 만한 다른 사람을 찾는 것이다. 그리고 실질적으로 종종 해당 장비를 사용하리라는 입장을 확실하게 증명하는 교수진 명단을 분명히 제공함으로써 장비 구매를 위한 행정적 승인을 확보할 수 있다. 그렇지만 앞 장에서 강조한 것처럼 다시 지속해서 짚어봐야 할 가장 중요한 사항은 교육 철학과 교육 목표에 따라 가장 먼저 그리고 가장 우선하는 장비인가일 것이다. 교실을 벗어나지 않고도 완수 가능한 교과 활동의 놀랄 만한 범위를 고려해 본다면 특수 장비 기금은 장비가 필요한 실질적 이유가 있을 때만 비로소 요청해야 할 것으로 본다. 새로운 장비가 교육적으로 핵심적 요인일 수 있는 하나의 예라면 디지털과 아날로그 객체 사이의 관계를 연구하는 물리적 컴퓨팅이다. 이를테면 '사물 인터넷'에 대한 단원을 포함하고 있다면 학생들이 라즈베리파이를 가지고 수행하는 작업에 대해 매우 유용한 동기를 따를 수 있다. 종종 디지털 인문학 '메이커 실습실'은 물리적 컴퓨팅 장비에 접근할 수 있지만, 소속 대학에 그러한 장비가 없다면 학생들이 이론적 기초뿐만 아니라 실습 경험을 하는 작업을 가능토록 만들기 위해 필수적인 재료를 획득하는 적합한 사례를 마련할

수 있다. 그리고 미술 및 건축 학과에도 확인 과정을 밟아보기 바란다. 그러면 학생들이 물리적 컴퓨팅이나 메이커 문화의 필요성에 적합한 자료를 기끼이 공유히려고 할 것이디.

활동 예시: 제4장에서 언급된 디지털 텍스트 캡처, 텍스트 인코딩, 물리적 컴퓨팅 활동들이 개발 기금으로 이미징 장비 및 텍스트 인코딩 소프트웨어 라이선스를 구매함으로써 향상을 기대할 수 있다.

문제 해결하기

기술을 사용하는 모든 교사가 겪는 악몽 중 자주 발생하는 사안을 보면 강의실에 도착해 열정적으로 수업을 기다리는 학생들 앞에서 프로젝터 전구가 갑자기 꺼지거나, USB 메모리에 정작 필요한 파워포인트 발표 자료가 없거나, 인터넷 연결이 되지 않거나, 보여주려는 영상 자료가 제대로 작동하지 않는 상황이 아닐까 싶다. 누구든 이러한 순간들을 경험하겠지만, 특히 디지털 인문학에 초점이 있는 경우에는 앞서 나열한 어이없는 사례들이 더욱 황당하게 느껴질 수 있다. 대부분 경우에서 특히 교사가 가르치는 바로 그 수업 공간에서 미리 확인하는 과정은 예측 가능한 문제들을 드러내고 수업 이전에 해결할 기회가 주어지지만, 모든 기술적 비상사태를 예방하는 것은 아니다. 다른 문제들의 경우 장비 선택에 관련해 수업 자료의 두 번째 복사본을 준비하거나 동일 작업을 할 수 있는 두 번째 장비를 마련하는 등 계획적인 중복 준비로 말미암아 해결 실마리를 찾을 것이다.

필자가 다음에 몇 가지 실용적인 해결책을 제시하지만, 이러한 난관 속에서는 몇 가지 대처 전략들은 정말로 중요하다. 가장 먼저 유머 감각을 유지하고 가능하다면 이로운 방향으로 주어진 환경을 활용하는 방향의 절대적 중요성을 제안한다. 자신에게 비웃음 던지기를 두려워하지 않고,

학생들에게 수업 장비를 사용하면서 기술을 사용한다고 해도 여전히 발생하는 기술적 문제점을 가감 없이 지적하거나, 앞서 언급한 상황들을 용기를 내어서 맞닥뜨리기를 두려워하지 말라. 비록 계획한 대로 영상을 보여주거나 디지털 실습을 수행할 수 없다고 해도 그러한 난국을 좀 더 편안한 마음으로 대응할수록 성공적으로 수업을 진행하게 될 것이다. 이러한 기초 기술 종류에서의 실패는 비록 극단적으로 보면 매우 절망으로 보일 수 있지만, 애석하더라도 불가피한 요소이며, 때로는 스스로 해결하는 능력 범위를 벗어나기도 한다.

지금이라도 일단 여러 문제를 직면하면서도 평정심을 찾는다면 학생들과의 토론을 위해서 실질적으로 의미 있는 무언가를 찾고 싶을 것이다. 장비를 손볼 IT 담당자를 기다리면서 당면한 기계적 결함의 원인과 결과를 다시 곱씹어볼 수 있다. 만약 문제 해결이 두뇌 사용을 요구한다면 관련 주제 토론을 위해서 반을 그룹으로 분리하라. 또한 만약 학생들이 당장이라도 주요 핵심 과제를 완료하거나 시험에 대비하고 있으면 수업 시간에 주제 토의를 주도하도록 유도하거나 시험공부를 하는 시간을 제공하라. 학생들은 스마트폰이나 노트북을 항상 가지고 있어야 하는 디지털 인문학 중심의 수업 중 예측 밖의 상황으로서 일종의 재난이 발생했을 때 특히 아주 빠르게 주의력을 잃고 산만해질 수 있어서 문제가 발생하고 1분 또는 2분 이내에 해결할 수 없다는 것을 깨닫게 되면 교사 본인이 선택한 해결책이 무엇이든 반드시 민첩하게 행동으로 옮겨야만 한다.

이상적으로는 수업 분위기를 관리하고 학생들의 주의를 이끌면서 수업을 다시 정상 궤도로 돌려놓고 가능하다면 빠르게 문제 해결 방안을 찾고 싶을 것이다. 분명한 점은 정전으로 인해서 캠퍼스 전체의 와이파이 중단과 같은 문제가 발생할 때 손수 해결할 수 없으며, 그처럼 해결책이 쉽지 않다면 대체 교과 활동을 고려할 수 있다. 그렇지만 기계적 및 기술적 문제에 대해서 알아두면 아주 유용한 여러 종류의 간단하면서도 복잡하지 않은 그리고 일반적으로 활용할 수 있는 해결 방법들을 생각해볼 수 있

표 5-5 문제 해결 진행 과정

문제점	해결책
설명 불가능한 기술적 오류 (컴퓨터 동작 멈춤, 작동 중지된 프로젝터 등)	모든 코드와 케이블이 연결되어 있는지 반드시 확인하고 기계를 끄고 다시 켜본다. 영국의 시트콤〈IT 크라우드(The IT Crowd)〉를 보면 기술 지원 팀원이 기술 상담에서 "전원을 끈 이후에 다시 켜보셨나요?"라고 하는 반복적인 재담이 있는데 실제로 그것이 매번 효력을 보여주었다! 약간 과장된 측면이 있지만 그 방식은 실제로 대부분 효과가 있다. 포기하기 전에 재부팅해보라!
브라우저 내장 앱이 작동하지 않을 경우	다른 브라우저를 사용해 보거나 브라우저 버전을 업데이트하라.
프로젝터 전구가 타버리거나 하드웨어, 장비가 작동하지 않거나 코드, 케이블, 어댑터가 구비되지 않은 상황	전구, 부품, 코드 여분을 소장한 IT 부서에 연락한다. 잠깐의 지연이 있을 수 있지만(이 시간에 이상적이라면 또 다른 교과 활동이 가능), 이런 상황에서 너무 오래 기다리지 않도록 하라!
USB 메모리 장치가 고장 나거나 컴퓨터가 인식하지 못할 경우	이 문제는 실제로 예방 접근을 요구하는 사항이다. 즉, 프레젠테이션과 작업을 하드웨어 혹은 클라우드 둘 모두에 저장하는 것이 안전하다. 만약 자료를 드롭박스, 소속 기관의 '클라우드', LMS에 저장한 상태라면 USB에만 의존하지 않아도 된다.
인터넷을 사용하는 동안 컴퓨터 속도가 극도로 느려지는 경우	가능한 적은 수의 프로그램을 실행하면서 동시에 작업 중 브라우저 창을 최소화하라. 만약 컴퓨터가 수업에만 고정된 영구 작업 컴퓨터이면 개인용 노트북을 가져와서 대신 그것으로 작업하라.
교실에 장비가 없는 경우!	만약 시청각 장비 관련 요청이 어떤 이유로든 처리되지 않았다면, 물론 IT 부서에 연락해서 장비를 보내달라고 한다. 그렇지만 장비를 기다리는 동안 간결한 대체 교과 활동이 완벽한 시간 활용이 될 수 있다.

다. 〈표 5-5〉에는 수업을 정상 궤도로 다시 돌려놓기 위해 실제로 스스로 해결할 수 있거나 IT 부서 직원이 신속하게 수리하는 몇 가지 해결책을 요약해 제시하고 있다. 대부분의 이러한 해결책들은 중복성의 원칙에 의존함을 명심해야 한다. 즉, 소프트웨어를 실행하는 장치로서 추가적으로 한 가지를 더 구비하거나 실습 시도를 위해서 도구 한 가지를 별도로 갖춰야 함을 잊지 말아야 한다. 하지만 만일에 장비나 저장 장치에 접근하는 방법을 알지 못한다면 소속 기관의 IT 부서로 도움을 요청하기 바란다.

완전 실패의 경우

앞에서 언급한 문제 해결 단서 모두를 시도했고 정작 어느 것도 효과가 없었다고 가정해 보겠다. 그러한 경우 당황하거나 수업을 해체해 버리는 대신에 난관이 발생했을 때 몇몇 확고한 선택이 열려 있음을 확신하도록 사전 준비를 마련해두는 두 가지 방법을 제안하려고 한다. 첫째는 의도한 교과 활동의 학습 목표 중 일부를 충족시키는 비슷한 교실 수업 활동으로서, 즉 이상적으로는 수업을 선택할 준비성을 갖추고 있어야 한다. 둘째는 만약 모듈식 수업 계획을 활용하면 일정에 적응하고 의도한 활동을 누락시키지 않으면서 신속하게 진행을 계속할 수 있다. 무엇보다도 가장 먼저 교과 활동을 위한 궁극적 목표를 염두에 두어야 한다. 그리고 그 목표가 충족된다면 성공을 담보할 자격이 있다.

비슷한 수업 활동

기술적 실패에 대한 두려움을 누그러뜨리고 불안함을 예방하기 위한 기본적인 제안은 대체안으로서 여전히 유사성을 유지하면서도 당장 시행할 수 있는 교과 활동을 준비해 두는 것을 가리킨다. 만약 텍스트 분석 소프트웨어를 시연하려는데 TAPoR 텍스트 분석 플랫폼이 작동되지 않음을 발견하게 되었다면(재부팅하고 브라우저를 바꿔봐도 불가능하다면) 이 장치에 의존해 수업을 진행하는 대신 컴퓨터 적용의 계산적 설정과 컴퓨터 활용을 배제한 비계산적 설정 모두에서 '텍스트 분석'이 무엇을 의미하는가에 관해서 전적으로 아날로그적인 토론으로 전환할 수 있다. 그런 다음 토론과 아울러 구체적 독서 활동과 연결 지어 학생들에게 글 단락에서 면밀한 정독 독해를 통해서 일반적인 요소들을 찾아내도록 지도하는 활동을 하나로 묶어 진행할 수 있을 것이다. 다음으로, 학생들에게 뒤로 좀 물러나서 눈으로 쉽게 이해하지 못하는 텍스트에 관해서 고민하도록 요청해 볼 수 있다. 이러한 전략은 학생들에게 TAPoR 시연 자료가 다루려고 했던 핵심 개념들을 소개한다. 여전히 나중에 다시 이 도구를 시도하거나 유사한 작업을 수행하는 다른 도구를 찾을 수 있다. 이러한 전략은 어떤 도구에도 적용될 수 있다. 즉, 기본적 의중은 학생들이 도구와 상호 작용함으로써 무엇을 배우고 생각해야 하는지 미리 알고 있어야 하며, 그래서 이러한 목표들을 아날로그 형식이나 다른 플랫폼에서 대략 달성하려고 시도해야 한다는 점이다.

때로 간단한 대체 방법이 효과적일 수 있다. 예를 들면 배터실이 평소와 다른 건물에서 수업을 진행할 때 해당 교실 컴퓨터에 자바Java가 설치되어 있지 않았을 뿐만 아니라 프로그램 설치를 위한 관리자 권한을 갖지 못했다는 사실을 알게 되었다. 그녀는 늘 하듯이 워드클라우드 실습을 원래 의도했던 소프트웨어인 워들로부터 자바가 필요 없는 보이언트로 옮아 갔다. 이러한 긴박한 경험으로부터 배터실은 백업 플랫폼이나 백업 앱을 갖춘다는 사실이 교과 활동을 신속하고 원활하게 구제하는 가장 유용한 방법임을 깨달았다. 다른 플랫폼을 모를 경우라면 항상 학생들에게 논의 중인 장치와 유사한 앱을 아는지 물어볼 수도 있다. 로스는 복잡한 학술 주석 소프트웨어 하이퍼세시스Hypothes.is를 설명했지만 이 도구를 바탕으로 한 활동을 준비하지 못했을 때, 학생들이 현대 음악 가사를 주석으로 제시하는 간단하고 직관적인 웹사이트인 지니어스Genius를 소개해 주었을 때 정말로 흥분을 감추기 어려웠다. 학생들이 이미 지니어스에 익숙했기 때문에 원래 그 수업이 의도와는 달랐지만, 매우 생산적인 토론으로 거듭났다. 이러한 경우에서 '충분히 좋은' 대체 방법은 말하자면 실제로 충분했다. 진정으로 중요한 점은 교과 활동이 충족하도록 동일한 핵심 학습 목표를 찾아내는 것이다. 그리고 비록 그렇게 작동하지 않더라도, 수업 시간이 학습 과정의 광범위한 수업 목표를 전체적으로 반영하도록 만드는 방법을 찾으면 된다.

유연한 모듈식 수업

모듈 수업은 서로 교환이 가능하거나 다양한 매체를 통해 만족될 수 있는 단원이나 과제를 포함하고 있다. 예를 들면 만약에 다음 수업 내용을 이미 준비해 놓았고, 예정한 날짜에 가르칠 계획이었던 내용을 진행하기가 불가능하다는 사실을 알게 된다면, 그다음 수업 내용으로 과감하게 전환해 수업을 가르치라. 두 시간 사이에 교사는 아마도 해결책을 찾을 것이며, 수업 시간을 낭비하지 않는 대신 오히려 수업 순서를 단순하게 서로 바꿀 수 있다. 성공적인 모듈식 수업 설계는 몇 가지 추가 수업 계획을 별도로 손수 갖추고 있도록 요구한다. 즉, 이 말이 뜻하는 내용은 수업 계획서에는 없더라도(또는 나중에 수업에서 다룰 예정이었지만) 언제든지 꺼내어 사용할 수 있고 당장 준비해 두지 않더라도 성공을 위해서 무언가를 갖고 있어야 한다. 모듈식 일정에 대해 더 자세히 알기 위해서 제11장을 참고하라.

수업 계획서를 작성하면서 필연적으로 일정에 맞지 않는 텍스트, 도구 또는 주제 들은 제외해야 마땅하다. 이러한 견해를 그저 단순하게 실시하면서 망각해서는 안 된다. 그리고 삭제 내용일지라도 목록을 만들어 마치 교과 활동의 '그림자 수업 계획서'로 활용하고, 주기별로 이러한 선택 사항들을 상기하기 바란다. 다른 관련 교과 과정에서 사용했던 활동, 수업, 개념 들을 빌림으로써 가르쳤던 연관 과정에서 필요할 때 이 추가 항목들을 준비하기 위해 들여야 하는 노력을 최소화시킬 수 있다. 대안으로서 만약 과제 안내서를 이미 작성했거나(또는 적어도 다음 주요 과제를 신중하게 고려했다면) 주어진 해당 과제를 설명할 때 좀 더 시간을 할애할 수 있다. 만약 과제가 막 제출되었거나 평가되거나 학생들에게 돌려주었다면 학생들이 잘한 부분에(잘하지 못한 부분에) 대해 과제 후 검토 토론을 진행할 수 있다.

끝으로 만약 예상하지 못한 고장이 발생하면, 교과 과정에 대한 그 자리에서 즉흥적인 수업 평가 시간으로 진행을 조정해 보는 것도 좋다. 학생들에게 어떤 텍스트가 가장 흥미롭고 어떤 텍스트가 기대와 달랐는지 물어보고, 지난 수업 활동과 과제에 대한 학생들의 반응을 듣고, 교과 과정을 개선하기 위한 제안을 수용하는 시간을 통해서 학기 나머지 수업에서 일부지만 변경을 시도할 수 있으며, 향후 교과 과정 개선의 도움말을 얻을 수 있다.

결론

이러한 전략들을 적용하는 동안 무엇보다도 학생들은 교육자나 과정이 완벽할 것으로 기대하지 않는다는 점을 기억하라. 학생들은 교사가 시련의 순간에 평정심을 찾는 회복력이나 불안해하지 않는 긍정적 태도를 보여주길 기대할지 모른다. 즉, 학생들의 이러한 기대는 교사가 지닌 유머, 창의성, 유연성, 인내심, 전문성을 보여주는 것을 의미한다. 그렇지만 학생들이 교과 활동의 기술적 실행에서 모든 상황에서 완벽하기를 기대하지는 않는다. 수업 이전에 문제점들의 해결은 디지털 인문학 공동체의 '다시 시도해 보기' 정신을 보여준다. 이런 정신과 태도는 때로 공동체에 가치를 부여하면서 위기와 난관의 순간을 이해하는 것을 가리킨다. 또한 학생들에게 컴퓨터 스테이션의 디스플레이 설정을 고치는 올바른 명령어를 상기시키는 도움을 요청하기를 잊지 말아야 한다. 그러면서 학생들에게 대체 활동이나 토론 주제를 제안하도록 요청할 수 있다. 디지털 인문학의 강점 중 하나인 상호 협력적이고 프로젝트 중심이라는 점을 갖춘 수업 환경을 조성하고, 그리고 문제 해결에 학생들을 참여시킴으로써 디지털 인문학자들에게 소중한 공동체 정신을 불러일으키는 훌륭한 방법이 된다.

더 읽을거리

Barker, Joli. 2014. *The Fearless Classroom: A Practical Guide to Experiential Learning Environments*. Routledge.

Bates, A. W. and Gary Poole. 2011. *Managing Technology in Higher Education: Strategies for Transforming Teaching and Learning*. Jossey-Bass.

Beichner, Robert J. 2003. "Student-Centered Activities for Large-Enrollment University Physics(SCALE-UP)." *Proceedings of the Sigma Xi Forum on Reforming Undergraduate Education*(Jan). ftp.ncsu.edu/pub/ncsu/beichner/RB/SigmaXi.pdf. pp. 43~52 .

Cennamo, Katherine, John Ross, and Peggy A. Ertmer. 2009. *Technology Integration for Meaningful Classroom Use: A Standards-Based Approach*. Wadsworth.

Croxall, Brian and Quinn Warnick. 2016. "Failure." *Digital Pedagogy in the Humanities: Concepts, Models, and Experiments*. digitalpedagogy.commons.mla.org/keywords/failure/.

Davidson, Cathy N. and David Theo Goldberg. 2009. *The Future of Learning Institutions in a Digital Age*. MIT P.

Holleran, Georgia and Ian Gilbert. 2015. *A Teacher's Companion to Essential Motivation in the Classroom*. Routledge.

Klein, Julie Thompson. 2014. "Educating." *Interdisciplining Digital Humanities: Boundary Work in an Emerging Field*. U of Michigan P. pp. 108~134.

McFedries, Paul. 2013. *Fixing Your Computer: Absolute Beginner's Guide*. Que.

Megaña, Sonny and Robert J. Marzano . 2013. *Enhancing the Art & Science of Teaching with Technology*. Marzano Research Lab.

Neuman, David J. 2013. *Building Type Basics for College and University Facilities*, 2nd ed. Wiley.

Oblinger, Diana G.(ed.). 2006. *Learning Spaces*. Educause.net.educause.edu/ir/library/pdf/PUB7102.pdf. *Online Activities in Emerging and Developing Nations*.

Pew Research Center. 2015.3.19. www.pewglobal.org/2015/03/19/2-online-activities-in-emerging-and-developing-nations/.

Ramsey, Stephen. 2014. "The Hermeneutics of Screwing Around." *Pastplay: Teaching and Learning History with Technology.* edited by Kevin Kee. U of Michigan P. pp. 111~120.

Saklofske, Jon, E. Clements, and Richard Cunningham. 2012. "They Have Come, Why Won't We Build It? On the Digital Future of the Humanities." *Digital Humanities Pedagogy: Practices, Principles, and Politics.* edited by Brett D. Hirsch. Open Book. pp. 311~330.

Schindler, John. 2010. *Transformative Classroom Management: Positive Strategies to Engage All Students and Promote a Psychology of Success.* Jossey-Bass.

Shirkey, Clay. 2008. *Here Comes Everybody: The Power of Organizing without Organizations.* Penguin.

제6장

디지털 과제 생성하기

이 장은 평가 대상이면서 집에서 수행하는 디지털 과제를 다룬다. 이러한 과제들은 교실에서의 참여를 보완하거나 교과 과정의 공식적인 평가 중 하나를 구성하고 수업 활동을 통해 획득한 기술을 강화할 수 있다. 이 장은 잘 설계된 과제의 기본 원칙들을 설명하면서 시작한다. 이 장의 대부분을 차지하는 내용은 디지털 인문학 과제를 만드는 데 사용 가능한 수많은 선택 사항들, 작업에 대한 설명, 특정 플랫폼이나 앱에 대한 추천 그리고 수업 활동과 과제를 하나로 연결하는 아이디어가 포함된 목록이 될 것이다. 심화 과제에 대한 내용은 학생들이 스스로 디지털 문화와 컴퓨터 중심적 관행에 대해 성찰하도록 돕는 플랫폼들을 다루고 있다(교과 내용을 검토하기 위한 새로운 방법으로서가 아니다). 이 심화 과제들은 또한 체계적, 즉 의미 있는 순서대로 교육하는 비계scaffolding 방식으로 조성할 수 있으면서 학생들이 새로운 기술을 다음 과제에 직접 적용할 수 있도록 허용한다. 끝으로 학생들에게 과제 목표를 전달하고 성공할 수 있는 자신감을 북돋우는 데 도움이 되는 과제지('필수' 정보가 포함된)를 설계하기 위한 실용적 도움말을 공유한다.

디지털 과제 생성하기의 일반 원칙

필자는 디지털화에 따른 특별한 도전에 대응하는 과제 설계를 위한 일련의 구체적인 권장 사항을 마련했다.

① 새로운 종류의 과제에 대한 교사 자신과 학생의 두려움을 완화하기 위해 디지털 기술을 활용한 평가용 과제에 대한 간단한 교과 검토 보고서 작성을 요구하라. 이렇게 함으로써 학생들의 학위 과정에 따라 전반적인 교육으로서의 인문학 가치와 기술(비판적으로 사고하기, 명확하게 의사소통하기, 설득을 위해 논쟁하기, 신중하게 분석하기 능력 등 포함) 강화에 도움이 되면서, 과제 결과에 영향을 줄 수 있는 기술 장애를 균형적 감각을 유지한 채로 과제에 임하게 할 수 있다.

② 학생들이 하나의(새로운) 특정 도구나 플랫폼을 과제마다 배분해 사용하도록 통제한다. 이상적으로는 학생 모두가 동일한 도구를 사용하는 것이다. 최소한의 플랫폼에 초점 맞추기가 학생들에게 더 나은 그리고 더욱 집중된 '기술 지원'을 할 수 있으며, 플랫폼을 숙지해서 학생들끼리 서로 도움 주고받기를 장려한다.

③ 개방성 그리고 구조 사이의 균형을 확보한다. 유연하지만 그 정도가 지나친 정도는 피해야 한다. 특정 학생들의 필요성에 그리고 뉴스 속 사건 등에 대한 적응은 좋은 관행이지만 만약 개별적으로 다른 플랫폼의 문제 해결을 시도한다면 과도한 상황을 맞닥뜨릴 수 있다.

④ 단순함도 훌륭한 요인일 수 있다. 즉, 과제가 항상 복잡하거나 선구적 특색을 지닐 필요는 없다는 의미이다. 학생들에게 작업 결과를 갤러리나 전시회에서 온라인으로 게시하도록 가능성을 열어두고 독려함으로써, 이러한 예는 디지털 인문학을 수업에 통합하기 위한 진실로 간단한 방법이지만, 학생들은 이러한 과정을 통해서 의사소통, 지식 전달, 정보 설계에 관해서 상당히 많은 요소를 배울 수 있다.

디지털 과제의 공통 유형

다음 과제들을 보면 초보자에게 적합한 간단한 프로젝트나 비중 있는 프로젝트의 구성 요소가 되는 상대적으로 빠른 완성을 기대할 수 있는 프로젝트부터 장기적인 과제, 그룹 작업, 학기 말 프로젝트에 알맞은 복잡한 프로젝트 순서로 나열되어 있다. 그러나 신중히 고려하면서 각 프로젝트는 더 짧은 또는 긴 과제로 조정할 수 있다.

디지털 판본과 아카이브 활용 및 평가

과제 설명: 일단은 학생들이 다양한 기관들과 웹사이트들에 의해 제공되는 여러 종류의 기능을 탐색하면서 디지털 아카이브 중심으로 수업 활동을 진행한다면 실제로 보고서나 발표를 위해 학생들이 디지털 아카이브에 몰두해 활용하는 방향으로 더 특별하게 유도하는 과제를 고려해 볼수 있다. 학생들에게 단순하게 기본 텍스트나 자료의 저장소로서 디지털 아카이브를 사용해 보고서나 논문을 작성하도록 함으로써 전통적 방식으로 접근할 수 있다. 다른 방법으로는 학생들에게 먼저 디지털 방식으로 원천 자료에 주석을 달고 그 후에 비판적 관점으로 작업 중인 디지털화된 객체에 관해서 기록을 구성하는 다단계 구조의 과제를 수행하게 할 수 있다. 만약 교사가 직접 디지털 기록 제작에 관여한다면 학생들이 메타데이터 그리고 기록 분석을 생산하도록 특정 아카이브를 배정함으로써 해당 아카이브의 특별한 측면들의 생산하는 데 교사와 학생이 함께할 수 있다. 학생들에게 자신의 작업을 아카이브에 제출할 기회를 가질 수 있도록 항상 주의를 기울여야 한다. 앞에서 제안했듯이 아카이브의 장점 및 단점에 관한 교과 검토 보고서는 어떤 과제에 추가해도 여전히 가치 있는 일이다. 학생들은 주어진 원천 자료의 역사에 관해서 실제 사물의 디지털 교정, 디지털 주도의 큐레이션 결정, 아카이브의 사용자 경험, 오픈 액세스 정책이나 또는 그에 대한 결핍 등 연관된 핵심적 문제점들을 고려할 수 있다.

공지 사항: 학생들은 인터넷에 나타나는 대상들을 당연하게 여기는 대신 어떤 방법으로 대상들이 등장하는가를 비판적으로 생각하는 방법을 배우게 될 것이다.

도움말과 요령: 수업에 관련된 디지털 기록 자원을 확인하기 위해서는 해당 학문 분야에서 학술 기관에 의해 운영되는 리스트서버를 검색하고, 디지털 인문학 수상 웹사이트(http://dhawards.org)에서 10년간 수상받은 프로젝트를 확인하고, 해당 분야에서 도서관에서 디지털화하고 공개한 것이 무엇인지 살펴보기 위해서 강력한 컬렉션을 보유한 도서관 웹사이트를 탐색해 보라. 국가 및 지역 수준에서 개최되는 정부 소장 자료들도 확인하라.

교과 과정에 특화한 소셜 미디어 그룹과 스트림

과제 설명: 소셜 미디어는 학생들이 이미 사용하고 있을 법한 플랫폼으로 조정할 수 있다. 또한 수업에서 어떤 학생들이 어떤 플랫폼에 호감을 보이는가를 확실하게 알면 작동이 가장 잘된다. 학생의 선호도는 교사의 선택과 다를 수 있으며, 학생들에게 어떤 플랫폼을 사용할 때 편안한지 질문하는 과정도 도움이 된다. 학생들은 일부 플랫폼을 친밀한 것으로 인식하며(특정 플랫폼을 강요하면 부담을 가질 수 있음), 반면에 다른 플랫폼들은 학습 지도 그리고 교사와의 상호 작용을 위해 공정한 게임으로 여겨지기도 한다. 트위터에서 사용자 정의 해시태그(예: #YourNeatClassTopic) 생성을 추천하며 이후 학생 각자에게 수업일마다 읽기 자료를 반영하는 한두 개의 트윗 작성을 요구하는 것이 좋다. 수업 시간마다 소셜 미디어 스트림에 새로운 콘텐츠를 제시함으로써 수업을 시작한다. 그리고 간단하게는 사용자 정의 '스트림'을 보기 위해서 트위터 검색 창에 해시태그를 입력한다. 이런 방법을 통해서 수업 준비 시간을 줄이고(학생들이 트윗을 통해 토론 주제나 질문을 생성할 수 있어서) 학생들의 관심사에 직접 응답할 수 있다. 만약 이미 사용하는 플랫폼을 선택한다면 수업을 위해 새로운 계정을 만들

어서 학생과의 상호 작용을 명확하게 유지하는 방향을 고려해 보라.

공지 사항: 학생들은 수업의 필수 텍스트에 참여하는 형태로 중요한 '핵심 복습 내용'이나 질문을 찾아내는 습관을 갖게 될 것이다.

도움말과 요령: 트위터 스트림 참여는 훌륭한 숙제가 되거나 혹은 매일 또는 주기적 퀴즈의 매우 적절한 대체가 된다. 따라서 필수적인 참여에 대한 엄격성 및 빈도수를 확인 및 조절해서 숙제나 퀴즈에 수반되는 노력에 수위를 맞추도록 하라. 만약 트위터의 개방성 때문에 학생들이 사용을 꺼리는 경우, 계정을 비공개로 설정하고 학생들끼리만 팔로하도록 지시하라. 그렇게 하면 그들의 트윗은 서로에게만 보이게 된다. 활동이 끝나면 계정을 삭제하면 된다는 사실을 상기시키라. 만약 학생들이 대안적 오픈 소스를 원한다면, 대신 마스토돈Mastodon을 시도해 보라. 그리고 학생들이 커뮤니티 지향적이라면 케어2Care2 혹은 플러크Plurk를 시도해 보라.

가장 빈번한 단어(MFW) 분석

과제 설명: 제4장에서 필자는 보이언트와 같은 MFW 시각화 플랫폼에 관해서 토론을 이끄는 MFW 분석을 활용하는 방법을 논의했다. 집에서 할 수 있는 평가 과제인 MFW를 완성하기 위해 적용할 수 있는 적지 않은 단계들이 존재한다. 학생들에게 분석되는 텍스트에 관한 전통적 연구를 완료하고, 신생이든 전통적이든 이 두 학문 방식들의 특수한 활용과 단점에 대한 반추로 끝나는 비교 및 대조 보고서를 작성하도록 요청하라. 또는 학생들에게 여러 텍스트에서의 MFW 분석 결과를 비교하거나, 스프레드시트 프로그램이나 보이언트와 같은 포괄적인 플랫폼의 포함된 선택 사항들을 사용해 MFW 목록을 여러 가지 시각화 형태(차트, 도형, 클라우드 또는 애니메이션 이미지와 같은)로 변환하도록 요청하라. 학생들은 불용어 설정을 조정하거나 같은 텍스트를 다른 MFW 시각화 플랫폼에 입력했을 때의 결과로 비교하는 실험도 시도할 수 있다. 끝으로 기존 과제나 학습법에 대한 보완으로써 MFW 분석을 활용하는 방법을 고려해 보라. 예를 들

면 배터실은 학생들에게 '전통적인' 문학 비평 소논문을 계획하고 실행할 때 정독하면서 관련 구절을 찾기 위해 MFW 활용을 지시한다.

공지 사항: 워드클라우드를 단순히 사실을 중립적으로 전달하는 독립적인 가공물 정도로 보고 접근하는 대신에 추가 분석을 위한 활성화 수단으로서의 도구로 간주해 접근한다면 도움이 될 것이다.

도움말과 요령: 보이언트에 최근 추가된 기능 벨리자Veliza는 원래 기본적으로 보이언트에 입력한 텍스트를 기반으로 챗봇을 생성하는 자연 언어 교환 프로그램이다. 학생들에게 벨리자와 '대화'를 나누고 이 대화가 텍스트에 대해 무엇을 드러내는지 살피도록 요청하라. 심화 학습으로는 학생들에게 칩봇 던퀵Cheap Bots Done Quick(아래 '트위터 봇' 참조)의 챗봇 엘리자Eliza가 생성한 발언과 비교 분석하도록 할 수 있다.

위키

과제 설명: 단순하면서도 협업이 가능한 웹사이트로서 인터넷 브라우저를 통해 쉽고 공개적으로 편집할 수 있는 위키는 최소한의 '태그'(인코딩 마크업의 일부분snippet)와 코딩 규칙만 알면 된다. 위키는 일반적으로 마크업 언어에 익숙해지는 정말로 효율적인 방법일 뿐만 아니라 웹사이트를 구축하는 가장 빠르고 아주 쉬운 방법에 속한다. 예를 들어 2005년에 로스는 위키들의 존재를 알게 된 지 일주일이 지나지 않아서 학생들에게 글쓰기 과제를 작성하고 호스팅하는 방법을 가르쳤다! 위키는 작성된 과제를 공유하고 수정하게 해주는 플랫폼으로서 충분히 작동한다. 학생들이 서로의 작업을 편집함(혹은 간단하게는 수정 제언)은 물론이고 각자의 작업을 상호 관찰할 수 있도록 위키를 활용하라. 위키는 블로깅 플랫폼으로도 사용될 수 있다(아래 '블로그 하기' 참조). 수업에서는 정보 공유를 수용하더라도 막상 대중과 공유하고 싶지 않고 가명 사용을 꺼리는 학생들의 경우에는 위키 비밀번호 보안이 가능한 서비스를 활용하면 된다. 비록 내용이 공개되지 않더라도 위키는 LMS에 통합된 내부 도구를 사용하는 것 이상

으로 특별한 장점을 부여해 준다. 즉, 위키에 기여하는 방법을 배움으로써 학생들은 폐쇄적이고 독점적인 LMS를 넘어서 이전을 허용하는 유용한 기술을 습득할 것이다.

공지 사항: 학생들은 인터넷 콘텐츠를 만들고 인코딩을 연습하는 가장 간단하고 신속한 학습을 하게 될 것이다.

도움말과 요령: 예상하듯이 가장 유명한 위키인 위키피디아에는 위키에 대한 정의를 포함한 정말로 유익한 페이지가 있다. 무료 강의 웹사이트를 만들기 위해 '무료 위키 호스팅'을 검색해 보라. 위키스페이스Wikispaces는 교육자를 위해 무료이고 PB워크스 위키PBWorks Wiki는 비영리적이면 무료이다. 구글 계정과 수월하게 통합하려면 구글 사이트Google Sites를 사용해 보기 바란다.

블로그 하기

과제 설명: 블로그 하기는 학생들에게 전통적인 소논문에서 사용하는 것과는 다른 목소리와 어조로 작문 연습을 실행할 기회를 제공한다. 이러한 선택은 또한 학생들이 블로그 게시물을 작성하고 올리면서 디지털 플랫폼에 의해 제공되는 멀티미디어의 가능성들을 탐색하게 한다. 필자는 학생들에게 해당 분야의 학술적 관행에 적합한 어조를 설정하기 위해서 학문적 블로그의 예시 보여주기를 권고한다. 블로그 하기는 관객, 스타일, 어조 등을 생각하는 핵심 글쓰기 기술을 강조하며 학생들이 학습 내용을 넘어서 그리고 좀 더 깊게 스타일을 탐색하고 아이디어의 실제 의사소통에 관해서 생각하기를 장려한다. 블로그 기반 과제는 학기 전체를 아우르면서도 평가 비중이 적은 과제일 수 있으며 학생들이 교과 과정 자료 전체를 살펴보면서 학생들을 위한 글 열람 혹은 숙고 공간으로서의 목적에 연관된 역할을 수행할 수 있다. 그러한 경우에 학생들은 완성도로서 성적 평가를 받거나 과제의 품질성, 성실성이라는 더 구체적인 특징들을 토대로 평가받을 수 있다. 대안으로서 블로그 게시물은 반 전체가 운영하

는 그룹 블로그에 대한 개별 학생들이 기여하는 일회성 평가 대상 게시글일 수 있다. 여기서 블로그 게시물이 더 전통적인 학기 과제물이나 보고서를 대체하는 경우에 주요 장점 중 하나는 작성된 자료를 보완할 수 있는 영상, 이미지, 소리 등을 무제한 활용하는 능력이다.

공지 사항: 학생들은 블로그가 요구하는 프로젝트 관리 기술과 글쓰기 기술을 개발하게 될 것이다.

도움말과 요령: 가장 손쉬운 블로깅 플랫폼으로 워드프레스를 추천한다. 이 플랫폼은 너무나 보편적이어서 학생들이 이미 익숙하거나 혹은 미래에 사용할 플랫폼 학습으로 평가받는다는 점을 감사하게 여길 것이다. 대학에도 자체적으로 블로깅 플랫폼이 소유하고 있어서 그런 환경을 선호한다면 소속 학과나 IT 부서에 확인할 필요가 있다.

지도 만들기

과제 설명: 디지털 매핑 API(애플리케이션 프로그래밍 인터페이스)는 디지털 인문학 교수법 중에서 사용자 친화성이 가장 높은 앱에 속하며, 이 말은 학생들에게 온라인으로 지도를 만들도록 하는 이유가 고전적이고 인기 있는 디지털 작업 평가 과제라는 사실을 의미한다. 공간 활용을 다루는 작업 추세는 역사와 지리뿐만 아니라 모든 인문학 분야에 기반을 두고 있고, 디지털 지도들은 중요한 위치를 특정하고 연결하는 상황을 넘어 모든 종류의 데이터(이미지, 영상, 링크, 심지어 대중적 댓글을 위한 공간까지)를 내포할 수 있다. 가장 중요한 질문에 대한 답을 생각해 보면 학생들이 다차원적인 인터랙티브 지도만을 만들게 할 것인지, 아니면 유의미한 보충적 연구와 글쓰기, 예를 들어 지도를 해석하고 특정 논문을 발전시키는 소논문을 제출하게 한다면 같은 조건을 고려할 수 있다. 항상 그렇듯이 짧은 서면 형식의 의견 자료를 추가할 수 있더라도 디지털 지도의 할당에 관해서라면 학생들의 관심을 지도 자체에만 한정하도록 권장한다. 학생 지도의 첫번째 단계는 지도의 품질을 평가하고 학생들의 성공과 단점을 반영하기

위해서 튜토리얼과 과제지를 수정한 이후에는 적절한 지도 매칭 연구 혹은 과제 작성을 설계할 수 있다.

공지 사항: 다양한 형식의 정보(위치, 이미지, 영상, 링크, 텍스트)를 수집하고 이것들을 하나의 상호 작용적 객체로 작업하게 될 것이다.

도움말과 요령: 학생들이 가장 편안하게 느끼는 구글 내 지도Google My Maps 또는 구글 어스를 시도하는 것 이외에도 맵박스와 같은 다른 디지털 매핑 API를 탐색하고, 만약 더 열의를 갖는다면 리플릿Leaflet.js 혹은 오메카용 니트라인을 시도해 보라. 또 다른 아이디어로서 웹 컴패니언에 위치한 다른 강사들의 지도 과제 링크와 함께 매핑 교과 활동과 일련의 과제를 살펴보라.

멀티미디어 타임라인

과제 설명: 이미 짐작했겠지만, 디지털 타임라인은 속성상 어느 정도로는 연대순(즉, 구체적인 시간과 날짜가 연관된 정보)으로 배열된 정보를 제시하려는 흥미로운 방법이다. 그러나 타임라인은 한 줄 형태로서 첫 번째, 두 번째, 세 번째, 네 번째 등으로 나뉜 레이블이 선형적으로 배열된다면 더 명확하게 또는 설득력을 갖게 되는 주장이든 어디라도 응용될 수 있으며, 그리고 시각적으로도 제시될 수 있다. 다시 말해, 멀티미디어 타임라인을 소논문 시험, 연구 논문, 기타 전통적인 연구 프로젝트의 대안으로 활용하라. 학생들은 자신이 원하는 연구 수행에서 구체적이고 적확한 주제를 정의하고, 연구 성과를 타임라인 형식으로 조직하고, 구성한 타임라인을 읽기 쉽도록 주제들을 세부적으로 하부 주제로 분류한다. 상호 작용적 구성 요소(퀴즈와 토론 질문과 같은)는 물론이고 멀티미디어 구성 요소들(이미지, 비디오, 오디오 클립과 같은)을 포함하게 만든다.

공지 사항: 교과 과정 내용 지식을 체계화하고 정보를 개략적으로 동등한 단위로 분리해 논리적으로 배열할 것이다..

도움말과 요령: 초보자를 위해서라면 티키-토키Tiki-Toki[1] 또는 HSTRY[2]

로 타임라인을 만들 수 있으며, 상급 학습자들은 디지털 인문학자들이 선호하는 플랫폼인 타임라인JSTimelineJS을 사용할 수 있을 것이다.

선천적 디지털 장르

과제 설명: 선천적으로 디지털 태생의 장르로 작성된 학술 자료를 생산하도록 만드는 요청은 디지털 인문학과 공개적인 글쓰기에 대한 흥미로운 소개가 될 수 있다. 밈, 리스티클listicle,[3] 퀴즈, 트윗, 페이스북 게시물, 핀터레스트 보드, 인스타그램 계정, 웹툰 등은 학생들이 이미 가지고 있는 기술을 활용하고 수업 성과를 친구들 및 가족들과 공유하는 기회를 제공할 수 있다. 제4장에서 필자는 이와 관련된 교과 활동을 '소셜 미디어 활동'이라고 언급했지만, 여기서는 소셜 미디어(아니면 상호 작용적이거나 동료 주도의 플랫폼 등)를 사용한 평가 대상 과제가 학생들에게 어떻게 일상적인 온라인 활동이 관객의 기대와 장르 관례에 의해 구조화된 글쓰기 형태가 되는가를 신중하게 생각해 보도록 한다. 이러한 플랫폼을 사용한 교과 활동은 종종 상호 작용, 즉시성, 자발성을 강조하지만, 그러한 활동에 기초한 평가 대상으로서 학생들의 작업 결과는 충분하게 기획되고, 충실하게 수행되고, 충만하게 작성되고, 철저하게 편집되어야 한다. 게다가 플랫폼의 관객에게 적절한 수준에서 신중하게 투시되고 특유의 관례에 맞추어져야 한다.

공지 사항: 전통적으로 행했던 학문적 수고를 벗어나 교과 내용을 엔터테인먼트 형식으로 재구성할 것이다. 많은 학생이 자신들의 창작물을 수업 이외 외부 친구들과 공유하려는 동기를 가지게 될 것이다.

---

1   온라인 타임라인 무료 생성기.

2   타임라인 생성 교육 플랫폼.

3   리스트(list)와 아티클(article)의 합성어이며, 리스트 형식으로 작성된 글을 말한다. 블로그, 뉴스 사이트, 소셜 미디어 등에서 많이 활용되고 있다.

도움말과 요령: 필자는 튜토리얼과 과제 안내서 구성에 너무 많은 시간을 들이기 전에 어떤 플랫폼이 학생들에게 가장 많은 관심을 끄는가를 파악하기 위해 의견을 물어보기를 추천한다. 무료 웹 브라우저 기반 웹툰 제작기는 간단한 메이크빌리프코믹스MakeBeliefsComix부터 더 많은 사용자 정의를 허용하는 픽스턴Pixton, 인포그래픽 또는 스프레드시트 제작에도 사용할 수 있는 스토리보드디스StoryboardThis에 이르기까지 그 종류가 다양하다.

텍스트 주석

과제 설명: 이것은 과제가 학생들에게 공유되고 주석이 첨부된 수업 읽기 자료 또는 또 다른 관련 텍스트에 공헌할 수 있는 기회이다. 이러한 수업 읽기 자료는 당연하게 온라인에서 활용성이 보장되어야 한다(선택한 텍스트가 애초에 온라인상 찾을 수 없다면 텍스트를 온라인에서 활용할 수 있게 하는 방법을 위해 제1장 참조). 그룹의 주석 첨가를 통해서 학생 각자가 실제 텍스트의 특정 페이지에서 주제에 관련된 문장들에 밑줄을 치고 여백에 주석을 덧붙이는 대신에 학생 모두 동일한 하나의 디지털 텍스트의 바탕에 '표시'를 할 수 있다. 학생들이 서로의 의견을 보고 관찰할 수 있어서 이러한 도구들은 비동기적 수업 토론을 촉진하면서 교실 내에서의 동기적 토론도 고무시킬 수 있다. 이러한 도구들은 대부분이 브라우저 접속 방식에 기초하고 있어서 학생들은 (무료) 소프트웨어 내려받기를 시행하거나 또는 (무료) 계정을 생성해야 한다. 그룹 주석 첨가 실습은 퀴즈 대체 사안으로서 매우 유용하며 수업 토론을 불러일으킨다는 점에서 엄청난 경이감을 가질 수 있다. 게다가 수많은 사람은 이러한 플랫폼에서는 소셜 미디어 플랫폼에서 과거 상호 작용들을 인지하고 검색하는 것보다 이전에 첨가한 주석을 검색하면서 확인하고 다시 찾아보기가 훨씬 쉽다는 사실을 알게 된다.

공지 사항: 학생들은 동료 학생들의 지식으로부터 배우고, 다른 수업을 위한 학습 보조 도구로서 디지털 주석을 활용할 수도 있다.

도움말과 요령: 특히 질문하기와 대답하기를 통해 동료 관찰 학습 환경을 조성하는 방식에 따라 학생들이 서로의 주석에 반응하도록 장려하라. 실시간 웹사이트의 그룹 주석 첨가용으로는 하이퍼세시스를 사용하거나 광범위한 종류의 객체(다양한 형식의 업로드된 파일로서 교과서와 웹사이트의 스크린샷 등)를 위해서라면 퍼루절Perusall[4]을 사용하라.

이미지 주석

과제 설명: 텍스트 주석 및 디지털 매핑과 유사하게, 이미지 주석은 다양한 종류의 데이터(텍스트, 링크, 다른 이미지)를 디지털 이미지의 특정 부분에 연결할 수 있도록 한다. 캡션이 있는 이미지 위에 커서를 올리면 이미지에 대한 설명이 표시되는 것을 상기해 보고, 각각의 점이 그 역사, 출처 또는 관련성에 대한 풍부하고 새로운 세부 정보를 제공하는 여러 개의 '마우스 오버' 이미지를 만드는 것을 상상해 보라. 발견한 이미지에 주석을 달거나, 스스로 주석을 달 이미지를 만들 수도 있다. 더 큰 프로젝트를 위해, 한 장의 이미지가 아니라 여러 개의 주석이 달린 이미지 갤러리를 조립하도록 요청하거나, 생성한 이미지에 서로 주석을 달도록 할 수 있다. 플랫폼 선택과 관객 반응을 살펴야 하는 더 복잡한 프로젝트를 위해, 학생들에게 완성된 이미지를 핀터레스트나 그들이 선택한 다른 공개 플랫폼으로 이전하도록 할 수 있다.

공지 사항: 유니버설 디자인에 필수적인 기술을 배우고(제2장 참조) 또한 이미지 분석 능력을 향상할 수 있을 것이다.

도움말과 요령: 디지털 인문학자들이 일반적으로 사용하는 플랫폼으로는 싱링크와 기가픽셀이 있다. 또한 플리커를 추천한다. 이는 큰 사용자 기반(거의 모든 질문에 대한 답을 쉽게 찾을 수 있음)과 넉넉한 저장 공간(무료 계정

---

4   협업 독서 및 학습을 지원하는 소셜 학습 플랫폼이다. 학생들의 심층적 이해를 돕는 차원에서 주어진 자료를 디지털 형식으로 읽고, 주석을 달고, 질문하거나 토론할 수 있는 기능을 제공한다.

의 경우 최대 1TB(즉, 1000GB의 저장 공간)〕때문이다. 소속 기관이 캔버스를 사용하는 경우, 내장된 애너테이션XAnnotationsX 도구로 실행해 볼 수 있다.

디지털 판본 생성

과제 설명: 소위 '텍스트를 온라인에 게시하기'는 텍스트를 강조 표시하고, 복사한 다음 붙여 넣기를 하는 것보다 훨씬 많은 사고와 노력을 포함한다. 그리고 다른 한편으로는 태그 추가와 마크업 작업이 끊임없이 반복되는 지루한 작업만을 의미하지 않는다. 디지털 판본은 디자인의 창의적인 작업부터 텍스트가 실제로 무엇으로 구성되는지 결정하는 이론적 분석까지, 도구적 장치와 주석을 생성하는 학술적 작업부터 플랫폼과 도구 선택의 기술적 작업까지, HTML 태그 추가에 연관된 정밀성과 정확성부터 파일, 인력, 완료되거나 또는 미완료된 작업을 추적하는 조직력 행위까지 광범위한 기술이 필요로 한다. 만약 학생들이 한 편의 시와 같은 적은 텍스트를 선택한다면 개별 학생들 각자에게 디지털 판본을 만들도록 하면 성공을 기대할 수도 있지만, 필자는 네 명에서 다섯 명으로 구성된 그룹을 만들어 학생들이 단일 텍스트에 대한 책임을 지도록 유도하는 방향을 더 선호한다. 학생들이 인코딩이나 웹 출판에 경험이 충분하지 않다면 사전에 학생들이 사용해야 할 도구와 플랫폼의 제한된 설정을 결정하라. 이 활동의 기술적인 세부 사항을 과도하게 강조하지 않고 학생들이 중요한 편집 결정을 소홀히 하지 않도록 해야 한다. 텍스트 선택, 출처, 이미지화 또는 전사, 서문, 전기, 주석, 번역, 역사적 맥락 설명과 같은 학술적 장치 선택 등과 같은 이러한 편집 작업들이 텍스트를 디지털화하고, 인코딩하고, 호스팅하는 방법을 학습하는 과정 못지않게 중요하다는 사실을 강조하라.

공지 사항: 학생들은 개인적 및 전문적 환경 속에서 유용한 디지털 기술 전반을 학습할 것이다.

도움말과 요령: 다음 부문에서 언급된 디지털 아카이브 교과 과제와 마

찬가지로 학생들이 디지털 판본을 만들기 위해 활용할 기술을 단계별로 쌓아가며 해당 교과 과제를 신중하게 배열한다. 판본을 디자인하고 표시하는 데 사용할 인코딩 체계와 소프트웨어에 대해서도(HTML 전처리기 마크다운과 웹사이트 생성을 위해 고정적 사이트 빌더 지킬Jekyll을 사용하는 깃허브 페이지를 추천) 물론이거니와 일반 텍스트를 캡처하는 방법(예: 스마트폰 앱 오피스렌즈 Office Lens 또는 스캐너로 사용)을 다룰 수업 시간을 할애한다. 파일을 이용해 웹페이지를 쉽게 만들기 위한 또 다른 방법으로서 해당 파일들을 드롭박스의 폴더에 저장하고 고정적 사이트로 변환하기 위해서 팬케이크Pancake.io 또는 드롭페이지DropPages를 사용하라.

디지털 아카이브 생성

과제 설명: 제1장에서 논의했듯이 디지털 아카이브는 문화적 중요성이 있는 원천 자료의 대용물(디지털 이미지, 스캔, 전사본 등)을 웹을 통해 접근이 가능한 저장소이다. 일부는 중요한 텍스트의 디지털 판본을 모은 저장소이고 반면에 다른 일부는 주로 시각적 대상들이다. 게다가 또 다른 것들은 다중 모드로 많은 형식의 파일에서 광범위하게 다양한 디지털 객체들을 포함하고 있다. 따라서 디지털 아카이브는 공공 역사 프로젝트, 현장 작업 프로젝트, 문학이나 시각 문화 프로젝트, 가족 가계나 가족사 프로젝트, 소속 기관의 가상이 아닌 실제 아카이브나 특별 컬렉션에 초점을 맞춘 큐레이터 프로젝트 등을 위시해 해당 항목들의 기반을 형성할 수 있을지 모른다. 기술적으로는 어떤 디지털 플랫폼으로부터 아카이브를 구축할 수 있으며, 이 말은 어떤 웹사이트 개발자이든 디지털 아카이브를 호스팅하고 설계하는 과정에 뛰어들 수 있음을 의미한다. 그렇지만 디지털 인문학 커뮤니티에서는 오메카, 드루팔, 스칼라Scalar 등의 CMS가 일단 표준으로 받아들여지고 있다. 특히 오메카를 필두로 이들 플랫폼은 사용이 편리하며 대부분 사용자에게는 무료이다. 워드프레스도 급할 때 활용할 수 있다. 아카이브는 개별 학생, 소규모 그룹, 반 전체 등이 생성할 수

있는 대상이다. 필자는 학생들이 자신의 기술과 취향에 맞는 역할을 선택할 수 있다는 이유로 뒤쪽 순위로 열거된 공동의 선택 사항을 추천한다. 그리고 일부는 객체 획득에 초점을 맞추지만 반면에 또 다른 일부는 그래픽 디자인, 메타데이터 수집, 기술적인 핵심 부분에 중점을 둔다. 하나의 그룹을 기반으로 작업함으로써 수업은 성공적이고, 포괄적이고, 매력적이고, 내구성 있는 아카이브를 구축할 가능성을 더 높일 수 있다.

공지 사항: 학생들은 온라인에서 문화 콘텐츠를 출판하는 방법을 학습할 것이다. 그리고 정확하고 일관적이고 완전한 메타데이터를 생성하는 방법을 배움으로써 유익한 데이터 관리 기술의 중요성을 알게 될 것이다.

도움말과 요령: 광범위한 커뮤니티에 유용한 프로젝트 개발을 목표로 지역의 도서관 사서와 아카이브 개발자와 협력하라. 디지털화 활동(디지털 자산을 생성할 수 있도록), 위키 기반 과제(기본적인 마크업을 배울 수 있도록), 블로깅 과제(나중에 디지털 아카이브를 호스팅하는 과정에 적용될 동일한 플랫폼 사용 방법을 습득하도록) 등을 포함한 협력 과제에 대한 사전 언급을 고려해 보라.

심화 과제

디지털 이야기하기

과제 설명: 디지털 이야기하기(스토리텔링)는 텍스트, 이미지, 소리, 영상, (더 나아가서는) 앞에서 나열한 대상들의 조합으로 창작 글쓰기 결과들(소설 또는 비소설)을 구성하고 공유하는 디지털 도구 활용의 실습 방법이다. 수업에서 디지털 이야기들은 자체로 학생들이 자신의 글을 작성하려는 이야기에 적합한 다양한 형식 종류에 맞추는 수단으로서 해당 이야기들이 보여주는 멀티미디어 능력 때문에, 전통적 소논문을 대신하는 훌륭한 대안책이 될 수 있다. 전형적으로 디지털 이야기하기는 강한 1인칭 '나'가 명확하게 주도자로서 반드시 드러나는 개인적인 요소가 포함되어 있

고 그 가운데 학생들에게 교과 내용을 학생들의 삶 또는 최근의 사건과 연결하는 교과 과제를 구성하기를 원할 수 있을 것이다. 팟캐스트, 블로그, 브이로그, 단독 촬영 유튜브 영상, 슬라이드쇼(배경 음악이나 목소리 음향 입히기의 유무에 상관없이) 등은 디지털 이야기하기에 인기가 많은 형식이다. 무료 소프트웨어에 대해 학생들에게 위비디오WeVideo(영상 또는 브이로그), 오더시티(팟캐스팅), 캔바(슬라이드쇼), 스크린캐스트 오매틱(5분 이내 스크린캐스트용으로는 무료)을 사용할 것을 공지하라. 디지털 이야기하기에 관련해서 필자가 가장 선호하는 플랫폼은 트와인Twine인데 이것은 인터랙티브 이야기를 구축할 때 정말로 편하게 접근할 수 있는 오픈 소스 도구이다. 크리스 클리머스Chris Klimas가 개발한 트와인은 분기되고 비선형적인 이야기 서술 등을 구축하려는 목적으로 콘텐츠 조각을 연결하는 하이퍼텍스트를 솜씨 있게 교묘히 활용하면서 구성한다. 읽은이는 자신이 원하는 대로 이야기 서술들을 클릭해서 이동할 수 있고 이것은 어느 정도에서는 책『끝없는 게임Choose Your Own Adventure』[5]과 유사하다. 트와인은 인코딩이나 프로그래밍에 대한 사전 지식을 필수 조건으로 요구하지는 않지만, HTML과 CSS를 지원해 이야기하기의 외관(배경색, 글꼴, 텍스트 크기 등)을 사용자 지정할 수 있다. 그리고 트와인은 협업해서 이야기를 구성하고 이미지, 음악, 영상 등 통합이 가능하다. 텍스트 기반 롤플레잉 게임(예: 조 퀸 Zoë Quinn의 〈우울증 퀘스트Depression Quest〉가 잘 알려져 있음)을 설계하는 게임 엔진으로도 자주 사용되기 때문에 디지털 이야기하기 교과 과제 또는 게임 제작 교과 과제에 적용해 활용할 수 있다.

공지 사항: 인터넷의 주축을 형성하는 하이퍼텍스트로서 직접 실험을 수행하는 실습 과정을 토대로 한다. 하이퍼텍스트는 HTMLHypertext Markup Language의 'HT'를 가리키며, 해당 언어의 학습은 XML과 같은 마크업 전산

---

5   R. A. 몽고메리(R. A. Montgomery)의 연작 소설로, 독자가 주인공이 되어 선택을 내리면 각 선택에 따라 각기 다른 이야기로 이어지고 결말도 달라진다.

언어를 어려움 없이 대하는 연결 고리가 될 것이다.

　도움말과 요령: 스토리 센터Story Center(storycenter.org)는 디지털 이야기 하기를 위한 놀라운 원천 자원이다. 만약 교육 과정 개발 자금이 있다면 온라인 워크숍 중 하나를 등록하는 것을 고려하라. 트와인에 대한 방향성 지침을 위해서 클리머스가 직관적이고, 학생 친화적인 문체로 상세하게 작성된 안내서를 제공한다(https://twinery.org/wiki/twine2:guide). 학생들에게 트와인에 이야기 생산하기를 요구하기 이전에 수많은 예제를 둘러보게 해서 매개체로 무엇이 가능한지를 직접 경험하도록 분위기를 조성하라(https://itch.io/games/made-with-twine를 시도해 보라).

자동 텍스트 생성

　과제 설명: 트위터 봇[6]이나 분명히 실제 구매자에 의해서 작성되지 않은 것처럼 보이는 스팸 형식 제품 후기들의 자동 텍스트 생성을 어쩌면 이미 접해 보았을지 모른다. 이들은 텍스트 생성기로 만들어지며, 이런 과정을 위한 장치란, 즉 텍스트가 구조화되어야 하는 기본 규칙(일종의 문법)을 정의하고 나서 다음으로 문법을 따르는 문장을 생성하기 위해서 단어(코퍼스)의 목록 또는 목록들로부터 무작위로 단어들을 가져오는 프로그램을 의미한다. 일반적인 문법은 문장의 통사적 규칙, 문장과 문단의 수와 길이, 구두점이나 이모티콘의 위치 등을 포함한다. 이것은 매드립MadLibs[7]과 다르지 않으며 이 게임의 특징은 단어들이 제거된 이후에 게임 참가자에게 단어가 빠진 부분의 앞뒤 이야기 문맥을 모르더라도 단어의 품사 특성을 파악함으로써 무작위로 특정 단어들을 제시하도록 요구한다. 예를 들어 트위터 봇과 같은 여러 디지털 인문학 프로젝트들이 자동 텍스트 생성

6　특정 작업을 반복 수행하는 프로그램.

7　빈칸을 채우는 방식의 간단한 글쓰기 게임이다. 플레이어가 단어들을 빈칸에 채워 넣어 완성된 이야기를 만든다. 게임 또는 교육용 활동으로서 언어 능력 향상에 도움이 된다.

의 특징을 보여주는데, 그 여러 프로젝트가 트레이서리Tracery를 사용한다. 트레이서리의 개발자인 케이트 컴프턴Kate Compton은 이 도구를 가리켜서 이야기 문법 생성 라이브러리로 정의한다. JSONJavaScript Object Notation으로 작성된 트레이서리 라이브러리[8]는 텍스트, 이미지, 심지어 음악 생성에 사용될 수 있다. 컴프턴이 텍스트 생성을 위해서 자바스크립트 코드를 제공하고 학생들은 자신만의 문법을 고안해 내서 코퍼스를 공급할 수 있어야 한다. 이와 같은 결과물을 통해서 학생들이 교과 과제를 학습 내용에 맞출 수 있게 된다. 학생들이 트레이서리를 이해하려면 일주일 (2~3회 수업) 정도가 필요할 것이다. 만약에 트레이서리를 사용해 트위터 봇을 만들게 하려면 추가로 1~2회 수업을 진행해야 할 것이다. 필자는 학생이 자신의 별도 프로젝트를 완성하더라도 소규모 그룹으로 작업을 실행해서 서로 문제 해결을 돕는 방안을 추천한다.

공지 사항: 자동 텍스트 생성이 데이터 구조를 강조하는 방식을 배울 것이다. 학생들에게 데이터베이스를 사용해 작업하도록 데이터 구조를 가르치는 것은 분명하게 나름의 역할을 잘 수행하겠지만 반면에 텍스트 생성을 직접 작동하는 기회를 가져보는 것은 훨씬 재미를 더해줄 수 있다. 이러한 과정은 또한 학생들이 온라인에서 어느 정도로 '저자가 작성한' 작업이 자동으로 생성되는지를 인식시키며, 이런 활동 모두가 디지털 문해력이 향상되는 기회를 마련해줄 것이다.

도움말과 요령: 트레이서리를 시작하려면 깃허브에 가입하고, 컴프턴의 저장소(https://github.com/galaxykate/tracery)를 둘러보고, 이미 특별한 일련의 단어를 염두에 두지 않았다면 대리어스 카제미Darius Kazemi의 코퍼러Corpora(https://github.com/dariusk/corpora)를 작동시키라. 컴프턴은 친절한 튜토리얼(http://www.crystalcodepalace.com/traceryTut.html)를 유지하고 있다. JSON에 익숙하지 않은 사람들에게는 앨리슨 패리시Allison Parish의 튜토리얼(http:

---

8   프로그램, 서브루틴 등의 도서관.

//air.decontextualize.com/tracery/)이 더 나은 선택일 수 있다. 학생들은 트레이서리 비주얼 에디터Tracery Visual Editor(https://www.brightspiral.com/tracery/)에서 자신의 트레이서리 문법을 구성하기를 원할 수 있으며, 이를 통해서 실시간으로 작업 결과를 확인하고 텍스트 생성 결과를 조명해 볼 수 있다.

트위터 봇

과제 설명: 트위터 봇은 미리 정해진 속도를 기준으로 트윗을 자동으로 생성하고 게시한다. 봇들은 종종 대중문화를 패러디하는 데 사용된다(예를 들어서 킴 키르가다시안 봇Kim Kierkegaardashian bot은 철학자 키르케고르Søren Kierkegaard의 인용구와 킴 카다시안Kim Kardashian의 발언을 혼합한다). 일부는 자기 관리 목적을 가진다(타이니 케어 봇Tiny Care Bot, 나이스 팁 봇Nice Tips Bot, 소프트 랜드스케이프 봇Soft Landscapes Bot이 좋은 사례다). 그 반면에 다른 일부는 더 어두운 뒤틀림을 안고 있다(예로서 끝없는 비명 봇Endless Screaming bot 또는 일정 기준 이상의 지진을 자동으로 트윗하는 지진 봇Earthquake bot 등이 있다). 일부는 박물관 소장 이미지(모마 로봇MoMA Robot)나 위성에서의 놀라운 이미지를 트윗함으로써 일반 대중에게 교육적인 콘텐츠를 제공하지만, 반면에 에브리 컬러 봇Every Color Bot과 이모지 아쿠아리움Emoji Aquarium 같은 다른 일부는 순수하게 재미에만 초점을 맞춘 것들이다. 일부는 디지털 저널리즘의 스타일과 구조적 특성을 드러내며, 예를 들면 싱크 피스 봇Think Piece bot 또는 투 헤드라인 봇Two Headlines bot 등이 있는 반면에, 다른 일부는 마술적 사실주의 봇Magic Realism Bot과 마크 샘플Mark Sample의 '고백할 게 있는데' 봇'This Is Just To Say' bot과 같이 콘텐츠를 위해서 문학적 소스를 사용한다. 이와 같은 봇들은 윌리엄 카를로스 윌리엄스William Carlos Williams의 먹어버린 자두에 연관된 시에 대해서 과다한 밈 형식 풍자를 지속적으로 추가하고 있기도 하다. 봇은 기존 텍스트에서 미리 학습한 패턴에 기초해 문장을 생성하기 위해서 마르코프Markov 체인 알고리즘을 통한 기계 학습을 응용할 수 있다. 또는 트레이서리 사용을 토대로 사전에 선택된 코퍼

스(식별된 때로는 품사 혹은 문법의 상 같은 소수의 체제에 맞추어 태그를 붙인 단어들의 대단위 모음)에서 무작위로 단어나 구절을 선택하고 설정한 공식에 따라 그 단어와 구절을 조립할 수 있다. 예를 들면 자두 밈의 경우에서 원래의 시 자체가 형체를 결정하는 틀이 된다. 단어 몇 개 등이 제거되고, 봇이 해당 단어들을 대체하기 위해서 동일한 문법 범주를 기준으로 단어를 선택해 그 결과를 트윗으로 표시한다. 비록 사용하기 쉬운 다양한 튜토리얼을 사용해 트위터 봇 구축에 사람 수가 한두 명 이상이 필요하지는 않더라도 학생들은 개별적으로, 짝을 이루어, 그룹 형태로 봇을 만들 수 있다. 봇의 코퍼스는 교과 과정 텍스트에서 파생될 수 있고, 해당 분야의 주요 용어와 인물로 구성되거나 혹은 가르치는 디지털 문화의 일정 요소에 관련성을 가질 수 있다.

공지 사항: 봇이 일반적으로 어떻게 작동하는지, 그리고 자동 콘텐츠가 때로 어떻게 생성되는지 이해하게 될 것이다. 가짜 제품 후기부터 블로그 템플릿 게시물, 소셜 미디어 계정 팔로어 구매 까지 얼마나 많은 온라인 콘텐츠가 자동으로 생성되는지에 대해 비판적인 질문을 던질 기회를 활용하라. 그리고 학생들은 수업에서 읽는 자료로부터 봇을 만듦으로써, 새로운 연구 자료들을 공유하고 자기 관리를 촉진하고, 많은 양의 온라인 글쓰기를 뒷받침하는 진부한 또는 위험성을 띤 수사 어구들을 드러내는 트위터 계정을 생각해냄으로써 공공에 기여할 수 있다.

도움말과 요령: 디지털 인문학자들은 소프트 랜드스케이프 봇 개발자 조지 버커넘George Buckhenham이 개발한 무료 서비스인 칩봇 던퀵을 진심으로 선호한다. 이 프로그램은 생성 문법 트레이서리(앞의 '디지털 이야기하기' 참조)에 의존하기 때문에 수업에 적용할 때 훨씬 더 쉬울 수 있다. 칩봇 던퀵에 대한 튜토리얼은 더 읽을거리에서 숀 그레이엄Shawn Graham과 앤드루 필시Andrew Pilsch의 게시물을 참조하라. 만약 학생들이 트레이서리보다 스프레드시트 사용을 더 좋아한다면, 더 읽을거리에도 언급된 잭 웰런의 튜토리얼을 참조하라.

웹사이트로부터 데이터 추출

과제 설명: 웹 스크래핑은 앱 또는 플랫폼으로부터 데이터 수집 과정을 가리킨다. 페이스북이나 트위터와 같은 서비스 내부에 실려 있는 방대한 정보와 대화 내용에 관해서 의문점을 가지고 있는 연구자들은 여러 앱의 서버와 통신하고, 원하는 정보에 접근하고, 구조화된 질의 언어인 SQL을 통해 검색될 수 있는 사용 가능한 형식(예: 스프레드시트)으로 저장할 수 있도록 봇 또는 웹 크롤러를 생성할 수 있다. 예를 들어 학생들이 아랍의 봄에 참여하기 위해서 트위터 계정 소유자들이 플랫폼을 어떻게 사용하는지 알아내거나, 블랙 라이브즈 매터Black Lives Matter에 연관된 시위에 대한 정보를 찾거나, 코로나19 초기의 잘못된 정보를 폭로하는 방법을 알아보기를 원한다고 가정해 보도록 하자. 학생들은 모두 함께 검색을 시도한다면 수백의 대상의 검토를 통해서 트위터 클라이언트에 간단한 검색 질의를 입력해서 관련된 답을 찾고, 학생들이 함께 협력해 검색 질의를 상황에 맞게 조절하고, 스프레드시트에 조사 결과를 기록할 수도 있다. 심지어 앞서 언급한 과정들을 협업 교과 과제로서 수업 시간에 학생들에게 요청할 수도 있다. 그러나 학생들이 수만 개의 트윗 사이에서 통계적으로 유효한 주장을 구성하거나 패턴을 찾고자 한다면 어찌 될까? 이것이 바로 교실에서 웹 스크래핑을 고려해야 하는 이유이다. 물론 모든 회사나 웹사이트 개발자들이 웹 스크래핑에 우호적이진 않다. 그리고 웹 스크래핑은 트래픽을 증가시킬 수 있으며(즉, 이 말은 비용 발생을 의미함!), 더 나아가 암호 화폐 채굴이나 분산된 서비스 거부DDoS 공격 실행과 같은 악의적인 봇과 유색 여성 정치인을 향한 트윗 패턴을 분석함으로써 학생들이 페미니즘 이론 입문 과정 범위 내에서 단순히 교차성 페미니즘의 이해를 위해 도움을 주려는 봇 두 종류 사이의 차이점을 명확하게 밝히지 못하는 경우라면 보안 프로토콜에 엄청난 위협으로 보일 수 있다. 이러한 경우에 만약 쿼리를 실행하려는 앱이 트위터의 HPTHistorical PowerTrack와 풀 아카이브 검색Full-Archive Search과 같은 API 사용을 유지하는지 또는 허용하는

지 확인하라. 그리고 이러한 방식으로 위키피디아의 백업으로 사용되는 DB피디아DBPedia에 관해 조사하려는 목적으로 SQL을 사용함으로써 위키피디아를 검색할 수 있다. 여기서 DB피디아는 데이터베이스로서 위키피디아가 너무 빠르게 변경되어 브라우저를 사용할 때 화면에서 바라보는 형식으로는 지속적으로 백업되기 쉽지 않다. 예를 들어, 서인도 제도의 심리학자이면서 철학자인 프란츠 파농Frantz Fanon의 위키피디아 페이지 (wikipedia.org/wiki/Frantz_Fanon) 그리고 데이터베이스로 구조화된 DB피디아 아날로그(dbpedia.org/page/Frantz_Fanon)를 상호 비교하라. 구조화된 데이터를 일단 내려받기하거나 수동으로 조립한다면 데이터에 대한 쿼리를 작성하기 위해서 연구 질문으로 돌아가야 한다. 이 말은, 즉 패턴을 검색해 단어로 설명하거나, 통계 형태 또는 도표나 그래프로 렌더링해야 한다. 그리고 이후 학생들은 연구 결과에 대한 공식 보고서를 작성해야만 한다. 여기서 과학 실험 보고서 형식(제목, 요약, 서론, 방법, 결과 및 토론이 포함됨)이 최상의 형태이지만, 과학 연구 논문 형식(제목, 요약, 서론, 방법, 결과, 토론, 감사의 말, 참고문헌)을 사용할 수도 있다.

공지 사항: 인터넷'에 존재하는' 방대한 정보가 어떻게 저장되고 제공되는지를 이해하게 될 것이다. 그리고 주요 지구적 사건에 대한 대중의 반응에 관해서 그리고 소셜 미디어 플랫폼에서 사용되는 단어가 어떤 방식에서 문화적 데이터의 형태가 되는지 등에 관해서 유용한 가설을 형성하는 데 도움을 줄 데이터를 생성할 수도 있다.

도움말과 요령: 데이터베이스에 대한 소개를 위해서 더 읽을거리에서 스티븐 램지를 참조하라. 그리고 데이터베이스 쿼리 방법에 대한 구체적인 지침을 위해서는 더 읽을거리에서 ≪프로그래밍 역사가Programming Historian≫ 튜토리얼(Blackadar; Düring; Lincoln)을 참조하거나 디지털 인문학 여름학교Digital Humanities Summer Institute 또는 디지털 인문학 옥스퍼드 여름학교Digital Humanities at Oxford Summer School에서 데이터베이스에 관한 강의를 청강하거나, 비영리 칸 아카데미Khan Academy가 관리하는 무료

SQL 입문 과정에 등록하는 것도 좋은 방법이다.

효과적인 교과 과제 안내서 작성하기

제4장에서 언급했듯이 과제 안내서에는 교과 활동 프롬프트 이상의 정보가 포함되어야 한다. 이것은 교과 과제가 더 많은 양의 작업을 포함한다는 이유 이외에도 일반적으로는 공식적인 평가의 대상이 되면서 그로인해 학생들에게 상당한 불안을 유발할 수 있기 때문이다. 학생들의 성적이 관련되어 있고 교실 밖에서 비중이 높은 학습이 이루어져야 하는 상황에서 교사의 지식, 비전, 권위, 확신을 주는 주도력이 과제 안내서를 차지하는 모든 문장을 단순히 표현에 그치지 않으면서 생동감 있는 내용으로 만들어 제시해야만 한다. 문서가 정확하고 자세할수록 학생들이 과제에 자신감을 가지고 접근할 것임을 놓고 본다면 학생들이 예상치 못하고 피할 수 있는 장애물들을 더 적게 마주칠 것이다. 이처럼 난관을 마주할 때마다 프로젝트 수행의 각 단계에서 학생들에게 명확성과 조언을 제시하려고 면담을 가지는 번거로움을 피할 수 있다. 데이비드 구블라David Gooblar가 다음과 같이 언급했다.

학생들이 시작하기 전에 교과 과제에 대해서 명확하고 투명한 형태를 제공하는 것은 일반적으로 교과 결과가 부실하고 성적이 낮은 학생들 사이에서 특히 더 나은 결과를 이끌어 낼 수 있다. 이것은 교사가 교과 과제에 대해 가지고 있는 전반적인 목표(학생들의 성취 지식 종류, 연습하고자 하는 기술 종류 등) 설명하기, 학생들이 교과 작업을 완료하는 데 지켜야 하는 특정 단계들, 학생을 평가할 때 사용할 구체적인 기준 등을 분명하게 밝히는 과정을 의미한다. 학생들이 요구되는 사항들을 완전하게 이해하도록 만들기 위해서 처음부터 추가 작업을 투입하는 시도는 최종 평가가 도래했을 때 교사의 수고를 덜어줄 수 있다(Gooblar, 2016.3.23: par. 6).

학생들 시각에서 필요한 정보의 종류를 나름 짐작하려 노력해야 하는 것처럼 이러한 투명성을 보장하는 데 구블라가 시사하는 바에서 확인할 수 있듯이 또 다른 추가 시간이 요구된다. 과제 안내서를 작성하고 조율할 때 그 내용이 학생들과 많은 세부 정보를 공유하면서 더불어 정보 과부하를 피하도록 설계가 이루어져야 한다. 이와 같은 목적을 위해 적절한 종류와 양으로, 특수성의 적절한 수준으로, 적절한 시기에 맞추어 올바른 종류의 정보를 소개하기 위해서 과제 안내서를 신중하게 구성해야 한다. 예를 들어서 단계별 지침을 마련하기 이전에 교과 평가 기준을 설정해서 명시하는 과정은 학생들 사이에 불안을 유발하고 학습 과정을 넘어서 교과 평가 과정을 강하게 부각할 수 있다. 따라서 각 과제 안내서를 간단하고 광범위한 개요를 갖춘 채로 시작해야 한다. 여기서 개요에는 교과 과제를 위한 원리적 목적은 물론, 함축적인 요약이 포함되어야 한다. 이것은 기술적인 세부 사항에 얽매이지 않고 '큰 그림'의 아이디어를 전달하기 위한 기회이다. 어떤 이유로 교과 작업을 완성하려는지 학생들에게 설명할 때 교과 목적의 과제에 필요한 디지털 기술을 교과 목표, 수업 내내 반복되는 주요 주제 및 질문 또는 해당 학문 분야의 연구 목표 및 방법, 전공 분야의 연구 목표와 방법 등에 연결하라.

교과 과제에 관련된 '무엇을'과 '왜' 항목들을 설명한 이후에 '어떻게' 항목으로 넘어가라. 학생들이 밟아야 하는 모든 과정으로서의 행동들을 시간 순서대로 자세하게 기술한 안내 지침을 제공하라. 이런 과정은 이상적 관점에서 볼 때 각각의 행동을 단계 순서에 따라서 개별 번호를 매겨서 명확성을 보장해야 한다. 새로운 기술이나 도구가 교과 과제의 성공에 중요하다면 수업 시간에 학생들을 대상으로 이러한 튜토리얼을 직접 진행하도록 독려할 수 있다. 프롬프트처럼 문서나 튜토리얼의 사본을 제공하거나 해당 지침서에 연결되는 링크 수단을 제공함으로써 이러한 기술 정보 중 일부를 외부 기관으로 위탁할 수 있다. 이전에 만들어진 튜토리얼에 포함되지 않더라도 학생들이 알아야만 하는 정보를 확인할 수 있어야 한다. 예를 들면 학생들이 과제물을 어떻게 제출할지(이메일을 통한 URL만으로 충분한가?)에 대한 명시적인 지침을 제공해야 하며, 그룹 작업의 경우에는 그룹이 어떻게 소통하고 누가 어떤 작업을 했는지 추적하는 방법에 대한 안내 지침을 제시해야 한다. 교과 과제에 특별한 장비가 필요하다면 학생들이 그 장비를 교육 기관 내에서 어떻게 확보할 수 있는지 알려주어야 하고, 데이터를 가져와야 한다면 데이터를 어디에서 구할지 그리고 해당 데이터의 신뢰성에 관해서 판단 부분도 알려주어야 한다. 이처럼 학생들을 위해서 누락 링크를 과제지에서 제공하거나 또는 가능하다면 학생들에게 더 잘 맞도록 기존의 튜토리얼을 수정하라.

학생들에게 적용하려는 교과 평가 기준으로서 각각이 어떻게 가중치를 가지는지(예: 최종 성적의 20%) 분명하게 확인하고, 그리고 학업 결과가 이러한 기준을 초과하는지, 충족하는지, 충족하는 방식에서 판단할 수 있는 이정표 또는 특징 들을 명확하게 제시하면서 아울러 적용하려는 평가 기준들도 선명하게 설명해야 한다. 각 기준에 배정된 상대적 가중치가 일반적으로 교과목 전반에 걸친 학습 목표와 특별하게는 수업 과제의 교육 목표 모두와 일치하는지 확인하라. 만약에 어떤 기술, 과업, 개념 등이 중요하다고 생각한다면 이것은 교과 과업에 관한 설명뿐만 아니라 학생들의 성적 부분에도 반영되어야 한다. 학생들이 성적의 적합성 확신에 도움이 될 수 있는 평가 기준 방책과 교과목 목표 사이의 일관성을 보장하려면, 과제 평가서의 나머지 부분을 완성하기 전에 루브릭rubric 및 평가 기준 들을 명확하게 밝힐 수 있을 것이다. 제7장에서 더 자세히 논의하겠지만 만일에 디지털 인문학 관련 교과 과제에 대한 평가 기준의 완전성을 염두에 두면서 해당 기준들의 명확성 및 일관성을 유지한다면 그리고 루브릭이 명확하게 구성되고 또한 일관성을 갖춘 평가 방식으로 확인된다면 평가 대상자인 학생들은 자신들의 결과를 감사한 마음으로 수용할 것이다.

마지막으로 가능하다면 성공적인 교과 작업의 예시를 제공하라. 이상적으로는 예로서 교과 작업이 동일한 과제를 수행했던 이전 학생의 작업 결과여야 하며, 이런 속에서 교사가 새로운 과제를 시도할 때는 학생들에게 자신의 작업 결과물들을 향후 수업을 들을 학생들과 공유하는 데 허락을 구하도록 하라(서면 허락이 가장 좋고 학생이 자신의 이름을 밝히길 원하는지 아니면 익명을 원하는지 확실히 알고 있어야 한다). 필자가 열렬히 지지하는(!) 방책으로서 교사 자신이 가르치는 각 교과목마다 오직 새로운 유형의 교과 과제를 최대 하나만 추가하는 방식을 채택한다면 자신이 설계한 단 하나의 새로운 과제를 제외하고는 이전 학기의 오래된 교과 과제 자료를 어떤 경우라도 재사용을 기대할 수 있을 것이다. 그리고 또 다른 교육 기관에서 유사한 교과 과제를 위해 완성된 학생 교과 작업을 온라인에서도 검색할 수 있다. 다만 사용할 수 있는 예시가 없다면 학생들에게 전문가나 학술적인 예시를 제시하되 초보자 작업(예: 학생들이 제출하려는 작업)과 전문가 작업 사이에서의 차이점을 논의함으로써 학생들이 느낄 두려움 해소에 노력을 기울여야 한다.

여러 교육학 전문가들(앞서 인용한 구블라 포함)은 비록 학생들의 작업 예를 공유한다고 해도 교사도 스스로 교과 과제를 실행해야 한다고 제안한다. 이렇게 하는 것이 바로 누락되거나 문제가 될 부분을 확인하도록 기회를 부여할 뿐만 아니라, 이 과정을 통해서 교사 자신의 교육적 맥락에 완벽하게 들어맞는 표본 교과 작업을 적어도 한 가지 정도 만들어낼 수 있다. 만약 이런 시도가 시간이 충분하지 못하다고 생각한다면 당장 노력을 기울임으로써 장기적으로는 학생들의 질문에 답하고 그들을 위해 문제 해결에 들일 시간을 줄일 수 있음을 고려해 보기 바란다. 대안으로서 제4장에서 설명한 내용이나 또는 동일한 도구를 사용하는 간단한 숙제로서의 과제 등의 수업 시간 활동을 학생들이 완수하도록 요구하는 것이며, 이런 대안을 통해 학생들에게 '사전 테스트'[9]를 제공할 수 있다. 학생들이 부담이 적은 교실 활동 중에 이미 그러한 기술적 문제나 개념적 문제를 경험했기 때문에, 동료 학생들과 교사에게 도움을 요청할 당시에는 마지막 순간의 문제가 최소로 적어질 것이다.

결론

잘 설계된 교과 과제는 학생들이 이전에 습득한 기술을 강화하고, 새로운 기술과 개념을 연습하고, 교과 과정 내용을 새로운 방식으로 탐색하고, 교사의 전문적 학문 분야에서 본래 연구를 생성하기 위한 활동의 장을 구축해 준다. 교과 과제가 디지털 인문학 부문으로서의 요소들을 포함하고 있다면 언급된 여러 목표에 더불어서 학생들에게 디지털 문화와 관련해 교과 내용을 이해하고, 자신들의 지식 등을 디지털 플랫폼과 기술에 적용할 것을 요구할 수 있다. 이 장에서 그리고 웹 컴패니언에서 설명한 구체적인 교과 과제를 채택하든지 하지 않든지 도전적이면서도 여전히 완수할 수 있는 디지털 인문학에 연계된 교과 과제를 설계하고 또한 효과적인 과제 안내서를 작성하는 기본적 요소로서 일반 원칙은 항상 동일한 상태를 유지하고 있다. 교과 과제가 디지털 인문학 방법에 정기적으로 참여하는 교과 수업의 중심축을 형성하거나 혹은 전통적으로 설계된 인문학 교과 과정에서 특별한 경우로서 역할을 하든 하지 않든 이런 모든 일은 교사와 학생 들이 학문 분야를 새로운 방식으로 이해하도록 영감을 줄 것이다. 무엇이든지 교사는 의심할 여지 없이 전문적 학문 분야에 디지털 도구를 수용하는 틀에서 자신의 교육 스타일에 확실하게 집중해야 할 것이고, 필자는 디지털 인문학의 영향력을 받은 교과 과제에 대한 교사의 새로운 아이디어를 확장하고 공유하기 위해서 제9장 및 제10장의 개념 적

---

9   실제 상황 예측 모의로 연습을 의미한다. 즉, 특정 일의 사전 검토 및 문제점을 확인하는 방식이다. 실행 전의 예습으로 볼 수 있다.

용을 진심으로 희망한다.

더 읽을거리

Apollon, Daniel, Claire Bélisle, and Philippe Régnier(eds.). 2014. *Digital Critical Editions*. Illinois UP.

Bjork, Olin. 2012. "Digital Humanities and the First-Year Writing Course." *Digital Humanities Pedagogy: Practices, Principles, and Politics*. edited by Brett Hirsch. Open Book. pp. 47~78.

Blackadar, Jeff. 2018. "Introduction to MySQL with R." edited by Amanda Visconti. *The Programming Historian*, no. 7(May 3). https://doi.org/10.46430/phen 0076.

Blake, Robert J. 2008. *Brave New Digital Classroom: Technology and Foreign Language Learning*. Georgetown UP.

Bohacek, Stefan. "Resources for Twitterbots." https://botwiki.org/resources/twitter bots/.

Brennan, Sheila A. "Public, First." *Debates in the Digital Humanities 2016*. U of Minnesota P. pp. 384~389.

"Choosing a Historical API." Twitter Developer. https://developer.twitter.com/en/docs/ tutorials/choosing-historical-api(접속일: 2021.3.17).

DBpedia Organization. "About DBpedia." https://www.dbpedia.org/about/(접속일: 2021.3.17).

Düring, Marten. 2015. "From Hermeneutics to Data to Networks: Data Extraction and Network Visualization of Historical Sources." edited by Fred Gibbs. *The Programming Historian*, no. 4(Feb 18). https://doi.org/10.46430/phen0044.

Gold, Matthew K. and Lauren Klein(eds.). 2016. *Debates in the Digital Humanities 2016*. U of Minnesota P.

Gooblar, David. 2016.3.23. "Pedagogy Unbound: How to Make Your Assignments Better." *Chronicle Vitae*, chroniclevitae.com/news/1334-pedagogy-unboundhow-to-make-your-assignments-better.

Graham, Shawn. 2017. "An Introduction to Twitterbots with Tracery." edited by Jessica Parr. *The Programming Historian*, no. 6(Aug 29). https://doi.org/10.46430/phen0069.

Hammond, Adam. 2016. "Quantitative Approaches to the Literary." *Literature in the Digital Age: An Introduction*. Cambridge UP. pp. 82~130.

Hirsch, Brett D.(ed.). 2012. *Digital Humanities Pedagogy: Practices, Principles, and Politics*. Open Book.

Hockey, Susan. 2000. *Electronic Texts in the Humanities*. Oxford UP.

Hofmann, Markus and Andrew Chisholm. 2016. *Text Mining and Visualization: Case Studies Using Open-Source Tools*. Chapman & Hall.

Hsu, Wendy K. "Lessons on Public Humanities from the Civic Sphere." *Debates in the Digital Humanities 2016*. edited by Matthew K Gold and Lauren F. Cline. CUNY Press. pp. 280~286.

Kazemi, Darius. 2015.4.13. "How to Query Wikipedia." https://tinysubversions.com/notes/how-to-query-wikipedia/.

Kelly, T. Mills. 2013. *Teaching History in the Digital Age*. U of Minnesota P.

Lincoln, Matthew. 2015. "Using SPARQL to Access Linked Open Data." edited by Fred Gibbs. *The Programming Historian*, no. 4(Nov 24). https://doi.org/10.46430/phen0047.

Manovich, Lev. 2002. *The Language of New Media*, repr. ed. MIT Press.

McGrath, Jim, PhD. 2019.11.18. "Breaking *Bandersnatch*: Using Twine to Teach Digital Project Development." https://jimmcgrath.us/teaching/breaking-bandersnatch-using-twine-to-teach-digital-project-development/.

Mitchell, Eleanor, Peggy Anne Seiden, and Suzy Taraba(eds.). 2012. *Past or Portal? Enhancing Undergraduate Learning through Special Collections and Archives*. Association of College & Research Libraries.

Pilsch, Andrew. 2017.6.4. "Making Twitter Bots w/ Cheap Bots Done Quick." https://andrew.pilsch.com/blog/2017/06/04/making-twitter-bots/.

Ramsay, Stephen. 2004. "Databases." *A Companion to Digital Humanities*. edited by

Susan Schreibman, Ray Siemens, and John Unsworth. Blackwell. http://digital
humanities.org:3030/companion/view?docId＝blackwell/9781405103213/978140
5103213.xml&chunk.id＝ss1-3-3&toc.id＝0&brand＝9781405103213_brand.

Sample, Mark. 2013. "What's Wrong with Writing." *Hacking the Academy: New
Approaches to Scholarship and Teaching from Digital Humanities*. edited by
Daniel J. Cohen and Tom Scheinfeldt. U of Michigan P. pp. 87~89.

Schoenau-Fog, Henrick, Luis Emilio Bruni, Sandy Louchart, and Sarune Baceviciute(eds.).
2015. *Interactive Storytelling*. Lecture Notes in Computer Science. Springer
International.

Whalen, Zach. 2015.5.17. "How to Make a Twitter Bot with Google Spreadsheets
(Version 0.4)." http://www.zachwhalen.net/posts/how-to-make-a-twitter-bot-
with-google-spreadsheets-version-04/.

Wosh, Peter J., Cathy Moran Hajo, and Esther Katz. 2012. "Teaching Digital Skills in
an Archives and Public History Curriculum." *Digital Humanities Pedagogy:
Practices, Principles, and Politics*. Open Book. pp. 79~96.

제7장

학생 과제 평가하기

평가를 시행할 때 디지털 과제 경우는 복잡할 수 있다. 교과 과제가 창의적이든 디지털 프로젝트이든 실제로 새로운 방식을 고민하는 모든 교사가 마주하는 주요 갈등 중 하나는 평가가 어떤 방식으로 이루어질지에 대한 사안이다. 전통적인 시험, 소논문, 글쓰기 등 교과 과제를 익숙하게 평가할 수 있는데 그 이유는 앞서 언급한 전통적인 프로젝트들은 인문학 교사들에게 친숙한 평가 기준을 유지하고 있으며, 필자와 마찬가지로 많은 사람이 학술적인 작문 작업 결과에 대한 평가에서 공식적 훈련이나 멘토링을 받았기 때문이다. 그러나 학생들이 독창적인 컴퓨터 게임이나 디지털 사진 콜라주를 제출하기 시작한다면 과연 어떤 상황이 벌어질까? 그렇다면 인문학적 평가 방식을 디지털 프로젝트에 어떻게 적용해야 할까? 디지털 교과 과제 평가 기준이란 무엇일까? 그리고 이러한 기준들은 전통적인 인문학 과제와 어떻게 다른가? 그리고 평가에서 교사가 예상하지 못한 기술적 장애나 오류 들을 직면한 학생을 어떤 방식으로 평가할 것인가?

이 장에서 필자는 교사와 학생 들이 교실에서 아주 놀라운 위험을 감수하면서도 공정한 평가 수행을 유지하기 위한 몇 가지의 제안들을 개요 형태로 제시한다. 학생들이 디지털 작업에 자신감을 가지고 접근하도록 방법을 제시하는 기회의 장을 열고자 논리적인 루브릭 또는 또 다른 체계적인 평가 접근 방법을 만듦으로써 명확한 평가 기준을 상호 소통하는 방법에 관해서 조언하려고 한다. 다음으로는 학생들을 평가 과정에 참여시키고, 반복적인 학습, 과정 중심 평가, 다중 문해력 등의 개념을 간략하게 소개하고 그 방법에 대해 논의하려고 한다. 마지막으로는 학생들이 실패에 대처하도록 돕는 방법 그리고 교사가 평가 과정 중에 과제 구성에서 드러난 어떤 단점이든지 교사가 대응할 수 있도록 제안을 논의하고자 한다. 의식적으로 평가 정책과 방법을 조절해 가면서 교사는 디지털 작업에 대한 학생들의 가장 큰 두려움 중 하나를 극복할 수 있다. 즉, 학생들의 성적이 '컴퓨터 다루기 적성' 부분의 결핍과 관련되어 있다고 믿기 때문에 생기는 두려움을 가리킨다. 학생들은 평가 과정이 어떤가를 정확히 인지한다면 디지털 교과 작업을 편하게 수행할 뿐만 아니라 오히려 더욱 **훌륭한** 교과 작업을 완수할 수 있을 것이다.

선명한 평가 기준의 중요성

학생들이 디지털 인문학 교육 방법에 저항감을 보일지라도 다른 측면에서 필자와 같은 강사 역할의 입장에서 너무 흥분해 강의 목표와 과제 안내서를 망각할 수 있다. 학생의 비잔틴 미술을 큐레이팅하는 인스타그램 피드나 또는 인정받지 못한 인도 인류학자에 관한 오메카에 매료된 나머지 교사가 학생들에게 그들의 대담함, 참신함, 미적 끌림만으로도 최고의 성적 결과를 주고자 할 수 있다. 또는 새로운 도구를 발견하거나 학생들이 교사가 확정한 대상보다 또 다른 플랫폼이나 매체에 관심을 보인다면, 교과 과제 내용을 학기 도중에 방향을 바꾸려는 유혹에 빠질 수 있다. 그렇지만 평가 실행이 연관될 때 유연한 과제 설계의 정당성을 수용한다고 해도 정상적 관점으로 본다면 사전에 이미 학생들과 의사소통을 통해서 전달한 강의 자료, 학습 결과, 평가 기준 등에 충실하다면 일반적으로 더 나은 교과 수업 결과를 기대할 수 있다. 다행스러운 점은 만약 이미 신중히 상세한 정책을 만들어놓았다면, 교사와 학생 모두에게 공정하다고 인지되는 방식으로 기존 정책을 수용하고 적응시키는 것이 가장 담백하고 간결한 방법이 될 수 있다.

　다시 말해, 평가 수행에서 신중하고 명확하며 주의를 기울이는(그리고 성적 평가가 작동하는 수준에 대해서 솔직하게 반성하는) 행위는 학생들 사이에서 발생하는 혼란을 벗어나는 도움을 줄 수 있다. 교사와 학생 모두에게 이익이 되도록 강의 목표와 과제 안내서가 만들어졌다는 사실을 학생들에게 그리고 바로 교사 자신에게(!) 상기시키라. 명확한 기본적 평가 기준인 루브릭과/이나 평가 기준은 교사 판단의 일관성 및 객관성을 확인시켜주고, 학생들에게는 그들의 노력이 교과 과제에서 성공을 기약하는 차원에서 집중되어야 한다는 것도 함께 보여준다. 결과적으로는 교사는 자신의 평가 기준이 학생에게 실수를 유도하거나, 감점하거나, 비생산적이고 지나치게 흠을 찾는 방식으로 진행하는 대신 오히려 학생들의 교과 작업을 인도하고 교과 과제의 목적을 선명하게 밝히는 것에 목적을 두고 있다는 점을 강조할 수 있다. 그리고 필자는 교과 과제를 만들 때 나타나는 모험심이 실제로는 구조화한 그리고 안정적인 평가 기준을 사용함으로써 손쉽게 실행될 수 있음을 굳건하게 믿고 있다.

　더욱 중요한 사항이 있다면 루브릭은 평가 진행 당시 교사의 주된 동기가 결과 산출에 초점을 두기보다는 과정에 있다는 점을 학생들에게 보여줄 것이다. 달리 말하면 교과 과제의 목적은 학생들이 강의 내용을 재점검하고, 디지털 기술을 습득하고, 창의적 방식으로 인문학 콘텐츠를 비판적 관점으로 바라보게 하도록 돕는 것이라고 볼 수 있다. 만약 평가 과정을 안내할 자세한 루브릭 또는 평가 기준표를 만들었다면, 이런 안내 정보들을 사전에 학생들과 공유하고 학생들이 교과 작업을 수행하는 동안 루브릭 또는 평가 기준표를 눈에 잘 띄는 장소에 두도록 하라. 더 좋은 방법으로는 학생들이 프로젝트를 최종적으로 제출하기 이전에 수업 시간이나 가상의 동료 검토 시간(또는 자체 점검하기)을 설정하고, 교사가 사용하려는 기준과 동일한 루브릭을 동료 검토자들이 적용하기를 요구하는 것이다. 루브릭과 성적 평가 사이에 확고한 연결성을 학생들이 확인할 수 있도록 성적을 포함해서 교사가 작성한 하나의 표본 완전 루브릭을 제공하는 것은 교과 과제 수행 및 결과 산출 모두가 학생들이 결과로만 서로를 단순하게 칭찬한다든지 교과 과제의 특정 측면 부분에서 수행 결핍으로 인해서 어느 정도로 많은 점수가 감점될 것인지를 과소평가하든지 등의 방향으로 잘못 빠져들지 않도록 확신을 줄 수 있다.

루브릭 분석

기초 기준인 루브릭은 학생 교과 작업을 평가할 때 사용되는 공식적인 지침이다. 이것은 종종 도표 형식으로 되어 있으며 도표 구조에서 평행 방향 행은 평가 기준(평가되는 특정 품질 혹은 기술)에 해당하고, 세로 방향 열은 각각의 기준 관련 작업의 성공 수위 정도('매우 적합' 또는 '아직 부적합' 등 등급이나 0에서 4까지의 수로서의 표기처럼)를 나타낸다. 학생 각자의 교과 작업을 루브릭 조건에만 의존해서 평가하도록 해서 정작 교사들에게 제대로 평가할 기회를 뺏는 것처럼 보이고, 평가에서 실제로는 사람의 일임에도 불구하고 평가가 너무 기계적이고 비인간적 느낌을 주기 때문에 일부 교사들은 공식적인 루브릭 자체를 기피하려고 한다. 또 다른 교사들은 인위적으로 높거나 낮게 보이는 반 전체 학점이 루브릭으로 인해 인공적으로 조정되는 부정적 경험을 가져본 적이 있다. 실질적으로는 특정 교과 과제의 진정한 교육적 가치를 반영하지 못하는 루브릭은 공정한 듯 보이는 평가 성적이 달성될 때까지 다양한 범주들을 위한 성적 점수를 올리거나 내리면서 일종의 평가를 완수하지 못하도록 망설임에 빠지게 할 수도 있다.

그림 7-1 대략적 루브릭 표본

지도 제작 과제
루브릭 및 성적표

	매우 적합 (S)	적합 (C)	부분적으로 적합(PC)	최소한으로 적합(M)	아직 부적합 (NYC)
텍스트상 공간 정보에 대한 연구의 질적 수준	모든 '핀'이 적절하게 선정되고 상세하게 묘사됨	'핀'들이 정확하고 묘사가 흥미로움	'핀'들이 정확하고 묘사를 포함함	'핀' 혹은 묘사가 충분치 않음	'핀' 혹은 묘사가 부정확함
공간의 역할에 대한 논제의 질적 수준	논제가 독창적·구체적이고 토론에 적합하며 매우 흥미로움	논제가 명확하며 설득력이 있고 흥미로움	논제가 정확하지만 독창적이거나 구체적이지 않음	논제가 여러 문제점을 포함하며 모호하거나 불명확함	논제 혹은 특정한 쟁점이 부재함
지도와 에세이의 일치 수준	지도와 에세이가 완벽하게 일치해 지도가 논제를 뒷받침함	지도와 에세이가 같은 논제를 다루고 같은 예시를 활용함	지도의 몇몇 정보는 논제와 무관함	지도의 대부분의 정보는 논제와 무관함	지도가 논제에 반하거나 에세이의 쟁점과 무관함
지도 디자인과 심미성의 질적 수준	지도가 논제를 한눈에 파악할 수 있을 만큼 잘 디자인됨	지도가 색, 레이어, 선 등의 디자인 도구들을 잘 활용함	지도가 구조적이나 디자인 도구활용이 불충분함	디자인이 합리적이지 않음	지도가 복잡하거나 무분별하게 제작됨
학습 내용과의 일치 여부	학습한 수업자료 및 개념 다수가 활용됨	다수의 수업 개념과 자료를 참조함	하나의 수업 자료 혹은 개념을 논의함	수업 자료의 연관성이 모호하거나 부정확함	수업 내용을 학습한 근거가 부재함
전문성	글의 완성도가 우수하고 교정을 했으며 모든 지침을 준수함	글의 완성도가 우수하고 모든 지침을 준수함	사소한 오타가 있거나 지침을 미준수함	제출 기한, 형식을 미준수하거나 다수의 오타를 포함함	사전 양해 없이 제출 기한을 미준수하거나 형식을 미준수함

공간 정보   S   C   PC   M   NYC   이름: _____

논제/쟁점   S   C   PC   M   NYC

지도·에세이 일치성   S   C   PC   M   NYC   점수: _____

지도 외형   S   C   PC   M   NYC

수업 내용   S   C   PC   M   NYC   의견:

전문성   S   C   PC   M   NYC

이러한 경고들에 불구하고 적합하게 구축된 루브릭은 평가를 더 빠르고 공정하게 만들어줄 것이며, 분석적 루브릭에 갇혀 있다고 느끼는 사람들은 각 평가 기준을 따로 점수를 매기는 것에 대해서 대략적 루브릭을

그림 7-2 분석적 루브릭 표본

지도 제작 과제
루브릭 및 성적표

	매우 적합 (S)	적합 (C)	부분적으로 적합(PC)	최소한으로 적합(M)	아직 부적합(NYC)
텍스트상 공간 정보에 대한 연구의 질적 수준 (25점)	모든 '핀'이 적절하게 선정되고 상세하게 묘사됨(22~25)	'핀'들이 정확하고 묘사가 흥미로움(17~21)	'핀'들이 정확하고 묘사를 포함함(10~16)	'핀' 혹은 묘사가 충분치 않음(5~9)	'핀' 혹은 묘사가 부정확함(0~4)
공간의 역할에 대한 논제의 질적 수준 (25점)	논제가 독창적·구체적이고 토론에 적합하며 매우 흥미로움 (22~25)	논제가 명확하며 설득력이 있고 흥미로움 (17~21)	논제가 정확하지만 독창적이거나 구체적이지 않음(10~16)	논제가 여러 문제점을 포함하며 모호하거나 불명확함(5~9)	논제 혹은 특정한 쟁점이 부재함(0~4)
지도와 에세이의 일치 수준 (15점)	지도와 에세이가 완벽하게 일치해 지도가 논제를 뒷받침함 (13~15)	지도와 에세이가 같은 논제를 다루고 같은 예시를 활용함 (10~12)	지도의 몇몇 정보는 논제와 무관함(6~9)	지도의 대부분의 정보는 논제와 무관함(3~5)	지도가 논제에 반하거나 에세이의 쟁점과 무관함(0~2)
지도 디자인과 심미성의 질적 수준 (15점)	지도가 논제를 한눈에 파악할 수 있을 만큼 잘 디자인 됨(13~15)	지도가 색, 레이어, 선 등의 디자인 도구들을 잘 활용함(10~12)	지도가 구조적이나 디자인 도구 활용이 불충분함(6~9)	디자인이 합리적이지 않음(3~5)	지도가 복잡하거나 무분별하게 제작됨(0~2)
학습 내용과의 일치 여부 (10점)	학습한 수업자료 및 개념 다수가 활용됨(9~10)	다소의 수업 개념과 자료를 참조함(7~8)	하나의 수업 자료 혹은 개념을 논의함(4~6)	수업 자료의 연관성이 모호하거나 부정확함(2~3)	수업 내용을 학습한 근거가 부재함(0~1)
전문성 (10점)	글의 완성도가 우수하고 교정을 했으며 모든 지침을 준수함(9~10)	글의 완성도가 우수하고 모든 지침을 준수함(7~8)	사소한 오타가 있거나 지침을 미준수함(4~6)	제출 기한, 형식을 미준수하거나 다수의 오타를 포함함(2~3)	사전 양해 없이 제출 기한을 미준수하거나 형식을 미준수함(0~1)

공간 정보	S C PC M NYC __/25 pts	이름: _____	
논제/쟁점	S C PC M NYC __/25 pts		
지도·에세이 일치성	S C PC M NYC __/15 pts	점수: _____/100점	
지도 외형	S C PC M NYC __/15 pts		
수업 내용	S C PC M NYC __/10 pts	의견: 뒷면 참조	
전문성	S C PC M NYC __/25 pts		

표 7-1 루브릭에서 학생에게 필요한 정보

정보 종류	최소 요구 사항들	심화 학습
어떤 기준이 평가에 있는지	기능, 일련의 지식, 학습 목표가 어떻게 측정되는지 설명한다. 인문학 분야 지식과 디지털 인문학 성취와 관련된 확인된 기준의 숫자가 상대적 중요성에 대한 비전과 일치하는지 주의 깊게 확인한다. 해당 기준들은 (더 자유로운 방식으로) 수업 계획서는 물론이거니와 과제 안내서에 명시된 학습 목표에 반영되어야 한다.	만약 학생들을 혼란스럽게 하지 않으면서 한 기준에 더 많은 세부 정보나 요구 사항을 추가하려면 '세부 기준'(소제목 또는 글머리 기호 목록)을 활용하라.
각 기준에 부여된 상대적 비중	루브릭에서 각 기준에 절대적 또는 상대적 가치를 할당하라(즉, 점수 또는 백분율). 학생이 디지털 탐구에서 얻을 수 있는 총 점수와 학문적 지식의 증명으로부터 성취한 점수의 총합에 만족하는지 확인하라.	한 수업에서 다른 수업으로, 한 과제에서 다른 과제로 기술적 성취에 부여되는 비중을 다양하게 만들라. 예를 들면 같은 수업에서 여러 과제가 동일한 기술을 사용한다면 해당 기술을 완전하게 배우기 위해 할당된 총 점수를 점차 낮추어가면서 그 기술이 최종 성적에서 과하게 반영되지 않도록 하라.
각 기준이 충족된 한도 식별하기	각 기준을 위한 성공적 또는 성공적이지 못한 특성들을 가능한 수준에서 자세하게 명시하라. 매우 적합·적합·부분적으로 적합·최소한으로 적합·아직 부적합으로 분류된 교과 작업의 특성들을 식별하라. 디지털 인문학 프로젝트와 함께 정상적 환경에서 수용하려는 수준보다 더 광범위한 특성을 받아들이려고 할 것이다.	학생들에게 숫자로 분별되는 특징을 추상적 기준에 연결하는 방법을 보여주기 위해서 학생들 앞에서 표본 프로젝트에 '실시간 성적 매기기'를 수행하라. 다른 방법으로는 적용하는 동일한 루브릭을 사용해 학생들이 서로의 교과 작업에 성적을 매기는 실습을 수행하라.
노력의 역할	수업 역할에 최선을 보였던 수행 요소들(프로젝트에 투입된 총 시간, 수정, 사무실 근무 시간)에 대한 가치 평가에 수준을 어느 정도로 판단하는지 그리고 최종 교과 생산에 상대적으로 일치되는 정도를 강조해야 하는지 설명하라. 물론 수업에서의 노력이 아니라 학생들이 만든 최종적인 결과로 판단할 수 있지만, 이것은 학생들에게 프로젝트가 경이로울 정도로 독창적이고 근사하거나 기술적으로 정교한 사안을 기준으로 점	학생들에게 프로젝트에 대한 짧은 요약 및 소견을 쓰도록 요청하라. 이 보고서는 작업 과정을 솔직하게 공유해야 한다. 그들이 교과 과정에 대해 무엇을 배웠는지, 어떤 실패나 성공을 경험했는지, 어떻게 디지털 인문학 방법론에 관여했는지. 이것은 교사가 학생이 한 노력의 양과 종류를 재구성하거나 확인하는 데 도

정보 종류	최소 요구 사항들	심화 학습
	수를 결정하는 잠재적 맥락으로 볼 수 있다.	움이 될 것이다.
비전문성, 오류, 실패의 위험성	기한을 맞추지 못한 늦은 과제 제출, 기술적 문제, 결과물의 형식 부분 일관성 부족, 교과 과제 요구 사항의 곡해, 연장 혹은 수정 기회의 요청 등을 수용하는 관용의 수준을 확실하게 명시하라. 특정 유형의 기술적 문제가 학생이 학습 목표 달성을 지체하게 만든 주된 증거인지 아니면 전문성을 결핍한 상황인지 여부를 교과 과제마다 사전에 미리 결정하라.	수업 계획서에 기술적 오류 및 장비 고장에 대처하는 정책을 자세하게 포함하라. 수업을 시작하고 첫째 날에는 피할 수 있는 기술적 문제와 차이점 들을 논의하고, 피할 수 있는 문제가 비전문적이며 관용을 받을 만하지 못함을 강조하라.

실험해 볼 수 있다. 이러한 대략적 루브릭은 여전히 평가 기준을 식별하고 학생들이 기준을 형성하는 각각 범주에서 어떻게 수행했는지를 설명하지만, 개별 기준에 점수 평가 수치를 할당하지 않는다. 대략적 루브릭과 분석적 루브릭의 예시는 〈그림 7-1〉 그리고 〈그림 7-2〉를 참조하라. 모든 효과적인 루브릭은 〈표 7-1〉에 제시된 것처럼 몇 가지 공통적인 정보를 전달할 것이다.

필자는 이들 기준에 가중치를 매기는 상대적 중요성을 학생들이 이해할 때 도움이 되기 때문에 분석적 루브릭을 추천한다. 공정성과 구체성으로 말미암아 분석적 루브릭은 학생들이 과제에 접근할 때 자신감을 높여 주며, 평가된 과제를 돌려받았을 때 개선할 여지가 있는 부분을 확인할 수 있도록 하고, 경탄할 정도로 독창적이거나 매력적이거나 기술적으로 정교한 프로젝트에도 여전히 동등하게 유용한 비평을 하도록 만들 수 있다. 만약 미리 정해진 범주에 점수 평가 수치를 배당하는 것이 문제가 된다면 필자는 적어도 대략적 루브릭을 개략적이라도 작성해 보는 것이 적절하다고 본다. 이것은 교사가 자신의 기대치를 혼자 힘으로 명확히 밝히고 그럼으로써 학생들에게 해당 평가 내용의 전달할 때 도움이 될 수 있다.

역량성: 성공을 지칭하는 언어

이제 무엇이 학생들에게 전달해야 할 성공적인 기초 기준인지를 알았다면 이제 어떠한 기준들이 특정한 교과 작업에 충족하는 수준을 가리키는 방법을 결정해야만 한다. 교사에게 적합하게 작동할 평가 방식 중 하나는 교육적 맥락에서는 물론 직장에서도 활용되는 '역량성' 접근 방식이다. 제프리 록웰Geoffrey Rockwell과 스테판 싱클레어Stéfan Sinclair는 논문 「디지털 인문학 커뮤니티의 문화 적응Acculturation in the Digital Humanities Community」(2012)에서 이러한 일반적인 접근 방식을 디지털 인문학에 적합한 체제 형식으로 조정해 도움을 주려는 관점에서 수용했다. 록웰과 싱클레어는 역량성을 "교사가 가르칠 내용이 아니라 학생들이 무엇을 할 수 있는지의 설명에 사용되며……"(Rockwell and Sinclair, 2012: 187)라고 정의하면서 학생들이 쉽게 이해할 수 있는 "접근 가능한 언어로 행동으로서 결과를 설명한다"(Rockwell and Sinclair, 2012: 188. 강조는 원문)고 밝히고 있다. 논문 저자들은 이러한 역량성의 언어가 교사가 "진정한 평가 활동을 상상하는 데 도움을 줄 뿐만 아니라"(Rockwell and Sinclair, 2012: 188) 학생들이 졸업 이후 취업을 시도하거나 대학원 프로그램에 지원할 때 자신의 기술 부분을 분명하게 표현하기 위해서 도움이 된다는 점을 강조한다.

록웰과 싱클레어는 도움이 될 만한 멀티미디어 역량을 세 가지 유형으로 구분한다. 즉, 이 분류는 기술 역량, 학문적 역량, 기타 역량을 가리킨다. 마지막 범주에는 팀워크, 학제 간 연구, 광범위한 이론적 또는 사회적 문제에 대한 인식 등과 같은 사회적·이론적·응용적 기술이 포함되어 있다. 첫 번째 범주인 기술 역량은 '핵심'과 '선택' 역량으로 세분화된다. 그리고 핵심 역량과 선택 역량을 구분하는 방법은 여러 종류가 존재한다. 예를 들면 특정 기술이나 목표가 필수적이면서 특정 방식으로 드러나야 한다는 면에서 결정을 내릴 수 있는(예: 학생이 특정 플랫폼을 사용해야 함) 반면, 또 다른 기술은 중요성이 떨어지거나 여러 가지 방향으로 증명할 수 있다(예: 학생이 플랫폼을 선택할 수 있음). 또는 실제 교과 과제나 디지털 맥락에서의 실질적 실행으로부터 추상적인 기술에서의 숙달 측면을 분리할 수도 있다(예: 구글 지도Google Map를 구축하는 것과 그것을 활용해서 고대 페니키아의 무역에 대한 설득력 있는 논지를 구성하거나 런던 배경의 문학 작품에서 템스Thames강의 중요성을 나타내는 것의 대조). 끝으로 핵심 역량과 선택 역량 사이의 경계선은 학생 각자가 충족해야 하는 목표와 자신의 관심에 따라 선택할 수 있는 목표 사이의 분리를 분명하게 보여줄 수 있다.

학생들에게 이들 역량을 글로 작성하거나 구두로 설명할 때는 교사는 그들 개인을 '적합' 또는 '부적합'으로 판단한다는 인상을 주지 않도록 주의하라. 그런 행동이 기술적 기능에 관해서 학생들의 불안을 악화시킬 수 있다. 그러나 교과 과제에 대한 학생들의 정서적 반응을 관리하는 문제를 넘어서 학생이 아니라 교과 작업을 판단하는 행위는 디지털 인문학이 정말로 프로젝트 중심적이고 상호 협력적인 분야이기 때문에 매우 중요한 요인으로 볼 수 있다. 즉, 이 말은 평가 자체가 특정 개인이 아니라 오히려 역량의 증거를 전개하는 결과물이라는 점을 강조함을 가리킨다. 평가를 위해 제출된 교과 작업이 이러한 역량을 표시하거나 실행하는 수의 정도를 정확하게 명시하라. 각각의 기술에 대해 교과 작업이 '적합함' 또는 '적합성 부족'으로 표시하거나, 또는 해당 교과 작업을 이분법적인 시스템에 따르지 않으면서 연속선상에서의 표기 방식을 토대로 평가를 수행할 수 있다.

이 경우 '매우 적합'·'적합'·'부분적으로 적합'·'최소한으로 적합'·'아직 부적합' 중에서 선택할 수 있다. 이러한 선택의 더 간단한 항목 집합은 '탁월함'·'적합함'·'개선 필요'로 볼 수 있다. 지정한 평가 범주의 개수에 따라 다섯 가지 또는 세 가지 선택으로 구성된 연속선 선택을 추천한다. 그리고 만약 상당히 많은 기술을 비교 판단한다면 더 간단한 세 계층의 어휘를 사용하고, 만약 교과 과제가 몇 가지 기술에만 초점을 맞추고 있다면 더 미세한 의미를 가리키는 다섯 계층 척도를 적용하라. 웹 컴패니언에서 제공하는 표본 과제 안내서의 표본 루브릭이 최종 성적 결정 중 학생들의 노력 부분을 고려하도록 지시하더라도 역량 중심 평가는 항상 노력에 대한 대가를 부여하지는 않는다. 그리고 노력 부분을 실제로 성적에 포함하지 않는 방향으로 결정한다면, 필자 관점에서 학생들에게 자신들의 노력에 따른 결과물을 수정하고 재평가해 나아가 다시 제출할 기회를 열어주어야 한다. 이것은 실제로 역량 중심 평가가 '부적합' 대신 '아직 부적합'이라는 표현을 선호해야 하는 확실한 근거가 되며, 평가 과정이 반복적이고, 과정 중심적인 활동이어야 한다는 점을 강조하는 이유가 될 수 있다(이 장의 뒷부분에서 더 자세히 설명한다). 수정된 결과들의 평가 소요 시간을 과하게 사용하는 상황에 빠져들지 않아야 하며, 유사한 과정에 대해서 제한 시간을 설정하고, 학기별로 학생 한 사람당 하나의 과제만 수정할 수 있도록 규칙을 정하고, 특정 성적 이하의 과제만 수정할 수 있고, 수정에 대한 확고한 마감 기한을(처음 제출 결과물 평가 이후 일주일 정도) 설정하는 등 내용을 분명하게 밝히도록 하라.

간단한 숫자 시스템을 사용해 수업 반영 노력을 0부터 4까지 평가할 수도 있으며 여기서 '0'은 기준으로 볼 때 역량의 징후가 전무임을 가리키며 '4'는 기준으로 볼 때 과제의 성공적 수준을 의미한다. 어떤 점수 표기이든지 교사가 특정 기술에서 교과 작업 역량을 특정해 묘사하기 위해 사용하더라도 기준 각자에 부합하는 교과 작업의 특징적 부분을 상세하게 설명해야만 한다(예: 어떤 것이 교과 작업을 각 평가 기준 범주에서 매우 적합·적합·부분적으로 적합·최소한으로 적합·아직 부적합으로 결정하는지).

평가 과정에의 학생 참여

평가 방식의 작동을 확신하기 위한 가정 중요한 방법들 중 하나는 수업 과정 속에서 학생들과 명확하게 그리고 빈번하게 자주 소통하는 것이다.

교사 위치에서 새로운 디지털 과제를 인문학 수업에 도입하는 과정을 불안하게 생각할 수 있는 것처럼 학생들도 역시 자신이 구성한 코드 또는 웹 전시물이 다른 형식의 수업에서 익숙하게 접했던 에세이 제출이나 과제에 비교해 어떻게 평가될지 유사한 염려를 공유할 수 있다. 그러나 학생들이 평가 기준을 명확히 이해한다면 수업 전체 평가에 관한 확신 속에서 안도감을 가질 수 있다. 게다가 만약 학생들이 실제로 평가 과정에 기여하거나 또는 평가 기준을 직접 제안한다면, 자신들이 처한 위치에서 더 큰 자신감을 가질 수 있다. 평가 정책을 명확하게 밝히고, 이것을 학생들과 공유함으로써 평가에 관해 개방적이면서도 평가를 일종의 처벌적 판단이기보다는 학습의 과정으로서 재구성할 수 있다.

　제2장과 제11장에서 권장하는 수업 시작에 앞서 실시하는 설문 조사에 학생들의 이전 학업 경험과 관심사를 묻는 질문을 포함했는데, 이에 더해 학생들이 자신이 공정하게 평가받았다고 느끼게 하는 가장 강력한 방법 중 하나는 그들이 평가 기준을 정하는 데 어느 정도 주도권을 갖게 하는 것이다. 학생들로부터 이러한 피드백을 얻는 방법은 여러 가지가 있지만, 종종 점수 평가 기준을 만드는 가장 효과적인 방법은 수업 과제를 소개한 이후 간단한 토론 시간을 갖는 것이다. 상급 수준의 학생들이나 학기 말 과제의 경우에 총체적 점수 평가 기준을 '수업 초기부터 상세 부분'들을 공동으로 구축할 수 있다. 하지만 여러 상황에서 학생들에게 어떤 기준 모델이나 지침을 제공하지 않고 자신들이 평가받는 방식을 원하는 방향성을 일반적 토론을 시행하는 방식보다는 오히려 그들에게 초안 형태일지라도 평가 기준을 제시하는 것이 더 생산적일 수 있다. 기준을 제시할 때는 기준 근거를 설명하고, 학생들이 질문이나 반응, 제안 등을 공유하도록 유도하기 바란다. 이러한 대화를 통해 교사가 직접 만들고 승인한 기본적인 평가 기준 모델로부터 시작해서 상호 공동으로 승인되고 수정되기는 했지만 여전히 핵심 기준과 과제에 대한 기획 의도에 기반한 일련의 평가 기준까지 전체를 아우르면서 수업을 진행할 수 있게 된다. 이러

한 선택은 학생들에게 평가 과정에서 상당한 주도권을 부여하는 것으로
서 학기 말에(이미 평가의 수위를 설정한 이후에) 또는 상급 과정(상급 학생들은
해당 학과가 전공으로서 기대하는 방향에 이미 익숙해져 있음) 활용 요인으로서 가
장 유용성이 높다고 할 수 있을 것이다.

　평가 과정에 학생들이 앞서 언급한 정도로 참여하는 상황에 불편함을
느낀다면, 대신 학생들에게 최종적으로 확정된 루브릭을 배포하고 그러
고는 완성된 수업 결과 작업의 예시를 제시할 수 있다. 즉, 예를 든다면 기
존의 학술적 텀블러Tumblr 역사 프로젝트, 학생들이 작성한 '네 개의 서명
The Sign of the Four'의 지도, 아니면 워드클라우드나 시각화에 기반한 분석
에세이 등을 고려할 수 있다. 루브릭의 각 부문들을 체계적으로 논의하
고, 학생들에게 교사의 입장에서 설정된 평가 방식을 직접 적용해 스스로
평가를 수행해 보도록 지시하고 평가 기준에 따라 점수를 매기도록 유도
해 보기 바란다. 학생들과 공동으로 평가 기준을 정하는 방식을 선호한다
면, 유연성을 보일 수 있는 평가 요소들을 사전에 파악함으로써 학생들이
수업 평가에 대한 제언들을 수용하려는 탄력적 접근 방식을 악용하려 한
다면 무질서한 상황을 교사와 학생 사이 대화를 통해 통제할 수 있어야
한다. 평가 과정에서 학생들이 합리적인 범위 내에서 참여할 수 있는 수
위를 결정해야 하며, 학생들이 평가 과정에 주도적으로 참여하게 하는 것
은 그들의 모든 제안을 수용한다는 의미가 아님을 분명하게 주지시킬 필
요가 있다. 평가 요소를 세분화하면 교사가 학생들과 협상이 가능한 요소
와 협상을 허용할 수 없는 요소의 명확한 식별이 훨씬 수월해질 것이다.

루브릭 너머의 사고

　일부이지만 정의가 적절한 루브릭을 작성한다면 현재 그리고 미래의
교과 수업에 대한 평가를 더 간단하고 더 신속하게 필요에 따라 조정하면

서 수행할 수 있다. 이것은 디지털 인문학 분야에서 과제 평가로부터 발생하는 불안감과 궁금증을 감소하게 만든다. 그러나 그렇다고 해서 경험적이고 실용적인 문제들뿐만 아니라 이론적이거나 철학적인 관심에 의거해서 영감이 발현되는 교육 철학의 개발 시도를 배제하지는 않는다. 그리고 만약 루브릭이 교실에 적합하다는 점에 관해서 확신을 받지 못했다면 평가에 대한 더욱 일반적으로 여겨지는 접근 방식이 궁금할 것이다. 필자는 세 가지 개념을 고려할 것을 추천한다. 여기에는 반복 학습, 과정 중심 평가(때때로 포트폴리오 제출 방식을 통해 평가됨), 다중 문해력이 속한다. 선호에 따라 이 요인들이 루브릭을 보완하거나 대체하는 과정에 응용될 수 있다.

반복 학습은 교육이 지속적이며 완결이 결코 존재할 수 없는 과정임을 강조한다. 특정 교과 과제가 완료될 때조차도 해당 과제를 완성하기 위해 학습했던 기술은 교과 과정의 나머지 기간이나 대학 경력 등에 관련성을 잃지 않는다(잃어서는 안 된다). 하나의 교과 활동과 과제로부터 또 다른 활동과 과제까지 기술, 플랫폼, 일련의 기능을 반복하는 상황은 평생 학습으로 강조될 수 있다. 게다가 이런 현상은 특별하게 교과 과제들을 상호 유기적으로 연결되도록 신중하게 순서를 정한다면 반복의 의미를 더욱 확실하게 이해할 수 있다. 학습한 기술은 각각 이상적으로는 이후의 업무에 포함되어서 학생들이 실습하고 작업을 반복함으로써 졸업 이후에도 확실하게 기억할 수 있게끔 만들어주는 것이다. 방금 언급한 내용이 학생 교과 작업의 평가를 위해서 무슨 의미를 가리키는 것일까? 이것은 바로 과정 중심 평가를 암시하며, 결국 학생이 교과 과제를 완성하는 과정에 걸쳐서 달성한 것에 초점을 맞추는 것으로 볼 수 있다.

예를 들면 과정 중심 평가에서는 교과 과제의 제안과 초안 단계 동안에 학생들에게 자세한 서면의 피드백을 제공하는 데 교사의 많은 시간과 노력을 할애해서 학생들이 과제를 최종적으로 제출하기 이전에 결과물을 개선할 수 있는 최대의 기회를 제공해야 한다. 그리고 이전 교과 과제와 단원으로부터 습득한 기술 통합을 계속하기 위해서 일부지만 노력 대가를 점수로 제공한다. 그리고 이것은 성적의 큰 비율을 차지하지 않아도 되지만 이전 기술을 바탕으로 수행한 구축 단계의 중요성을 강조하기에 충분해야만 한다.

평가 과정을 풍부하게 만들 또 다른 개념은 타냐 클레멘트Tanya Clement가 '다중 문해력'이라고 명명한 것을 가리킨다. 다중 문해력을 "비판적 사고, 참여, 공동체, 놀이 등을 필요로 하는 모든 기술"(Clement, 2012: 387)이라는 학습의 다양한 모드로서 정의하면서 클레멘트는 학생 교과 작업을 평가하기 위한 기준들을 변화시킬 수 있는 학습 성과를 나름의 방식으로 조직해 제시한다. 헨리 젱킨스Henry Jenkins, 캐시 데이비드슨Cathy Davidson 등의 작업으로부터 아이디어를 착안해 클레멘트는 참여, 협업, 시뮬레이션, 공연, 네트워킹, 자기 인식, 윤리, 발견, 평가(Clement, 2012: 385~386) 등을 포함하는 다중 문해력의 유용한 목록을 제공한다. 좁은 범주로서 특정한 '제출 가능 결과물'처럼 시간이 지나도 지속되는 완성도가 높고 완벽에 가까운 프로젝트에 초점을 맞추기보다는 오히려 그 대신에 교사가 학생의 최종적 성공 기준을 불안정하게 만들기를 바랄 수 있는 가치 있는 다중 문해력 부문에 초점을 맞추라. 〈그림 7-1〉과 〈그림 7-2〉에 표현된 것처럼 여기서 말하는 다중 문해력 중 일부를 인정하기 위해 평가 기본 규칙안으로 이러한 가치를 통합시키는 간단한 방법을 위해서 '기타 역량' 범주에서 유효한 사용 가능 점수 중 일부를 사전에 설정하라. 이 기본 규칙 일부를 개별 학생에게 맞추는 조정 자체는 그다지 어렵지 않다. 즉, 간단하게는 이러한 다중 문해력을 많이 나열하면서도 학생들이 이 요구 사항을 특정한 몇 가지 다중 문해력으로 만족할 수 있음을 제시하는 것이다. 학생들에게 최대한의 유연성을 부여하기 위해서는 과제의 이런 측면을 충족시키는 데 두 개 또는 세 개 이상의 범주를 요구하지 않아야 한다.

때때로 디지털 인문학은 최종 결과나 생산품만큼(그 이상일 수도 있음) 도구를 만들거나 자원을 생성하는 과정에 더 초점을 맞춘다. 이러한 과정 중심 접근 방식은 교실 안으로 멋들어지게 해석되고 전환되며, 학생들은 종종 표준 소논문 구조를 따르는 명확한 산문을 생산하는 것으로부터 받는 정도로 아니면 비교 수준 이상으로 자신들의 학습 과정을 노출하고 분석하는 과정으로부터 혜택을 받을 수 있다. 교사와 학생에게 계획대로 진행되지 않는 교과 과제 또는 작동이 신통치 못한 도구 모두는 평가 의미에서 완전한 실패에 관련성이 전혀 없을 수 있다. 교과 과정을 문서로 표기 및 설명하고, 교과 과제의 가치를 비판적으로 평가할 수 있다면 여러 디지털 인문학자들이 발견했듯이 새로운 유형의 성공을 발견하게 될 것이다. 결과물 이상으로 과정에 대한 가치 부여는 학생들이 학습하지 못한 사안에 치중하기보다는 오히려 배운 것을 교사가(학생들도 함께) 전면에 내세운다는 점을 확인할 수 있게 해준다.

일반적으로, 여기에 나열된 모든 학생 작업 평가의 접근 방법은 교사가 학생들에게 소개하는 광범위한 디지털 기술 모음의 가치를 확증해 준다. 결국 교사의 주요 목표는 강의 내용을 증강하도록 만들거나 학문적 지식을 함양하는 것일 수 있지만, 학생들이 이러한 기술이 다양한 개념적이면서도 실용적인 용도가 있다는 사실을 깨닫게 될 때 더욱 흥분감을 가지게 될 것이다. 가능하다면 학생들에게 교실에서 사용하는 기술이 적용되는 다른 응용 프로그램을 언급하면서 해당 기술이 개인적인 삶, 전문적인 목표, 다른 교과 과목 등에 적용되는지 여부를 설명하면서 알려주라. 그와 반대로는 학생들에게 다른 과목이나 수업 이외의 과외 실험의 일부에서 배운 기술을 식별하면서 아울러 이 기술을 해당 수업에서 교과 과제에 적용하도록 요구하라. 앞서 제안한 바와 같이 교사가 특정 교과 과제를 위한 학습 목표로서 다중 문해력의 요구가 적절하지 못하다고 여긴다면, 이러한 학습 목표 중 일부는 대신에 학생의 출석 및 참여 성적의 일부로서 가산될 수 있을 것이다.

평가 기간 중 실패에 대처하기

디지털 수단을 포함하고 전체적으로 향상된 현상을 반영한 교과 과제는 때로는 복잡하기도 하고 더러는 직관적이지 못하고, 신뢰성이 낮고, 정규화된 문서화의 비적합도 등의 문제점을 안고 있는 기술에 의존하는 관계로 평소보다는 더욱 심도 있게 학생들이 실패에 대처하는 상황에 도움을 줄 수 있어야 한다. 학생들이 2년 전에 배웠던 인용 형식 규칙을 새로 익히거나, 형편없이 작성된 단락을 교정하거나, 기술적 문제를 해결하거나 같은 요인들을 염두에 두지 않더라도 모든 교과 과제에서 예상하지 못한 문제점 해결에 연계해 충분한 시간 할당이 항상 고려되어야 한다는 점을 강조했음에도 불구하고, 학생들을 보면 실제로 때로는 교과 과제를 완료하기에 충분한 시간을 할애하지 않는 경향을 보이기도 한다. 미리 정한 평소 과제 제출 지각 등에 대한 방책이 이런 상황에 잘 적용되어야 하는 것은 상대적으로 간단한 경우로 볼 수 있다. 그러나 디지털 인문학 교과 과제에는 종종 예측할 수 없는 문제가 발생하고, 그런 관계로 필자는 디지털 요인의 실패가 반드시 평가 실패와 등과로 판단되지 않는다는 사실을 학생들에게 각인시키고 안심시켜야 함이 적절하다.

필자는 학생들의 교과 작업이 여러 기준(루브릭에서 명확히 알 수 있어야 함)에 의해 평가되며, 기준 중에서 한 항목만을 특정 도구의 숙달 부분으로 간주한다(그리고 어떤 경우에서는 학생이 도구의 작동 방식 그리고 도구의 요구 방향을 위한 것인지에 해당하는 내용의 이해로부터 부분적 또는 전체적으로 대체될 수 있는 상황까지도 고려한다). 물론 교과 과제 평가 방식의 구조적 측면 이상으로 노력 및 개선을 인정하는 또 다른 방법은 이것을 학생의 최종 성적 범위에 수업 출석 그리고 수업 참여 부분 등을 측정 수단으로 포함하는 방향이다. 그리고 여러 학생에게는 만약 성적표 하단에 적지만 긍정적인 소견을 적는다거나, 개선을 보여준 학생에게 격려하는 짧은 이메일을 보내거나, 학생들이 수업에 참여하거나 수업 장소를 벗어날 때 낮은 목소리로 조용하게 학생들의 성공적 학기 마감은 물론 학기 중의 노력에 대해 성공적 결실을 칭찬한다거나 하는 행동을 보인다면 학생에 대한 격려로서 충분하지 않을까 싶다.

만약 학생이 완성된 혹은 현재 작업을 진행 중인 프로젝트를 제출하지 않을 때 과연 교사로서 대처 방안이 무엇일지 구체적인 조언을 원한다면 여러 가지 선택을 생각해볼 수 있다. 첫째는 학생들에게 넉넉하게 연장 시간을 배려하는 방법이다. 시간이 핵심 요인이라면 학생은 자신의 경험을 실질적으로 상당한 분량의 서면 논문 형식으로 서술하고, 그것을 결국 일반 소논문을 평가하듯이 평가 대상으로 삼는 방식이 있다. 이러한 소논문은 학생들이 배운 것과 아직 배워야 할 것에 대해 반영할 수 있으며, 그리고 교과 과제에서 평가되는 기술과/또는 교과 과정 내용에 연관된 이차적 연구를 요구할 수도 있다. 만약 교사가 교과 작업의 저장과 문서화의 중요성(예로서 스크린샷, 프로그램 정보 문서ReadMe, 학생의 교과 작업 흐름을 예시하는 개념 도식 등을 통해)을 강조했다면, 학생들은 프로젝트의 일부를 살리고 오류 부분을 다시 구성해 볼 수 있다.

때로는 다른 유형의 실패, 즉 자신의 실패가 디지털 프로젝트를 방해할 수 있다. 디지털 인문학에서의 실습 자체는 혼란스럽거나 아주 모호한 과제 설명으로 흘러가거나, 학생들 자신이 가장 중요하게 여기고 스스로 힘들어했던 노력을 충분하게 염두에 두지 않는다고 생각했던 기본적 규칙 체계로 흘러가거나, 도구가 소실되든지 교과 과제 매개 요인들을 조정할 능력 이상으로 기능이 업데이트되어서 활용 자체가 거의 불가능해지는 형태로 흘러가거나 등으로 이어질 수 있다. 리처드 E. 본드Richard E. Bond 는 자신의 교수법 실패 사례들을 설명하는 가운데 학생들과 교사들을 위해서 실패 경험을 가르침의 계기로 전환하는 교사들의 능력을 매우 긍정적 관점으로 결론짓고 있다.

이러한 실패를 일종의 실타래 풀 듯 밝히고 진단하는 방식은 학생들이 자신의 교과 작업을 개선하는 데 도움을 줄 수 있다. 그리고 학생들은 이와 같은 실패가 교육 과정 중 일부로 볼 수 있으며, 해당 실패를 어떻게 극복할지 생각할수 있으며, 확실히 시장에서 원하는 기술로도 볼 수 있다. 다행스럽게도 때로는 눈에 띄는 놀라운 실수가 뜻밖으로 우연한 결과로 이어지기도 하며, 그래서나로서는 앞으로도 계속 실패가 반복되기를 희망한다(Bond, 2013: par. 13).

필자는 이러한 접근 방식에 전적으로 동의한다. 회복력, 즉 실패에서회복력을 표본화하는 행위가 비록 학생들 앞에서 능력 측면 등이 왜소해지는 일종의 불편함을 느낄지라도 상호 나눌 수 있는 매우 가치가 높은교훈 중 하나이다.

평가할 때에도 또 다른 종류의 '실패'를 직면할 수도 있다. 즉, 완벽한평가 기본 규칙 체계를 작성하거나 평가 시스템을 설정하기 어려운 능력의 부족을 가리킬 수 있다. 바버라 E. 월부드Barbara E. Walvoord와 버지니아 존슨 앤더슨Virginia Johnson Anderson은 이런 문제점에 관해서 너무 걱정하지 말라고 말하며, 그리고 그 둘은 "완벽하고 간결 명료한 체계라는 헛된 희망을 포기하라. 평가 시스템이란 결함 그리고 제약을 안고 있다는사실을 인정하라. 그러나 교실에서 학습 도구로서의 평가 과정의 권위와복잡성 활용에 집중하라"고 조언한다(Walvoord and Anderson, 1998: 10). 그결과로서 "가장 분명하고 가장 신중한 기준과 표준을 설정"해야만 하지만, 반면에 "소속 기관, 자신의 학생들, 미래 고용주의 맥락 범주 속"에서판단을 맥락화하는 작업을 수행해야 한다. 특정 과제에 대해 끝없이 초조해하기보다는 차라리 신중하게 표준을 설정할 수 있다면 교사가 할 수 있는 일이란 "충분한 시간을 들여서 신중하고 전문적인 판단을 합리적인 일관성으로 실행하고 이후에 일을 계속해서 진행하면 된다"(Walvoord and Anderson, 1998: 11)라고 말한다. 평가 기본 규칙 체계를 아무리 신중하게 설정했더라도 평가에는 일정 부분 어느 정도의 유연성이 요구된다. 그리고교수 방법론에서의 가치에 충실했음에도 불구하고 학생들이 그러한 목표를 달성하는 과정에 여러 방법이 존재함을 인지해야만 한다. 그렇게 함으로써 특정 학생들이 성취한 결과에서 제대로 평가받지 못했다고 생각하면서 무시되었다고 느끼고 향후 후속 교과 과정 작업에서 학습 동기가 저하되는 데까지 다다르는 위험을 감수하지 않게 될 것이다.

필자는 최종 마감일 이전 긴 시간에 걸쳐 정확한 목표와 평가 기준 사이에 확실한 소통이 학생들의 실망감을 최소화한다는 사실을 확인했다. 게다가 반복적 학습을 신뢰하고 결과보다 과정 중심으로 평가 방식을 적용하고 있음을 학생들에게 확신을 주는 상황이 학생들이 어떤 과목에 임하는 가운데 특정한 하나의 과목에서 '저등급' 성적을 받더라도 적절한 결과임을 기꺼이 수용하도록 도움을 줄 수 있다. 대부분 경우에 만약 교사가 디지털 인문학 접근 방식에 포함된 새로운 지식에 대한 가능성에 흥분감을 표시한다면, 이러한 열정은 나름 영향력을 가질 것이고, 학생들이 교과 과제의 내적 보상성에 집중하게끔 도움을 줄 것이다. 마이클 웨시는 다음과 같이 설명했다.

> 디지털 인문학은 중요성 및 의미적 측면을 갖춘 질문들을 추구하는 학생들과 함께 학습자 공동체를 생성하는 새로운 기회를 제공한다. 즉, 가장 좋은 종류의 질문의 수가 넘쳐나고, 우리는 다시 학생 입장으로 돌아가서 애초 상상하지 못했던 질문을 추진하면서 다른 학생들과 더불어 기쁜 마음으로 학습에 스며든다. 최상의 시나리오에서 학생들이 교과 과정을 마치고 그 과정을 벗어나면서 학습 내용에 연관된 답만을 소유하기보다 더 많은 질문을 품은 채로 학기를 마치고 떠나가며, 그보다 더 중요한 사안이라면 학생들이 우리가 영감을 주기를 바라는 주관성에 관해서 지속적인 추구와 함께 실천을 통해서 형성된 다수의 그리고 다양한 많은 질문을 제기하는 데 밑천이 될 능력도 소유하게 된다는 사실이다(Wesch, 2013: 76).

이러한 주관성과 학생들이 배우기를 원하는 질문하기 방법을 전면에 내세우는 것은 비전통적인 과제를 평가할 때 강력한 지침이 될 수 있다. 여전히 만약에 이러한 선택 중 무엇도 첫 번째 디지털 인문학 프로젝트를 직면하는 상황이 교사 본인에게 흥분을 가져오지 않고, 비전통적인 과제와 함께 비전통적인 평가 기법을 하나의 조합으로 만들고 싶다면, 계약 평가(Davidson, 2011.1.2), 동료 측정 평가(Anderson, 2014.7.25), 업그레이드(Gibbs, 2019.3.15), 단일 점수 기초 규정(Gonzalez, 2015.2.4)에 관련된 원천 자료를 더 읽을거리에서 참고하도록 하라.

결론

평가 과정은 신중한 고려가 필요한 심각한 문제이며, 특히 디지털 인문학의 경우에서는 더욱 그러하다. 그리고 여기서 디지털 인문학은 해당 분야에서 작업에 대한 당연하게 높은 기준을 유지하고 있는 가운데서도 일부 특정 유형의 실패를 수용하는 수위 정도까지 내부적 실행을 받아들이는 분야이기도 하다. 따라서 필자는 평가의 처벌적인 측면, 즉 평가 과정이 오류를 찾아내려는 과정이라는 판단을 피하는 측면에서 성적 결과를 처리하는 방법을 발견할 수 있다. 게다가 필자는 이 장에서 과정 중심 평가의 경우에 수업 활동과 과제가 학생의 최종 성적에 반영되어야 한다는 점에서 확신을 주어야 하며 또한 학생들의 실습이 과제 과정 평가나 최종 성적 어느 곳에 등장하는지를 확실하게 명백하게 밝혀야 하는 이유로 인해서 학생을 위한 실체적인 방식 안에서 교과 활동 전체가 평가되어 '가산'된다는 점에서도 확실하게 밝혀야만 한다는 사실을 강력하게 추천했다.

또한 필자는 프로젝트에 첨부된 소논문, 수업 토론, 근무 시간 동안의 일대일 상담, 각 과제가 제출된 후 학생들이 참여하는 설문 조사 등 어떠한 형태로 나타나든 이들 중 일부를 반영한 평가 가산점을 할당 배정하기를 제안했다. 끝으로 비록 앞서 제시한 사항들이 특정 과제에 대한 성적 결정에 직접 관계하지 못한다고 생각하더라도 어떤 방식에서든 수업에 투입된 노력을 인정할 것을 권장했다. 무엇보다도 만약 과제를 위한 가산 점수가 진실로 이 책에 언급된 교수법으로서의 가치관들을 투명하게 반영한다면, 점수의 가치를 신중하게 배분하기 방식은 단순히 임의적인 과정으로 여기기보다는 오히려 긍정적인 확증 과정이 될 것이다.

더 읽을거리

Anderson, John Victor. 2014.7.25. "Introduction, Notes from the Collaborative Class-room Pt 1." http://johnvictoranderson.org/?p=554.

Banta, T. W. 2003. *Portfolio Assessment: Uses, Cases, Scoring, and Impact*. Wiley.

Blömeke, Sigrid, Olga Zlatkin-Troitschanskaia, Christiane Kuhn, and Judith Fege (eds.). 2013. *Modeling and Measuring Competencies in Higher Education: Tasks and Challenges*. Sense.

Bond, Richard E. 2013. "Failing Lessons: Tales of Disastrous Assignments." *Perspectives on History*(Jan). www.historians.org/publications-and-directories/perspectives-on-history/january-2013/failing-lessons-tales-of-disastrous-assignments.

Brookhart, Susan M. 2013. *How to Create and Use Rubrics for Formative Assessment and Grading*. ASCD.

Clement, Tanya. 2012. "Multiliteracies in the Undergraduate Digital Humanities Curriculum: Skills, Principles, and Habits of Mind." *Digital Humanities Pedagogy: Practices, Principles and Politics*. edited by Brett D. Hirsch. Open Book. pp. 365~388. www.openbookpublishers.com/htmlreader/DHP/chap15.html#ch15.

Croxall, Brian and Quinn Warnick. 2016. "Failure." *Digital Pedagogy in the Humanities: Concepts, Models, and Experiments*. Modern Languages Association. digitalpedagogy.commons.mla.org/keywords/failure/.

Davidson, Cathy. 2011.1.2. "Contract Grading+Peer Review: Here's How It Works."

HASTAC. https://www.hastac.org/blogs/cathy-davidson/2011/01/03/contract-grading-peer-review-heres-how-it-works.

_____. 2015.8.16. "Getting Started 6: Contract Grading and Peer Review." *HASTAC*. https://www.hastac.org/blogs/cathy-davidson/2015/08/16/getting-started-6-contract-grading-and-peer-review.

Gibbs, Laura. 2019.3.15. "OU Digital Teaching: Getting Rid of Grades(Book Chapter)." *OU Digital Teaching*, https://oudigitools.blogspot.com/2019/03/getting-rid-of-grades-book-chapter.html.

Gonzalez, Jennifer. 2015.2.4. "Meet the Single Point Rubric." *Cult of Pedagogy*. https://www.cultofpedagogy.com/single-point-rubric/.

Hartig, Johannes, Eckhard Klieme, and Detlev Leutner(eds.). 2008. *Assessment of Competencies in Educational Contexts*. Hogrefe & Huber.

Junco, R., G. Heiberger, and E. Loken. 2011. "The Effect of Twitter on College Student Engagement and Grades." *Journal of Computer Assisted Learning*, vol. 27, no. 2 (Apr), pp. 119~132.

McClurken, Jeff and Julie Meloni. 2010.6.21. "How Are You Going to Grade This?" *Chronicle of Higher Education*. chronicle.com/blogs/profhacker/how-are-you-going-to-grade-this-evaluating-classroom-blogs/24935.

Nilson, Linda B. 2014. *Specifications Grading: Restoring Rigor, Motivating Students, and Saving Faculty Time*. Stylus.

Rockwell, Geoffrey and Stéfan Sinclair, 2012. "Acculturation in the Digital Humanities Community." *Digital Humanities Pedagogy: Practices, Principles and Politics*. Open Book. pp. 176~211.

Sample, Mark. 2010.9.27. "A Rubric for Evaluating Student Blogs." *Chronicle of Higher Education*. chronicle.com/blogs/profhacker/a-rubric-for-evaluating-student-blogs/27196.

Santos, Laurie. 2019.11.19. "Making the Grade." *The Happiness Lab Podcast*.

Sayers, J. 2011. "Tinker-Centric Pedagogy in Literature and Language Classroom." *Collaborative Approaches to the Digital in English Studies*. edited by Laura McGrath. Utah State University Press. pp. 279~300 .

Tracy, Daniel G. and Elizabeth Massa Hoiem. 2018. "Scaffolding and Play Approaches to Digital Humanities Pedagogy: Assessment and Iteration in Topically-Driven Courses." *Digital Humanities Quarterly*, vol. 11, no. 4(Apr 8).

Unsworth, John. 1997. "Documenting the Reinvention of Text: The Importance of Failure." *Journal of Electronic Publishing*, vol. 3, no. 2(Dec 1997), pp. 1~27. dx.doi.org/10.3998/3336451.0003.201.

Walvoord, Barbara E. and Virginia Johnson Anderson. 1998. *Effective Grading: A Tool for Learning and Assessment*. Jossey-Bass. pp. 10~11.

Weimer, M. 2017.5.3. "Point-Based Grading Systems: Benefits and Liabilities," *Faculty Focus*. https://www.facultyfocus.com/articles/teaching-professor-blog/point-based-grading-systems-benefits-liabilities/.

Wesch, Michael. 2013. "From Knowledgeable to Knowledge-able." *Hacking the Academy: New Approaches to Scholarship and Teaching from Digital Humanities*. edited by Daniel J. Cohen and Tom Scheinfeldt. U of Michigan P. pp. 69~77.

Whitson, Roger and Jason Whittaker. 2013. "Digital Creativity: Teaching William Blake in the Twenty-First Century." *William Black the Digital Humanities: Collaboration, Participation, and Social Media*. Routledge. pp. 91~114.

Wyatt-Smith, Claire and Joy Cumming(eds.). 2009. *Educational Assessment in the 21st Century: Connecting Theory and Practice*. Springer.

제8장

대학원생 교육하기

이 책에서 자세하게 언급된 여러 교과 과제와 활동 들이 모든 수준의 학생들 교육에 적합하지만, 이번 장에서는 대학원생 교육에 특화된 필수 사항들을 다루려고 한다. 여기서 필자는 교과 과정 및 그 이상 상황에서 학생들의 관심도 그리고 필요성에 걸맞은 접근 방법을 제안하려고 한다. 모든 강사가 대학원생들과 함께 작업을 수행하지는 않더라도 만약 강의 담당자가 학생들의 작업에 같이 참여한다면, 어쩌면 점점 더 많은 석사, 박사 대학원생들이 디지털 훈련 방법을 찾으면서도 반면 다른 대학원생의 경우 여전히 자신들의 연구와 교수법에 연관된 디지털 기술을 습득하려고 생각하고 있다는 점을 알아챘으리라고 생각한다. 많은 학생을 보면 '디지털 인문학을 한다는 것'이 그들의 취업 전망을 밝게 하리라고 믿고 있다. 이러한 믿음의 타당성은 개별적인 상황을 제대로 이해하지 못한다면 어떤 식으로든 정확하게 평가하기가 쉽지 않다. 그리고 디지털 인문학에서 기술적 기능의 시작 응용성을 강조하는 사안과 그로 인해서 '대학의 신자유주의적 장악'에 공헌한다는 사안의 여부 등을 비판하는 목소리가 제기된 상황이기도 하다(Allington et al., 2016.3.1). 그렇지만 필자는 대학원생의 관점에서 안정적이고 만족스럽고 노력을 착취하는 형태가 아닌 고용 기회를 탐색하는 것이 디지털 인문학을 탐구하려는 완벽한 타당성을 가진 이유라고 믿는다. 그리고 분명히 더 많은 채용 공고가 특별히 디지털 인문학 기술 부분을 요구하는 상황 또한 사실이다. 이러한 학생들에 기술 분야에 연관된 압박의 결과로 말미암아서 필자는 일종의 멘토로서 학생들이 바람직한 기술을 습득함에 따라 디지털 인문학을 가능한 범위 안에서 체계적으로 자연스럽게 학생들의 교육 과정, 교육 수행, 연구 등에 통합하는 것을 보장하는 방법을 열어주는 의무감을 가져야 한다는 사실을 확실하게 믿고 있다. 따라서 이 장은 대학원생들이 그들의 분야에서의 학문적 수행을 지원하고 보완하려는 목적과 대학원생이 효율적이고 정보에 밝은 연구자 그리고 교육자가 될 수 있게 도움을 주려는 목적 양면을 위해서 디지털 인문학에 관련된 기술을 습득하는 과정의 뒷받침에 초점을 맞추고 있다.

21세기 대학원 교육에서 기술의 역할

대학원생들이 디지털 인문학과 관련된 기술을 학습하는 또 다른 중요한 이유는 향후 몇 년 이내 다가올 시기에 수없이 마주할 연구, 학술 출판, 교육에서 요구될 수많은 기술적 요구 사항이 상당한 변화를 보이게 될 것이기 때문이다. 비록 대학원생들이 디지털 인문학을 그 자체로 하나의 학문으로 관심을 두지 않는다고 해도 그들의 학문적 미래에는 일정한 수준의 디지털 역량이 요구될 가능성이 크다. 시더니 스미스Sidonie Smith가 주장했듯이 "학문 분야 인문학자들은 모두 디지털 지원 가능한 학자들"이며, 여기서 가리키는 요점은 학자로서 디지털 인문학 연관 업무를 수행하는 작업 방식을 볼 때 "디지털 인문학자로서 자신을 정의하는 학자들과 마찬가지로 전통적인 인문학 분야의 학문을 수행하는 학자로 자신을 묘사하는 인문학자 모두가 기술에 의존성을 갖고 있다"는 상황을 의미하는 사안으로 이해할 수 있을 것이다(Smith, 2016: 45. 강조는 원문). 그런데도 많은 교육 기관에서 이러한 종류의 교육 훈련은 일반적으로 대학원 학위를 위한 공식적인 필수 요건이 아니다. 만일에 강사가 프로그램에 참여하거나 학위, 증명서 또는 트랙을 시작하든 아니든 디지털 인문학 맥락에서 대학원생들과 밀접하고 공식적으로 작업을 수행하게 된다면, 수많은 유용한 원천 자료가 존재한다(McCarty, 2012; Rockwell and Sinclair, 2012; Spiro, 2012 참조). 게다가 대학원생들은 대학 강사로서 경력을 시작함에 따라 디지털 인문학에 관심을 가질 수 있다. 이러한 경우에 강사의 개인적 경험과 이 책의 다른 장들에서 취합한 통찰력을 결합해 활용함으로써 학생이면서 교사인 이들을 멘토로서 지도한다면 어쩌면 나름의 효과를 발휘할지도 모른다. 대학원생들이 디지털 인문학 교수법에 점점 더 익숙해짐에 따라서 아마도 학생과 교육 기관 사무실이나 담당자들 사이에서 연결 역할의 수행 가능성이 클 수도 있다. 아마도 이러한 과정에서 다른 여건의 환경이었다면 결코 마주치지 못했을 유용한 원천 자료, 방법, 통찰력 등을 확인할 수 있다.

실제로는 이 책 전체만큼이나 이번 장에서 강조하듯이 대학원생 지도에 소요하는 적지 않은 시간은 대학원생들의 연구 및 교육 범주 안에서 디지털 인문학에 기울이는 노력을 지원하기 위해서 소속 기관 안팎으로 원천 자료의 위치를 확인하는 내용으로 구성되고 있다. 때때로 운이 좋게 정확히 동일한 기술 유형에 관심을 두고 있는 대학원생을 지도하고 있더라도 대부분 경우에 학생들은 교사가 이미 그 특정 디지털 기술이나 도구에 익숙한 정도의 여부에 상관없이 자신만의 특별한 디지털 프로젝트를 염두에 두고 접근할 것이다. 학부 교육과 마찬가지로, 강사는 ① 시간과 에너지 측면에서 상대적으로 요구가 적거나 또는 ② 학생이 향후 수년간 계속해서 사용하리라고 예상하기 때문에 해당 도구를 배우는 시간 투자의 가치를 보장할 수 있는 도구들은 물론이거니와 비용이 전혀 들지 않는 도구를 강조하기를 원할 것이다. 때때로 새로운 도구 또는 컴퓨팅 언어 학습에 필요한 시간은 특정 연구 질문으로 볼 때는 그만한 가치가 없을 수 있으므로, 디지털 인문학 원천 자원이 시간을 절약해 줄지 아니면 시간을 그냥 소모할지 관한 평가는 대학원 디지털 인문학 프로젝트 착수에 돌입하기 이전 요소로서 정말로 중요한 단계이다. 대학원생이라면, 자신의 시간과 원천 자료를 신중하게 사용하는 동일한 고려가 확실히 교육자에게 관련성을 가지며, 필자도 교육자가 이 장이 자신의 교육 실천에 효율적인 이정표라는 사실을 알아채기를 바란다.

대학원생 그리고 학부생 대조

만약 대학원생들과 함께할 수 있는 행운이 있다면, 교사와 지도 학생 둘 다 학부생과 지도 교수보다 광범위로 다양하며 훨씬 길고 관여된 기회를 누릴지 모르지만, 이러한 기회는 학생과 교수 멘토 모두에게 똑같이 더 큰 책임을 수반한다. 이것은 필자가 학생들에게 직접 디지털 연관 교육을 직접 제공하는 대신에 오히려 학생 자신이 필요한 디지털 교육을 제공할 자원 및 기회를 찾는 과정을 돕도록 하는 방안을 강조하는 이유 중 하나이다. 또한 필자는 교사들이 디지털 인문학 관련 교과 과정과 연구 등을 지도하는 과정에 몰입될 수 있어서 대학원생들과 지속 가능한 관계를 어떻게 구축해야 하는지 등을 고민하면서 자신의 시간을 보호해야 한다는 필요성을 강하게 주장하고자 한다. 학기별로 단계적 구성으로 지도하는 대학 학부생들과 달리 대학원생들은 학기 단위를 넘어서는 그리고 실제로 대학원생들의 논문 완성 및 취업 탐색의 기반이 되는 장기 프로젝트에 참여할 수 있다. 더욱이 많은 학부생이 대규모 그룹 맥락에서만 디지털 인문학 교과 작업에서 주로 안정감을 보이지만 반면에 대학원생들은 전형적으로 개인 프로젝트에 더 열린 모습을 보인다.

만약에 학생 상담에 관한 필요성이 제공할 수 있는 대상의 한계를 초과한다면, 학생을 학과 밖의 협업자에게 소개하고, 이를 위해서 필요한 참고 서류 또는 추천서를 작성함으로써 돌파구를 마련해주도록 하라. 게다가 대부분의 대학원 프로그램에서는 박사 위원회의 '외부 지도위원'이 필수 요건이기 때문에 디지털 인문학 필수 요건에 관련된 상담을 제공할 수 있는 외부 지도 위원을 선택하는 것이 특별히 효과적이고 편리한 방법일 수 있다. 그리고 학부생들에 비해서 적어도 대학원생들은 스스로 자가 훈련에 더 적극적으로 참여할 능력을 소지한 관계로 해당 교육자는 일반적 멘토 수행 수준 범위로 보면 책임 소지를 가져야 하더라도 아주 사소한 부분까지의 지도 등에 대해서는 지도 교수의 책임을 일부지만 벗어나는 것을 허용할 수 있다.

코딩(그리고 어떤 컴퓨터 언어)을 배워야 할까?

다양한 대학원 교과 과정에서 디지털 인문학을 통합하는 방법을 논의하기 이전에 필자는 가장 먼저 대학원생들이 디지털 인문학 시간에 할애하는 부분이 있어야 하는지 혹은 아닌지를 고려해야만 하는 두 가지 질문을 염두에 두기를 바란다. 즉, 말하자면 "코딩을 배워야 할까?" 그리고 "어떤 코딩 언어를 배워야 할까?"이다. 이에 대한 간단한 답변은 "예, 적어도 조금은 그렇다" 그리고 "아마도 파이선이다"를 생각할 수 있다.

첫 번째 질문에 대한 좀 더 긴 답변으로는 학생이 새로운 기술 기능을 배우기 위한 용기, 동기, 시간을 가져야 한다는 것이며, 특히 학생 자신의 원래 전공 분야에서 요구하는 두뇌 부위와 또 다른 두뇌 부위를 활성화하는 기술을 가리킨다. 긍정적 소식은 글쓰기와 마찬가지로 코딩도 연습과 지원이 있다면 거의 모든 사람이 배울 수 있는 기술이라는 사실이다. 모든 디지털 인문학 작업이 말 그대로처럼 프로그래밍(올바른 문법으로만 실행될 수 있는 명령어를 설계하는 것)을 요구하는 것은 아니지만, 대부분은 코딩을 시행하고(탐색 가능한 웹사이트나 디지털 객체를 생성하기 위해서 태그로 텍스트에 주석 처리하는 것), 컴퓨터 프로그램을 분석하는 방법(코드를 읽고 명령어 구조가 실행하는 과정 및 결과를 이해함) 등을 파악할 수 있어야 한다. 그리고 교육자와 학생 모두 자신의 원래 전공 분야를 넘어서 다른 사람들과 상호 정보 교류의 대화에서 충분한 기술적 이해의 도모(예: 학생이 정확하게 완수하려는 결과가 무엇인지 이해할 수 있는 더욱 강력한 코딩 배경을 가진 사람에게 설명하고 '번역할' 수 있도록) 또한 중요하다.

두 번째 질문(어떤 언어, 프로그램, 플랫폼을 배울지)의 답변을 위해서라면 학생이 디지털 인문학 관심을 가지는 이유를 명확하게 파악하고, 착수하고자 하는 특별한 프로젝트를 확실하게 표할 수 있어야 한다. 일단 목표로서 예를 들어 인터랙티브 지도 만들기, 수천 개의 트윗 시각화, 개인 웹사이트 구축, 소셜 미디어 플랫폼이 기계 학습을 사용하는 방식의 비판 등을 설정한 이후에는 수적으로 너무 많고 방해가 될 수 있는 기능들을 제공하지 않으면서도 학생들이 본분의 학습 목표를 달성할 수 있는 프로그램이나 플랫폼을 선택해야 한다. 이상적으로는 대규모 사용자 기반, 견고한 문서화 또는 사용자 지원 메커니즘 소지, 학생이 의존할 수 있는 소속 교육 기관 범위로부터의 일부 다른 형태의 지원 등 요인들이 함께 고려되어야 한다. 오픈 소스 프로그램은 투명하고, 효율적이고, 비용 효과적이어서 선호된다는 점을 명심해야 하지만, 해당 프로그램이 주류 소프트웨어 패키지보다 배움의 집중도를 가리키는 학습 곡선이 더 가파를 수 있다는 점을 기억해야 한다. 만약 학생들이 오히려 예를 들어서 더 전통적인 연구 및 교육 의제를 지원하기 위해서 디지털 기술을 가끔 응용하는 디지털 인문학자로 거듭나기 위해서는 그들은 최소한 명령어 사용법을 학습하고, 일반 텍스트 편집기와 인용 처리기를 선택해 능숙하게 사용하고, XML, HTML, 마크다운, 데이터베이스, CSV(쉼표 분리 값) 테이블에 익숙해지고, 유용한 파일 관리 기술을 배울 필요가 있다. 게다가 필자는 〈표 8-1〉에서 대학원생에게 유용한 특정 소프트웨어 패키지에 대해 몇 가지 기본 추천 사항을 제시했다.

표 8-1 대학원생에게 유용한 소프트웨어 패키지 추천 사항

프로그램 종류	초급자 적합	디지털 인문학 기준	오픈 소스
일반 텍스트 편집기	비주얼 스튜디오 코드 (Visual Studio Code)	서브라임 텍스트(Sublime Test)	빔(Vim) 또는 이맥스 (Emacs)
인용 처리기	엔드노트	조테로	조테로
콘텐츠 관리 시스템 (때로 웹사이트 구축에 활용)	워드프레스	오메카 또는 드루팔	워드프레스, 오메카, 지킬을 사용한 깃허브
매핑 엔진	구글 어스 또는 구글 내 지도	ArcGIS(그리고 변형한 방식의 스토리맵 같은 내러티브 맵)	QGIS
데이터베이스	파일메이커 프로 (FileMaker Pro)	MySQL	MariaDB
명령어 인터페이스	macOS 터미널/윈도우스 파워셸(사용자 컴퓨터에 사전 로드된 인터페이스)	피시(Fish) 또는 다른 유닉스(Unix) 셸(예: 기본 설정된 셸 이외의 다른 셸을 실험해 보라)	KiTTY, AlacriTTY, 아이텀2(iTerm2) 같은 터미널 에뮬레이터
스크립트 언어	파이선[학습 환경을 위해서 주피터(Jupyter), 노트북스(Notebooks), 아나콘다(Anaconda)를 시도하라]	파이선[포괄적 파이선 라이브러리를 위해서 사이파이(SciPy) 생태계를 시도하라]	파이선

다시 말하자면 학생이 디지털 인문학 공동체에서 여러 부분을 망라한 만능 코딩 언어를 찾고자 한다면, 최선 선택은 바로 파이선이다. 학생들은 코딩 여름 학교, 비영리 칸 아카데미와 같은 온라인 프로그램, 소속 기관에서 제공하는 수업 등을 통해 파이선을 배울 기회를 찾아야 하며, 학생들은 복사, 공유, 편집을 위해 깃허브를 사용함으로써 코드 학습에 익숙해지고 아울러 특정 코딩 질문에 대한 답변을 위해서 스택 오버플로 Stack Overflow를 사용하는 데 안정감을 가질 수 있어야 한다.

디지털 인문학의 대학원 교과 과정 통합

대학원 교과 과정 수준에서는 처음부터 자신의 소속 학과의 강점과 우선순위 판단이 무엇보다도 핵심적 요인이다. 소속 학과는 석사 학위, 박사 학위, 디지털 인문학 인증서, 교과 과정의 기술 중심 혹은 미디어 중심의 흐름 등을 제공할 수 있지만, 대개는 교육자는 이러한 분야의 범위에서 홀로 있을 가능성이 높다. 따라서 일반적으로는 디지털 인문학에 연계되어서 또는 특정 분야에서 디지털 인문학에 관련해서 어느 것에서든 대학원 수준 교과 수업을 정상적 상황에서 수행하기가 거의 불가능해 보인다(만약 교육을 담당한다면 웹 컴패니언 자료에서 표본 강의 계획서 링크를 참조하라). 이 장의 나머지 내용은 실제로 디지털 인문학 교과 과정을 가르치기보다는 오히려 학과의 대학원 교과 과정에 디지털 인문학을 통합한다고 가정하고 있다.

수업 내 교과 활동

학부 교육과 마찬가지로 수업 내 활동은 교과 과정 전체에 미치는 영향이 가장 적어서 위험 수위가 가장 낮으며 그래서 디지털 도구 실험에 가장 적절한 기회가 될 수 있다. 제4장의 교과 활동들은 모두 대학원생 활용에 잘 맞을 수 있지만, 학생들이 교과 활동을 더 신속하게 이해하고, 교과 활동의 가치에 대해 더 의심하기를 기대하고, 더 공식화된 방식으로 교과 활동을 추구하는 방법에 관련된 교육 지도의 요청을 위해서 사무실 면담으로서 일정한 만남의 요청 등을 기대할 수 있다. 더 나아가서는 대학원 수준에서 이러한 종류의 실습 활용은 디지털 인문학에 대한 비판적 또는 이론적 토론으로 이어질 수 있거나 이루어져야만 한다. 학생들을 가르치는 도구와 기술의 문제점과 단점에 관한 토론으로의 유도를 고려하기 바란다. 그리고 학생들이 교과 과정의 수강 이후에 해당 분야에서 한 걸음 앞서 나간 훈련을 원한다면, 이 책에서 개괄적으로 다룬 교과 활동들을 대학원 과정에서 훨씬 정교한 연구 프로젝트와 연구 목표에 연결하기를 바라며, 이들 분야에서 한층 앞선 훈련의 기회(이후에 논의 예정)로 이어지기를 역시 바란다.

단기 교과 과제

단기 교과 과제는 이러한 과제들이 장기 연구 논문에 대한 관습적인 강조를 근본적으로 방해하지 않기 때문에 대학원 과정에 디지털 인문학 요소의 통합은 상대적으로 위험도가 낮은 방법이다. 단기 교과 과제는 학생들이 한 개의 시詩의 디지털 편집판을 만들거나, 역사적 지도의 장소를 지리적으로 검색하기 위해 효과적인 매핑 도구를 사용하거나, 짤막한 영상 프레젠테이션을 만들도록 하는 것으로부터 무엇이든지 포함할 수 있다. 물론 소규모 교과 과제를 특별히 학문적 기준들, 즉 텍스트 인코딩 이니셔티브TEI 지침에 따라 인코딩된 텍스트 또는 서지 기록FRBR 도서관 기준을 위한 기능적 요구 사항을 사용해 기술된 저서들처럼 특정 학문적 기준에 더 초점을 맞추길 원할 수 있으며 여기에서도 제4장에서 지금까지 개괄적으로 다룬 것 중 대부분의 내용이 여전히 효과적일 수 있다. 단기 교과 과제는 기존 디지털 인문학 프로젝트와의 연결이 학생들에게 상호 이익을 보증하고 흥미로운 영역이 될 수 있는 영역이기도 하다. 필자가 제9장에서 학생 노동의 착취를 피해야 하는 중요성을 강조하지만, 대학원 단기 과제 프로젝트 학생들의 작업으로부터 혜택을 받을 수 있듯이 학생들 역시 디지털 인문학 프로젝트 경험으로부터 나온 혜택을 얻을 수 있다. 최상의 시나리오에서 그와 같은 작업이 공식적인 조교직, 여름철 유급 작업, 학생들의 논문과 연관된 장기 프로젝트로 이어지기도 한다. 대학원생에게 소개하려는 목적으로 손수 프로젝트를 만들어낼 필요가 없으며, 만약 특정 연구 분야에서 활동 중인 프로젝트가 있다면, 해당 프로젝트 구성원은 학생들과 협력해서 교육적 목표뿐만 아니라 광범위한 디지털 인문학 세계로 연결되는 일부 목표 모두를 충족하는 단기 과제로 연결될 수 있다.

디지털 프로젝트 또는 세미나 논문 중 선택

대학원생이 세미나 논문 대신 디지털 프로젝트를 구현하기 위해 허가를 요청할 수 있다. 세미나 논문 형식을 포기하려는 요청을 당연히 주저할 수 있으며, 학생들은 요청 자체를 불안해하거나 죄악감마저 가질 수 있다. 이와 같은 상황은 이해할 만한 일이기도 하다. 그레그 서멘자Greg Semenza는 대학원생의 관점에서 세미나 논문의 견인력을 탐구하면서 다음처럼 설명하고 있다.

세미나 논문은 자신의 관련 과정 자료에 대한 지식을 보여주고 논문 작성 및 학술 출판의 어려운 작업에 대비할 수 있게 해주기 때문에, 학문적 훈련의 필수 요소로 정확하게 이해될 수 있다(Semenza, 2010: 91).

그렇지만 필자는 학생이 학위 요건을 충족하기 이전에 완성할 세미나 논문의 수를 추정하는 시간을 잠깐이라도 할애하기를 강조하고 싶다. 대학원 학업의 광범위한 생태계 범주 안에서 고려해 볼 때 하나의 전통적인 논문을 비전통적인 논문 형식으로 희생시키는 일종의 대체 방안은 현명할 수 있으며 최소한 수용 가능한 타협이 될 수 있다.

동시에 만일 학생이 선택한 하위 전공 분야에서 공식 학술지에 논문과 유사한 한 개의 서면 결과를 완성하지 못했고, 해당 전공 분야에서 바로 그 학생에게 교과 수업을 진행하고 있다면, 다른 형식으로 대체하는 것을 잠시 보류해야 한다. 디지털 프로젝트는 일반적으로 학생의 노동을 연구 주제와 프로젝트의 디지털 측면을 다루는 노력으로 구분된다. 다시 말하면 특히 만약 학생이 이러한 기술을 교육, 전문화, 미래 프로젝트에 다시 재사용할 수 있다면, 필자는 대체로 이와 같은 타협이 일반적인 가치를 보일 수 있다고 생각한다. 그렇지만 만약 학생이 특정한 인문학 전공 분야에서 '전통적인' 학문적 직위를 희망한다면, 디지털 프로젝트는 학문적 위상에 비견할 또 다른 지표를 대체하기보다는 오히려 보완되어야만 한다고 본다. 그리고 특별하게 프로젝트의 기술적 측면이 본래 예상된 양적 추측보다 훨씬 장기간과 상위 수준의 노력이 소요되며, 아울러서 그러한 이유로 인해서 당위성의 해석 단계, 즉 데이터 혹은 결과물을 취하거나 정교한 학술적 논증을 조절하는 단계를 위협할 수 있다는 이유로 인해서 다른 방안을 찾기보다 앞서 제기한 보완의 방식을 고려하는 것이 확실한 수단이 된다.

결과적으로 만일에 교육자가 교과 과제를 디지털 인문학 프로젝트로 전환하려는 학생의 요청을 그대로 받아들일지 확신할 수 없다면, 가장 안전한 선택은 혼합(하이브리드) 프로젝트 논문이 가능한 선택일 수 있다. 이러한 경우에 학생은 전통적인 학술적 '제출 가능 결과물'(논문, 참고문헌, 논평, 하나의 장 등)을 만들어내지만, 이들을 디지털 구성 부문으로 보완하고, 또는 전통적인 논증에 대한 증거로 데이터 모음이나 시각화를 제공하고, 혹은 디지털 플랫폼을 응용해서 전통적인 논증을 표방한다. 이것은 학생에게는 엄청난 노력을 요구할 수 있지만, 교과 과정에서 디지털 인문학을 통합하는 데 수반되는 위험 부담을 낮추는 방법이다. 더 이상의 추가 노력을 줄이려면 서면으로 구성하면서 단어 수를 줄이고, 학생이 사전에 인지하고 있는 플랫폼을 활용하도록 하고, 작업 내용에 형식을 갖추게 한다. 이러한 과정들은 바로 해당 교과 과정에서 필요한 다른 교과 과제로 평가 계산에 포함되거나 학생의 노력을 보조금, 연구비, 기타 전문화 기회 등과 연결해서 도움을 줄 수 있다.

대학원 과목에서 서비스 교과 과정

만약 대학원 과정을 가르친다면 담당 교육자가 가르칠 수 있는 모든 전문화 분야를 위해서 학생이 서비스 교과 과정을 가르침으로써 기본적인 학위 요건을 충족시킬 수 있도록 도와야 할 것이다. 일반적 서비스 교과 과정에는 교육학, 전문성 개발, 출판 관련 수업 등이 포함된다. 교육학 과정에서 학생들에게 간단한 디지털 교과 활동을 설계하게 하고, 그런 후 수업 동안 동료 대학원생들에게 강의 시간을 통해 교과 활동을 '확인 분석'해 보도록 요구할 수 있다. 이 책에서 언급한 원칙들을 학생들이 사용하도록 격려하라(예: 스스로 반추하는 요소를 포함하고 학생들의 실패에 대한 두려움을 최소화하기 위해서 교과 활동을 단계적으로 구성하라). 전문성 개발 과정의 학생들은 자신의 힘으로 인문학 커먼스Humanities Commons, 웍스Wix 또는 위블리를 사용해 기본적인 전문적인 웹사이트를 구축할 수 있으며, 또한 디지털 문해력을 교육하거나 혹은 대중 인문학 홍보 목적으로 디지털 인문학을 응용하는 중요성에 관련된 대담 연계 질문에 제대로 답을 표현하는 방식을 연습할 수 있다. 출판 관련 수업에서는 학생들이 교과 과정을 위해 수정을 덧붙이는 논문의 주장을 예시로써 표현하기 위한 시각화 작업을 수행하도록 할 수 있다. 그리고 학생들에게 인용 처리기를 사용한 실습도 할 수 있다.

앞에서 언급한 서비스 교과 과정에 더해서 각각의 대학원 프로그램이 일반적으로 연구 방법(예: 역사 분야에서 역사 기술, 인류학 분야에서 문화 방법론, 여성 및 젠더 연구 분야에서 젠더 이론, 심리학이나 커뮤니케이션에서 양적 방법론, 문학 분야에서 서지학 또는 저서 역사, 정치학 분야에서 정치 이론 구성 부문 등) 중에서 하나 또는 그 이상의 교과 과정들이 있다. 보통은 방법론 수업이 신입생을 대상으로 하고 있어서 어떤 디지털 구성 요소는 신입생의 초보적 위상을 존중해야 하며, 강의 계획서에 명시된 교과 목표를 철저하게 준수해야 한다. 이러한 관련성은 명확하다고 볼 수 있다. 즉, 전문 분야에서 설정된 학문적 기본기로서 디지털에 대한 능숙도가 기본적인 연구 방법의 추구에 어떤 방식으로 디지털 기술을 활용하는지에 대답이 될 수 있다.

로스는 대학원 문학 연구 방법론 과정에서 학생들에게 인용 처리기 그리고 일반 텍스트 편집기 사용법과 함께 연구 데이터베이스 및 도서관 카탈로그를 쿼리하는 방법, 디지털 아카이브 자료와 상호 작용하는 방법, 원본 텍스트를 디지털화하는 방법(스마트폰 앱과 구글 드라이브를 통한 디지털 이미징 및 광학 문자 인식, 마크다운을 활용해 간단한 텍스트 인코딩, 깃허브를 통한 버전

추적) 등을 가르치고 있다. 기계를 기반으로 전문 분야의 교과 작업을 모델링하는 것에 그치지 않고 어떤 교과 활동이나 교과 과제라도 단순하고, 선택적이고, 상호 협력적이어야 한다. 학위 과정에서 앞서 가는 학생들에게는 더욱 도전적인 요구 등이 제기될 수 있다. 이러한 상급 학생들은 또한 전공 시험, 진행 중 논문, 다가올 직업 면접 등을 지원하기 위해서 디지털 교과 과제를 설계할 수도 있다

대학원 교과 과정의 모든 단계를 위한 디지털 인문학 조언

인문학 프로젝트가 새로운 방식에서 대학원생의 연구 주제와 상호 작용 과정을 허용하며, 새로운 보조금 또는 연구 장학금의 기회와 함께 인문학에 연관된 흥미로운 새 미래를 열어주는 등 여러 가지 이유로 디지털 인문학 프로젝트에 관여하는 상황을 보면서 필자가 때때로 흥분감을 가지기도 하지만, 디지털 기술을 개발하고 디지털 과제를 완성하는 것은 상당한 시간을 요구한다는 사실을 인정해야만 한다. 그리고 대부분 대학원생은 시간이 매우 빠르게 흐르는 상황에서 작업을 수행하기 때문에 이러한 노력은 학생 자신에게 실제적인 기회비용을 의미한다. 이러한 위험성에도 불구하고, 필자는 궁극적으로 신중하면서 분별력을 갖추고 디지털 인문학 분야에 참여하는 방법이 대학원의 여러 학위를 향상하리라고 믿고 있다. 디지털 인문학 작업의 기획 수립은 말 그대로만 본다면 만일 해당 계획들이 학위 수행 프로그램의 각각 단계에서 학생들의 관심사 변경과 마쳐야만 하는 의무 등을 보완할 수 있다면, 시간의 촉박함에 대해서 부정적으로 여기는 대신 오히려 긍정적 동반 요인으로 삼을 수 있다. 〈표 8-2〉에서 필자는 대학원생이 학위의 어느 단계에서든 그들이 보여주는 디지털 인문학 관련 노력이 해당 학위 프로그램을 통해서 대학원생의 수행 과정을 훼방하기보다는 오히려 학위 취득을 북돋우기 위한 조언을 제공

표 8-2 대학원생 범위로 디지털 인문학 통합하기

주요 단계	대학원생을 위한 조언	지도 교수를 위한 조언
신규 채용	디지털 판본, 웹사이트, 참고문헌, 기타 프로젝트에 참여하는 교수진을 찾으라. 전공 분야에 속하든 그렇지 않든 상관없다.	비전통적인 교과 과정과 논문에 대한 관심과 디지털 인문학 기술을 가르칠 수 있도록 학생들이 원천 자료를 찾을 때 도우려는 의향을 적극적으로 표현하라.
석사 학위 논문	특정 디지털 인문학 기반 영감을 일으키는 프로젝트를 결정하기 이전에 논문 지도 교수와 학과장에게 연락해 보라. 그리고 여전히 디지털 인문학 관심사를 통합하지만, 학과와 지도 교수의 요구 사항에 부합하는 '플랜 B'(대안적) 프로젝트에 대해 생각하라.	교육자보다 오히려 학생이 추구하려는 경력 흐름에 기초해 석사 논문에 관한 기대감을 조절해야 하지만, 학과의 논문 수용 여부에 대해 냉엄한 상황을 꼭 전달하라.
석사 과정 구두 시험과 필기 시험	시험 경험을 다른 사람들과 공유하기 위해서(또는 시험을 치르기 위해) 다양한 미디어 플랫폼들을 활용하라. 가능하면 시험을 보기로 한 같은 교실에서 사전 연습을 실행하라.	시험을 수용할 수준을 묘사하고 또는 비전통적인 시험 형식을 위한 기술적 지원을 제공할 수 있다.
박사 학위 지원	디지털 작업을 도울 수 있는 사람들과 함께 해당 콘텐츠에서 조언을 할 수 있는 교수를 확인하라.	특히 디지털 인문학 친화도와 관련해 학생이 지원하는 학과의 개별적 특성을 분명하게 밝히라.
교수진 구성	컴퓨터 공학, GIS, IT, 뉴미디어, 공학 외부 교수진 또는 외부 도서관 시설을 발굴하라.	교과 작업을 이해하기 어렵게 만드는 과목에서의 기준들을 외부 교수진에게 설명하라.
박사 자격 시험: 디지털 인문학 주제	수사학에 대한 예리한 안목을 가지고 광범위하게 읽고, 디지털 인문학의 대화에서 최신 상태를 유지하라. 가능하다면 이러한 대화에 적극적으로 참여하라.	학생이 최신의 그리고 대부분을 망라한 독서 목록을 작성할 수 있도록 제9장에서 필자가 논의한 또 다른 부차적 참고문헌 및 디지털 인문학 공동체에 익숙해지고 편안해지도록 하라.
박사 자격 시험: 디지털 인문학 방법	출제 시험 및 평가 형식에 관해서 어떤 것이든 차이점이 있다면 확인해 보라. 미리 사전 연습을 실행하라.	디지털 인문학 프로젝트를 평가 기준이 공정함을 보장하는 차원에서 디지털 인문학 관련 교과 작업의 평가 기준을 학과장과 논의하라.
디지털 인문학의 박사 학위 논문 보조 자료로서 활용	논문 이외에 디지털 프로젝트 수행을 위해 짊어져야 하는 것으로서 프로그램에서 필요한 사항들 안에서	프로젝트 범위에 대한 한정을 제안함으로써 그리고 명확한 결과와 평가 기준을 정의하고 학생이 교과 작

주요 단계	대학원생을 위한 조언	지도 교수를 위한 조언
	너무 많은 시간을 요구함으로 인해서 해당 프로그램을 제대로 마치지 못하는 상황이 도래하지 않도록 확실히 하라.	업량을 합리적으로 유지할 수 있도록 도우라. 이러한 사항들은 학과 절차와 대조해 확인해 두어야 한다.
비전통적 박사 학위 논문	박사 학위를 위해 작성하려는 내용이 명확한 개요를 보여주는지, 그 개요가 지도 교수 및 학과와 상의를 통해 구성되었는지 확인하라. 비전통적인 논문을 작성하는 프로그램에서 다른 학생들과 상담하라.	학생의 비전통적인 학위 논문이 학과와 대학에 의해 수용되고 인정될 것인지 그리고 모든 구성 요소의 절차가 사전에 명확히 하라.
박사 학위 논문 방어	논문 방어에서 사용하는 모든 기술을 두 번, 심지어 세 번까지 철저히 확인하라. 표준을 넘어서 등장할 질문, 특히 작업 흐름의 세부 사항에 관한 질문과 기술 통합을 방어하기 위해 대비하라. 직무를 위해서 박사 취득 후 계획(관련 출판물 및 디지털 프로젝트 유지 가능성 계획 포함)을 마련하라.	모든 기술(프로젝터, 컴퓨터 등)의 필요한 요소들이 방어를 위한 장소에서 사용 가능한지 확인하라. 모든 평가 참석자들(위원장 및 외부 심사위원 포함)이 논문의 속성을 이해하고 있으면서 해당 경험 사항에 준비되어 있는지 확인하라.
학위 완결 후 소속 기관 떠남	졸업 후 1년 이내에 대학이 이메일과 클라우드 저장소를 차단하기 때문에 현재 사용하는 메일과 저장소를 이동 가능한 계정으로 이전할 계획을 세우라. 지금 진행 중인 프로젝트들을 현재 소속 기관에 남겨두어야 할지 아니면 다른 계정으로 이동할지 결정해야 한다. 현재 소속 교육 기관을 통한 접근 가능한 필요 소프트웨어 어느 것이라도 접근할 수 있는 새로운 방법을 찾으라.	학생이 소속 기관을 떠난 후에 프로젝트를 지속하도록 대학에 요청할 수 있는지(또는 원하는지) 등을 조언하기 위해 장기 프로젝트 관리하기에 기관의 접근 방식에 대해서 알아보라. 디지털 프로젝트가 기관의 재산으로 간주되는지 아니면 학생이 원하는 대로 계속 사용하려는 바람에 따라 학생의 소유로 간주되는지 알아보기 위해 지식 재산에 대한 기관의 접근 방식에 대해 알아보라.

하고 있다.

〈표 8-1〉에 제시된 디지털 인문학 및 논문(또는 학위 논문)에 관련된 권고 사항을 넘어서 필자는 논문(또는 학위 논문)이 대부분의 박사 학위의 핵심이기 때문에 몇 가지 더 조언을 제시하고 싶다. 학생의 디지털 노력이 학위 논문 전부를 차지하는지 아니면 유일한 보완 내용에 한정되는지 어느

입장을 선택하든 대학원생의 지도 교수와 논문 심사 위원은 학생들의 이러한 노력을 적극적으로 지지해 주어야 한다. 캐슬린 피츠패트릭Kathleen Fitzpatrick은 ≪고등 교육 크로니클Chronicle of Higher Education≫에서 이러한 필연성을 인정해야 한다고 언급하고 있다. 이 글에서 피츠패트릭은 대학원생이 비전통적인 논문을 작성해야 하는지 아니면 반드시 하지 않아도 되는지를 물었던 질의응답을 기억하고 있다.

> 망설이는 마음이 일각이라도 말 사이의 개입하기 전에 나는 "위험을 감수할 일을 진행하라"고 불쑥 말을 꺼냈다. (말을 하고는) 나의 근심이 거기로부터 시작했다. 즉, 나는 그녀의 논문 지도 교수가 아니고, 그녀가 학위 취득을 위한 진행 과정에 갈등을 촉발하고 싶지 않고, 학과가 실제로 지원할 것에 대해 근거 없는 기대감을 조성하고 싶지 않다. 그래서 나의 (답을 던지는) 즉각적인 자격은 다음과 같다. 바로 "누군가가 당신을 후원하고 있는지 반드시 확인하라. 그렇지만 위험을 감수하도록 하라"고 말을 전한 것이다(Fitzpatrick, 2011. 9.25: par. 2)

피츠패트릭은 학생 지원 책임과 부담은 교수가 져야 함을 상기시킨다. 필자는 어느 정도 일부나마 위험을 감당할 수 있으며, 또한 그래야만 한다.

이것은 학생이 마음에 두고 있는 어떠한 프로젝트라도 동의해야 한다는 점을 의미하지는 않는다. 예를 들어서 교육자가 소속 학과로부터 지원을 받거나 수용될 수 있는 프로젝트에만 동의할 수 있는지를 반드시 확인해야 한다. 교육자와 해당 학과가 그와 같은 프로젝트가 학생이 취득하려는 학위 요구 사항을 충족시키고 전문화에 공헌할 가치에 대해서 양측 모두 동의한다면, 교육자는 다른 학생들에게 제공하려는 이상으로 해당 학생에게 지원(또는 다른 종류의 지원)하려 할지 모른다. 필자는 논문 심사 공식위원 역할을 요청하지 않은 학생들에게 상당한 상담 시간을 가진 적이 있었다. 비록 이것은 이와 같은 시간 투자를 연례 평가나 이력서에 공식적인 멘토십으로 '계산'해 넣을 수 없음을 의미하더라도 필자는 이러한 노동을 학과의 임시적 또는 특수한 봉사 정도로 분류하는 방법을 찾아내었다. 만약 교육자가 학생을 멘토링하기 위해 시간 부족 및 지식 결핍 등을 생각한다면 제9장을 참조해서 교육자는 학생들을 지원하는 방법을 발견할 수 있을 것이다.

외적 기회들

앞서 언급된 이정표들은 대학원생들이 디지털 인문학을 실습할 수 있는 잠재적인 방식들 모두를 포함하지 않기 때문에 대학원생 멘토링 맥락에서 내적 및 외적 지원 네트워크를 고려해 보라. 지도 교수는 대학원생들이 전문성 개발을 위해서 적절한 기회를 파악하도록 도와야 한다. 대학원생이 외적 기회를 탐색하는 시작을 돕는 가장 간단한 방법으로는 대학원생의 외부 연구 활동을 공유함으로써 또는 교육자의 연구 활동을 학생들과 공유함으로써 본보기를 보이는 것이다. 레네 탕고르Lene Tanggaard와 샤를로테 베게너Charlotte Wegener는 "학생들을 연구 공동체에 남도록 하고 싶다면, 공동 저술, 공동 회의 참여, 자금 지원 기회 등 교육자의 연구 활동에 학생들을 참여시키도록 초청하라"고 심지어 조언한다(Tanggaard and Wegenr, 2017: 155). 물론 제9장에서 필자가 제안한 회의, 워크숍, 훈련 과정, 연구 장학금, 자금 지원 프로젝트 참여 등의 활동은 모든 교수진과 함께 거의 모든 대학원생에게 열려 있다. 이들 활동에 관해서 여기에 추가할 점은 지도 교수로서 교육자이든 멘토로서 역할을 하든 학생들이 이 분야에서 자리를 잡을 수 있도록 여러 활동 및 기회 들과 연결해 주고, 지원서를 작성해 주고, 소개해 주어야 한다는 것이다. 디지털 인문학에서 꽤 인기 있는 공동 발표 및 논문은 이러한 멘토링이 학생들을 위해서일뿐만 아니라 교육자에게도 작용력이 있음을 보장한다.

학생의 전문화를 돕는 가장 강력한 방법으로서 출판에서 학생들과 협력하는 것이다. 교육자는 학생들에게 관련된 논문 공모와 참여 요청을 촉진함으로써, 출판 가능 형태로의 작업이 될 수 있는 교과 과제를 식별함으로써, 글쓰기 작업의 피드백을 제공함으로써 학생들을 이미 돕고 있는 듯하다. 전통적으로 단독 저자 중심으로 진행되는 인문학 분야 내에서는 그와 같은 멘토링은 논문이나 저서의 각주 또는 감사의 글 형태로 인정된다. 그러나 여러 디지털 인문학 연구는 과학, 기술, 공학, 수학STEM 및 컴퓨터 공학CS 분야의 협력적이면서 다중 저자 연구와 유사한 형태를 보여주며, 이와 같은 상황은 실질적으로 연구 등 작업에 공헌을 제공한 멘토에게 공동 저자 지위를 부여하는 것은 종종 의미를 가질 수 있다고 본다. 어쩌면 시각화한 데이터 세트를 학생들이 제공했거나, 교육자의 수업 결과로 직접 개발되었거나, 또는 학생의 연구가 보조금이나 디지털 인문학 이니셔티브를 기반으로 발전되어 프로젝트 담당자가 되었을 수 있다. 사실 만약 연구가 학문 분야들이 연관된 학제 간이면서 컴퓨터 공학 분야를 대상으로 하려고 시도한다면, 공동 저자가 필요하며 단독 저자는 동료 평가 과정에서 위험성의 원인이 될 수 있다.

전통적 인문학 출판 환경에서조차 이미 자리 잡은 학자의 성명이 작품의 수용 및 거절 부분에서 차이를 가져오기도 한다. 단독 저자에 뿌리를 둔 문화 그리고 협업에 기반을 둔 또 다른 저작 문화, 이 두 가지의 다른 저작 권위를 성공적으로 탐색하기 위해서는 저작 권위에 관한 결정을 의식해야 한다. 배터실의 경우 학생에게 피드백을 제공해야 한다면, 글쓰기 자체가 논증의 핵심이기 때문에 공동 저자로서의 두 번째 저자 위치를 추구하지 않는다. 배터실이 창립 구성원인 모더니스트 아카이브 출판 프로젝트MAPP 팀의 경우 학생의 참여나 고용을 결정하기 이전에 저작권에 관련해 모든 사람이 동의해야 한다. 공식적인 합의는 사전에 어떤 노동이 어떤 결과를 가져오는지를 설정한다. 대학원생들을 멘토링할 때 배터실의 방책은 바로 한 가지 질문 "학생에게 최선의 결과는 무엇인가?"를 중심으로 하는 것이다. 일단 협업 프로젝트가 진행 중이고 저작권 조건이 합의되었다면 인문학 컴퓨팅 분야에서의 관례로서, 즉 저자 기여 성명 요구를 따르라. 여기서 성명이란 누가 무엇을 했는지에 대한 명시적인 표현을 가리키며 이것은 미래에 발생할 수 있는 권한에 대한 혼란(예: 학생이 취업 시장에 진입하거나 교육자가 연례 평가를 받는 경우)을 피하려는 의도이다.

전문화 그리고 취업 시장

디지털 인문학 분야에서 상당한 경험을 가진 졸업생들은 자신들이 이러한 경험에 관해서 효과적으로 글과 말로 표현할 줄 알기만 하면 특히 세련되고 숙련된 인재로서 면접관이나 임용 위원회를 마주할 것이다. 그렇지만 디지털 인문학은 연구 장학금이나 정교수 직책을 만들어내는 도깨비방망이가 될 수 없다. 대규모 보조금이 급작스럽게 새로운 박사 후 연구원 또는 프로젝트 관리자 직위를 생성하기 때문에, 비록 일부의 디지털 인문학을 전문 분야로 하는 정교수 직책은 낙타가 바늘구멍 지나가처럼 거의 불가능하다는 의미로 기적이라고 말할 수 있지만, 위와 같은 '후원 재정 지원'의 직위는 통상적으로 보면 단기직에 불과하다. 학생들이 들어가려는 전문 커뮤니티 안으로 사회화를 통해서 인도함으로써 학생 지위로부터 (사회 속에서의) 동료로 전환해 준비시키는 단계인 전문화를 위해 대학원생을 멘토링할 때는 주요 프로젝트, 기관, 프로그램, 디지털 인문학과 관련된 조직 등과 함께 전문 분야로서 디지털 인문학의 역사를 안다는 점이 졸업 이후에 이러한 선택 사항들을 검색하는 과정에 도움되기를 기대할 수 있을 것이다. 더 읽을거리에 나열된 더 일반적인 구직 조언서를 살펴보고 더불어 에이미 에어하트Amy Earhart의 『전통적인 요소 그리고 현대적인 혁신Traces of the Old, Uses of the New』과 같은 문헌을 검토함으로써 이 분야에 깊은 역사를 더 깊게 파악하는 시도는 교육자와 학생 들이 사실과 허구를 분리하도록 유도하며, 디지털 인문학이 학생들의 기능 및 성과를 알리는 데 담당하는 역할에서 합리적인 기대를 설정할 수 있다.

2000년대 후반과 2010년대 초반에 대중적 관심의 폭발이 인문학 컴퓨팅으로부터 학문적 접근의 새로이 합체된 네트워크로서 디지털 인문학을 에워싸고 있었다. 공공의 관심사를 다루는 신문과 잡지 그리고 고등 교육 정기 간행물에서 디지털 인문학을 주목했던 현상은 새로운 학문에 환영할 만한 관심을 가져왔을 뿐만 아니라 일부지만 곡해된 정보의 여지도 남기면서 널리 번져 나갔다. 디지털 인문학 프로젝트에 의해 생성된 막대한 보조금에 대한 귓속말과 함께 여러 이야기는 디지털 인문학이 인문학을 구할지 아니면 파괴할지 격렬한 논쟁이 디지털 인문학 주변에 떠도는 이해하기 쉽지 않은 분위기 형성을 촉진했다. 예를 들어 매트 K. 골드Matt K. Gold와 로런 클레인Lauren Klein이 엮은 『디지털 인문학 논쟁 2019Debates in Digital Humanities 2019』를 읽는 과정을 통해서 디지털 인문학 주변의 논쟁 인식은 학생이 면접 중에 디지털 인문학을 회의적으로 바라보는 사람을 의도치 않게 실수로 소외시킨다거나 잠재적 동맹을 포함한 열띤 논쟁으로 무의식적으로 뛰어들지 않고 거리를 유지하도록 도움을 줄 것이다.

그런 모든 심각한 경고들 이후에는 좋은 소식을 공유해 보겠다. 즉, 실질적으로 디지털 인문학 활동 모두가 전문성 시도의 유용한 기회이다. 대부분의 디지털 인문학자들이 자신의 작업을 공유하고 학문적 정체성을 확립하는 일상적 습관으로서 흥미진진한 디지털 인문학 활동과 교과 과제로 채워진 견고한 교육 포트폴리오의 보유, 코딩이나 도구 및 웹사이트를 구축하는 방법 이해하기, 작업한 프로젝트 발표를 위해서 학회 세미나 모임 참여하기, 디지털 지도·차트·도표·시각화 등 제공되는 모든 사항은 학생들에게 취업 시장에서 우위를 점하는 데 중요하다. 이것은 협업 출판이 대학원생들에게 동료 평가자들의 의견 개진 내용을 다루는 방법을 배우고, 출판 표준에 부합하는 논문을 구성하고, 선배 동료들로부터 글쓰기와 출판 과정을 배울 수 있는 이상적인 방향의 돌파구로서의 분야이기도

하다. 게다가 경쟁적인 환경에서는 취업 시장에 진입할 때 몇 가지 출판물을 소지하는 것은 더 이상 말로 표현할 필요 없는 필수적 요소이다. 그렇지만 학문 분야에서 출판이 정말로 중요하다는 사실을 염두에 두도록 하지만, 출판을 너무 특권인 양 바라본 결과, 학생이 자신을 아주 잘 다듬어진 그리고 전문가 위상으로서의 정체성을 형성하지 않도록 유의하라.

여기서 말하는 잘 다듬어진 정체성이 가리키는 본래 의미는 다양하게 접근 가능한 온라인 프로필 세트의 생성 과정을 포함한다. 즉, 다시 말하면 '온라인에서의 존재성'의 창조를 가리킨다. 학생들에게 도움을 주기 위해서 제러미 보그스는 "기술을 수업 안팎에서 활용하는 모든 교육자는 자신을 책임 있고 유익한 목표를 위해 해당 기술을 어떤 방식으로 적용, 응용하는 당당한 본보기 모델로 바라보아야 한다"라고 주장하고, 모든 교사에게 학생들과 소셜 미디어 계정을 공유함으로써 "교과 전체 관리 부분에서 완전히 투명해야 한다"라는 조언을 제시하고 있다(Boggs, 2013: 81). 비록 보그스가 "학생들이 따를 수 있는 예시를 설정하는" 가치에 비중을 두고 있지만, 이를 통해 학생들이 "기술 사용에 대해 더 비판적 관점으로 생각을 정리할 수 있게 될 것이다"(Boggs, 2013: 82). 대학원생의 전문화에 따라 학생 자신들의 웹 존재감에 연관해서 생각을 가져보는 과정이 중요한 일이라 믿는다. 그러므로 학생들은 교육자가 디지털 도구를 사용해서 온라인 전문적 정체성을 어떻게 만들어내는지 그리고 그 정체성이 교육자의 개인적 정체성과 어떻게 상호 작용하는지(혹은 의도적으로 상호 작용하지 않는지) 등을 배울 수 있을 것이다. 그러므로 자신의 복잡한 디지털 세계를 제자리로 줄을 세우는 정리를 시도하는 행위가 대학원생들 그리고 졸업생들이 자신의 웹 존재감을 파악하려는 과정을 크게 도울 수 있을 것이다. 다시 말하자면 각 대학원생 그리고 졸업생이 의도적이고, 전문적이며, 기억에 남게 하는 방향으로 자신들이 원하는 대로 온라인 존재감을 만드는 시간을 갖는 것은 정말로 뛰어난 생각이 아닐 수 없다. 임용 위원회 혹은 학회지 편집자가 학생의 이름을 구글에서 검색할 때 무엇이 드러나는지 반드시 알아야 하며, 이상적으로는 첫 몇 페이지에 등장하는 검색 결과에 그들의 학문적 작업을 적시할 수 있는 어떤 표시라도 꼭 포함되도록 최선을 다해야만 한다. 때로는 매우 흔한 이름의 경우에는 검색 자체가 불가능할 수도 있으며, 물론 이것이 그렇게 문제가 되지는 않는다. 즉, 그 이유는 어떤 임용 위원회도 흔한 이름을 가졌다는 이유로 논문 평가 및 수록 과정에서 해당 사람의 평가를 제외하지 않음을 가리킨다. 그렇지만 만약 검색 결과가 거의 나타나지 않거나 고등학교 배드민턴 대회에서의 학생 사진이나 혹은 파이 먹기 주 대회에서의 우승 정도의 결과들만 나타난다면, 잠재적인 고용주에게 찾은 결과들을 더 매력적으로 보이게 하려는 목적으로 그 학생의 웹 존재감을 증강하려는 시도는 분명히 가치 있는 일일 것이다. 교육자 자신의 웹 존재감이 가장 좋은 방향으로 볼 때 마땅히 이러한 원칙들을 따라야 한다는 이유에서 다음 부분에서는 학생과 함께 교육자에게도 동등하게 적용할 수 있는 조언을 언급하려고 한다.

교육자가 대학원생이든 교수진이든 상관없이 교육자 자신의 구글 검색 결과를 향상하게 만들 수 있는 일부지만 몇 가지 기본적인 방법을 고려해 볼 수 있다. 가장 먼저 이미 출판을 했든지 첫 출판을 위한 연구를 현재 준비 중이든지 고유한 연구자 식별을 돕는 '공개 연구자 및 협력자 IDorCID'에 등록하라. 이것은 연구를 더 발견하기 쉽게 만들어주고, 동일 이름을 가진 다른 사람으로 연결되기보다는 오히려 그와 같은 당황스러운 상황을 방지하면서 해당 출판물을 출판 당사자에게 직접 연결시켜 준다. 그렇지 않으면 작업 결과물이 다른 사람으로 통하는 웹 트래픽이 될 수 있다! 다음으로 교육자는 어디든 가능하다면 괜찮을 수 있지만, 될수록 대학 웹사이트에서 업데이트된 프로필을 유지하라. 대학 웹사이트는 일반적으로 검색 엔진에 최적화되어 있으며, 높은 수준의 트래픽 역량을 보유하고 있다. 소속 기관이 프로필 업데이트 등을 허용한다면, 아무리 간단한 프로필이라도 이러한 유지는 매우 중요한 사항이다. 필자가 추천하듯이 맞춤화를 더 잘 갖춘 접근을 원한다면 개인 웹사이트를 만들면 된다. 이런 일은 매우 간단할 수도 있고(핵심적으로 볼 때 짧은 이력, 사진, 출판물 목록, 연락처를 포함한 온라인 이력서) 더 복잡할 수도 있다(간단한 소개에서처럼 사실에 기초한 데이터를 포함하면서도 디지털 프로젝트 작업, 블로그, 기타 인터랙션 기능으로 풍부해진 구성). 간단한 무료 워드프레스 또는 위블리 사이트로 충분하지만, 이러한 사이트의 템플릿에 맞춤화 설정을 첨가하고 선택한 디자인 요소의 통합이 자신의 디지털 기능을 증명한다는 점을 명심해야만 한다.

비록 소속 대학 및 개인 웹사이트가 검색자에게 권위 있는 출처로 인식된다고 하더라도, 이러한 사이트를 소셜 미디어 계정과 연결하면 교육자는 정말로 매우 높은 구글 연동 결과를 얻을 것이다. 아카데미아Academia.edu 같은 혼합 사이트가 학계를 위한 소셜 미디어 플랫폼으로서 홍보한다는 측면에서 아카데미아 프로필을 만드는 시도를 고려해 보라. 다시 말하면 아카데미아 계정은 강연과 논문 모두가 업로드된 버전을 포함하지 않을 수도 있지만, 심지어 기본적 사안으로만 구성된 프로필조차도 소속 대학 및 개인 웹사이트의 트래픽 부담을 증가시킬 것이다. 구글과의 밀접한 연결로 인해서 아카데미아는 사람들이 검색할 때는 정말로 상위 검색 결과에 나타나게 하는 중요한 요건이다. 그와 반대로 소셜 미디어 계정이 전문적인 성격과 특징을 가지고 있다면, 계정 자체를 공개화하는 방향을 고려해 보라. 일단 이러한 사이트에서 동료들과 친구를 맺거나 팔로한다면, 사용 방식이 분명히 달라진다는 사실을 반드시 염두에 두길 바란다. 만약 개인적이고 전문적인 디지털 존재를 연결하지 말기를 결정한다면, 이것은 완벽하게 합리적인 결정이 될 수 있다. 단지 대학 및 개인 웹사이트를 더 빈번하게 업데이트하는 과정에 더욱 주의를 기울이고, 그리고 자신의 직업적인 소식을 업데이트하기 위해서 동료들에게 이메일을 보내는 시간을 더 많이 할애할 수 있음을 명심하라. 만약 대학원생 지도를 맡고 있다면, 학생들이 이에 연관된 문제에 관해서 조언을 구하러 찾아올 수 있으며, 자신의 특정 정체성과 직업적 목표에 어울리는 소셜 미디어 참여 스타일을 조절하기 위한 지침을 얻으려 할 수 있어야 한다.

비록 대학원생들이 이제는 어떤 형태로든 웹 존재감을 가져야 하는 것이 중요하더라도(특히 최고의 직업적인 측면에서 보여주는 것), 부정적인 자료는 빈약한 온라인 존재감만큼이나 해로울 수 있으므로 주의가 필요하다. 어쩌면 온라인에서의 전문성, 특히 소셜 미디어와 관련될 때는 복잡한 문제임은 두말할 필요도 없다. 이것은 특별하게는 만약 대학원생들이 개인적인 소셜 미디어 계정을 가지고 있고, 그 계정이 공개되어 있고 대학원생들의 개인적인 정체성만큼이나 직업적인 정체성만큼 잘 대변하지 않는다면 더욱 그러한 상황이 분명해진다고 볼 수 있다. 궁극적으로 볼 때 필자는 추가적인 노출이 개인 정보와 맞바꿀 만한 실제적 그리고 인지적 타협 시도가 충분히 가치가 있다고 믿지만, 물론 자신의 본능을 따르고 스스로 안정감을 유지하는 경계선을 형성해야만 한다. 예를 들면 배터실은 최소한의 개인적인 소셜 미디어 사용자로서 편안함을 더 크게 느낀다. 다른 사람들은 소셜 미디어에서 자신을 더 많이 보여주는 것이 편안할 수 있고 이런 현상은 완전하게 괜찮은 현상이기도 하다. 예를 들어, 로스의 트위터 페르소나는 전문적이고 네트워킹에 중점을 두지만, 비록 직업적인 지인과 동료 들과 친구가 되더라도 페이스북 프로필을 정말로 개방적이고 적극적이고 개인적으로 유지하기를 원한다. 그러므로 그녀는 대학 안이든 밖이든 소속 대학, 학생, 동료에 대해 부정적인 어떠한 표현도 언급하지 않도록 매우 주의하며(비록 동료들과 친구가 되지 않더라도 이런 행동은 아마도 가장 안전한 접근임) 그리고 자신을 위해서 이와 같은 부분적 자가 검열이 그녀에게 수용할 만한 수준의 희생이라고 마음먹었다. 페이스북과 트위터를 서로 다른 '영역'으로 활용하는 상황은 그 영역이 어떻게 정의되든지 로스가 소셜 미디어를 직업적으로 사용하지만, 그런 상태가 디지털 사회생활을 완전히 지배하지 않도록 해야 한다. 모든 학문적 소셜 미디어 사용자들에게는 어느 정도의 자기 편집이 권장되지만, 이것은 독특한 페르소나를 개발한다거나 개인적인 정보(일부)를 소통하는 등과 전혀 모순되는 것은 아니다.

트위터는 디지털 인문학 공동체에서 광범위하게 사용되기 때문에 조금 더 고려할 가치가 있다. 그리고 격식과 비격식이 지속적으로 변화하고 있고, 계속해서 서로 부딪히는 매체로서 대표적인 예라고 볼 수 있다. 이것은 트위터 문화로 받아들여지지만, 모든 세대에서 전체 분야 속에서 학문적 문화의 일부분으로 수용된 것까지는 아직 아닐 수 있다. 임용 위원회 중 한 위원에게는 트위터가 저속한 과시용 수단으로 보일 수 있지만 다른 위원에게는 매력적 통솔자로서 또는 유머 감각의 표현 방법으로 받아들여질 수 있다. 공개 계정에서 직업적인 것을 강조하든지 개인적인 것을 잠금으로 유지하든지 공개적(그러므로 직업적인) 페르소나의 절대적 요소로서 받아들이든지 상관없이 이와 같이 트위터 영역을 성공적으로 탐색하는 방법은 수많은 선택이 가능하다. 이 분야에서 필자가 구체적인 조언 제안하기에 주저하는 것은 결국 한 사람에게 효과적인 스타일이 다른 사람에게는 효과적이지 않을 수 있기 때문이다. 그렇지만 만약 대학원생들이 아직 트위터를 사용하지 않았다거나 그리고 지금이라도 시작하고 싶다면(이것은 온갖 기회와 원천 자원에 노출되기 위해서는 아주 괜찮은 결정임) 필자가 웹 컴패니언에서 제공하는 트위터 입문서를 참조하라('트위터' 또는 '소셜 미디어'를 검색하면 된다).

구직에 뛰어든 모든 학자에게 적용되는 일반적인 조언으로서 면접에 잘 응대하기 위해 연습하고 그리고 학생의 겸양 태도와 다른 평등한 태도를 기르고 잘 다듬어지고 흥미를 불러일으키는 직업적 서류를 작성하는 데 (Hume, 2005: 117~240; Semenza, 2010: 195~280 참조)에 그치지 않고 디지털 인문학 교육을 받은 대학원생이 범위를 넘어서 여러 분야에서 면접을 볼 가능성을 염두에 두고 반드시 어느 정도 유연성을 길러야 한다. 예를 들어, 역사학 전공 대학원생에게 적합한 직업은 전공 분야 내부의 직무, 역사의 더 넓은 시대나 이론적 접근을 강조하는 직무, 디지털 역사나 공공 역사 전문가를 요구하는 디지털 인문학 분야의 직무를 포함하고, 박물관, 전시관, 정부 지원 연구 기관의 비학술적 직무 등을 모두 포함할 수 있다. (이력서, 자기소개서, 작문 견본, 교육 철학, 강의 계획안 표본 등의) 직무 자료를 작성할 때는 지원자는 각각 특정 유형의 직종에 알맞은 자료를 여러 개 만들려고 생각할 것이디. 대부분의 인용 위원회가 지원자의 전반적인 학문적 정체성이나 연구 및 교육 분야에서 지원자의 강점에 대한 본능적 반응보다는 해당 학과 부서의 필요성을 우선시하는 관계로 면접 준비도 마찬가지로 다방면에 걸쳐서 엄청난 수준의 노력을 기울여야 한다. 학생에게 면접에 임하기 이전에 각각의 교육 기관을 개별적으로 조사에 필요한 훈련 과정을 과소평가하지 말고 또한 이러한 정보에 대해서 '복습'할 시간을 충분하게 갖도록 권해야 할 것이다.

　지도 교수로서 직무 공고에 제시된 구체적인 요구와 더불어 디지털 인문학에 대한 학과의 주요한 태도(그리고 교육 기관의 행정 방향) 등에 맞게 학생이 면접 중 질문에 대한 답변과 캠퍼스 방문 중 행동 등에 연관된 질문에 관한 답변들과 함께 채용 연관 문서를 적절하게 조절해야 한다는 사실을 분명하게 강조해야만 한다. 디지털 인문학에 능숙하다는 사안은 지원자가 디지털 인문학을 요구하지 않는 직무를 확보할 때 방해 요인은 아니겠지만, 만약에 임용 위원회가 알고자 하는 지원자가 어떻게 조사 과정을 가르치는지 논문의 형태가 어떤지를 확인하려 할 때 디지털 인문학에 관한 대화로 유도한다면 어쩌면 그렇게 받아들여질 수도 있을 것이다. 지원자의 주장을 강화해야 하는 대상은 디지털 인문학 교과 활동을 설득력 있고 창의적으로 교육 방법론 방향으로 그리고 지원자의 분야 및 전문 분야 내에서 혁신적인 연구 의제 방향으로 일관되게 연결하는 것이다. 지원 학생은 또한 임용 위원회의 이력과 지식수준을 파악하고, 특수 용어에 연관된 언어 표현들이 임용 위원회에게 생소한 느낌을 주고 또는 거리감을 가지게 함으로써 부정적 인상을 초래하게 된다면 기술적인 전문 용어를 사용하지 않도록 주의해야 한다. 지원자의 관심사와 임용 위원회의 관심사가 일치하지 않는다면 해당 직무가 적합하지 않을 수 있지만, 그럼에도 불구하고 면접 분위기를 있는 그대로로 파악하고, 위원회가 보내는 신호에 민감하게 반응하기 위해서 노력을 포기할 이유는 하등 존재하지 않는 다는 점을 알아야 한다.

한편 만일에 공고가 특별하게 디지털 인문학 안에서의 직무로 나왔다면 지원자는 특정 학문 분야의 규범 그리고 세부 전공에 너무 가깝게 다가서지 않도록 주의해야 한다. 대신에 지원자는 인문학적 학문 분야의 경계선들을 넘나드는 접근 방식 그리고 질문 사항 등으로 연결을 시도하려는 노력을 반드시 염두에 두어야 한다. 지원자를 선발하는 위원회는 특화된 연구 의제에 대한 헌신을 기대하고는 (그리고 나름 높이 평가할 수도) 있지만, 지원자는 논문 완성에 쏟았던 열정으로 인해서 면접에 임할 때 자신의 논문 주제 그대로를 적용하면서 논지에 의해 지배당하는 상황에 빠져들지 말아야 한다. 이러한 열정은 학문적 연구 과정에서 일반적인 헌신과 인문학적 탐구에 최선을 다하는 증표로 나타나야 하지만, 면접에서 지원자가 자신이 연구자로서 세부 전공에 초점이 맞춰진 직무를 선호한다고 대응함으로써 임용 위원회 의도에 벗어나는 우려의 신호가 되지 말아야 한다. 이것은 여러 디지털 인문학 중심의 직무들이 상당한 양의 디지털 인문학 관련 서비스를 포함하고 있고, 지원자가 다른 학문 또는 세부 분야에서 인문학자들과 분명하게 소통하는 방법을 알고 있어야 하는 것이 중요하다.

어쩌면 위에서 제기된 조언 대부분이 지원자에게 추가적인 노력을 요구한다는 점을 이미 알고 있었을 것이다. 이것은 불행한 진실이기도 하고, 대학원생을 지도하는 위치에 있는 사람들은 (앞서 언급한 것처럼 학생을 외부의 기회와 연결하는 것에 덧붙여서) 동료들과 대화하는 가운데에서 그리고 디지털 인문학에 관련해 약간이나마 남아 있는 의심 또는 전통적이지 않은 것처럼 보이는 프로젝트 등을 제거하기 위한 스스로 할 수 있는 모든 방법을 동원해야 한다. 2011년 블로그 게시물에서 내털리 서시러Natalia Cecire도 유사한 관점에 기초해 교수진이 학생들과 구직자들을 대신해 앞서 언급한 이러한 수고를 당연하게 받아들여야 함을 다음처럼 강조한다.

여기서는 직업의 제도적 구조의 변화에 관해서 이야기를 전하고 있다. 그리고 선임 학자들에게 발생하는 것이 아니다. 어쨌든 그대들은 임용, 재임용, 승진 위원회 구성원으로서 한 자리를 차지한다. 여러분이 내리는 선발과 선택 들 그리고 여러분이 거부 의사를 밝힌 최종 결정 등으로 만들어지는 사항들이다 (Cecire, 2011.9.25: par. 4)

필자는 결국 선택하게 될 '선택'의 핵심적인 구성 요소로서 지도 교수들이 다양한 직책에 지원하는 지원자들을 후원하는 차원에서 그들의 장점과 관심을 포함하는 여러 종류로 구성된 다양한 추천서를 기꺼이 작성할 의향을 가지고 있어야 한다는 점을 강조하고 싶다. 지원자와 사전에 상의하고, 그들이 지원할 직종의 유형을 물어보라. 그래서 '핵심' 추천서로서서너 가지 버전 이상을 작성하지 않도록 유의하라.

마지막으로 대학원생 중 디지털 인문학이 업무의 핵심을 차지하는 직무에 취업한 학생은 졸업 후에도 여전히 조언을 구하려 시도할 여지가 매우 높다는 점을 기억하라. 로스는 기술 지향이 아닌 대학원생들이 간헐적으로 세미나 학회 혹은 출판 기회를 공유한다거나 저서 출판 제안서 내용의 질문을 한다거나 이런 방식으로 자신을 방문하는 반면에, 디지털 인문학 학생들은 기술을 반감으로 바라보는 교수진 그리고 학생들과 어떤 방식으로 생산적 방향으로 상호 협동할지에 관한 질문들, 전통적 연구와 디지털 인문학 프로젝트 사이의 균형을 갖추는 방안들, 그리고 새로운 소속기관에서 디지털 인문학 교수법과 연구를 증진시키는 방법들에 연관된의문들과 함께 빈번하게 질문을 하며 연락을 취한다는 사실을 발견했다. 이러한 장기적인 멘토십을 개척하는 것은 교육자와 소속 학과 부서에도보상 기회가 될 수 있다. 현재 학생들이 과거 학생들로부터 지금의 생활이 어떤지를 직접 들어보는 기회를 가져보는 과정 자체는 중요한 혜택이될 것이다. 이것은 많은 학생이 전통적이지 않은 경력을 추구할지 모르기때문에 특별하게 중요한 부분이라고 생각한다. 이제부터 필자는 이러한 중요한 주제로 넘어가려고 한다.

대안적 학문 영역의 경력 탐구하기

비록 최근에 특히 직업 시장 상황이 암울한 상황에서 '대안적 학문 영역'이라는 용어가 상당한 관심을 받고 있기는 하지만, 이와 같은 용어 혹은 아이디어가 모든 사람에게 만족스러운 것은 아니다. 일부 사람들은 이 용어를 단순히 박사 학위자로서 적합한 행정직을 재형식화하는 전문적 용어 정도로 바라보고 있다. 다른 사람들은 설득력 있고 열정적으로 이러한 일자리들이 '대안'으로 지칭하는 대신 교수로서의 정규직 고용을 추구하는 소위 '전통적인' 경로로서 고려되어야 한다고 주장한다. 그렇지만 용어를 선호하든지 아니든지 특히 디지털 인문학 분야에서는 '대안적 학문 영역'이라는 용어 이면에서의 생각하는 방향이 점점 그 중요성을 더하고 있다. 이러한 범위 속에서 학생들에게 제공되는 적절한 기회들은 진정으로 흥미로울 수 있기에 따라서 현재 여기에서 다루어보는 시도는 가치가 있다고 본다. 인문학 대학원생들을 위한 전체라고 보기는 어려워도 그래도 일반적인 '대안적 학문 영역' 연관 직무로는 프리랜서 소프트웨어 개발, 기술 문서 작성, 학술 출판, 보조금 집행, 소셜 미디어 계정과 회사 블로그 운영의 인적 자원HR 직책, 정부 기관에서의 직위, 비정부 기관 운영, 비영리 단체 업무 등에서의 연관 직업을 생각할 수 있다. 로스의 대학원 연구 조교인 김호열(초판의 오래된 참고문헌을 지적해 주었음)이 필자에게 지적했듯이 링크드인LinkedIn에 등록하는 것이 대안적 학문 영역의 직업을 탐색하기 위해 내린 최고의 결정이었다. 김호열은 지금은 대학원생 신분이지만, 이와 같은 플랫폼을 통해 애플과 삼성으로부터 면접 제안을 받았다!

디지털 인문학 작업의 성장으로 출현한 새로운 종류의 일자리 중 하나는 디지털 인문학 전문 컨설턴트이다. 이것에는 다양한 형태가 존재하며,

예를 들면 영어나 역사 분야의 조교수 직위만큼 명확하게 규정되거나 분명하지는 않다. 그렇지만 이러한 자문 직책은 종종 안정성을 보장하고 커다란 보상을 부여해 주는 영구적인 일자리이기도 하다. 실제로 일부 경우에는 교수직보다 훨씬 높은 급여를 제공하기도 하고, 이런 상태가 반드시 공정해 보이지는 않지만, 염두에 두어야 할 사항이다. 이러한 종류의 직업의 예로는 도서관이나 연구 센터에서 근무하는 학술 기술 전문가, 디지털 인문학 센터나 인문학 연구 센터의 관리자, 디지털 작업을 촉진하고 종종 디지털 인문학 전공과정이나 기술 기능을 가르치는 학과, 부서나 학교 내부의 디지털 인문학 컨설턴트, 미국 디지털 공공 도서관DPLA 또는 기타 GLAM(갤러리, 도서관, 아카이브, 박물관) 기관과 같은 대규모 정부 또는 민간 자금 지원 디지털 이니셔티브 또는 프로젝트의 관리자 또는 프로그래머 등이 포함된다. 이러한 종류의 일자리는 일반적으로 높은 수준의 기술 역량을 요구하지만, 만약 컴퓨팅 분야의 학부 수준의 학위나 전문적 배경을 가진 학생이라면 이것이 이상적인 경로가 될 수 있다. 기술 역량 측면을 생각할 때 정말로 자격을 갖춘 후보자는 여전히 상대적으로 수적 측면에서 소수이기 때문에, 이러한 일자리를 얻을 확률은 정규직 교수 취업 시장에 비견해서 상당히 좋은 상황을 보여준다. 그렇지만 정말로 뛰어난 역량을 갖추기 위해서라면 디지털과 인문학 양쪽 모두에서 제대로 자격을 반드시 갖추어야 할 것이다.

소속 대학, 학과 부서, 동료 교수진이 학계 범주 밖에서의 경력에 대비시키는 목적으로 학생들을 '훈련시킬' 원천 자원이 절대적으로 부족하다고 우려할 수 있다. 그러나 대안적 학문 영역에서 경력을 갖추기 위해 학생들에게 도움을 주는 간단한 방법으로서는 학위 과정 중 아주 초기에 가능성에 대한 대화를 나눔으로써 학생들은 이후 미래에 성공을 담보할 수 있게끔 일찍부터 적절한 결정을 시도할 수 있다. 그리고 교육자는 잠재적인 고용주에게 학생의 자격 요건, 직업윤리, 동료들과 함께 생산적으로 일하는 잠재력 등에 관해서 적극적으로 전화 통화 시도는 물론이고 업계에서도 학생이 적합한 인재로 거듭날 수 있도록 추천서를 수정할 마음 자세도 아울러 지녀야 한다. 인문학 분야 학자도 광범위한 체계적 변화를 구축하는 방법을 진지하게 염두에 두기 시작해야 한다. 예를 들어서 이러한 변화를 촉진하기 위해서는 어떤 자발적 활동을 할 수 있을까? 로스의 경우를 보면 전공 학과 부서 대학원 위원회의 구성원으로서 역할을 수행하면서 표준 외국어 필수 조건을 '대체 역량' 필수 조건으로 대체했다. 학생들은 여전히 이러한 필수 조건 사항을 충족하기 위해 외국어 능력을 제시해도 무방하지만, 그들은 컴퓨터 언어, 수어, 화면 낭독screen-reading[1] 기술 등에서 숙달된 충분한 능력을 제시하는 것이 허용된다. 대안적 학문 영역의 고용을 장려하기 위해서 가장 급진적인(최고로 유망한) 제안 중 한 가지라면 두 방향의 이원적 전략의 학위 프로그램을 개발하는 것으로서 첫 번째는 연구를 목표로 하는 방향이며 두 번째는 대안적 학문 영역 직책을 목표로 두는 방향을 지칭한다(Alpert-Abrams, 2020.5.11 참조).

결론

취업 시장이 하나의 촉발 요건으로서 대학원생들이 디지털 인문학에 흥미를 갖게 할 수는 있더라도, 정작 그들이 디지털 인문학을 학문으로서 수행하는 이유를 볼 때 명예로운 분야라서 학생들이 단순하게 "디지털 인문학을 하고 있다"와 같이 자랑스럽게 말하려는 목적에서가 아닌 것처럼 불확실한 세계에서 잠재적으로 물질적 이익을 추구하려는 목적이 아니라는 사실을 기억할 가치가 있음을 꼭 지적하고 싶다. 이러한 이유는 확실하게 충분히 이해할 수 있으며, 실제로는 특정 직무에 관련해서 디지털

---

1   시각 장애인이나 시력이 약한 사람들이 컴퓨터 화면의 텍스트를 음성 또는 점자 출력으로 변환해 디지털 콘텐츠를 이용할 수 있게 해주는 소프트웨어 응용 프로그램이다.

인문학 교육을 받은 지원자들에게 미비하더라도 이점으로 작용할 수도 있다. 그러나 이상적으로는 디지털 인문학 분야가 학생에게 진정으로 흥미롭게 보일 수도 있고, 그리고 학문 분야의 특정 연구를 강화하리라는 상황을 기대할 수 있어서 대학원 과정에 디지털 인문학을 통합해야 한다. 다행스럽게도 이런 일은 아주 빈번하게 발생한다! 무슨 일이든 디지털 인문학 방법이 학위 프로그램 증강의 기회를 열면서 아울러 학생들이 자신의 분야 범위에서 심화 소통을 촉진하는 데 중점을 두어야 한다. 학부 수업에서 디지털 인문학 방법론을 채택하지 않듯이 대학원 과정에서는 교육자는 만약 학생이 참여를 꺼린다거나 특정 교과 과정이나 프로젝트에 별도 성적 평가처럼 추가되는 가치 요인이 없다면 디지털 인문학을 제안하기를 피할 것이다. 대학원생 그리고 교육자 모두가 위험을 감수하면서 디지털 인문학에 참여하고 해당 분야를 전공하려는 분명한 이유는 수업을 이끄는 교육자이면서 학자로서 디지털 인문학 분야의 진정한 혜택을 인지하면서 아울러 교과 수업 과정에 활력을 불어넣기 때문이 아닐까 싶다.

더 읽을거리

Allington, Daniel, Sarah Brouillette, and David Golumbia. 2016.5.1. "Neoliberal Tools (and Archives): A Political History of Digital Humanities." *Los Angeles Review of Books*. https://lareviewofbooks.org/article/neoliberal-tools-archivespolitical-history-digital-humanities/.

Alpert-Abrams, Hannah. 2020.5.11. "Alt-Ac's Shining Moment." *Medium*. https://halperta.medium.com/alt-acs-shining-moment-e6746900a be3.

Blair, Lorrie. 2016. *Writing a Graduate Thesis or Dissertation*. Sense.

Boggs, Jeremy. 2013. "Three Roles for Teachings Using Technology." *Hacking the Academy: New Approaches to Scholarship and Teaching from Digital Humanities*. edited by Daniel J. Cohen and Tom Scheinfeldt. U of Michigan P. pp. 81~84.

Bolker, Joan. 1998. *Writing Your Dissertation in Fifteen Minutes a Day*. Henry Holt.

Cecire, Natalia. 2011.9.25. "It's Not 'the Job Market'; It's the Profession(and It's Your Problem Too)." nataliacecire.blogspot.com/2011/09/its-not-jobmarket-its-profession-and.html.

Earhart, Amy E. 2015. *Traces of the Old, Uses of the New: The Emergence of Digital Literary Studies*. U of Michigan P.

Fitzpatrick, Kathleen. 2011.9.25. "Do 'the Risky Thing' in Digital Humanities." *Chronicle of Higher Education*. chronicle.com/article/Do-the-Risky-Thing-in/129 132/.

Gold, Matt K. and Lauren Klein(eds.). 2019. *Debates in Digital Humanities 2019*. U of Minnesota P.

Higgins, Sabrina C. and Megan Daniels. 2015. "Alternative Academics: Moving beyond the Academy." *Journal of Eastern Mediterranean Archaeology & Heritage Studies*, vol. 3, no. 3, pp. 238~246. https://doi.org/10.5325/jeasmedarcherstu.3.3.0238.

Hume, Kathryn. 2005. *Surviving Your Academic Job Hunt: Advice for Humanities PhDs*. Palgrave Macmillan.

Madden, Shannon, Michele Eodice, Kirsten T. Edwards, and Alexandria Lockett(eds.). 2020. *Learning from the Lived Experiences of Graduate Student Writers*. Utah State University Press.

McCarty, Willard. 2012. "The PhD in Digital Humanities." *Digital Humanities Pedagogy: Practices, Principles and Politics*. edited by Brett D. Hirsch. Open Book. pp. 33~46.

McGinn, Michelle K. 2015. "Postgraduate Research Assistantships as Spaces for Researching, Learning, and Teaching." *Learning to Research — Researching to Learn*. edited by Cally Guerin, Cally Guerin, and Claus Nygaard. Libri. pp. 171~193.

Nowviskie, Bethany. 2015. "Graduate Training for a Public and Digital Humanities." *A New Deal for the Humanities: Liberal Arts and the Future of Public Higher Education*. edited by Gordon Hutner and Feisal Mohamed. Rutgers UP. pp. 130~150.

Rockwell, Geoffrey and Stéfan Sinclair. 2012. "Acculturation in the Digital Humanities Community." *Digital Humanities Pedagogy: Practices, Principles and Politics.* edited by Brett D. Hirsch. Open Book. pp. 176~211.

Semenza, Gregory Colón. 2010. *Graduate Study for the 21st Century: How to Build an Academic Career in the Humanities.* Palgrave Macmillan.

Shore, Bruce M. 2014. *The Graduate Advisor Handbook: A Student-Centered Approach.* U of Chicago P.

Smith, Sidonie. 2016. *Manifesto for the Humanities: Transforming Doctoral Education in Good Enough Times.* U of Michigan P.

Spiro, Lisa. 2012. "Opening up Digital Humanities Education." *Digital Humanities Pedagogy: Practices, Principles and Politics.* edited by Brett D. Hirsch. Open Book. pp. 330~363.

Tanggaard, Lene and Charlotte Wegener. 2017. *A Survival Kit for Doctoral Students and Their Supervisors: Traveling the Landscape of Research.* Sage.

Taylor, Stan and Nigel Beasley. 2005. *A Handbook for Doctoral Supervisors.* Routledge.

Wisker, Gina. 2012. *The Good Supervisor: Supervising Postgraduate and Under-graduate Research for Doctoral Theses and Dissertations,* 2nd ed. Palgrave Macmillan.

제9장
협업하기

    디지털 인문학의 많은 장점 중 하나는 대학교 안팎 영역을 넘어서는 공동 작업으로서, 협업과 학제 간 연구에 대한 강조로 보아야 하며 이것은 매우 중요한 사안이기도 하다. 이 장에서는 디지털 인문학에 종사하는 사람들 사이에 형성되고 강화될 수 있는 상호 관계의 종류를 살펴볼 것이고, 그러한 공동의 협업이 추진되고 유지될 수 있는 메커니즘에 초점을 맞추려고 한다. 협업을 손쉽고 효율적으로 하게 해주는 소프트웨어와 플랫폼의 추천에 더해서 필자는 어디에서나 유용한 협업과 상호 호혜에 연관해 더욱 일반적인 원칙들을 제공할 것이다. 이 장에서 협업을 위한 다양한 지원 방식들을 다루고, 가장 먼저 네트워크와 원천 자원을 지원하기 위해서 소속 기관 안에서 협력하는 방법으로 시작해, 그 이후에 소셜 미디어, 전문 기관, 보조금 등을 통해 대규모 디지털 인문학 공동체로 다가가는 방법을 제시하고 설명하려고 한다.

소속 기관 내부 지원 및 공동체의 탐색

소속 기관에서 지원 및 공동체를 찾으려면 컨설팅과 프로젝트 협력 기회뿐만 아니라 다양한 물질적·재정적 자원에도 신경을 써야 한다. 때로는 정보 기술IT 부서가 제공할 수 있는 실물 지원이나 혹은 공식적 신청을 수반하는 학과 부서나 대학으로부터 자금 중 어느 쪽이든 물질적 지원을 받을 필요가 있다. 때로는 연구실이나 도서관 등의 공간을 예약하거나 또는 도서관 사서가 수업에서 직접 알려주기를 바랄 수 있다. 또 다른 경우로서 특정 기관을 탐색한 경험이 있거나 특정 학습 집단에 인문학을 디지털 인문학 방식으로 탐색하는 방법을 가르친 경험을 가진 동료와 잠시 짬을 내어서 이야기를 나누는 것만으로도 충분할 기회를 얻을 수 있다. 여전히 또 다른 경우를 보면 동료들을 모아 간단한 점심을 나누는 시간을 가져보는 과정 또한 다른 사람들의 아이디어로부터 혜택을 얻을 수 있으며 자신의 아이디어를 어떻게 판단하는지 반응 등을 요청하는 기회를 가져볼 수 있다. 어쩌면 특정 강의에 대한 요청을 승인할 권한이 가지고 있거나 대학 행정적 계층 구조 속에서 보조금이나 포상 신청 등의 신청 서류를 최종 결재까지 단계별로 결정하는 과정에서 여러 지원 부문들을 결정하는 학과장이나 다른 관리자로부터 여러 사안에 대해 확약을 받는 과정이 필요할 수도 있다. 좀 더 복잡한 프로젝트나 교과 과제의 경우 컴퓨터 공학 분야에서 활약하는 교수진과 그리고 다른 학과 부서에서는 디지털 인문학 프로젝트를 추진하는 교수진과 적극적이면서 아울러 장기간의 협력 관계를 구하게 될지도 모른다.

영국과 유럽 환경에서는 그룹으로서의 모듈이나 강의를 팀 구성 위주로 교육하고, 독서 목록, 강의 계획서 자료, 평가 등을 협업해서 설계하는 방법이 일상적인 모습을 보여준다. 이러한 상황에서는 협업자를 반드시 선택하지 않거나 협업 방식을 하나만 찾는 시도를 추구하지 않는다. 그렇지만 이 장에서 개략적으로 설명된 다수의 최선책은(특히 이 장의 마지막 부분 '팀과 작업하기'에서) 선택되기보다 오히려 배정된 협업 상황에서도 여전히 적용 가능성을 보여줄 것이다. 이와 같은 팀 티칭 시나리오에서도 교과 활동에 해당하는 일주일 강의나 세미나 시행 중 진행할 수 있는 형식으로서 이 책에서 언급하는 단독 교과 수업 활동에 초점을 두는 방식으로 교과 활동을 훨씬 능숙하게 이끌어 가는 성향을 보일 것이다. 반면에 설계 연관 문제들을 생각할 때 기획 내용이 실제로 구현되기 이전에 설계 사항들은 동료들과 함께 협의와 논의를 거쳐야 함과 동시에 모든 강사의 목표들과 교수법들을 포함해 심사숙고 대상으로서 염두에 두어야 한다. 협업 관계에서처럼 팀 티칭 상황에서는 교과 과정 설계를 위해서 일종의 개방적이고 유연한 접근 방식으로부터 혜택을 기대할 수 있을 것이다. 다음에서 추천하려는 커뮤니케이션 소프트웨어 및 협업 플랫폼(심지어 소속 기관이 선택한 학습 관리 시스템LMS의 사려 깊은 활용을 포함)은 강사와 학생 누구라도 참여가 허용된 강의자 또는 학생으로 구성된 공동체를 형성할 때 매우 유용할 수 있다.

북미 지역에서는 수업 교육이 대부분 독립적으로 이루어지고 수업 강의가 팀보다는 개별 강사에 의해 설계되기 때문에 교육자 스스로 협업의 발견과 육성에 노력을 기울여야 할 것이다. 이메일 요청을 통해 협업을 주도하려고 생각한다면, 에메 모리슨Aimée Morrison이 블로그 게시물에서 제시했듯이 "가능하다면 뭔가를 하려고 한다"는 요청 유형으로부터 "내가 먼저 하겠으니 지금 당장 해달라"는 유형을 구별하는 커다란 차이점이 있음을 명심해야 한다(Morrison, 2016.1.20: par. 28). 모리슨의 글은 특히 교수의 도움을 요청하려는 학생들에게 조언하는 것이지만, 그녀의 유용한 표현 형식이 동료 교수진과 대학 직원들에게 도움을 요청할 때에도 마찬가지로 응용이 가능한 관련성을 보여준다. 그녀는 다음처럼 조언하고 있다.

자신의 견해를 탐욕이나 욕구에만 초점을 맞추기보다는 조직의 욕구 및 제약에 주목하라. 조금 더 공식적으로 행동하기를 바란다. 즉, 양보와 호의 그리고 상호 협력의 여지가 많이 있다. 만약 그 다리들을 모두 태워버리지 않는다면 말이다(Morrison, 2016.1.20: par. 30).

다음은 소속 기관 내에서 가능성을 보이는 협업자들을 찾는 간략한 체크 리스트와 그에 관련된 이메일 유형을 제시한 것이다.

- 소속 학과 부서 내외의 동료 교수진(디지털 인문학에 유사한 관심을 갖고 있는 교수진을 찾는 조사는 '데이터 시각화', '디지털 아카이브', '인문학 컴퓨터 활용', '데이터 분석' 등과 같은 연관 용어를 검색하라.)
- 사서, 아카이브 담당자, 특별 컬렉션 전문가(이에 관해서 아래에서 더 자세히 설명하려고 한다.)
- 소속 기관의 IT 서비스(이 서비스는 교육자가 인지하는 범위보다 훨씬 광범위할 수 있으므로, 잠재적으로 활용도가 낮은 원천 자원 및 장비에 대해 문의하기 바란다.)
- 학제 간 연구 센터, 협업 프로그램, 연속 강연
- 특정 디지털 인문학 이니셔티브(일부 교육 연관 기관에서는 이러한 주도 현황이 중앙 집중화되어 있지만, 반면에 다른 디지털 인문학 기관에서는 디지털 인문학 활동이 개별 실무자에 의해 훨씬 더 분산된 방식으로 이루어진다.)

디지털 교육학 실험을 위한 재정적 그리고 물질적 지원을 확보하기에 관련된 더 많은 방법 이외에도 그와 같은 유형의 협업에 관련해서 자세한 정보를 찾으려면 이 책 초판 제10장 '내부 지원 공동체 찾기'를 참조하라.

도서관 그리고 특별 컬렉션과 협업하기

비록 다른 교수진과의 협업이 매우 유익할 수 있더라도 디지털 인문학에서의 협업의 범위는 학자와 학자 사이의 교류를 넘어선다. 도서관은 디지털 인문학이라는 명칭이 형성되기 훨씬 이전부터 광범위한 역할을 담당하고 있었고, 종종 개별 기관에서 디지털 인문학 혁신과 교육의 핵심을 구축하기도 한다. 필자가 여기서 언급한 많은 대규모 디지털 프로젝트들은 도서관 사서들이 주최하고 그들과의 협력을 토대로 구성되었고, 그 사서 중에서 일부는 특히 '디지털 인문학 사서'로 지정되어 있다. 디지털 인문학 사서들은 일반적으로 자신의 연구 프로젝트에 집중하며, 그들의 직무 설명에서 항상 교육 지원을 명기하는 것은 아니지만, 여러 사서가 그런 역할을 보여주었기에 디지털 인문학 교육학 프로젝트를 설계하기 앞서 이를 파악하는 것이 정말로 현명한 처사일 것이다(사서 관점에서 디지털 인문학 실습에 관해서 더 알고 싶다면 Muñoz(2012.8.19)를 참조하라). 비록 디지털 인문학 사서에게 접근할 수 없더라도, 도서관은 교과 교육을 위해 많은 지원을 제공할 수 있다. 비록 모든 사서가 자신의 직함에 기술 관련 용어를 포함하지 않더라도 그들은 근본적으로 정보, 정보의 역사와 형태, 그 전파에 관심을 보여준다. 결과적으로, 지역 사서들은 소속 학과 부서 동료들보다 많은 교사의 디지털 인문학 열정 및 노력에 훨씬 큰 관심을 가질 수 있다. 특정 주제에 대해 도서관에서 초청 강의를 열거나 학생들이 사서들에 의해 운영되는 학과 이외 오리엔테이션 및 교육 서비스에 참여하도록 권장할 수 있다.

일반적으로 도서관 지원은 다음과 같은 광범위한 범주들로 분류할 수 있다.

· 컴퓨터 실습실, 디지털 장비, 데이터 보존 조언과 데이터 호스팅, 다양한 종류의 인쇄 기계들(때로는 활판 인쇄기 혹은 3D 인쇄 등 전문적인 종류를 포함), 희귀 서적, 특별 컬렉션 자료를 포함하는 실물 자원 등
· 교수진 그리고 학생을 위한 기획을 망라하는 교육 과정 및 워크숍, GIS부터 TEI 인코딩에 이르는 소프트웨어, 학술 목적을 위한 소셜 미

디어, 디지털 연구 자산 관리, 참고문헌 관리. 도서관 사서의 경우 다가오는 학년도에 어떤 프로그램을 실행할지를 결정할 때 교육자의 의견 제시를 환영하기 때문에 그들이 행사 일정을 결정하는 방법에 관해서 주저 없이 문의하라.

- 소속 기관의 도서관 시스템 범위에서 연구 사서와 IT 전문가로부터의 기술을 활용한 수업 교육에 연관된 맞춤 조언 및 상담. 예를 들면 대규모 대학은 저작권 사서를 고용할 수 있으며, 이들은 디지털 판본을 만들거나 디지털 전시회에서 타사 자료를 통합할 때 관련된 법적 사항 문제들을 조언해 줄 수 있다(이 책을 위해 필자는 텍사스Texas A&M 대학의 저작권 사서 에밀리 앨지니오Emilie Algenio에게 제1장의 저작권 정보의 정확성을 문의하는 상담을 진행했다).
- 해당 분야에 특화된 자료를 보유하고 있으면서 거리가 멀리 떨어진 도서관과의 디지털화 서비스 및 장거리 협업이 있다.

기관에 특화된 정보는 도서관의 '교수용 도서관 가이드'를 검색해 보라. 이러한 서비스 중 많은 대상이 '연구 커먼스Research Commons' 또는 유사한 조직을 통해 일부 도서관에 중앙 집중화되거나 디지털 서비스 혹은 디지털 인문학 사서에 의해 조정된다. 이러한 역할은 21세기에 접어들면서 빠르게 성장했고, 직무의 범위와 규모가 기관별로 상당히 다양한 모습을 보여서 소속 기관이 디지털 인문학 문제들을 다룰 특별 사서를 지정했는지를 확인해 볼 가치가 있다고 본다.

소속 기관에는 교육자와 학생 들이 함께 방문, 확인 등이 가능한 특별 컬렉션과 아카이브를 갖추고 있을지 모른다. 컬렉션의 포괄성 및 범위는 기관에 따라서 종류가 다를 수 있다. 즉, 대규모 연구 기관에서는 수백만 권의 세계적 수준의 전체 규모 연구 도서관에 언제라도 접근할 수 있지만 (그리고 이러한 자료의 교육학적 활용을 위해 명확한 규정을 설정), 반면에 지방 소규모 인문 계열 대학에서 아카이브가 주로 대학 자체의 소유이며 희귀 서적이 25권 정도의 기증된 개인 컬렉션 수준으로 제한되어 있음을 알 수 있다.

비록 학생들에게 적합한 프로젝트를 탐구하고 개발하기 위해 시간과 창의력을 더 적극적으로 투입해야만 한다는 사실이 의무처럼 보이더라도, 또한 만약 소속 기관이 이러한 종류의 원천 자료에 접근하지 못해도 완전히 운이 없다고만 볼 수만은 없을 것이다. 교육자가 디지털 전시 및 컬렉션의 가치성을 발견한다거나, 더 큰 조직의 사서들과 함께 수업에 특화된 자료를 디지털화하는 작업을 수행할 수 있다. 그리고 활동 범위 지역 내의 도서관, 아카이브, 박물관, 갤러리, 기록 사무소, 기타 문화 기관을 탐색하기도 하고 그들의 자원을 수업 과정에 통합하기 위해 연락을 취할 수 있다. 수많은 '공공 인문학' 프로젝트가 이런 방식으로 형성되며, 수많은 강사진 역시 거리, 이웃, 기념물 등 공공 공간을 마치 이러한 사항들이 아카이브인 양 활용한다. 그러한 프로젝트들은 역사, 건축, 디자인 분야에서 매운 흔한 대상들이지만, 다른 분야에서 적절한 주제나 탐구 대상을 유사하게 발견하지 못할 이유가 없다. 아마도 사서와 박물관 큐레이터들은 교사가 학생들이 협업해 작업을 수행할 적합한 원천 자원을 찾아야 하듯이 그들의 소장품에 관심 있는 학생들과 교수진을 열망할 것이다.

공공 인문학 그리고 공공 참여

교실 밖 공동체와 교류하는 또 다른 방법이란 거주 도시 혹은 이웃 범위 내의 박물관, 도서관, 지역 소규모 기업에서 발생하는 교육학의 디지털 혁신에 관한 탐색이다. 위에서 논의한 것처럼 학술 도서관이 다양한 지원을 제공하는 반면에 여러 공공 도서관들도 역시 '메이커 스페이스' 그리고 공공 참여의 디지털 방식 등을 개발하는 것과 아울러 유지하고 관리하는 상황에서 선도적인 역할을 주도하고 있다. 지역 공공 도서관과의 연결은 학생들과 그러한 다양한 기관들 사이의 연결을 구축하는 유용한 기회가 될 것이다. 현장 학습을 기획하거나 3D 프린터 시연을 제공하거나 다수의 다양한 청중에게 강의 또는 워크숍 등의 진행 목적으로 공공 도서관과 협업 체계를 만들 수 있을 것이다. 이러한 방법들은 비록 학계 범주 외에서 디지털 인문학 관심 대상자들이 항상 그런 명칭으로서 명명하지 않을지라도, 학계 밖에서 디지털 인문학 분야에 깊이 관여하는 사람들과 마주하는 방법들로 볼 수 있을 것이다. 도서관 및 박물관 전문가들과 직접 협력하고 협업 관계로서 작업하기는 전문 분야 전반에 걸쳐서 지식 교환의 흥미로운 기회가 됨과 동시에 여러 해에 걸쳐서 장기 지속의 협력으로 이어질 수 있다. 게다가 미국 공공 도서관 협회가 구성한 '시작하기 Getting Started' 자료처럼 공공 도서관 사서를 위한 기획 설계 자료는 만약에 소속 기관 내부에 메이커 스페이스 혹은 커뮤니티 공간을 생성하려는 생각을 갖고 있다면 매우 유용하지 않을까 싶다.

소셜 미디어로 참여하기

제4장과 제6장에서 학생들이 소셜 미디어 플랫폼을 통해 강의 내용을 협업을 통해 공유하는 방법을 제공하는 반면에 이번 장은 정말로 교수진 또는 대학원생 어디에 속하든 **교육자**라는 존재가 디지털 인문학 교육학에 대한 지식을 더욱 심화하고, 전공 분야 범위 안에서 디지털 인문학 이니셔티브를 추적하고, 일반적으로 알려진 디지털 인문학의 최신 경향을 따르고 공유하기 위해서 소셜 미디어를 도구로 활용하는 방법에 초점을 맞추고 있다. 소셜 미디어는 학술회의 참석을 위해 출장을 가거나, 학술 저널이나 단행본에 게재 결과를 기다리거나, 개별 학자에게 이메일을 보내지 않아도 되므로 실제로 가장 쉬운 방법일 수 있다. 예시로서 여기에서 논의하는 아카데미아, 페이스북, 플리커, 인스타그램, 라이브러리싱Library Thing, 핀터레스트, 레딧Reddit, 틱톡TikTok, 트위터, 유튜브 등 각각의 플랫

폼 또는 사이트는 약간씩 다른 일련의 행동 유도성 제공 요소[1](즉, 각각의 플랫폼 도구를 구성하는 코드와 디자인 등에 내장된 유형의 기회)를 제공한다. 대부분 플랫폼이 사용자들로 하여금 노력을 기울여 공개 포럼에 게시하도록 장려하든 혹은 한 명 또는 그 이상의 사람들에게 개인적으로 메시지를 보내게 하든지, 이미지나 비디오를 통해 상호 의사소통하든지, 인터넷 콘텐츠를 큐레이션[2] 하든지, 다른 사용자를 친구로 추가, 팔로하게 한다. 이와 같은 소셜 미디어들은 약간 다른 방식으로 상호 작용하고 특정 유형의 상호 작용을 특권화(의도적이든 아니든)한다. 따라서 이러한 플랫폼들은 각자 독특한 개성을 배양하고, 특정 유형의 학자들은 특정 플랫폼에 끌리는 형세를 보여준다. 소셜 미디어를 두서너 종류로 국한하면서도 많이 자주 사용하는 것이 소셜 미디어로부터 최대를 끌어내는 현명한 전략이다. 이것은 바로 〈표 9-1〉이 지적하듯이 각각의 플랫폼을 다른 목적으로 사용하는 상태를 확인할 수 있기 때문이다.

이러한 플랫폼 중 어느 것에서든 학술 공동체의 규칙이 여전히 적용되고 있다. 특정 기준이 비속어 표현 사용을 자제하거나 타인에게 관용을 베푸는 상황을 의미하든지, 해당 매체 특유의 전문적 용어 혹은 약어를 배우든지, 간결하고 좀 더 명료한 글쓰기 스타일을 채택하든지, 원치 않는 비판을 받아들이든(물론 내용이 잔인하거나 매도하지 않는다면) 이런 상황 속에서 가능하다면 공동체의 기호론적 규범을 따르기 바란다. 새로운 디지털 커뮤니티에 가입할 때와 마찬가지로, 다른 사용자에게 질문을 던지기 이전에 답을 위한 탐색을 시도하고, 좀 더 나아가 중복을 피하기 위해 해당 플랫폼 내에서 답을 탐색하라. 진심으로 유용한 조언을 제공하기 위해서 다른 사용자들은 정확한 필요성 및 상황을 알고자 함으로 도움을 요청

---

1   대상의 어떤 속성이 특정 유기체로 하여금 특정한 행동을 하게끔 유도하거나 특정 행동을 쉽게 하게 하는 성질로서 예로는 사과의 빨간색은 따 먹고자 하는 행동의 유도를 가리킨다.

2   다른 사람이 만들어놓은 콘텐츠를 목적에 따라 분류하고 배포하는 일을 뜻한다.

표 9-1 소셜 미디어 플랫폼 선택하기

플랫폼	장점	단점
아카데미아	다른 사람이 만든 교육 자료에 접근하기(또는 자신의 자료 공유하기), 니시딜 워크숍 세션에서 자료에 대한 피드백을 요청하거나 제공하기	질문하기 또는 질문에 답하기
페이스북	업무 관련 내용과 개인적인 내용을 모두 포함하는 다차원적인 커뮤니티 만들기	문서 공유하기, 새로운 사람들과 친해지기
플리커	시각적 콘텐츠와 다양한 방식으로 상호 작용하기(예: 정리, 저장, 주석 달기, 지오태깅). 그리고 공공 도메인 이미지 컬렉션 접근하기(예: 영국 도서관 계정이 있음)	플리커에 없는 기관들이 소유한 이미지 찾기
인스타그램	직접 만들고 업로드한 이미지 공유하기 및 편집하기, 자료와 행사를 팔로하면서 홍보하는 문화 기관이나 조직에서 이미지 찾기	이미지 컬렉션을 정리해 쉽게 찾고, 안전하게 지키고, 비공개로 유지하기
라이브러리싱	다른 독자들에 의해 개별 책이 어떻게 수용되고 사용되는지 배우기	학술적인 리뷰나 내용에만 시선을 제한하기
핀터레스트	자신이 찾은(직접 만들었다기보다) 이미지, 웹사이트 링크 및 기타 디지털 콘텐츠 관리하기	다른 사용자들과 활발한 대화 장려하기, 적절한 출처 표기와 인용 관행
레딧	일부 다른 플랫폼에서는 흔한 주의 및 자기 검열 없이 논쟁적인 주제 토론하기	디지털 인문학 활동의 최신 동향 파악하기
틱톡	다른 플랫폼과 쉽게 연결될 수 있는 도발적이고 인상적인 영상 클립을 촬영하고 시청하기	안정적이고 쉽게 검색되는 텍스트 기반 정보의 본체 큐레이팅하기
트위터	전 세계 상당한 숫자의 디지털 인문학 실무자들에게 신속 접근을 통해 디지털 인문학의 최신 추세를 파악하기	복잡하고 미묘한 논증 표현하기, 트롤(가짜 뉴스) 피하기
유튜브	무료로 그리고 조정 가능한 개인 정보 보안 설정으로 멀티미디어 강의나 학생 프로젝트를 주관하기	업로드된 자산의 최종 운명 제어하기

할 때라면 프로젝트에 대한 구체적인 세부 사항을 공유할 의향이 있어야 한다. 자신은 준비되어 있다(!)고 판단했던 수준보다 더 세부적인 부분에 관심을 가질 수도 있는 또 다른 사용자와의 긴 대화 교류에 기꺼이 참여할 준비가 되어 있도록 하라. 그리고 만약에 특정 스레드를 계속 이어가려는 사용자가 있다면, 다른 사용자가 자신의 끈기와 인내를 오히려 지치

게 하거나, 자기 주제에만 집중하거나, 심지어 공격적으로 바라볼 수 있는 상징적 신호를 주의하라. 마지막으로 개인 계정과 전문 또는 기관 계정을 분리하기를 고려해 보라. 그렇게 하면 전문적인 피드를 효율적으로 관리하면서 여전히 개인 계정의 자유를 유지할 수 있다.

그리고 이른바 '기술 거대 기업'들의 윤리 및 노동 관행, 개인 정보 보호, 정치적 문제, 괴롭힘 또는 차별 노출 등에 연관된 우려할 만한 사항들로 말미암아 소셜 미디어 모두를 완전하게 벗어나려는 일부 학자들 그리고 일반 대중 구성원들의 의미심장한 움직임이 존재한다는 점을 주목해야만 할 것이다. 그렇지만 이미 사용자들이 지적했듯이(Hill, 2020.7.31) 구글 또는 아마존 생산 제품을 전면적으로 외면하기란 매우 매우 어려운 일이다. 그럼에도 불구하고 여전히 소셜 미디어의 기획된 의도에서의 장점은 물론이거니와 단점을 정확하게 판단하고 이해하려면 균형과 비판 양면을 바라보는 것이 매우 중요하다. 이것은 복잡한 논쟁이며, 이러한 문제점에 연관된 개인적 견해를 상기하면서 적절한 참여 수위를 찾아야 할 것이다. 배터실은 이러한 모든 이유로 인해서 소셜 미디어에 매우 제한적으로 참여하고 있으며, 다시 한 번 필자는 자신의 철학을 되짚어보고 자신에게 맞는 길을 찾기를 추천하고자 한다.

학회 가입하기

자신의 학문 분야에 한해 어쩌면 공식적 학술 단체 일원으로 소속되어 있을 것이고, 이러한 단체는 다양한 기관의 학자들을 모아서 상호 대화를 촉진하고, 컨퍼런스를 조직하고, 연구비 혹은 상금 등의 지원을 제공하려는 목적으로 구성되어 있다고 볼 수 있다. 이러한 조직 단체들은 때로는 이번 장에서 설명하는 공식적이든 비공식적이든 다양한 형태의 공동체를 망라하는 기구로서의 구조들을 가리킨다. 디지털 인문학에서도 이와 같은 자체적 조직들이 포함되어 있고, 이와 같은 조직체들은 교육자와 학생들에게 제공할 수 있는 소속 기관의 범위를 넘어서 그 외부의 기회들에 접근하기 위해 교육자가 직접 탐색하기를 바라는 대상이기도 하다. 디지털 인문학에서 가장 규모가 큰 학술 단체로서 디지털 인문학 조직 연합 Alliance of Digital Humanities Organizations, ADHO의 경우 실제로는 다양한 국가적 또는 대륙적 조직들을 하나로 합체한 일종의 협회 조직체로 볼 수 있다. ADHO에 속한 회원 기관을 보면 컴퓨터와 인문학 협회Association for Computers and the Humanities, ACH, 오스트레일라시아 디지털 인문학 협회 Australasian Association for Digital Humanities, aaDH, 캐나다 디지털 인문학 협회Canadian Society for Digital Humanities/Société canadienne des humanités numériques, CSDH/SCHN, 센터넷centerNet, 남아프리카 디지털 인문학 협회 Digital Humanities Association of Southern Africa, DHASA, 유럽 디지털 인문학 협회European Association for Digital Humanities, EADH, 휴머니스티카Humanistica L'association francophone des humanités numériques/digitales, 일본 디지털 인문학 협회Japanese Association for Digital Humanities, JADH, 레드HDRed de Human-idades Digitales, RedHD, 대만 디지털 인문학 협회Taiwanese Association for Digital Humanities, TADH 등을 확인할 수 있다. 거주 지역으로부터 가장 가까운 조직 그룹에 가입하면 ADHO의 교육 기회 지원과 함께 지역적이든 글로벌 범위이든 세계적으로 디지털 인문학 학자들과 연결되는 인프라에 접근할 수 있다. 이 기구는 매년 컨퍼런스도 개최하며, 필자는 이에 관해서 다음 절에서 더 자세히 논의하려고 한다. ADHO 및 하부 회원 기관 조직 외의 유사한 원천 자원으로는 교육 기관에서 운영하는 디지털 인문학 센터들의 국제적 네트워크로서 센터넷이 존재하며, 센터넷은 매년 소셜 미디어 또는 대면으로 참여할 수 있는 '디지털 인문학의 날'을 구성한다. 또 다른 유용한 원천 자원이면서도 활동적 커뮤니티로는 HASTACHumanities, Arts, Science, and Technology Alliance and Collaboratory(인문학, 예술, 과학, 기술 연합 및 협업체)을 들 수 있다. HASTAC의 엄청나게 유용한 웹사이트는 기금

조달 및 교육 기회, 작업 그룹, 포상, 특별 이니셔티브 등에 연결을 제공한다. 그리고 HASTAC은 특별하게 교육학에 관련된 일련의 전담 자료 그리고 블로그가 있다(웹사이트에서 '탐색하기' 아래 '교육 및 학습 실행하기' 부분). 리스트서버에서 '인문학자'를 구독하면 컨퍼런스, 채용 공고, 논문 투고 소식 등 최신 정보에 흐름에 발맞출 수 있다.

특정 프로젝트의 학습과 새로운 협업의 구축에 관심이 있는지를 살피기 위한 마지막 선택으로서 디지털 인문학 커먼스DHCommons를 생각할 수 있다. 디지털 인문학 커먼스는 디지털 인문학 프로젝트에서 협업자를 연결하고, 개방적이면서 프로젝트 지향적 동료 평가 저널을 운영한다.

다양한 행사 참가하기: 학회, 컨퍼런스, 워크숍, 교육 기관 등

여러 학문 분야에서처럼 디지털 인문학자들은 항상 화면을 통해 일종의 비대면 방식으로 상호 협동을 꾀하는 방법보다 직접 대면하는 회합의 가치를 중요하게 인식하고 있기에 디지털 인문학자들은 가능한 범위에서 개인적으로 접촉하는 대면 방식을 통해 모이는 방법을 선택한다(물론 공중 보건 조치가 허용할 때 말이다!). 이와 같은 모임은 바로 앞에서 언급한 세계의 다양한 학술 조직들을 통해서 이루어지며, 여기서 말하는 조직들은 앞의 수많은 다양한 학술 관련 회합들을 지칭한다. HASTAC 세미나 회의처럼 디지털 인문학 세미나 학술회의는 해당 분야의 초보자들에게는 특별하게 환영받는 경향이 있다. 이것은 어떤 경우에 디지털 인문학 모임이 '언컨퍼런스[3]'라고 불리는 이유이기도 하다. 언컨퍼런스는 기존 전문 분야에서 시간이 지나면서 발달할 수 있는 전통적인 상하 위계질서 및 파벌을 일부나마 어느 정도 제거하도록 기획되어 있으면서 이상적인 세계에서 디지

---

3   높은 참가비, 격식, 편향 등 컨퍼런스의 단점을 피하려는 컨퍼런스.

털 인문학을 전체적으로 존중하는 개방성과 포용성의 정신을 활용하고 있다. 더 전통적이고 형식적인 세미나 학회는 보통은 간략하게 디지털 인문학 컨퍼런스Digital Humanities Conference라고 언급되는 ADHO의 연례 컨퍼런스를 포함한다. (발표 자료 등의) 제출 절차는 해마다 다를 수 있으며 일반적으로 복잡한 동료 평가 시스템을 포함하며, 이러한 체계에 익숙해지려면 시간이 필요하기에 우선 안내 지침을 주의 깊게 읽어야 한다(Kim, 2019.8.1 참조)

수많은 디지털 인문학 컨퍼런스는 교육적 구성 요소를 포함하며 다양한 종류의 워크숍이나 시연을 크게 다룬다. 가장 인기 있는 워크숍 및 컨퍼런스 경험 중 하나가 캐나다의 빅토리아 대학교University of Victoria에서 운영하는 디지털 인문학 여름학교DHSI이다. 매년 6월 두 주 동안 교수, 사서, 학술 기술자, 대학원생 등이 빅토리아 대학에 모여서 소셜 행사 및 컨퍼런스 발표와 교차해 집중적으로 하루 전체 워크숍에 참여한다. 이것은 코로나19 팬데믹 기간 동안 온라인에서 계속되었다. 웨어러블 컴퓨터 활용부터 초보 컴퓨터 코딩에 이르기까지 다수 주제로서 50개 이상의 강좌가 포진되어 있으며, 아름다운 환경 속에서 흥미와 친교의 분위기를 누릴 수 있다. 더 많은 사항을 알고자 희망하는 기술 초보자라면 6월에 일주일을 보내는 것 이상으로 더 좋은 방법은 없을 것이다. 게다가 만약에 교육자에게 디지털 인문학에 호기심을 품고 있지만, 소속 기관이 아직 디지털 인문학 분야에서 많은 정식 기술 교육을 제공하지 않는 환경에 놓인 대학원생이 있다면, 그 대학원생들은 DHSI의 디지털 인문학 대학원 수료증을 통해서 혜택을 기대할 수 있을 것이다.

DHSI와 유사한 영국의 여름학교로서 매년 7월 일주일 동안 열리는 옥스퍼드 디지털 인문학 여름학교가 있다. 가장 큰 국제 컨퍼런스는 ADHO가 주관하는 매년 디지털 인문학 컨퍼런스이다. 그리고 현대 언어 협회 MLA 및 기타 대규모 분야별 인문학 컨퍼런스에서 디지털 인문학에 연관된 특별 세션이 자주 개최되어서 자신의 본래 연구 분야 외의 특정 학문 분야 컨퍼런스에 참석하지 않더라도 디지털 인문학 공동체와 학술적 대화에 빈번하게 참여할 수 있다. 과학 분야에서 차용된 포스터 발표 세션과 전시회는 현재 진행 중인 디지털 인문학 프로젝트 작업을 공개 전시할 수 있도록 한다. 포스터는 자주 교육 실험 및 교육 관련 프로젝트를 내세우기에 정말로 적합한 방식의 장르가 되는 경우가 많다. 포스터가 교실에서 기술에 관한 의견을 덧붙이고 교환하는 데 효과적인 방법임을 어렵지 않게 인지할 수 있다. 즉, 논문 발표보다는 조금 범위 정도가 덜한 포스터 방식은 작업 사진 찍듯 스냅숏을 제공할 수 있으며, 직접 전시를 주관자와 전시회 참석자과 사이에 경험을 비공식적으로 대화를 통해 제시할 수 있도록 기회를 열어준다.

특히 매년 해가 지나면서 북미와 유럽 외부에서 더 많이 계획되고 있어서, 맞닥뜨릴 흥미로운 부류의 일부 행사들은 자신의 지역에서 진행되고 있을 수도 있다. 수많은 도시와 지역 등에는 주기적 언컨퍼런스와 교육 세션을 운영하는 지역 디지털 인문학 모임들이 있다. 이러한 행사들은 지역의 대학 도서관을 통해서, 디지털 인문학 센터를 통해서 또는 때때로 개별 학자들이 워크숍이나 언컨퍼런스를 위해 강의실을 개방하는 방식을 통해서 이루어질 수 있다. 언컨퍼런스의 가장 눈에 띄는 예로서 THAT Camp 중 가장 가까운 대상을 검색하는 과정은 직접 조사를 시작하기에 좋은 방법이다. 이러한 행사들은 학생들에게도 훌륭한 경험적 행사가 될 수 있으며, 학술 컨퍼런스와 행사의 장으로 큰 부담을 주지 않고 유도할 수 있다.

연구 지원금 신청하기

기간과 시간 소요가 많은 지원금 신청 과정은 매우 까다롭게 보일 수 있어서 처음에는 교육 및 연구 작업에서 흥미를 절대적으로 떨어뜨리는 대상으로 느낄 수 있다. 그러나 지원금 성취를 향한 노력에서 기본적 이점을 놓고 볼 때 그 결과는 명백하고 부인할 수 없다. 필자가 이 책 전반에 걸쳐서 언급했듯이 디지털 인문학에서 우수한 교육, 연구 작업을 실행하거나 디지털 기술을 가르치기 위해서라면 상당한 수준의 자금 또는 광범위한 인프라가 항상 필요한 것은 아니다(Galey, 2012 참조). 그렇지만 추가 지원금이 있다면 실험 수행 범위, 공정한 임금을 지급하면서 학생들을 고용하고, 여행 권역, 학생들뿐만 아니라 자신의 학문적 발전을 넓게 증대시키는 등의 광범위한 범위를 확보할 수 있다. 외부 지원금 신청에 관한 논의가 아직은 적은 상황으로부터 그래도 기대할 수 있는 이점 중 하나는 지원금 제안서 작성 과정에서 사람들을 한곳에 모을 수 있다는 것이다. 예를 들면 다른 교육 기관의 동료로부터 배우고 싶은 생각이 들거나, 워크숍을 공동으로 운영하고 싶다거나, 교육 자료를 협력해서 구축하기를 원하는 요인들을 고려해 볼 수 있다. 지원금 신청은 때때로 소속 기관에서 작게 시작해 프로젝트의 첫 번째 단계 중 하나가 될 수 있지만, 원한다면 진실로 야심을 갖게끔 유도하는 국가, 국제 학술 연관 조직들을 통해 수많은 기회를 생각해볼 수 있다. 성공적으로 지원금을 쟁취한 프로젝트가 제공하는 추가 협업 및 공동체 구축 외에 아이디어를 구상하고 다른 사람들과 지원금 신청 과정에서 작업을 함께했던 과정 자체는 프로젝트 혹은 연관 행사가 실제로 발생하기 이전 기간에 관계했던 연구자들 모두 사이에서 새로운 유대 관계를 형성할 수 있을 것이다. 염두에 두고 있는 프로젝트의 종류에 따라서 지원금을 위해 여러 새로운 기회를 보여주는 디지털 인문학은 인문학 분야 중에서 최소한 현재로서는 상대적으로 지금 지원이 수월한 분야로서 인식되고 있다.

팀과 작업하기

때때로 디지털 인문학이 인문학의 다른 학문 분야와 구별되는 한 가지 특징은 협업 팀 프로젝트에 관련된 성향을 보여준다. 이러한 협업체를 보면 동일 규모 기관에서 한 사람의 일원으로서 함께 학술적 판본을 제작하는 두 명의 교수진부터 대규모 원천 자원이나 대량 코퍼스 데이터 마이닝 프로젝트를 구축하기 위해서 수년 이상을 함께 일하는 도서관, 박물관, 대학, 문화 기관 등을 포함해 100여 명 이상의 공헌자들(여기에는 아마도 연구 조교RA, 기술자, 사서, 교수진을 포함)이 팀으로써 함께 협력하는 집단 규모까지 외형적 크기를 기반으로 다양한 종류를 고려할 수 있다. 종류 또는 규모에서 어떤 협업이든지 가장 유용한 협업, 프로젝트 관리 소프트웨어 패키지, 플랫폼에 대해 〈표 9-2〉에서 요약한 사항들을 보면 약간의 도구가 요구되리라는 점을 확인할 수 있다.

이러한 종류의 프로젝트라면 논의할 내용이 많지만, 여기서는 대규모 교육 기관들의 내적 상호 협업의 교육 및 학생 중심의 구성 요소에 초점을 맞추려 한다. 빈번하게 디지털 인문학 협업 프로젝트는 지원금을 받기 때문에 앞에서 언급한 조언은 마음에 둔 프로젝트가 있다면 이를 설계하고 자금을 확보하는 차원에서 정말로 유용할 것이다. 거기에 더해서 모든 협업 프로젝트는 본래 학문 분야 연구에 연결될 가능성이 높음으로 다음 장의 도움말 및 제안을 참고하기 바란다. 이러한 종류의 프로젝트에 관련해 학생 참여를 고려할 때, 특히 학생들이 데이터 입력 및 메타 데이터 생성과 같은 상당한 양의 작업 수행을 담당하고, 이 장 끝에 제시된 더 읽을거리에도 나열되어 있다시피 몇 가지 학문 분야에서의 연관된 예시 사례를 통해서 참조할 수 있다. 학생들의 역할에 관련된 모든 형태의 노동에 대한 윤리적 접근이 매우 중대하다는 점을 비중 있게 강조하고자 한다. 협업에서 다양한 역할을 고려하는 효과적인 출발점은 2011년에 연구 지원금 워크숍에서 출현한 '협업자 권리 장전'이며, 이것은 디지털 인문학에

표 9-2 협업 및 프로젝트 관리 플랫폼 추천

도구	목적	장단점
베이스캠프 (Basecamp)	프로젝트 구성원에게 할당할 수 있는 커뮤니케이션, 문서 공유, 전자 달력, 할 일 목록 및 이메일 수신함 외부로의 연락을 유지하는 일반적 작업 공간	장점: 토론 아카이브 및 검색은 장기 프로젝트에 매우 유용하며, 연구 조교와 핵심 팀 구성원을 위한 별도의 '컴퓨터 작업 공간' 생성에 좋음 단점: 연구용으로는 유료 등록이 필요(수업용으로는 무료 교육 계정 제공)
아사나 (Asana)	소통을 위한 전체 서비스를 제공하는 협업 공간	베이스캠프와 유사하지만 아사나 베이직은 무료
구글 도구 (문서, 드라이브)	협업으로서 실시간 문서 공동 작성, 공유 등	장점: 무료, 사용 수월성, 버전 관리 문제를 해결, 문서 권한 제어 용이성 단점: 구글 소유
슬랙(Slack)	프로젝트를 위한 실시간 토론, 채팅 시스템, 통신 센터	장점: 무료, 실시간 채팅 제공, 채널을 통해 조직화, 이모티콘과 같은 일부 기능이 흥미로움 단점: 다수 채널의 존재가 혼란스럽고 보조 맞추기 어려움
트렐로(Trello)	디지털 칸반 보드(Kanban Board)	장점: 작업과 프로젝트 관리에 유용, 다양한 다른 도구와 통합 가능 단점: 내보내기가 다소 까다로움
미로(Miro)	디지털 협업 화이트보드	장점: 큰 규모의 계획에 유용하며 공유 사고를 위해서는 덜 선형적 접근임 단점: 빠르게 혼란스러워질 수 있음
마이크로소프트 팀(Microsoft Teams)	화상 회의 옵션이 잘 알려져 있으며, 팀(Teams)은 채팅 및 캘린더 기능을 통합함	장점: 만약 소속 기관이 이메일로 아웃룩(Outlook)을 사용한다면, 팀(Teams)은 해당 시스템에 통합. 학과 부서가 이미 사용할 수 있음 단점: 화상 회의 옵션이 다른 옵션들보다 훨씬 불편하고, 알림 내용을 끄지 않으면 장애가 발생함

서 핵심적인 지침이 되었고, 이것은 다시 팀의 모든 구성원에게 적절하게 공적을 부여하고, 공정한 노동 관행을 옹호하고, 공적 부여 부분에서 고용 상태가 아닌 실제 기여도에 따라 분배를 보장하는 등 이러한 과정들의 중요성을 명확히 밝히고 있다.

디지털 인문학 분야에서 이러한 유형의 문서를 참조할 때 중요한 것은 이러한 관행이 예를 들어서 학생 작업 평가 등을 놓고 볼 때 표준 인문학에서의 접근 방식과 다르다는 이유를 들 수 있다. 다수 저자 논문은 다른 인문학 분야들보다 디지털 인문학에서 훨씬 많이 나오고 있고, 수많은 디지털 인문학 프로젝트가 실험실 환경이나 실험실 유형의 정신적 환경에서 이루어지기 때문에, 공적 설정을 보면 학생들은 실질적으로 상당히 공헌했던 논문은 물론이거니와 연구 내용을 분명하게 직접 구성하고 작성했던 논문에 한 사람의 저자로서 이름을 올림으로써 당당히 그에 상응하는 평가 결과를 부여받는다. 디지털 인문학의 다수 저자 논문에서 저자 순서에 대한 복잡성은 여전히 존재한다. 즉, 일부 팀은 저자명을 알파벳 순으로 나열하는 반면, 다른 팀은 특정한 첫 번째 저자 또는 마지막 저자를 우선시하는 방식(과학 분야의 관행을 채택)을 선택하고 있으며, 또 다른 팀은 무작위 혹은 교대 방식을 선호한다. 이 분야에서 특정 분야별 모범 사례에 대한 깊은 논의와 개발이 지금도 진행 중이다. 현시점에서는 여전히 개발 중인 규범의 분야에서는 명확한 문서화가 핵심 사안이다.

대규모 협업 프로젝트가 제공하는 기회 중 하나는 교육학적 원천 자료 제공을 위한 연결 방도에 있다. 근대 초기 런던 지도 프로젝트는 '근대 초기 런던 지도로 가르치기'라는 제목 아래 프로젝트 페이지에서 교육학적 원천 자료를 중점적으로 다루는 훌륭한 예이며, 교수진이 대체로 유용함을 확인할 수 있는 원천 자원들을 확연하게 드러낸다. 만약 디지털 아카이브처럼 대규모 프로젝트에 참여해 작업을 수행하고 있다면, 특정 모듈, 수업 계획, 자신이 중점적으로 관심을 기울일 자료 등을 포함하는 교육 페이지 아니면 특별한 섹션을 제공할지도 모른다.

디지털 협업 프로젝트 영역에서 가장 최근에 긴급하게 논의되고 있는 주제 중 하나는 프로젝트 지속 가능성에 관한 내용이다. 이것은 초기 디지털 인문학 프로젝트에서 수차례 간과되었던 부분으로서 열정적으로 시작되었다가 기금 지원이 끝나거나 PI(주요 연구자)가 은퇴하거나 다른 연구기관으로 이전하면 갑작스럽게 사라져버리는 경우가 많았다. 만약에 이러한 협업 프로젝트 중 하나를 시작하거나 참여(또는 프로젝트 자체)를 고려하고 있다면, 어떤 시점에 어떤 방식으로 끝날지 염두에 두어야만 한다. 이것은 평생에 걸친 열정적 노력의 상징이 될 것인가, 아니면 정해진 프로젝트 시작과 종료 날짜로만 정의된 프로젝트가 될 것인가? 프로젝트에 참여하는 학생들도 해당 프로젝트에서 그들의 위상 그리고 참여의 기간 및 속성을 반드시 제대로 이해해야 할 것이다.

물론, 이러한 모든 것들은 변할 수 있고, 때로 프로젝트가 원래의 일정을 초과해 지속되거나 조기에 종료되기도 하지만, 프로젝트의 기술적 구성 요소(선택한 소프트웨어와 장비 등이 프로젝트 전체 기간 동안 활용하는 데 접근성을 가지면서 업데이트가 가능한 여건을 갖추고 있음을 확신해야 함)와 노동 구성 요소(프로젝트를 유지할 의지가 있고 지식이 충분하며 적절한 보상을 받는 작업자가 있어야 함) 두 가지 측면에서 지속 가능성을 놓고 고민해야 한다. 빅토리아 대학교의 SSHRC(사회과학 인문학 연구위원회) 지원 '프로젝트 종료' 프로젝트는 다양한 디지털 인문학 프로젝트의 지속 가능성, 보관, 더욱 광범위한 종료에 대한 접근 방식을 조사하고 있으며, 프로젝트가 고려해야 할 문서화 및 확실한 표본 사례를 개발하는 과정에 있다.

결론

많은 잠재적인 디지털 인문학 전문가들은 소속 기관 내부, 외부의 공동체로부터 엄청난 혜택을 받을지 모른다. 기관이 디지털 인문학을 공식적으로 독립된 분야로 인정하든, 기관이 디지털 인문학 교육학 실행을 위해서 지원금을 제공하든, 현재의 소속 기관에 오랫동안 머물 계획이 있든 이런 상황과 상관없이 공동체의 육성은 교실 수업에서 디지털 인문학을 통합하려는 시도에 대한 지원에 도움이 될 것이다. 무엇보다도 대규모 및 소규모의 협력 부분은 윤리적이고, 존중받는 노동 수행의 의도적인 원칙에 의해서 그리고 풍부한 토론 및 문서화에 의해서 반드시 공지되어야 한다.

더 읽을거리

Ambient Experience Lab. 2012.6. Ontario College of Art and Design. research.ocadu. ca/ambientexperience/projects.

Bacharach, Nancy, Teresa Washut Heck, and Kathryn Dahlberg. 2008. "Co-Teaching in Higher Education." Journal of College Teaching and Learning, vol. 5, no. 3(Mar), pp. 9~16. https://core.ac.uk/download/pdf/268110593.pdf.

Battershill, Claire. 2020. "Response: Student Labour and Feminist Recovery in Large-Scale Research Projects." Special Collection on Student Labour and Major Research Projects. *Digital Studies/Le champ numerique.* Open Issue. https://www.digitalstudies.org/articles/10.16995/dscn.375/.

Baym, Nancy. 2010. *Personal Connections in the Digital Age.* Polity.

Croxall, Brian. 2014.1.6. "Ten Tips for Tweeting at Conferences." *Chronicle of Higher Education.* chronicle.com/blogs/profhacker/ten-tips-for-tweeting-at-conferen ces/54281.

_____. 2014. "Twitter, Tumblr, and Microblogging." *The Johns Hopkins Guide to Digital Media.* edited by Marie-Laure Ryan, Lori Emerson, and Benjamin J. Robertson. Johns Hopkins UP. pp. 492~496.

Earhart, Amy E. 2010. "Challenging Gaps: Redesigning Collaboration in the Digital Humanities." *The American Literary Scholar in the Digital Age.* edited by Amy E. Earhart and Andrew Jewell. U of Michigan P. pp. 27~43.

Earhart, Amy E. and Andrew Jewell(eds.). 2011. *The American Literary Scholar in the Digital Age.* U of Michigan P.

Edwards, Phillip. 2015.11.8. "Digital Humanities Pedagogy and Centers for Teaching and Learning." Storify. storify.com/pme919/digital-humanities-pedagogy-and-centers-for-teachi.

"each with MoEML." *The Map of Early Modern London.* edited by Janelle Jenstad. U of Victoria(Sept 15, 2020). mapoflondon.uvic.ca/teaching.htm.

"The Endings Project." edited by Claire Carlin. U of Victoria. https://endings.uvic.ca.

Fraistat, Neil. 2012. "The Function of Digital Humanities Centers at the Present Time." *Debates in the Digital Humanities.* edited by Matt K. Gold. U of

Minnesota P. pp. 281~291. dhdebates.gc.cuny.edu/debates/text/23.

Galey, Alan. 2012. "The Dark Basement of the Digital Humanities: Shakespeare and the Prehistory of the New Media Prototype." Production of Literature Lecture Series. Carleton University. https://m.carleton.ca/english/cu-events/alan-galey-the-dark-basement-of-the-digital-humanities-shakespeare-and-the-prehist ory-of-the-new-media-prototype/.

Hartsell-Gundy, Adrianne, Laura R. Braunstein, and Liorah Golomb(eds.). 2015. *Digital Humanities in the Library: Challenges and Opportunities for Subject Specialists.* ACRL.

Hill, Kashmir. 2020.7.31. "I Tried to Live without the Tech Giants. It was Impossible." *New York Times.* https://www.nytimes.com/2020/07/31/technology/blocking-the-tech-giants.html.

Kim, Hoyeol. 2019.8.1. "After Attending ACH2019." Digital Dialogue by Hoyeol Kim(blog). https://hoyeolkim.wordpress.com/2019/08/01/after-attendingach 2019/.

Klein, Julie T. 2005. *Humanities, Culture, and Interdisciplinarity: The Changing American Academy.* Albany State U of New York P.

"Makerspaces." *Public Library Association.* http://www.ala.onrg/pla/resources/tools/tech nology/makerspaces.

Morrison, Aimée. 2008. "Blogs and Blogging: Text and Practice." *A Companion to Digital Literary Studies.* edited by Susan Schreibman and Ray Siemens. Blackwell. pp. 369~387. http://www.digitalhumanities.org/companionDLS/.

_____. 2016.1.20. "How to Ask for Stuff: Email Edition." *Hook and Eye.* www.hook andeye.ca/2016/01/how-to-ask-for-stuff-email-edition.html.

Muñoz, Trevor. 2012.8.19. "Digital Humanities Isn't a Service." trevormunoz.com/ notebook/2012/08/19/doing-dh-in-the-library.html.

Neal, Diane Rasmussen. 2012. *Social Media for Academics: A Practical Guide.* Chandos.

Nowviskie, Bethany. 2013. "Uninvited Guests: Twitter at Invitation-Only Events." *Hacking the Academy: New Approaches to Scholarship and Teaching from*

Digital Humanities. edited by Daniel J. Cohen and Tom Scheinfeldt. U of Michigan P. pp. 124~131.

Patrut, Bogdan(ed). 2013. *Social Media and the New Academic Environment: Pedagogical Challenges*. IGI Global.

Peterson's Scholarships, Grants & Prizes, 20th ed. Peterson's. 2015.

Posner, Miriam. 2013.4. "Digital Humanities and the Library: A Bibliography." miriamposner.com/blog/digital-humanities-and-the-library/.

Price, Kenneth M. "Collaborative Work and the Conditions for American Literary Scholar in a Digital Age." *The American Literary Scholar in the Digital Age*. pp. 9~26.

Ramsay, Stephen and Adam Turner. 2013. "Interdisciplinary Centers and Spaces." *Hacking the Academy: New Approaches to Scholarship and Teaching from Digital Humanities*. edited by Daniel J. Cohen and Tom Scheinfeldt. U of Michigan P. pp. 150~153.

Rockenbach, Barbara. 2013. "Digital Humanities in Libraries: New Models for Scholarly Engagement." *Journal of Library Administration*, vol. 53, no. 1(Jan), pp. 1~9.

Ross, Shawna. 2016.2.15. "Demonstrating the Scholarship of Pedagogy." Notes from the CIT. infotech.commons.mla.org/2016/demonstrating-the-scholarshipof-pe dagogy/.

Sula, Chris Alen. 2013. "Digital Humanities and Libraries: A Conceptual Model." *Journal of Library Administration*, vol. 53, no. 1, pp. 10~26. chrisalensula.org/digital-humanities-and-libraries-a-conceptual-model.

Watrall, Ethan, James Calder, and Jeremy Boggs. 2013. "Unconferences." *Hacking the Academy: New Approaches to Scholarship and Teaching from Digital Humanities*. edited by Daniel J. Cohen and Tom Scheinfeldt. U of Michigan P. pp. 132~137.

Wikipedia contributors. 2016.4.16. "List of Social Networking Websites." Wikipedia. en.wikipedia.org/wiki/List_of_social_networking_websites.

Williams, Shirley, Melissa Terras, and Claire Warwick. 2014. "What People Study

When They Study Twitter: Classifying Twitter Related Academic Papers." Journal of Documentation, vol. 69, no. 3. discovery.ucl.ac.uk/1391572/2/What PeopleStudyWhenTheyStudyTwitter.pdf.

Woods, Charlotte. 2007. "Researching and Developing Interdisciplinary Teaching: Towards a Conceptual Framework for Classroom Communication." *Higher Education*, vol. 54, no. 6, pp. 853~866.

Zorich , Diane M. 2008. "A Survey of Digital Humanities Centers." Council on Library and Information Resources. f-origin.hypotheses.org/wp-content/blogs.dir/18 34/files/2013/08/zorich_2008_asurveyofdigitalhumanitiescentersintheus2.pdf.

제10장

연구 조사에 기여하기

필자는 이 책 전체에 걸쳐 언급된 추천 소프트웨어, 원천 자료, 접근 방식 중 일부의 요소들이 교실을 고려하면서도 즉시 연구 관심사까지 그 관계성을 가질 수 있다는 가능성을 기대하고 있다. 이 책을 읽으면서 이미 논문 또는 기사 작성용으로서 이미지를 검색하기 위해 디지털 이미지 저장소를 일부 활용할 수 있는 방법이든지 또는 학생 과제뿐만 아니라 상세한 정독의 목적으로 텍스트 분석 도구를 사용하는 방법이든지 이런 사안들을 깊이 고민하고 있었으리라고 본다. 이 장에서는 교실 수업에서 디지털 인문학이 접근하는 방식이 교육자의 연구를 어떻게 보완하고, 증대시키고, 형성할 수 있을지와 같은 내용을 다룰 것이다. 디지털 교육학으로의 과감한 진입을 사전에 인지하는 상황은 새로운 기술들을 최대한으로 활용하려는 과정에 도움이 되기도 한다. 학생들이 유용하다고 혹은 흥미롭다고 생각할 수 있는 바로 디지털 인문학 원천 자료 대부분이 연구 수월성을 보장하거나 심지어 변형을 가져올 수도 있다. 교육자와 학생은 제9장에서 논의했던 내외적 공동체와 연결될 수 있고, 두 그룹 모두 디지털 교육학 부분에서 교육자를 도울 수 있지만, 이러한 기관 조직들은 연구자로서 역할을 한다면 역시 동등한 이용 가능성을 반드시 기억하기 바란다.

물론 뛰어난 교육자로서 인정을 받기 위해서 '전통적인' 학술 장소에서 꼭 연구 결과 등을 발표하지 않아도 무방할 것이다. 즉, 디지털 인문학 학습하기는 그 자체로 존경할 만한 일이며 야심 있는 목표일 수 있다. 모든 디지털 교육자들이 이 책에서 제시된 개념들을 학술 연구에 적용하려는 관심을 주된 목적으로 삼고 있는 것은 아니다(또는 기관에서 보상받는 것은 아니다). 그러나 여전히 관심을 품은 사람들에게는 필자가 시발점 착수를 돕는 차원에서 몇 가지 조언을 제공할 것이다.

한 번 이상 고려하기: 기술 생명 주기

이 장 전체에 걸쳐서 필자는 노력의 수행 과정들을 재차 고려하는 행위가 정말로 가치 있는 사안임을 비중 있게 강조하려고 한다. 이런 차원에서 새로운 디지털 기술이나 원천 자료로 된 과제를 평가하거나 활동을 마친 후에는 중요 대상으로 보려고 하지 않는 마치 자신의 관찰 범위 이내에서 일시적 신호 정도로만 바라보는 상황 대신에, 앞서 언급된 기술, 자료 등이 연구자와 교사로서의 다양한 역할과 활동에 잠재적으로 공헌하는 대상들이라는 관점에 좀 더 다가서기를 제안한다. 이 책 전반에 걸쳐 윤곽이 드러난 사항들을 신중하게 선택한다면 새로운 기술이 연구에 최대한 도움이 될 것이다. 다시 말하면 배우고 가르치는 각각의 기술을 별개의 독립적 요소로서 바라보는 대신 전체적으로 하나의 주기를 형성하는 생명 주기라는 흐름의 일부에 속하는 것으로서 이해해야 할 것이다. 여기서 '생명 주기'라는 용어를 통해서 말하려는 요지는 하나의 특정 기술이 기타 필요 부분에 부응할 수 있으며 또한 교과 과정뿐만 아니라 연구자로서나 학교 밖 사려 깊은 시민으로서나 지적 생애 흐름에서 활용과 재활용의 적응력을 갖추어야 한다는 점이다.

예를 들어, 만약 제5장에서 필자가 논의한 것처럼 다른 학과 교수에게 연락해 독특한 목적성 강의실이나 장비 등을 예약할 수 있는지 또는 해당 교실을 빌릴 수 있는지 등 여부를 문의한다면, 그와 같은 시도가 자신의 연구 분야에 연관된 학제 간 협력으로 이어지는 공동 교육으로 연결을 열어줄 대화가 시작될지도 모를 일이다. 더 개인적인 예를 들자면 이 책에 대한 필자의 저술 협업은 우리가 함께 참여한 오픈 소스 교과서 프로젝트에서 작업을 위해 만난 이후에 본격적인 과정으로 들어섰다. 필자는 협업의 유일한 최종 결과로서 디지털 앤솔로지 빌더를 기대했다. 그러나 필자들이 얼굴을 마주한 이후에는 다른 협업을 위한 또 다른 기회의 가능성을 이해하게 되었고, 이를 토대로 워크숍을 주최하고, 초빙 강의를 기획하고, 학술 논문을 발표하고, 블로그 게시글을 작성하고, 새로운 디지털 인문학 프로젝트와 수십의 사람들을 만나는 등 여러 종류의 일들을 실행에 옮기며 새로운 연구 기회를 열었다.

연구 방법에 디지털 도구 통합하기

디지털 인문학 도구들은 연구 활동을 능률적으로 구성할 때 매우 유용하며, 연구 활동에는, 즉 백업 작업, 여러 초안 관리, 참고문헌 목록 생성, 연구 자산(예: 텍스트 단편, 저장 자료, 중요한 이미지 들) 조직화하기 등이 속한다. 실제로 연구 관리 및 조직화 도구들은 어쩌면 교실 안팎과 연구에 사용할 수 있는 시간을 절약하는 데 효과가 매우 큰 디지털 혁신의 일부일 수 있다. 자동으로 인용문을 생성하고, 또 다른 판본을 병렬로 배치하고, 연구 자료 저장과 큐레이션 역할을 담당하며 선별하는 도구들은 가장 적절한 워크플로를 만들고 연구를 최적으로 조직화하면서 이러한 여건들을 토대로 연구 시간(종종 귀중하면서도 제한적인)을 최대 효율성을 바탕으로 활용하는 작업 흐름의 저변을 만들어낼 수 있다. 참고문헌 관리 도구 조테로Zotero는 도서관 카탈로그나 웹에서 찾은 기사와 인용문을 한 번의 클릭으로 저장할 수 있으며, 이 도구를 활용함으로써 자동으로 참고문헌 목록과 수업에 관련된 읽기 자료 목록을 생성하고, 버튼 클릭으로 인용 스타일을 변경하고, 동료 또는 학생 들과 목록 공유까지 기대할 수 있다.

연구에 도움이 될 디지털 도구를 사용하는 최대 지침 중 하나는 주어진 목적에 맞추어 하나의 도구를 선택하는 것이며 그럼으로써 해당 도구를 일관되게 활용하는 상황을 가리킨다. 사용 가능한 소프트웨어 선택에서의 다양성으로 말미암아서 다수 도구에 현혹될 수 있으며, 해당 도구 모두를 시험해 보고 주어진 기능들을 학습하려는 시도는 지나치게 많은 시간을 요구할 수 있다. 여기서 연구의 다양한 요소들을 위해서 필자가 선택한 도구 쪽으로 유도하려고 한다. 즉, 이 말의 의미는 동일한 기능을 수행하는 다른 선택 사항들이 없지 않음을 강조하려는 것이며, 또한 가장 많은 시간 투자를 항상 고민해야 하는 대상은 도구 선택에 들이는 노력보다 바로 연구 자체라는 이유에 기초하고 있다. 이러한 특정 분야에서 필자는 시험 과정을 모두 완료했고, 여기 사용 준비를 마친 도구 모음을 제시한다. 〈표 10-1〉에 제시된 내용처럼 하루 중 오후 정도만의 시간으로 필자가 제안하는 워크플로에 들어설 수 있다.

자체 연구 기록 보관 그리고 일상 업무를 수월하게 해주는 도구들 영역을 넘어서 디지털 인문학은 특히 협업 분야에서 새로운 연구 방식 형성 가능성을 열어주었다. 다른 인문학 분야들보다 디지털 인문학 분야에서 더욱 흔하게 볼 수 있는 협업 연구에 대한 수행 및 헌신은 다수 연구자에 의해서 생성된 대규모 공유 연구 자료 묶음으로 이어졌다. 단독 연구 작업으로는 수년이 걸려야만 가능한 질문에 거의 즉각적 대답이 가능하다. 예를 들어서 올랜도 프로젝트(여러 학자와 대학원생이 20여 년에 걸쳐 협업한)라는 원천 자료를 활용해, 여러 시대적 상황과 지리적 여건을 총망라해 다수 여성 작가 자료 안에서 작가들 사이의 상호 연결 특성을 신속하게 발견할 수 있다. 검색 기능이 없었다면 연구자는 수많은 기록 보관소로부터 자료를 발굴하고 비교, 검토하는 과정을 사전에 반드시 거쳐야만 했을 것

표 10-1 워크플로에서 디지털 연구 방법 활용하기

할 일	추천 도구	특징
참고문헌 관리	조테로	조테로는 무료 참고문헌 관리 도구로 웹 브라우저에서 인용문을 자동으로 감지하고 단 한 번의 클릭으로 출처 자료들을 저장한다. 인용문을 수집하기로 정리할 수 있으며, pdf 형식으로 전문을 자동 내려받기가 가능하며, 다른 사람들과 자료를 공유할 수 있으며, 다양한 인용 기준에 따라 적절하게 형식을 갖춘 참고문헌 목록을 자동으로 생성할 수 있다.
노트 필기	에버노트 (Evernote) 〔또는 아이패드용 굿노트 (Goodnotes for iPad)〕	에버노트는 '노트북' 수집을 통해 정리한다. 그리고 사용자는 이미지와 음성 파일도 추가할 수 있다. 브라우저 확장 프로그램은 웹 브라우징에서 스크린샷 추출물을 저장한다. '노트'는 자동으로 검색 가능하며, '노트북' 기능을 통해 공유할 수 있다. 특별히 설계된 종이 노트북은 종이와 디지털 노트를 결합할 수 있게 해준다. 굿노트는 iOS에서 유사한 기능을 수행하며, 애플 펜슬(Apple Pencil) 주석 기능을 추가한다.
클라우스 저장소	드롭박스	클라우드 저장소는 자동화를 포함해서 여러 장점을 제공한다. 즉, 컴퓨터에 드롭박스를 설치하고, 모든 파일을 거기에 저장하고, 자동으로 여러 기기에 동기화된다. 드롭박스는 최대 2GB까지 무료로 저장을 보장하며, 만약 더 많은 저장 공간이 필요하다면 유료 계정을 시도해 보거나, 더 좋은 방법으로서 만약 소속 기관이 교육자 사용을 위해 클라우드 저장 시설이 있는지 확인하라.
이미지 자료 관리	트로피 (Tropy)	트로피는 자료 저장소 또는 연구 관련 이미지를 정리하고 보존하려는 연구자들을 위해서 특별하게 설계된 개방 자료 도구이다.
협업과 프로젝트 관리	베이스캠프	베이스캠프는 협업과 컨퍼런스를 위한 가상 공간을 제공함으로써 프로젝트 관리를 간소화하고 이메일 관리에 속하는 트래픽을 최소화한다. 베이스캠프는 일정, 할 일 목록, 파일과 문서 공유, 토론 게시판 기능을 특징으로 한다. 슬랙은 '채널'로 대화를 조직하고 실시간 및 이메일 스타일 메시지를 관리하는 무료 옵션 도구이다.
문서 작성	스크리브너 (Scrivener)	마이크로소프트 워드용 조테로 플러그인을 사용하면 문서화 작성 동안 적절하게 형식화된 인용문을 자동으로 끌어들여서 다른 내용에 포함시키는 끌어 놓기를 허용한다. 그렇지만 저서 분량이나 복잡한 텍스트를 위해서는 특별히 설계된 스크리브너를 추천한다. 스크리브너는 글쓰기 과정의 모든 단계(개요 작성, 브레인스토밍, 주석 달기, 수정하기 등)에 더 많은 선택 사항을 제공한다.
집중하기	옴라이터	이 프로그램은 평온한 배경, 백색 소음, 간단하면서도 고요한

할 일	추천 도구	특징
	(OmmWriter)	느낌의 회색 화면을 제공하는 전체 화면으로서 글쓰기 환경을 생성해 준다. 비록 나중에 인용문을 통합하고 작업을 형식화하기 위해(복사 및 붙여 넣기를 통해) 작성한 글을 다른 곳으로 옮길 필요가 있을 수 있다고 해도, 방해받지 않는 디지털 환경은 그만한 가치가 있을 수 있다.

이다. 물론 올랜도는 디지털 프로젝트로서 장기간의 연구 과정에서 수많은 학술 연구를 생성했으며, 올랜도 사이트 자체에 등장한 디지털 학술 연구는 여성 문학의 학술적 연구에 중요하고도 혁신적인 공헌을 하고 있다 (Holland and Elford, 2016 참조).

디지털 교육학 관련 연구 생산

디지털 인문학의 교육학 경험은 인문학자들이 연구하는 방식뿐만 아니라 연구하는 내용 측면에서도 공헌을 보여준다. 교실에서 디지털 방법을 실험해 본 사람에게는 디지털 인문학에서 연구 시도를 위한 가장 자연스러운 방법은 디지털 교육학 자체에 초점을 맞춘 작업을 하는 것이다. 실제로 필자가 이 책에서 더 읽을거리에 나열 또는 언급하고 인용한 연구자들은 앞서 제안되었던 일부의 도구 및 기술을 사용해 실험 및 새로운 교과 작업에 대해서 참여하고 있다. 비록 문학 연구나 역사와 같은 전통적인 인문학 분야에서는 채택 여부가 상당히 미진했더라도, 모든 실습 기반 및 실습 주도 연구의 방향들은 영화로부터 디자인에 이르기까지 창의적 분야의 주요 요소들로서 디지털 미디어와 교육학에서 연구를 수행할 때는 일부지만 주요한 형식의 기반이 된다. 디지털 인문학의 토대가 되는 실험 정신 범위 속에서 실습 기반 그리고 실습 주도 연구에서는 제품을 생산하거나, 디지털 교육학의 경우 새로운 전략이나 기술을 학생들과 함께 구현함으로써 연구의 방향을 변경할 수도 있고(실습 주도) 아니면 활동 자체

가 연구로 판단될 수 있는(실습 기반) 새로운 지식을 성취한다고 가정한다.[1]

디지털 인문학의 교육 방법이 비교적 새로운 만큼, 교육적 연구 맥락 속에서 교육학적인 성과를 공유하는 것은 물론이거니와 공식적이거나 비공식적인 연구 수행 과정에서 교육자 자신의 경험을 기록하는 행위는 다른 사람들에게 매우 가치 있는 일일 수 있다. 실습 기반 또는 실습 주도 연구에 참여하기 위해서는 교과 활동과 그 결과를 세심하게 기록하는 행동은 매우 중요하다. 예를 들어, 음성·텍스트 기술을 시도하고 그러한 혁신적 방법의 결과로서 학생들의 학습 성과를 추적했던 제2장에서 언급했던 실험을 생각해 보자. 만약에 교실을 실험실로 간주한다면 이러한 생각을 통해서 이미 교육학적 연구자와 같은 사고 자세를 갖는다고 볼 수 있다. 여기서 보통의 디지털 인문학적 비유를 빌리자면 실험실에 비치된 비커나 입자 가속기를 포함한 시설 때문이 아니라 오히려 새롭고 흥미로운 결과가 도출될 수 있는 경험적 실험으로 디지털 인문학 교실을 바라본다는 관점이기 때문이다.

교육에 관한 연구를 출판할 수 있는 발행처를 고려할 수 있다. 예를 들면 편집 컬렉션에서 교육에 대한 증가하는 관심 상황을 고려해 보라(출판 예정인 브라이언 크룩설과 다이앤 재캐키가 편집하는 '디지털 인문학 교육학 논쟁' 시리즈가 입증한다). 그에 더해서 교육학에 중점을 두거나 특별호를 운영하는 학술지 중 여러 개를 생각해볼 수 있다. 이러한 저널들에 대한 자세한 정보는 〈표 10-2〉를 참조하라. 대부분은 자료를 개방하고 있으며, 이를 통해서 더 많은 독자가 저작물 등을 참고할 수 있고, 여러 저널이 자유롭게 수록 논문들을 재출판하는 것을 허용하고 있다. 미리 경고하지만, 즉 매우 안

---

[1] 초판에서 참조된 폴 펙 인문학 연구소(Paul Peck Humanities Institute)는 몽고메리 칼리지(Montgomery College)에서 인문학을 증진하고, 디지털 스토리텔링과 같은 디지털 인문학 관련 프로그램을 운영하는 곳으로, 디지털 인문학 연구와 교육을 지원한다. 폴 펙 연구소의 인문학적 탐구와 디지털 기술을 접목시킨 다양한 연구, 프로그램, 행사를 참고하기 바란다.

표 10-2 디지털 인문학 교육학 학술지

학술지	투고 및 운영 정책	비고
《계간 디지털 인문학》 (www.digitalhumanities.org/dhq/)	《계간 디지털 인문학》은 분기별로 제출된 학습 논문을 검토한다. 논문은 1월, 4월, 7월, 10월의 각 15일까지 제출되어야 한다. 전통적인 기사와 도서 리뷰에 더해서 현장 보고서, 사례 연구, 이전 기반의 이슈 소스문은 물론이고 디지털 프로젝트, 도구, 소프트웨어의 검토도 논문으로 출판한다. 글의 구성 단어 수에 대해서도 최소 또는 최대 제한이 없다. 흔히 사용하는 워드 프로세서 형식부터 XML, HTML, CSS, 자바스크립트, XSLT에 이르기까지 다양한 파일 형식으로 작업 결과를 제출할 수 있다.	오픈 액세스가 가능하며, 이런 점에서 독자층이 확대된다. 저자에게 어떤 권리도 양도도 구하지 않아서 작업 결과의 재출판, 재사용 등이 자유롭다.
《디지털 연구》 (https://www.digitalstudies.org/)	《디지털 연구》는 크리에이티브 커먼즈 3.0 CC-BY 라이센스하에 운영되어서 사용자는 자신의 작업 결과를 개인 웹페이지에게 제 게시하거나 소속 기관 저장소에 제출할 수 있다. 5000~1만 단어 정도로 구성된 제출물은 연구 논문, 방법론 논문, 해설 논문, 검토 논문 등의 형태를 취할 수 있다. 지속적인 출판은 사용자의 작업 결과가 해당 학술지의 검토 및 편집 과정을 거치면 즉시 이용할 수 있음을 보장한다.	프랑스어와 영어로 출판된다. 프랑스어 또는 영어 번역이 제공된다면 글 내용이 어떤 언어로 작성되어도 수용한다.
《JITP(Journal of Interactive Technology and Pedagogy)》 (https://jitp.commons.gc.cuny.edu/)	오픈 액세스 《JITP》는 연구 기사뿐만 아니라 과제, 설계도, 리뷰, 교육 실패 경험, 의견, 도구 팁 등을 출판한다. 창의적인 작품, 인터뷰/대화, 오디오 및 비디오 프레젠테이션과 같은 다양한 형식이 있다. 이러한 '편집 불때'되는 전통적인 저널마다르다. 전통적인 학술지는 일반적으로 편집자와 익명의 검토자 사이를 연결하는 편집 보조자가 있다. 《JITP》는 개별 논문의 '조회 수'가 공개되고 누구나 자신의 글을 검토하는지도 알 수 있다.	《JITP》이 개방적이고 포괄적인 정신은 디지털 교육법을 실험하고 있는 대학원생들과 젊은 학자들에게 이상적이다.

학술지	투고 및 운영 정책	비고
《카이로스》 (Kairos: A Journal of Rhetoric, Technology, and Pedagogy)》 (https://kairos.technorhetoric.net/)	또 다른 오픈 액세스 학술지 《카이로스》는 1996년부터 매년 두 번 특별하게 멀티미디어와 하이퍼텍스트를 사용하는 것으로서 웹상에서 발표를 위해 설계된 웹텍스트(웹을 위한 출판물)를 출판했다. 《JITP》처럼, 검토 과정은 개방되어 있고, 여러 논문 검토를 포함하고 있다. 제출 카테고리에는 반성 글, 검토 글, 위기 글, 사례 연구, 인터뷰, 생명서 등이 포함되고, 전통적이면서 워드 프로세스로 구성된 연구 논문을 여기에 어울리지 않는다.	《카이로스》는 저자들이 포괄적인 인용 관행을 따를 것을 기대한다. 표본 웹텍스트를 살펴보려면 《카이로스》 링크로 들어가 인쪽 모서리에 있는 프랙시스 위키(Praxis Wiki)를 클릭하면 된다.
《Ada: 젠더, 뉴 미디어, 기술》 (https://adanewmedia.org)	《Ada》는 펨봇(Fembot) 콜렉티브 집단에 의해서 1년에 2회 출판되는데, 성별, 기술, 뉴 미디어에 연관된 정치적 참여의 학문을 수용한다. 교차적 접근 방식과 급진별하게 앞게 되 지식 관점 결과물의 특별히 환영을 받는다. 베타 독자들이 구듭 문서를 통해 동일한 문서에 접근하고 댓글을 달수 있는 개방적이고 집단적인 검토 과정을 사용한다. 연구 결과를 대부분은 인용 부분을 포함해서 5000단어 미만이다.	《Ada》는 비하문 범주의 사람들과 국제 범위의 독자층(예: 독자들이 영어를 제2 혹은 제3 외국어로 사용할 수 있음)에게 접근을 허용하며, 전문 용어를 제외하는 쉬운 문제를 요구한다.
《CC(Computers and Composition/Computers and Composition Online)》 (http://cconlinejournal.org/sub.htm)	《CC 온라인》은 전통적인 학술지 《CC》를 보완하는 오픈 액세스 웹텍스트 기반 저널이다. 후자가 기사와 검토 글에 초점을 두지만, 반면에 온라인 저널은 컴퓨터 사용 글쓰기 교육에 관련된 다양한 교육용 자료 및 연구 결과를 기까이 수용한다.	《CC 온라인》은 대학원생들에게 정말로 유용한 교육과 초보 첫 번째 출판 장소이다.
《프로그래밍 역사가(The Programming Historian)》 (https://programminghistorian.org/)	《프로그래밍 역사가》는 인문학자들이 특정 도구나 프로그램을 사용하는 방법을 가르치는 고품격 지도서를 제공했다. 이제는 8000단어 지도서 또는 교육 내용에 관한 개방 투고 형태를 유지하고 있다. 학생들을 위해 교육자가 처음 디자인한 사용 방법론이 대학원생/전문가로 구성된 정중을 위해 철저하게 수정하는 게 좋다.	《Ada》처럼, 《프로그래밍 역사가》는 국제적인 청중을 대상으로 중립적인 문체로 논문 작성 요청을 받는다(국가나 문화를 특정하는 참고문헌, 관용구, 숙어 등을 피하는 게 좋다).

학술지	투고 및 운영 정책	비고
	면, 이 사이트에 적합할 수 있다. 저자들은 완성된 교육 내용을 제출하는 대신에 제안서 양식을 먼저 작성한다. 이러한 제안이 허용된다면, 편집자의 지도를 받으면서 지도서를 완성하기까지 90일이 주어진다.	
《디지털 문화와 교육》 (Digital Culture and Education) (https://www.digitalcultureand education.com/)	2009년부터 운영되고 있는 오픈 액세스 학술지인 《디지털 문화와 교육》은 논문, 예술 작품, 팟캐스트, 영상이 포함된 학술 작업 결과물의 다양한 형식을 허용한다. 특히 이러한 접근들이 공공 인문학 작업에 관심이 많아서 디지털 교육용 프로젝트가 지역 사회나 전 세계 대중에게 다가가려 한다면, 이 사이트를 선택하라.	교육학과 그리고 사회 과학 분야 분야 출신의 학자들이 전형적인 기고자이어서 인문학 독자를 넘어서 범위를 광역화하기에 매우 좋은 사이트이다.
《JIME(Journal of Interactive Media in Education)》 (https://www-jime.open.ac.uk/)	《JIME》는 에듀테크를 위한 공간으로서 여기의 논문들이 특정 학문 지식이나 학습 목표가 아니라 오히려 특정 도구를 중심으로 그것의 구현, 효과, 한계 등을 논의하는 것에 초점을 맞추고 있다. 7500여 수준의 논문은 《계간 디지털 인문학》처럼 계속해서 발표되며, 지속 가능한 방법을 맞추고 있어서 비록 하술지 발간이 멈춘다고 해도 논문은 사라지지 않는다.	《JIME》은 독자에게 디스커스(Disqus) 그리고 하이퍼세스를 통해 댓글 작성을 강려해 동료 평가를 넘어서 공개 피드백을 원한다면 훌륭한 선택이 될 수 있다.
《하이브리드 교육학》 (https://hybridpedagogy.org/)	《하이브리드 교육학》은 디지털 인문학 범주에서 교육학적 각 업을 위해 특별히 설립되었다. 1500~2500단어 수의 짧은 글들은 스마트폰으로 읽기 적합한 온라인 저널리즘 형식으로 작성되고 형식화된다(예: 참고문헌 목록 대신 하이퍼링크를 사용). 집단 동료 평가 과정은 완전히 개방적어 있고, 작업 결과가 수락되어 출판된 후에도 평가는 계속된다.	《하이브리드 교육학》은 학생들의 경험을 에세이크에 중심에 둔 '비판적 디지털 교육학'을 요구해 학생들에게 관한 부여를 목표로 하는 접근 방식들이 적합하다.

정적인 ≪계간 디지털 인문학Digital Humanities Quarterly≫ 그리고 ≪디지털 연구Digital Studies/le champs numérique≫를 제외하고는 디지털 인문학 관련 학회지에 많은 변동이 있다. ≪디지털 문학 연구Digital Literary Studies≫는 운영을 중단했고, 반면에 ≪디지털 미디어와 문학 저널Journal of Digital Media and Literacy≫ 그리고 ≪Ada: 젠더, 뉴 미디어, 기술Ada: A Journal of Gender, New Media, and Technology≫은 모두 잠시 출판을 멈춘 휴간 상태이다. 활동 중인 학회지로서 정기적으로 업데이트된 목록은 더 읽을거리에 언급된 테닌Dennis Tenen, 길Alex Gil, 재프린Vika Zafrin의 포괄적인 정리를 참조하라.

교육학 자료, 디지털 교육학 연구, 디지털 인문학 연구를 위해 발행되는 학술지를 확인하는 것은 학문적 맥락에서 현명한 시작이 될 수 있음을 기억해야 한다. 자신이 속한 분야의 연례 국제 학술회의에서 교육 관련 전문가 세미나를 찾든지 주도하든지 혹은 선호하는 학술지의 교육학 주제의 특별판 학술지를 편집할 수도 있을 것이다. 조금 더 공식에서 벗어난 비공식적 장소로는 디지털 인문학 분야에서 존중받는 학술 블로그에 기고해 볼 수도 있다. 블로그는 현장에서 활발한 온라인 대화에 참여하는데 매우 유용하다. 교육학에 중점을 둔 블로그 목록은 웹 컴패니언에서도 볼 수 있지만, 디지털 인문학 교육학에 관한 글을 수용하는 특정 분야 혹은 하위 분야에서도 공동으로 작성된 블로그들을 찾아볼 수 있다.

교육 과정을 교육학 연구로 전환하기 위해서 여러모로 살펴보려고 할 때 특정 교과 활동을 수행하거나 수업에서 특정 교과 과제를 부여하는 경우 정말로 중요한 광범위한 질문들을 고려해야만 한다. 이러한 연구를 시작하는 한 가지 방법은 자신이 디지털 교육학에서 전력을 쏟은 부분에 특별히 맞춘 교육 철학을 개략적으로 구성하는 것이다(만약 직장이라면 이 문서는 교육 철학 성명서로도 활용이 가능하다). 혹은 사고 실험으로 보이려는 목적이라면, 교과 목표를 검토하고 학생들과 공유하는 디지털 작업의 정당성을 돌아보고, 수업 경험을 형성한 암묵적 교육학 모델을 명시적으로 확실하게 내보이기 위해 교육 철학 성명서를 선언으로 전환할 수 있다. 교육자의 경험이 디지털 인문학 공동체에 고유한 무엇을 제공하는지 찾아보기 위해서 이러한 통찰력을 디지털 교육학의 광범위한 기존 출판물들과 비교하라. 이 장 말미의 더 읽을거리에 이와 같은 장르에 속하는 특별히 활용도가 높은 예시를 제공하는 자료들이 있다. 동일한 과제나 활동을 두 번째 수업에서도 제공하되, 첫 번째 실행에서 얻은 학생들의 피드백을 반영해 맞춤화하는 것을 고려하라. 이를 통해 디지털 인문학이 반영된 활동이나 과제를 비판적으로 설계하는데 기초를 조성할 수 있을 것이다.

수업 일부로서 보든지 아니면 맞춤화되고 별개로 구성된 연구 프로젝트로서 보든지 상관없이 종종 교육학 기반 연구에 참여하는 방법 중 한 가지는 학생들이 수행한 연구를 통해 이루어진다. 제9장에서 논의했듯이 학부 연구 경험은 많은 교육 기관에서 우선순위가 되고 있으며, 디지털 인문학 프로젝트는 때때로 학생들이 협업하기 위한 분명한 기회를 제공한다. 활동적 학습, 디지털 문해력, 공개적 글쓰기를 촉진하는 등 그 외에도 학생들이 수행하는 디지털 인문학 연구는 때로 출판 가능성을 보여주면서 또한 교육자의 자발적인 도움을 당당하게 받아들인다.

특히 참여 중심적이거나 크라우드소싱 요소(예로서 벤담 전사하기Transcribe Bentham 또는 올랜도 프로젝트)를 포함한 기존 프로젝트를 수업에 통합하는 것은 학생들에게 그들이 배우고 있는 기술의 유용성을 증명하는 강력한 방법이 될 수 있다. 그렇지만 더 전통적인 학술 출판 경로도 학생들에게 열려 있으며, 만약 제4장, 제6장에서 설명했던 텍스트 분석 도구를 활용해 「인권 선언The Declaration of the Right of Man」을 분석할 때 흥미롭고 이전에는 알지 못했던 결과들을 발견한 학생을 만난다면, 프랑스 역사나 정치 철학에 관심 있는 학술 공동체와 그 결과들을 공유하기 위해 출판을 제안하지 못할 이유가 있을까? 만약에 학생이 학술 출판 수준의 질적 자격을 완성하기 위해 도움이 더 필요하다면, 그리고 교육자도 연구 작업에 추가될 수 있는 실질적인 연구를 수행한다면, 학생을 공동 저자로서 함께 논문을 완수하는 방법을 고려해 볼 수 있다(아마도 학생의 작업이 등장하기까지 기초가 된 교과 과제의 형태를 구성하는 방식으로). 그렇지 않다면, 교과 작업을 실을 수 있는 학술지나 다른 발행처를 제안함으로써 과정을 촉진할 수 있을지 모른다. 일부 학술지들을 위해 등장한 새로운 온라인 플랫폼을 잊지 말기 바라며, 필자의 분야인 모더니즘에서는 '모더니즘/모더니티의 프린트플러스Modernism/modernity PrintPlus' 플랫폼과 영국 모더니스트 연구 협회British Association of Modernist Studies의 새로운 웹사이트인 '모더니스트 리뷰The Modernist Review'가 있다. 만약에 상급 수준의 학생 교과 작업에 적합한 접근 가능한 출판 플랫폼이 있다면, 약간의 검색과 조사로 알아보라.

연구 영역 확대

디지털 교육학에 대한 출판 외에도 디지털 인문학을 통합하는 또 다른 방법은 자신의 학문 분야에 특화된 텍스트, 역사, 현상 등을 조사하기 위해서 디지털 도구들을 활용하는 것이다. 이러한 부류의 도구들은 학생들의 흥미를 유도하거나 일반적 연구 과정의 수월성 확보뿐만 아니라 새로운 연구 방법을 도입하도록 기회를 열어준다. 연구를 돕기 위한 디지털 인문학 도구 사용이 해당 연구에 변화를 가져온다면 마법적이지만 일상적인 (그리고 최소한 필자에게는 거의 불가피한) 순간을 세심하게 살펴보기 바란다.

새로운 도구나 방법에서 완수까지의 생명 주기는 보통 적어도 세 단계를 포함하고 있다. 즉, 교실에서 활용하기, 학문적 전문 분야에서 현재 연구에 적용하기, 그 도구 또는 디지털 인문학 연구에 연관된 암묵적 의미 연구하기 등 세 가지 단계를 생각할 수 있다. 보이언트 부문에서 로스는 정말 신속하게 『제인 에어Jane Eyre』에서 자연에 관련된 구절을 정확하게 짚어낼 수 있었고, 그 결과는 브론테Charlotte Brontë와 인류세人類世[2]를 다루

---

2   인류가 지질학과 생태계에 상당한 영향력을 미치기 시작한 이후의 시대.

는 저술 프로젝트에 통합되었을 뿐만 아니라 디지털 인문학을 응용해 주제 분석을 수행한 장에도 등장한다.[3] 이와 같은 예시들에서 로스의 문학적 분석을 위한 실증적 증거 찾기에 유용한 방법이 그 자체로서 연구의 주요한 주제가 되었다. 이와 같이 디지털 인문학 기법이나 도구가 자체적으로 분석 대상이 될 수 있는지 아닌지, 특정 도구(보이언트)에, 해당 도구가 증거 형태로서 결과를 도출(시각화)에, 해당 도구 그 자체의 광범위 유형의 특성(MFW 추적기) 등에 초점을 맞출 수 있는지를 고려해야만 한다. 만약 텍스트, 이미지, 기타 파일 등의 도구나 빅데이터 코퍼스의 정확성을 확신하기 어렵다면, 앞서 제기한 결정에 대한 양면적 의문점이 바로 나타나게 될 것이다. 게다가 디지털 인문학 실습의 일부가 자신의 학문 분야에서의 더욱 전통적인 연구와 어떻게 관련되는지를 우려한다면, 이것은 분석적 토론으로 볼 때 매우 생산적인 주제가 될 수 있다고 생각한다. 예를 들면 학술지에 '도구 검토'를 작성한다거나, 다른 인문학자들에게 도움이 될 새로운 디지털 도구나 방법 등의 브레인스토밍을 위해 불만 내용을 응용한다거나, 도구에 관해서 의혹을 블로그 게시물이나 학술회의 논문으로 작성해서 알릴 수 있다. 다만 그런 경우에는 신중하고 적절한 어조를 유지해야 한다!

현재 해당 도구나 플랫폼을 명시적으로 가르치든지 아닌지에 상관없이 때로는 자신의 연구 분야와 그 방법론이 디지털 인문학 색채를 띤 탐구를 유도할 수 있다. 예를 들면 배터실의 저서 역사 관련 연구는 항상 출판사의 판매 수치와 함께 도서 제작 및 유통에 관련한 역사적 설명에 관해서 엄청난 양의 작업을 포함하고 있었다. 배터실은 기록 보관소 자료를 저장하고 조직하기 위해 데이터베이스를 사용하게 된 것은 실제로 디지털 인문학 분야라기보다는 오히려 저서 역사를 통해서였다(처음에는 사용하기 쉬

---

3   초판에서 Shawna Ross and Randa El-Khatib, "Digital Thematic Analysis"(2022)가 참조되었다. 디지털 인문학을 문학 연구에 적용한 방법론을 탐구한 논문이다.

운 애플 소프트웨어인 파일메이커FileMaker였으며, 나중에는 관계형 데이터베이스에서였다). 이러한 데이터베이스 접근 방식으로 20세기 초기 서적 거래에 관한 기록을 저장하고 쉽게 쿼리할 수 있는 방법 없이는 불가능했을 훨씬 광범위한 결론을 도출할 수 있었고, 특정 출판사의 저자 성별 분포에서 서적의 국내외 유통에 이르기까지 모든 것이 놀라울 정도로 획기적인 주장으로 이어졌다. 이러한 예시는 종종 디지털 인문학의 잠재적 능력을 보여준다. 즉, 인문학적 탐구 대상을 연구하려면 디지털 방법을 사용하거나, 디지털 현상과 문화를 연구하기 위해 인문학적 방법을 사용할 수 있다. 방법이 디지털이든, 주제가 디지털이든, 정말로 중요한 사항은 교육에서와 마찬가지로 진심으로 원하고 새로운 발견을 바라는 연구의 수월성 확보를 위해서라면 반드시 디지털 도구와 디지털 방법을 사용한다는 사실이다.

지속적으로 성장하는 디지털 인문학 연구 분야는 이러한 접근 방식 모두를 수용한다. 즉, 여기에는 디지털 교수법 관련 연구 수행하기, 인문학적 탐구 대상을 분석하기 위한 디지털 도구 사용하기, 디지털 대상 객체 및 현상 분석을 위해 인문학적 방법 활용하기, 바로 앞에서 언급한 세 가지 접근 방식 혼합하기 등이 포함된다. 컨퍼런스, 논문, 소논문, 저서, 강연, 포스터 전시, 워크숍 등은 디지털 인문학에서 연구를 수행하기 위한 탁월한 사항들이다. 인기 있는 주제로는 공공 역사, 게임 및 게임화하기, 텍스트 편집, 텍스트 마이닝, 시각화, 매핑, 아카이브 등이 있다. 인기 있는 접근 방식으로는 평등, 접근성, 사회 정의(대개 비판 인종 이론, 포스트식민주의, 상호 교차성, 페미니즘, 마르크스주의 관점을 비롯해) 등이 있으며, 기술 역사 연구(문화사, 노동사, 물질의 역사, 뉴미디어 연구 등을 포함)에 연관된 항목들도 있다. 비판적 코드 연구와 소프트웨어 연구는 코드를 문학 텍스트처럼 분석하지만, 반면에 다른 학자들은 학문의 역사나 디지털 인문학 자체를 재개념화하려는 목적으로 디지털 인문학을 적용한다. 예를 들어 로스는 트위터에서의 상호 작용을 통해 소셜 미디어에서의 학술 커뮤니케이션에 대한 성별 구분 기준에 연관된 소논문을 작성했다(Ross, 2016 참조). 디지털 인문학 분야는 실험, 발표, 멀티미디어 형식에 매우 개방적이어서 단독 저자 단행본 형태를 따르는 전통적인 형식에 자신을 구획화시킬 필요가 없다. 영감을 주는 예시를 찾기 위해서는 리스트서버에서 '인문학자'를 구독하고 트위터에서 디지털 인문학 학자들을 팔로하고 웹 컴패니언에서 제시한 조직에 가입하기 바란다.

학생과 협업하기

학생들을 위한 디지털 인문학 교과 활동을 설계할 때는 수업에서 학생들이 성공하도록 돕기 위해 디지털 인문학 방법을 활용하는 것과 디지털 인문학 프로젝트의 성공을 돕기 위해 학생들을 활용하는 것 사이에서 나타나는 차이점을 민감하게 바라보는 태도가 매우 중요하다. 따라서 학생들에게 완료 요청하는 모든 디지털 인문학 교과 활동의 교육학적 가치를 명확하게 밝히고 의사소통해야 한다. 이것을 특히 교과 과정에 명시된 수업 목표와 연결하고, 학생의 디지털 노동이 최종 성적에 반영되는 방법을 찾아야 한다. 비록 이러한 접근 방식이 필자가 바라는 만큼 이상적으로 보이지 않을 수도 있더라도(특별하게 흥미로운 디지털 인문학 프로젝트의 경우 지적 노동을 성적으로 환산하기는 너무 간소화된 결과로 느껴질 수 있음), 학생들에게는 평가 성적이 바로 자신에 관한 정해진 값어치라고 보는 경향이 있다. 대부분의 교육 기관에서 교과 평가 성적은 학생의 지적 성취를 공식적으로 인정하는 지표이므로, 이것은 학생들에게 교과 연관 노력을 인정해 주는 가장 간단한 방법이다. 실제로 이것은 우리가 할 수 있는 가장 기본적인 일이다.

특히 학생 노동이 온라인에 실리면서 공개적 자산이 되어버리는 시기에 관련해 수많은 경우를 보면 학생은 단순히 수업 연관 학점 이상의 인정을 받을 자격이 있다. 만약에 학생들이 활발한 디지털 인문학 연구 프로젝트에 공헌하도록 만들고 싶다면, 기여자 목록을 포함하는 프로젝트를 선택하거나 설계하는 것이 이상적이다. 마음에 드는 프로젝트를 찾았지만 이러한 유형의 기여 메커니즘이 없다면, 학생 노동의 인정 가능성에 관해서 문의하기 위해 연구자나 관리자에게 가장 먼저 찾아가볼 수 있다. 가능한 경우에는 항상 학생들이 완수할 작업을 (훨씬 더 바람직하게) 선택하도록 유도하거나 프로젝트 시작부터 디지털 자산을 설계하는 과정에서 적극적인 역할을 하도록 지도하라. 학생들은 자기소개서나 이력서에 작업을 나열할 수 있어야 하고, 구글을 검색하면 그들의 작업을 찾을 수 있어야 하며, 미래의 고용주나 동료에게 작업 예시를 보여줄 수 있어야 한다.

이상적으로는 학생들이 자기소개서나 이력서에 그들의 기술과 노동을 표현할 수 있는 언어를 제공해 주어야 한다. 학생의 이력서를 반드시 작성하거나 수정할 필요는 없다. 그러한 목적으로 구축된 기관이 바로 커리어 센터이다. 그러나 교과 활동이나 과제가 요구하거나, 또는 개발시키려는 일반적인 기술을 설명할 수 있어야 한다. 제9장에서 언급한 협업자의 권리 장전 외에 UCLA의 조정된 권리 장전(Di Pressi et al. 참조)을 참조할 수 있는데, 이것은 특히 디지털 인문학에서의 학생 노동을 기술하고 있다. 기본적으로 학생들이 그들이 달성한 점들을 잠재적 고용주나 대학원에게 보여줄 수 있도록 하기 위해서 필자명을 제시하는 바이라인을 제공하는 방식이 최선책이다. 바이라인을 제공한다는 것은 책임을 의미하며, 학생 주장을 뒷받침할 증거를 찾을 때는 항상 존재하도록 디지털 원천 자원을 유지하는 것이다.

제2장에서 논의했듯이 물론 학생에게 크레디트를 부여하는 바이라인 작성은 학생의 개인 정보 보호권과 함께 균형을 유지해야 한다. 이러한 이유로 이 작업(및 바이라인)을 공개적으로 접근할 수 있도록 하는 시기는 수업이 끝난 후가 가장 좋다. 그렇게 하면 학생이 특정 시간에 특정 교실에 들어가는 학생으로 식별되지 않는다. 학생이 개인적인 세부 사항을 공유하는 수업 블로그와 같이 민감하거나 매우 개인적인 자료의 경우라면

바이라인을 쓰지 않는 것이 더 나으며, 학생에게 가명, 성을 뺀 이름만, 이니셜을 사용하도록 요청한다. 이 경우 크레디트를 제공하는 것은 적절하지 않으며, 그리고 학생의 작업이 다른 사람의 프로젝트가 아니라 교육에 진정으로 공헌을 보이는지를 확인해야 한다. 끝으로 공개될 원천 자료에 기여하도록 학생에게 요구하는 것은 공정하지 않으며 항상 이들에게 출판에 대한 대안을 제공해야 한다는 점을 기억하라. 학생이 프로젝트를 완성하고 교과 학점을 위해 제출하게 하며(공개적으로 제출하지 않음), 또는 학생의 선호도를 반영하고 통합하면서도 동사에 원래부터 의도했던 기술을 연습시키고 지식 기반을 개발할 수 있는 대체 과제를 확실하게 설계할 수 있다.

예를 들어 연구 조교RA 업무의 경우처럼 공식 교실 밖의 활동은 특히 학생의 노력이 반복적이거나 단조로운 노동(즉, 텍스트 스캐닝 또는 기본적인 인코딩)을 요구할 때는 공정한 임금과 노동 관행을 보장해야 한다. 로스는 학생이 디지털 교육학 연구를 지원하는 데 50시간 이상 참여하지 않는 조건으로 750달러의 보조금을 확보했다(시간당 최소 15달러). 학생에게 더 좋은 혜택을 주기 위해 로스는 학생이 작업할 텍스트를 직접 선택할 수 있게 하고, 그 텍스트를 구매하기 위한 학생 임금을 조정하고, 학생이 독립 연구 과정으로 작업을 통합해 인정받는 학점 시간을 취할 수 있는 선택권을 부여해 주었다. 모더니스트 아카이브 출판 프로젝트MAPP를 통해서 배터실은 항상 개별 교육 기관이 정한 임금을 받는 연구 조교와 함께 일을 했다. MAPP의 모든 연구 조교는 연구 주제를 선택할 기회를 가지며, 이것은 자율성과 개인적인 투자 정도를 허용한다(MAPP의 연구 조교 관행에 대한 자세한 내용은 Battershill et al.(2017)을 참조). 배터실의 학생들은 또한 자신의 기술과 프로젝트에 대한 기여를 공인(크레디트)받았고, 추천서를 받아 대학원에 입학하고, 출판, 도서관, 그리고 문화유산 분야에서 일자리를 얻었다.

학생 노동이 높은 수준의 비판적 사고와 학술적 참여를 요구할 때는 학생을 협업자, 즉 학생 학자로 간주하라. 유학, 인턴십, 장학금을 포함한 공식 교실 밖의 기회는 학생들이 학업 후 연구에 관심이 있든 아니든 매우 유익한 경험이라고 본다. 대학들은 종종 아카이브, 학술회의, 워크숍 등에 참석을 위해 출장에 필요한 연구 기금을 소유하고 있으므로 프로젝트에 대한 특별한 관심을 보인 학생들이나 연구 작업이 특출나게 우수한 학생들을 위해서 이와 같은 기회를 찾아보라. 특별한 기회를 식별하기 위해 여러분의 학문적 지식을 활용하라. 예를 들어 로스는 해외 연구 기금을 찾았고, 이를 통해서 제1차 세계대전 시기에 관심 있는 학생이 영국의 시인 아이버 거니Ivor Gurney의 새로운 아카이브에서 축적된 텍스트를 이용해 디지털 에디션을 만드는 데 참여할 수 있었다. 이 학생이 디지털 인문학 기술을 개발함으로써, 그렇지 않았다면 접근할 수 없었을 제1차 세계대전 문학을 연구하는 뛰어난 학자들과 연결될 수 있게 된 것이다. 이것은 학생들에게 여러 차례 중요한 일을 할 수 있는 능력의 확장이라는 기회를 제공하는 것이다.

일단 디지털 인문학 도구의 교육학적 활용을 넘어서 디지털 인문학 연구로 뻗어 나가 학생들에게 독창적인 연구에 대한 크레디트를 부여한다면, 노력에 대한 공로를 인정받으려는 열망은 당연한 일이다. 디지털 교육학과 연구를 '인정받는 것'은 디지털 인문학의 중요한 요인이지만, 다소 복잡한 측면이기도 하다. 여기서 이 문제의 세부적인 부분까지는 다루지 않겠지만(웹 컴패니언에서 '디지털 학술 연구가 인정받는지?'를 물어보면 더 많은 정보를 발견할 수 있음), 학계에서는 디지털 작업에 대한 인정을 받기가 점점 더 일반적인 현상으로 발전함을 알리면서 안심시켜 주고 싶은 심정이다. 대학원생, 학술 펠로, 조교, 강사, 교수, 관리자 등에 속하든 아니든 만약에 고용 계약 조건을 만족하는 방식에서 이러한 활동이 어떻게 그리고 왜 중요한지를 설명할 수 있다면 디지털 인문학 작업을 인정받을 수 있을 것이다.

제이슨 미텔Jason Mittell이 블로그 게시물에서 설명한 것처럼 "프레임 설정이 중요"하므로 "디지털 학술 연구가 독특하고 중요한 이유를 강조하면서, 학과와 위원회에 더 친숙한 참조 자료와 유사 자료를 제공하는 것이 중요하다"라는 언급이 있다(Mittell, 2014.3.23: par. 13). 활동을 자신의 서비스, 교육, 연구 약속에 어떻게 부합하는지 설명하는 방식으로 프레임을 설정할 때는 해당 분야의 전문 기관 및 고등 교육 기관에 의해서 생성된 디지털 학술 연구를 평가하기 위해 제작한 안내 규정들을 참조하라. 이러한 안내 규정들은 디지털 노동과 전통적인 학문적 노동 사이의 연결을 형성하고, 작업 질적 수준과 영향력을 증명하는 방법을 보여주기 때문에 강력한 원천 자원으로 볼 수 있다. 이러한 안내 규정을 위한 설명은 웹 컴패니언에서도 발견할 수 있으며, 언어 및 문학 분야의 학자들에게 흥미로운 MLA커먼스MLACommons에 대한 로스의 블로그 게시물에 링크되어 있다.

결론

이 장에서 필자는 디지털 교육학에서 디지털 인문학 연구로의 자연스러운 발전 과정을 개요로 보여주고자 했다. 교육 경험을 출판하는 것으로부터 학문적 작업에 디지털 교수법 기술을 적용해 연구로서 출판하는 것까지, 학생들을 디지털 인문학 연구에 참여시키는 방법을 찾는 것에서 학생들을 동료 연구자 혹은 협업자로 대하는 것까지, 새로운 기술을 포함한 교육에서 학문적 연구와 연결하는 방법은 다수 존재한다고 볼 수 있다. 비록 좋은 교육은 활발한 연구 의제를 필요로 하지 않지만, 수많은 교사는 교실에서 디지털 인문학을 적용하는 노력에서 추가적인 보상을 느끼기도 한다. 그리고 이러한 연결의 형성은 교육자의 경력에 도움이 되거나 연구 의제를 증진하는 과정에 국한해서 도움을 제공하는 것이 아니라 학생들이 학문과 연구가 어떻게 작동하는지, 그리고 인문학에서의 그들의 작업을 다른 교과 수업과 미래의 교육, 직업적 노력에 어떻게 적용될 수 있는지 관련된 지식을 강화하는 데 큰 도움이 될 것이다.

더 읽을거리

Anderson, Deborah Lines(ed.). 2015. *Digital Scholarship in the Tenure, Promotion, and Review Process*. Routledge.

Anderson, Katrina, Lindsey Bannister, Janey Dodd, Deanna Fong, Michelle Levy, and Lindsey Seatter. 2016. "Student Labor and Training in Digital Humanities." *Digital Humanities Quarterly*, vol. 10, no. 1. www.digitalhumanities.org/dhq/vol/10/1/000233/000233.html.

Battershill, Claire, Michael Widner, Elizabeth Willson Gordon, Helen Southworth, Alice Staveley, and Nicole Wilson. 2017. *Scholarly Adventures in Digital Humanities: Making the Modernist Archives Publishing Project*. Palgrave.

Clement, Tanya, Bryan Croxall, Julia Flanders, Neil Fraistat, Steve Jones, Matt Kirschenbaum, Suzanne Lodato, Laura Mandell, Paul Marty, David Miller, Bethany Nowviskie, Stephen Olsen, Doug Reside, Tom Scheinfeldt, David Seaman, Mark Tebeau, John Unsworth, and Kay Walter. 2011. "Collaborator's Bill of Rights." *Off the Tracks: Laying New Lines for Digital Humanities Scholars*. MediaCommons P. p. 10. mcpress.media-commons.org/offthetracks/.

Cohen, Daniel J. and Tom Scheinfeldt(eds.). 2013. *Hacking the Academy: New Approaches to Scholarship and Teaching from Digital Humanities*. U of Michigan P.

Davidson, Cathy N. 1999.5.28. "What If Scholars in the Humanities Worked Together, in a Lab?" *Chronicle of Higher Education*. chronicle.com/article/What-If-Scholars-in-the/24009.

Di Pressi, Lisa, Stephanie Gorman, Miriam Posner, Raphael Sasayama, and Tori Schmitt. "A Student Collaborators' Bill of Rights." *UCLA Digital Humanities*. www.cdh.ucla.edu/news-events/a-student-collaborators-bill-of-rights/.

Ede, Lisa and Andrea A. Lunsford. 2001. "Collaboration and Concepts of Authorship." *PMLA*, vol. 116, no. 2, pp. 354~369.

Gardiner, Eileen and Ronald G. Musto. 2015. "Appendix: Digital Tools." *The Digital Humanities: A Primer for Students and Scholars*. Cambridge UP. pp. 183~217.

Gold, Matthew K.(ed.). 2012. *Debates in Digital Humanities*. U of Minnesota P. dhdebates.gc.cuny.edu/.

Holland, Kathryn and Jana Smith Elford. 2016. "Textbase as Machine: Graphing Feminism and Modernism with OrlandoVision." *Reading Modernism with Machines*. edited by Shawna Ross and James O'Sullivan. Palgrave Macmillan. pp. 109~134.

Keralis, Spencer D. C. 2016.1.6. "Milking the Deficit Internship." *Disrupting the Digital Humanities*. Punctum Books(2017). www.disruptingdh.com/milking-the-deficit-internship/ .

Konkol, Margaret. 2015.9.8. "Public Archives, New Knowledge, and Moving Beyond the Digital Humanities/Digital Pedagogy Distinction." Hybrid Pedagogy. www.digitalpedagogylab.com/hybridped/public-archives-and-new-knowledge/.

Matteson, Paul. 2013.2.25. "Ten Ways to Maximize Your Google Drive." Tech Republic. www.techrepublic.com/blog/google-in-the-enterprise/ten-ways-to-maxi mize-your-google-drive/.

Mittell, Jason. 2014.3.23. "Evaluating Digital Scholarship, or Confessions of an External Reviewer." Just TV. justtv.wordpress.com/2014/03/23/evaluating-digital-scholarship-or-confessions-of-an-external-reviewer/.

Nowviskie, Bethany. 2011.5.31. "Evaluating Collaborative Digital Scholarship (Or, Where Credit Is Due)." nowviskie.org/2011/where-credit-is-due/.

Peck, James. 2013. "A Note from the Editor: Special Issue on Practice-Based Research." *Theatre Topics*, vol. 23, no. 2, pp. ix~xi.

Ross, Shawna. 2016. "A Bechdel Test for #MLA: Gendered Acts of Care on Academic Twitter." Journal of Interactive Pedagogy, vol. 9(June), jitp.commons.gc.cuny. edu/a-bechdel-test-for-mla16-gendered-acts-of-care-on-academic-twitter/.

Siemens, Lynne. 2009. "It's a Team If You Use 'Reply All': An Exploration of Research Teams in Digital Humanities Environments." Digital Scholarship in

the Humanities, vol. 24, no. 2, pp. 225~233, llc.oxfordjournals.org/content/
24/2/225.

Tenen, Dennis, Alex Gil, and Vika Zafrin. "DH- and New Media-friendly Journals."
DH Notes. https://github.com/dh-notes/dhnotes/blob/master/pages/journals.
md.

제11장

디지털 교실에서 교육하기

이 책 초판은 주요한 전달 방식으로서 온라인 교육으로부터 디지털 인문학을 구분해서 특징 등을 설명했다. 필자는 이러한 견해를 밝히는 차원에서 비대면 학습이 모든 학문 분야에서 일반적인 모범 사례를 발전시키고 있지만, 반면에 디지털 인문학 강사들은 특별히 인문학 개념을 탐구하려는 의도로 디지털 도구를 수용하고, 디지털 기술의 영향력을 비판적으로 인지하고 있다는 점을 분명하게 밝히고자 했다. 그렇지만 현재는 공유교실 공간 이외 공간에서나 혹은 교실 밖에서의 교육에 관련된 또 다른 추가 장이 필수적일 수 있다. 필자가 저술하는 시점에서 대면 회의를 기본적 전달 형태로 여기지 못하는 관계로 이 두 번째 판은 온라인 교육의 광범위한 채택을 반드시 반영해야 한다.

온라인 교육은 코로나19가 전 세계 겨울 학기와 봄 학기의 평소와 같은 진행을 어렵게 만들었던 2020년 초 즈음에 갑자기 늘어나기 시작했다. 국제적 상황을 보면 3월에는 대부분 대학과 학교가 하룻밤도 지나지 않아서 추가 공지가 있을 때까지 문을 닫았다. 많은 강사가 금요일에 소속 기관 폐쇄 소식을 듣고 바로 다음 월요일부터 온라인으로 수업을 시작했으며, 그런 동안에 운이 좋은 동료들은 필요한 대비책 준비를 위해 봄 방학을 이용했다. 학생들은 필요한 교재와 안정적인 와이파이 연결을 찾아 접근하는 과정에서 어려움을 겪었고, 강사들은 최상의 학습 경험을 만들려고 분투했지만, 두 그룹 모두 전 세계적인 대유행의 감정적 및 현실적인 여파를 헤쳐 나가야 했다. 필자가 2021년 봄에 저술했던 시점에서 온라인 교육은 여전히 대부분 지역에 분포한 대다수 대학에서 우위를 점하는 교육 형식이며, 대면과 비대면 혼합 학습의 예는 소수의 소규모 수업 방식에 한정되어 있다. 현재 시점에서 2021~2022학년 그리고 2022~2023학년에 어떠한 교육 방법 상황으로 들어설지는 아직도 불분명하다.

온라인 학습이 계속되면서 학생과 강사 양쪽 모두로부터 저항과 불편한 심경을 느낄 수밖에 없었던 경험의 일부로서 녹아들었다. 리 스캘럽 베셋Lee Skallerup Bessette은 여러 강사가 처음으로 원격 교육을 시행하면서 온라인 교과 과정에 부정적인 견해를 언급했다. 베셋은 온라인 교과 과정을 "여름 동안의 저렴한 일반 교육 과정 제공 방법"으로 간주하거나, 더 나쁘게는 "인문학에 대한 자금 지원의 절감과 정규직 파괴 목표의 교육 과정 표준화를 위한 신인문학 의제의 일부"로서 인식된다는 점들을 지적하고 있다. 한편 베셋은 "가장 강력한 온라인 학습 제공"을 개발한 커뮤니티 칼리지와 지역 종합 대학 등 교육 기관들은 "전형적으로 인문학 분야의 지도력을 찾고자 시도할 영역이 아니다"라고 지적한다. 여기서 필자는 이러한 편견들을 해소하고, 다양한 교육 기관에서 가르치는 강사들로부터의 전문성을 활용할 수 있기를 희망한다.

온라인 교육을 포괄적으로 소개하기가 어렵기 때문에 필자는 우선 원격 교육에 적응하는 강사들에게 디지털 인문학이 제공하는 바를 보여주는 이 책의 내용을 분명하게 강조하려고 한다.

- 디지털 기반 교과 과정 웹사이트, 읽기 자료, 교과 활동 및 과제를 제작하기 위한 아이디어
- 온라인 환경에서 개인 정보 보호, 보안, 접근성을 극대화하는 방법

- 도전적인 상황에서 무엇을 우선시하고 무엇을 포기할지 취사선택하기 위한 가치
- 기술적 문제 예방 또는 극복 전략
- 가상 교육 환경에서 기술 도구와 인프라 사용의 비판적 접근 방식

위에서 언급한 사항들 모두를 이 책 전반에 걸쳐 찾을 수 있다. 바로 이 장에서 필자는 온라인 교과 과정을 관리하면서 유념할 통상적 개념을 식별하고, 실용적인 정보와 소프트웨어 제안들의 형태로서 더 구체적인 조언을 제공하려고 한다. 가장 중요한 점은 필자가 온라인 교육에서 무슨 종류의 도구들이 도움을 줄 수 있는지 정보와 함께 온라인 교육에 특화된 일련의 교육적 목표와 선택 사항이 있는 도표를 제공한다.

이러한 선택들 사이를 오가면서 취할 첫 번째 단계는 대부분 경우에 있어서 내리는 선택이 '온라인 대 대면'이 아니라는 사실을 인정하는 것이다. 그러한 수준의 결정은 직접 하는 것이 아니거나 어쩌면 이미 정해진 사항일 수 있다. 대신에 온라인 교과 활동, 플랫폼, 참여 형식 등 다양한 선택지가 있으며, 이와 같은 선택지들은 대면 교육과는 확실하게 다르다. 고려하는 디지털 대안 모두가 근본적으로는 할당되거나 기대되는 전달 형식과 함께 작동해야 한다. 코로나19는 바라건대 일시적인 글로벌 위기로 끝났으면 하지만, 온라인 교수법을 의도적 형태로 고려할 수 있는 기회이기도 하다. 웹 컴패니언에서 더 많이 찾을 수 있는 플랫폼, 파일 형식, 소프트웨어에 관련해서 구체적인 권장 사항들을 제시하고 있고, 이와 함께 필자는 감염병이 불러온 이와 같은 비정상적인 역사적 순간에서 생각해볼 수 있을 장기적 전략을 식별하기 위해서 노력하고 있다.

만약 다른 장이 아닌 오히려 이 장에서 조금 더 망설이는 듯한 느낌을 받는다면, 그것은 바로 필자 자신이 바로 망설이고 있기 때문이다. 2020~2021년에 불확실성을 있는 그대로 받아들이고 모든 것이 완벽하지 않다는 점을 알고 있으면서도 최선을 다하는 방법을 배웠지만, 아마도 평소와

같은 편안함과 전문성을 유지하지 못한다는 사실을 인식하고 있다. 비록 교실 없이 교육을 수행하는 것이 분명히 다르기는 해도 여전히 즐거움을 찾을 수 있다는 낙관적 태도를 갖고 있다. 매슈 커센봄Matthew Kirschenbaum은 팬데믹 초기에 트위터 게시글에서 "당신은 긴장할 수 있지만, 당신의 학생들은 이것을 해낼 것이다"고 썼다.

온라인 수업의 여섯 가지 목표

이 절은 온라인 강의 설계를 위한 교육학의 목표를 제시한다. 이러한 목표는 아래에서 자세하게 설명된 도구 그리고 접근 방식을 추천하게 된 원칙이다. 그렇지만 만약 새로운 소프트웨어 또는 플랫폼을 시도할 생각이 없으면서 줌과/이나 소속 기관의 학습 관리 시스템LMS처럼 서로 결코 분리되지 않는 기본적 선택을 고수하고 싶다면 그렇게 하면 된다. 모든 도구의 사용을 제안하기보다는 오히려 강의 캡처를 탐색하거나 팟캐스트 소프트웨어를 찾고자 여기저기 헤맬 필요가 없도록 방법을 제시하려는 것이다.

목표 1: 능동적 학습 향상

영향력 있는 학습이 대면 수업에만 제한적으로 나타나는 것은 아니다. 학생들을 박물관에 데려가거나 실시간 공연에 참석하는 것은 의미 있는 교육 참여로서 교육에 직접 통하는 연결고리가 되는 방법이지만, 필자는 이러한 교과 활동들이 교육학 학자들이 '능동적 학습'으로 칭하는 광범위한 일련의 실습 중 일부 정도로서 간주하고 있다. 모든 형식에 해당하는 교사들로서 능동적 학습 기법을 채택하는 사람들은 측정 수치로 보면 학습 성과를 증진시키고 있다고 생각한다(Deslauriers et al., 2019: 19251; Wieman, 2014: 8319). 능동적 학습은 구성주의 학습 이론에 기반을 두고 있으며, 이 이론에 따르면 "개인이 자신의 지식 구축을 통해서 학습하며, 새로운 아이디어와 경험 등을 새로운 또는 향상된 이해를 도모하고자 기존의 지식과 경험으로 연결한다"라고 주장한다(Brame, 2016.7.9). 이러한 철학적 관념의 핵심은 교사가 단순한 내용 전달 시스템이 아니라 학생들이 사신들의 교육에 대해 더 책임질 수 있도록 도움을 주는 촉진 주체임을 알아야 한다. 능동적 학습 교과 과정은 창의적 사고, 문제 해결, 의사 결정을 북돋운다(Waitkus, 2006: 57). 교사 중심보다 오히려 학생 중심이려면, 학생들에게 인지적으로 존재하기를 요구하면서도 학습 과정을 확실하게 돌아볼 수 있도록 요청해야 한다. 필자가 이 책 전반에 걸쳐 추천하는 여러 교과 활동과 교육에 접근 방법 들은 능동적 학습을 발전시키는 데 초점을 맞추고 있다.

능동적 학습에 기반한 수업은 여전히 강의들을 포함할 수 있지만, 이 강의들은 길이가 더 짧으며, 횟수가 많지 않고, 토론과 교차해서/하거나 실행되고, 참여적 매체 수단으로 보완되기도 한다. 토론 속성은 끝없이 논쟁을 자극하려는 측면이 있고, 학생들의 비판적 사고력을 북돋고, 교사가 사전에 결정한 논제가 아니라 소크라테스식에 기초한다. 교과 활동과 과제는 학생들이 질문을 스스로 구성하고, 광범위 장기 브레인스토밍 시간에 참여하고, 연구 의제를 스스로 설계하고 수행하는 문제 (해결) 기반으로 구성된다. 평가된 교과 작업의 상당 부분은 본질 측면에서 협력적인 성격을 갖고 있으며, 경쟁보다는 협력을 강조한다. 학생들이 배운 사항을 서면으로 검증하는 과정은 주기적으로(예: 각 주요 과제에 첨부된 자가 평가) 또는 최종 포트폴리오의 기반으로서 교과 과정의 후기에 실행되는 경향이 있다.

이 원칙들은 디지털 인문학 교수법에 묵시적으로 내포되어 있으며, 이것은 학생들이 다양한 대상 객체를 만들기 위해 디지털 도구들과 함께 실습을 감행하면서 문제 해결과 창의적 사고를 고무시키는 사안을 의미한다. 디지털 도구의 사용, 제작, 비판에 대한 몰입으로 말미암아서 디지털 인문학은 특별하게 온라인 혹은 대면/비대면 혼성의 적용 상황으로 전환하는 방식에서 능동적 학습을 더욱 강조한다. 온라인 강좌의 경우에는 교사가 대면 수업에서 수행하는 것보다 제6장에 특징이 제시된 교과 과제를 더 많이 활용하기와 함께 가상 환경을 위해 제4장에 특징이 제시된 교과 활동의 촉진을 위해 〈표 11-1〉의 활용을 고려해 보기 바란다.

그리고 소셜 미디어의 주석, 그룹 채팅은 물론이고, 다르고도 동등한 참여의 능동적 형식을 통해서 비동기 토대 수업 참석을 위해 토론 기반 교수법을 넘어선 참여의 또 다른 형식에 대해서도 역시 고려하기 바란다. 만약에 줌을 사용해 같은 시간에 교사와 학생이 서로 마주하는 동시적 형태로 가르친다면, 능동적이고 토론 기반 학습을 장려하는 가장 효과적인 방법들 중 하나는 다음에서 추천하는 디지털 화이트보드 중 하나와 조합해 분리된 방을 사용하는 것이다. 이를 통해 학생들 서로가 상호 작용할 수 있으며(학생들이 온라인 환경에서 정말로 그리워하는 점), 교사는 실시간으로 분리된 방 내에서 학생들이 만들어내는 기록 노트를 관찰할 수 있다. 배터실은 이러한 생산적인 시간을 독려하기에 가장 효과적인 방법으로서 각각의 그룹에 다른 프롬프트(또는 질문, 방문할 디지털 전시)를 제공하고, 그룹은 자신들의 발견 사항을 이후에 반 구성원 전체에게 보고하는 것임을 알아냈다.

목표 2: 추가는 더 많음이 아니다

'더 짧게'와 '더 적게' 표현들을 지침으로 삼으라. 온라인 교육에서 확인된 단점을 과잉 생산 방식으로 보상하려는 유혹에 빠지지 않길 바란다. 교사의 시간은 추가 콘텐츠를 제공하는 것보다 의미 있는 접촉을 제공하는 데 사용되어야 더욱 유용하다. 교육적 관계 설정이 바로 최우선이 되어야 하고, 만약에 그것이 이어진 이야기를 풀어가거나 협업 플랫폼으로 실험을 선호하는 차원에서 하나의 소규모 개념, 텍스트, 학파 등을 덜 가르치는 행위를 의미한다면, 그렇게 하면 된다. 교사의 가르침이 성공적으로 전달되도록 보장할 수 있다면, 학생들의 참여가 더 많아질 것이다. 그

표 11-1 능동적 학습을 위한 상호 협조 기술

도구	비슷한 도구	설명	장점	단점
패들릿	위드프레스 및/혹은 기타 블로그 플랫폼, 스톰보드(Stormboard), 믹스(Mix), 아이디어플립(Ideaflip)	다양한 미디어의 '게시물'을 포함할 수 있고 학생들이 교과 작업과 연구를 협업하고 공유할 수 있는 동적 협업 플랫폼	미학적으로 매력적인 인터페이스, 사용의 용이성, 유연한 형식, 여러 다른 앱과의 통합 가능하다. 다양한 지원을 통해 이 보드는 훌륭한 출발점이 될 수 있다(https://padlet. com/gallery/tips). 브레인스토밍에도 탁월하다.	무료 버전과 교육용 '백팩' 버전은 유료 구독이 필요하다. 백팩이 아닌 버전의 경우 개인 정보 설정에 신중히 접근해야 한다.
슬랙	구글 행아웃(Google Hangouts) 챈티(Chanty), 하이브(Hive), 퓨즈(Fuse)	토론, 링크 공유, 실시간 채팅 기능을 위한 인기 있는 커뮤니케이션 앱	커뮤니티 구축 및 학생들이 더욱 비공식적으로 대화하기를 촉진하기에 탁월하다. 파일 공유와 사용이 쉽고 무료이다.	LMS에서 '토론 게시판' 기능과 중복가능성이 있으므로 둘 중 하나를 선택해야 한다. 학생들이 계정 생성과 다른 사항들을 수행해야 한다.
콘셉트보드 (Conceptboard)	미로, 스톰보드, 림누(Limnu), 무랄(MURAL), 화이트보드 폭스(Whiteboard Fox)	실시간 시각 협업 기능을 제공하는 디지털 화이트보드	복잡한 브레인스토밍과 정보 수집에 탁월하며, 상호 작용하는 주석 기능뿐만 아니라 이미지와 다이어그램 등록을 갖추고 있다. 실시간 업데이트 기능으로 변경 사항 발생 시 곧바로 확인이 능하다.	무료 계정에는 일부 제한이 있어서 학생들에게는 가입 절차가 필요하다.
플립그리드 (FlipGrid)	유시유(YouSeeU), 보이스레드(Voice-Thread)	영상 토론 플랫폼으로 '주제'를 생성하고, 학생들이 영상 댓글을 올릴 수 있다. 상호 교류 소셜 학습 환경으로서 설계되었다.	특히 비동기 설정에서 비디오 게시물을 통해 공동체 의식을 생성할 수 있다. 학생들은 계정이 필요 없지만, 가입을 위한 코드를 부여받을 수 있다.	개인 정보가 철저히 관리된다더라도 학생들이 자신의 영상 게시에 불편함을 느낄 수 있다.
하이퍼새시스	이컴마(eComma), 이마	소셜 주석 도구로 사용자	개방적이고 상당히 유연한 특성을 지	학생들 사이에 학습에서 일부 차이 피

도구	비슷한 도구	설명	장점	단점
	진(eMargin), 라쿠나(Lacuna), 구글 문서	에게 웹상에서 무엇이든 주석을 달고 그룹과 공유할 수 있다.	였으며 원격에 토대를 둔 소프트웨어로 무료이다. 적극적인 학습 촉진 요인으로서 사료의 사고와 여백에 첨가한 주석을 확인할 수 있으며 LMS와 통합을 제공한다.	턴을 보일 수 있으며, 해당 도구의 정확한 역할 및 작동 원리 등 설명이 요구됨. 따라서 수업 시간을 함에에서 설명이 필요하다.
피아자(Piazza)	글리서(Glisser), 프룰루(Prulu), 하이퍼세이(Hypersay)	위키 형식의 Q&A 플랫폼	시간에 민감한 질문을 강조하고 여론 질문 형식의 기능을 포함한 동적인 토론 게시판 경험을 가진다. LMS 통합과 LaTeX 편집기가 있다.	다소 둔탁한 인터페이스
탑햇 (TopHat)	여기에서의 여러 기능은 캔버스, 브라이트스페이스(Brightspace) 등 수많은 LMS에서 이미 맞춤 기능들의 고급 버전	멀티미디어 통합 읽기, 줌 석 주석기, 평가 도구, 토론 게시판 등 향상된 기능을 갖춘 '학습 커뮤니티 도구'	여러 다른 플랫폼에 의존하지 않고 능동적 학습을 장려하기 위해 하나의 향상된 기능 추가를 허용하는 다기능 도구로, 대부분의 LMS와도 통합된다. 교사를 위한 기본 패키지는 무료이다.	포괄 구독은 무료가 아니다, 소속 기관이 LMS와 통합이 간단하지 않으며, 그 스쿼(Coursepack) 생성 기능이 소속기관 도서관 원천 자료에 적절하게 대응하지 못할 수 있다.
드롭소우트 (DropThought)	구글 애널리틱스 플러스(Google Analytics plus)의 기타 도구	분석 기능을 갖춘 여러 도구	단순하고 깔끔한 인터페이스를 맞추고 있다.	다른 도구들에 비해 사용 경우가 다소 제한적일 수 있다.
디스코드 (Discord)	슬랙, 마이크로소프트 팀	텍스트, 이미지, 비디오, 오디오 채팅을 지원하는 소규모 커뮤니티를 위한 플랫폼. 실시간 화면 공유로써 가상의 동기식 수업 세션을 진행할 수 있다.	트위치(Twitch) 통합과 친숙한 인터페이스로서 학생들 사이에서 인기 있다. 코로나19의 한 주 교사들이 한 번에 최대 50명의 학생들과 실시간 채팅을 할 수 있게 허용한다.	개별 사용자에게 예배스 부외로 시간이 소비될 수 있다. 미래에 회사가 교사를 위한 무료 서비스를 금지할 수 있다.

리고 그 이상으로 추가 자료를 첨가하기에 초점을 맞추는 것보다 훨씬 중요할 수 있다. 학생들이 교사로부터 얻으려는 대상은 바로 명확성이며, 여기서 명확성이란 명백한 연구 결론을 갖춘 논리 정연한 자료의 기획 정리의 선택으로부터 나타날 수 있다.

녹화된 프레젠테이션은 대면 강의를 대체하는 원격 수단으로서 비동기 온라인 수업의 핵심이면서 그 자체이므로 더욱 자세하게 논의해 볼 가치가 있다. 녹화된 강의가 일반적으로 정리된 기록 내용인 자막, 고품질 마이크 녹음, 사운드트랙 또는 음향 효과로 음질 향상, 신중하게 조정된 편집 등을 기반으로 하는 전문적인 팟캐스트로서 세련미를 첨가한 과정을 거친다면, 학생들의 관심을 더 길게 유지할 수 있다. 그리고 이런 사안은 새 마이크를 구입해야 하는 상황을 의미하지는 않는다(물론 소속 기관에 제공 요청은 나름 분명 가치가 있다). 오히려 시간을 어떤 형식으로 할당할지를 전략적으로 결정하고 싶다는 의미라고 본다. 만약 영상이나 팟캐스트 편집하기보다 다른 용도에 시간을 유용하게 쓸 수 있다고 판단한다면, 의식적으로 그렇게 하라. 〈표 11-2〉에서 영상 캡처와 편집을 간단하게 수행하는 애플리케이션과 프로그램 등의 제안들을 확인할 수 있다.

목표 3: 교수법 다양화

원격 환경에서는 다양한 방식으로 학생들에게 다가갈 여러 종류의 자료 제공이 매우 중요한 핵심 요인이다(제2장에서 처음 언급된 원칙이다). 오디오, 비디오, 서면 자료의 개발 및 균형 유지가 이상적이라는 점을 염두에 두면서 〈표 11-3〉에서 몇 가지 선택에 관한 개요를 제시하고 있다. 각각의 매체는 자체적으로 유리한 방향으로 인도하는 장점을 보여주고 있다. 예를 들면 팟캐스트(영상보다는 오히려)는 학생이 등하교하면서 운동을 하면서 가족 구성원과 함께 공간을 공유하면서 등의 경우에 헤드폰을 사용할 수 있고 내려받기와 접근이 편리하다. 그리고 학생들이 다양한 방법(예로서 이메일 및 기관의 LMS를 통해)으로 교사에게 연락을 취하는 방법을 알고 있

표 11-2 영상 캡처와 편집 도구

도구	비슷한 도구	설명	장점	단점
퀵타임 (Quicktime)	애플 미디어 플레이어	영상 녹화도 가능한 미디어 플레이어	사용하기 쉽고 대부분 컴퓨터에서 기본 미디어 플레이어로 이미 설정되어 있다. 개인 유튜브 채널에 업로드가 능하다.	녹화가 가능하긴 하지만, 주로 플레이어로 설계되어 있어서 기능이 상당히 제한적이다.
오픈숏 (OpenShot)	아이무비(iMovie), 어도비 프리미어 프로(Adobe Premiere Pro), 캠타지아(Camtasia)	영상 및 소규모 편집 소프트웨어로서 소규모 영화 제작이 가능	재미있고 흥미롭다.	강의 기록을 위해 더 간결한 방식을 원할 수 있다.
줌	업무용 스카이프, 구글 행아웃, 마이크로소프트 팀	영상 및 화면 공유 기능이 있는 화상 회의 소프트웨어	대부분 이미 줌을 소통 수단으로 사용하고 있으므로, 새로운 도구를 배울 필요가 없고 여기서 영상을 녹화할 수 있다.	저장된 녹화 파일 형식이 다소 불편할 수 있으며, 줌은 여전히 일부 보안 문제를 가지고 있다.
파놉토 (Panopto)	오픈캐스트	영상 녹화 및 웹 캐스팅 소프트웨어	강의 녹화에 대한 구체적이고 조언을 담은 유용한 교육 지원 사항이 있다.	기업 및 교육을 위한 청중을 위해 설계되어서 개인 정보 설정 확인이 필요하다.
위비디오 (WeVideo)	필모라(Filmora), 애니모토(Animoto), 스크린캐스트 오매틱	클라우드 기반 영상 편집기	접근하기 정말로 쉽고 간단하고, 스마트폰에서 작동하고, 협업 가능하다.	5분 이상의 영상을 원한다면 유료 구독해야 한다.
스크린캐스트 오매틱	줌, 파놉토	클라우드에서 실행되는 화면 녹화 및 영상 비디오 편집 도구	브라우저 기반 버전과 데스크톱 앱을 디바이스 버전 모두 제공된다.	5분 이상의 영상을 원한다면 유료 플랜 구매가 필요하다.

표 11-3 가상 콘텐츠 전달의 강력한 방식

도구	비슷한 도구	설명	장점	단점
익스플레인 에브리싱 (Explain Everything)	오픈보드(OpenBoard), 마이크로소프트 화이트보드(Microsoft Whiteboard), (태블릿용) 렌수 크리에이트(Lensoo Create), 자기을 대안으 교육 공간의 실제적 화이트보드와 마커로 여기 예 영상을 위해 카메라를 설치할 수 있다.	디지털 화이트보드 앱	만약 화이트보드 사용을 선호한다면, 특히 동기식 영상 세미나에서 두 번째 화면으로 사용될 때 그 경험을 모의로 만들 수 있다.	작성한 자료 명료성을 위해서 분명한 인쇄와/또는 일부 예술적 능력과/또는 다이어그램 그리기 능력이 있어야 한다. 최적의 사용을 위해서는 스타일러스와 태블릿이 필요하다.
룸 (Loom)		화면에 말하는 영상을 입히는 스크린 비디어	사람이 대화할 때 얼굴을 볼 수 있다는 부사회적 접근성 혜택이 있다. 사용과 공유 등이 쉽고 교육자에게 무료이다.	녹화하는 동안 표정에 조금 더 신경을 쓰고 싶을 것이고, 때때로 메모가 (동시 탐색)·메라와 눈을 맞추면서) 다소 가다로울 수 있다.
캠버스 스튜디오 (Studio in Canvas)	개인 유튜브 제널과 댓글	LMS와 통합된 미디어 상호 작용 플랫폼	영상의 특정 순간에 사용자가 및 글을 담을 수 있다. 만약 LMS가 캠버스라면 통합되어 있다.	LMS가 캠버스가 아닌 경우 접근 함수 없다.
스크린 캐스트 오매틱	셰어X(ShareX), 캡처라(Captura), 카잠(Kazam)	스크린캐스트 생성기	웹사이트 투어를 학생들에게 제공하거나 컴퓨터에 있는 다양한 자료 쉽게에 매우 유용하다.	너무 길면 지루해질 수 있다.
오다시티 (Audacity)	애플 개러지밴드(Apple Garage Band), 어도비 오디션(Adobe Audition), 팟케스트 보이스 레코드 프로7(Voice Record Pro 7), 패럿 레코딩 스튜디오(Ferrite Recording Studio)	팟케스트와 오디오 전용 강의를 제작하고 오디오 녹음 및 편집하는 소프트웨어	팟케스트 형태의 콘텐츠를 제공함으로써 학생들이 다양한 환경에서 학습하고, 시간 안배과 스트레스를 줄일 수 있다(예: 산책이나 설거지 등을 하는 중 팟케스트를 듣는 경우).	팟케스트를 딱 맞게 만드는 과정이 까다롭고 시간이 많이 소요될 수 있다.

는지 확인하는 것과 그리고 잠재적 측면에서 가능하다면 와이파이 유무에 상관없이 자료에 접근 허용 등이 또한 유용할 것이다. 특히 비동기 자료를 위한 내려받기 가능한 선택들이 수많은 학생에게 정말로 도움이 될 수 있다.

항상 그렇듯 비록 특히 온라인 전달 형식일지라도 여러 플랫폼에 예비 보관 백업 자료가 존재하는지를 확인하라. 달리 말하면 모든 자료를 오직 현재 사용 중인 하나의 LMS에만 보관하지 말고, 가능한 선택이 있다면 반드시 단일 실패 상황을 피하도록 하라. 가능하다면 강의 자료의 다양한 파일 형식(PDF, HTML, 일반 텍스트)을 준비하고, 이 중 하나를 선택해서 해당 자료를 오프라인과 쉽고 빠르게 내려받기를 시행하고 상호 작용하는 방법을 찾아야 이상적이라고 말할 수 있다. 중복적으로 제공한 단일 링크가 손상되거나, 강의 시작 직전에 도서관 구독이 막 만료되거나, 학생이 주말에 데스크톱 컴퓨터에 접근할 수 없어서 읽기 자료를 놓치거나 등의 위험 요소들을 최소화시킬 수 있다. 끝으로는 이러한 선택들을 학생들에게 분명하게 고지하고 사용 가능성을 열어주어야 한다(아래에서 논의된 LMS 설정의 간단한 스크린캐스트 '둘러보기'는 학생들에게 제공되는 선택 사항을 보여준다).

목표 4: 학생 경험 간소화

"잠깐만!"이라고 이의를 제기할 수도 있다. "방금 수업 자료를 다양화하라고 하지 않았나? 이제 간소화해야 하는가?" 예, 그렇다! 멀티미디어와 다양한 파일 형식을 사용하기 원하지만, 반면에 간소화할 수 있는 수업의 다른 측면들(수업 웹사이트의 디자인이나 리듬, 수업 일정처럼)은 간단하게 만들 수 있어야 한다. 네 개에서 여섯 개의 과목을 풀타임으로 등록한 학생의 입장을 상상해 보라. 한 강사는 기관의 공식적인 LMS를 통해서 형식화된 교과 템플릿 셸[1]을 사용하지만, 반면에 다른 강사는 동일한 LMS를 자신만

---

1   사용자와 운영 체제 사이를 상호 작용하는 명령어 인터페이스.

의 독특한 방식으로 사용할 수도 있다. 또 다른 두 명의 강사들은 선호하는 기술들을 사용할 수도 있는데, 한 명은 슬랙을 의사소통 수단으로 활용하고 유튜브에서 강의를 주관하는 한편, 다른 한 명은 마이크로소프트 팀을 의사소통에 사용하고 구글 드라이브에 슬라이드쇼와 배부 자료를 업로드한다. 또한 다른 강사의 경우에는 학생들이 과제를 게시해야 하는 블로그 혹은 위키 소프트웨어를 포함한 맞춤형 웹사이트를 소유하고 있을 수도 있다. 이처럼 혼란을 일으키는 기대 속에서 학생들은 간소화되고 정리된 수업을 더욱 좋게 평가할 것이다. 그리고 만약 학생들에게 다양한 플랫폼으로 참여할 것을 요구한다면, 그것이 제공하는 내용이 수많은 가치를 추가한다는 측면에서 번거로움을 마주하게 되더라도 그만큼의 가치성을 확인할 수 있다는 점을 확실하게 해야 한다.

잘 설계된 교과 강의란 과도하게 설계된 강의가 아니다. 각각이 자체적으로 학습 곡선을 가지는 종류가 너무 많은 유형의 교과 과제나 도구를 포함하는 상황은 학생들을 좌절하게 만들 수 있다. 학생들은 컴퓨터 화면에서 새로운 탐색 바 클릭 횟수가 적거나, 새로운 사용자 계정 가입이 줄거나, 어디에 과제를 올리는지를 확인하려고 강의 계획서를 찾아보는 시간 소비를 줄일수록 강의 자체에 좀 더 깊게 집중할 수 있다. 그리고 학생들이 수업을 위해 탐색해야만 하는 확인 숫자를 줄이려고 노력하라. 예를 들면 선호하는 다양한 앱(예: 구글 드라이브, 유튜브, 스크린캐스트 오매틱)이 교과 강의 웹사이트나 LMS 내부 셸에 원활하게 연결될 수 있도록 브라우저 확장 프로그램과 플러그인을 활용하라. 다양한 종류의 파일과 도구를 사용할 수 있지만, 항상 강의 셸 내부에 있다면 학생들은 더 간단하다고 인지할 것이다. 교과 강의를 간소화함으로써 애초 주요 목표를 고수하고 학생들과 소통하기에 도움이 될 것이다. 그리고 학생들이 교사가 선호하는 도구와 평가에 능숙해지는 과정에서 시간이 줄어들 수 있다. 슬랙 예제로 설명을 계속한다면, 학습 환경에서 학생들이 일터에서 널리 사용되는 것과 유사한 플랫폼에서 진정한 숙련도와 편안함을 갖출 수만 있다면, 도구를 옮겨 다니는 것보다 가치 있는 기술이 될 것이다.

목표 5: 교육자로서의 투자 전문화하기

일시적인 위기와 원천 자료 불평등의 지속적인 문제점들이 결합되어 강사들이 대면 수업에서 하려 했던 개별적인 모든 사항을 완벽한 디지털 아날로그 방식에 적용하고자 고려할 때 필수적인 시간, 돈, 교육 훈련 등이 상당히 부족한 상황으로 내몰리고 있다. 우선적 요소를 결정해야만 한다. 어떤 기술에 시간을 투자하고 싶은가? 학생들뿐만 아니라 대중에게도 호소력을 갖는 재미있는 영상을 만들고 싶을 수도 있다. 혹은 학생들 사이에서 커뮤니티를 육성하는 방법을 찾기 위해 최선을 다하겠다는 결심을 굳힐지 모른다.

개인적인 강력한 선호가 없는 상황에서는 교과 목표를 고려하라. 어떠한 플랫폼, 도구, 소프트웨어가 그 목표를 더욱 증진하는 방식으로 설계되었는가? 교과 목표를 넘어서 다음처럼 다른 고려 대상들을 생각하라. 이것들은 시간을 투자하면서 가장 큰 '성과'에 도달하기에 도움이 될 것이다. 다음과 같은 선택 사항이 있다.

- 학생들의 미래 교과 과정과 전문적인 경력에서 가장 유익한 것인가?
- 학과 또는 기관의 사명에 가장 직접적으로 공헌하는 것인가?
- 교사의 다른 수업들에도 동일하게 원활하게 작동하는 것인가?
- 동료들에게 도움이 될 것인가?(만약 교사가 교과 연계 지도서를 만들거나, 워크숍을 진행하거나, 강의 계획서와 기타 수업 자료를 공유하기로 결정한다면)
- 교사의 연구를 간소화하거나 향상하도록 만드는 것인가?

특별하게 사용하려는 매력적인 과제나 도구를 포기해야 할 수 있지만, 이것이 학생들의 생활을 간소화하는 데 도움이 된다는 점을 명심하라.

표 11-4 학생 피드백 요청을 위한 설문을 활용하기

도구	유사한 도구	설명	장점	단점
서베이몽키	구글 설문지, 스트로 폴 (Straw Poll), 타이프폼 (Typeform)	설문 도구	학기 동안 학생들로부터 비공식적인 피드백을 신속하고 쉽게 수집하는 방법. 학생들로부터 어떠한 로그인도 요구하지 않음	LMS 내에서 모두 동등하게 유용한 의견 투표 또는 설문 기능이 가능함

목표 6: 명확한 소통과 충분한 피드백

수업 후 질문과 학생들 사이 대화의 적극적 자발성이 없다면, 열린 의사소통 라인 유지는 그 중요성이 더욱 분명해진다. 아래에서 이러한 자발성을 유지하기 위한 몇 가지 전략을 제공하려고 한다. 추가 피드백을 수집하고, 학생들의 의견을 통합하며, 교사의 기대치를 명확히 밝히고 반복하는 것(과제 제출의 기계적인 절차부터 화상 수업의 에티켓에 이르기까지에 관한)은 성공적인 온라인 수업에 필수적 사안들이다. 학기 중반 설문 조사를 통해 현재 교과 과정의 구성에서 무엇이 효과적이고 효과적이지 않은지 파악할 수 있으며, 이를 통해 학생들이 너무 좌절하거나 혼란스러워하기 이전에 수정을 시도할 수 있다. 필자가 제안한 설문 도구(〈표 11-4〉 참조) 외에도 위에서 언급한 커뮤니케이션 도구 중에서 예를 들어 슬랙과 피아자Piazza 역시 채팅과 개방 온라인 수업의 개선과 촉진에 크게 기여할 수 있다.

기본적 짜임새

교과 과정 지도

수업 시작일에 주요한 의사소통을 이루려면 첫 번째 수업일에 제공하는 안내 사안과 동일한 종류의 정보를 구비한 강의 오리엔테이션을 진행하면서 정보를 좀 더 많이 제공하는 편이 낫다. 섀넌 A. 리그스Shannon A.

Riggs와 캐슬린 E. 린더Kathryn E. Linder가 지적했듯이 바로 교실 자체가 학생들이 자신의 책임을 이해하는 데 도움을 줄 수 있다. 반면에 실습 환경에서 학생들은 탁자 위 장비를 바라보고 있고, 세미나실에서는 자유롭게 주변 학생들을 바라보고 있고, 강의실에서는 계단 구조처럼 계층적으로 강사를 보고 앉아 있는 행동을 취한다. 이러한 여건 관련 단서들이 없다면 교사는 수업의 목적을 명확히 명시하고, 수업 진행의 구조가 주어진 목적에 어떻게 연계되고 기여하는지 설명해야만 한다. 강좌 웹사이트 내부 이곳저곳을 보여주면서 음성 해설을 담은 오리엔테이션 영상(스크린캐스트 오매틱 같은 도구 사용 가능)은 강의 계획서와 강좌 웹사이트 또는 LMS 셸의 핵심 기능들을 직접 보여줄 수 있다. LMS에서 '강의에 오신 것을 환영합니다' 연관 탭이나 길고 상세한 강좌 오리엔테이션으로서의 이메일 등이 소정의 역할을 담당하더라도 학생들의 이해 여부를 확인하는 차원에서 간단한 퀴즈나 요청('토론 게시판에 가장 좋아하는 책 공유하기' 등)으로 마무리할 수도 있다.

오리엔테이션은 학생들에게 기대하는 것 그리고 그들이 교사에게 기대하는 것을 명시해야 한다.

- 학생이 LMS/웹사이트에 로그인하는 빈도가 얼마나 되어야 할까?
- 교사는 LMS/웹사이트에 얼마나 자주 로그인할 것인가?
- 교사의 이메일 답변 시간이 얼마나 걸릴까? 교사의 이메일 할애 시간 배정은 가능한가? 언제 연락이 불가능한가?(예: 주말이나 저녁)
- 학생들이 무슨 도구 혹은 LMS의 어떤 부분을 사용할 것인가?
- 수업 공지는 어떻게 보낼 것인가?
- 수업의 주요 이정표는 무엇이고, 언제 주어지고 시행되는가?
- 수업에 변경 사항이 있다면, 통지하는 방법은?
- 가능하면, 어떤 화상 수업 에티켓을 학생들이 지켜야 하는가?(마이크 음소거하기, 채팅 사용하기, 손 들기, 질문하기 등)

자신에 대한 간단한 정보를 공유하는 것이 편하면, 선택한 전공 분야에 관심이 생긴 이유와 선택한 과정 또한 민감하지 않은 개인적인 사항들(예를 들어 반려견 달마시안 '스팟'과 함께 롤러블레이드를 탄다거나 티브이쇼 〈그레이트 브리티시 베이크오프Great British Bake-Off〉에서 수상한 조리법을 요리해 본다든지)을 언급해 볼 수 있다. 조금 더 공식적인 내용으로는 현재 진행 중인 연구 프로젝트를 요약할 수 있다. 이와 같은 공개는 학생들에게 환영의 메시지가 되며, 교사가 로봇이 아니라 살아 숨 쉬는 인간임을 상기시켜 준다(학생들이 교사를 눈으로 확인이 어려우면 이러한 측면은 훨씬 더 중요하다!). 끝으로 만약 학생들에게 특정 기술이나 웹사이트를 사용하도록 요구한다면, 사용 예시를 보여주는 데모 영상, 일련의 스크린샷, 서면 지침을 통해 사용하는 방법을 설명해야 한다. 학기 초에 이와 같은 과정을 실행하거나 수업 일정 부분에 일부 시간을 할애한다면, 문제들이 실제로 발생하기 이전에 여러 문제를 해결할 것이다.

동시성 대 비동시성 양식

전통적으로 대면 수업은 동일한 시간에 발생하는 동기적이며 온라인 수업은 강의자와 수강자 사이에 시간 차이가 존재하는 비동기 형식을 따른다(이것이 바쁜 직장이나 가족에 대한 의미를 가진 학생들에게 온라인 학습이 매력적인 이유이다). 물론 현실은 항상 조금 더 복잡하다. 대면 수업에 참석하는 시간은 항상 학생들이 스스로 시간을 들여서 읽고, 공부하고, 과제를 완료하는 등 여러 사항으로 보완되고 있었지만, 반면에 일부 온라인 수업은 비동기적으로만 운영되어서 '원격 학습'으로 분류하는 게 더 나을 것이다. 코로나19 이후 새로운 수업 형식(대면과 비대면을 혼합, 누구나?)의 급증은 수업 방식의 경계를 더욱 모호하게 했다. 이러한 실험적 형식의 혼돈 속에서 수업 설계를 단순화하기 위한 한 가지 방법은 수업의 동기성에 집중하는 것이다. 이 교과 수업은 완전히 비동기적인가, 완전히 동기적인가, 아니면 둘 중간쯤 어디에 있을 것인가?(그리고 만약 그렇다면, 수업이 한쪽 극단으로 치우쳐 있는가?)

각각의 결정은 비동기적 수단에 의한 더 큰 유연성과 독립성 그리고 동기적 수단이 제공하는 더 큰 구조와 협력 모두를 유용하게 활용해야 한다. 동기적 수업은 주요 그룹 프로젝트에 자연스럽게 적합하지만, 반면에 비동기적 수업은 독립적인 성향의 연구 프로젝트를 특징으로 한다. 비동기적 수업은 정기적이고 필수적인 이메일 점검으로부터 이점을 찾을 수 있으며, 이것은 동기적 상담 시간을 대체할 수 있다. 그에 반해서 학생들에게 동기적 수업을 듣게 하고 여러 개의 가상 일대일 회의에 참석하도록 요구하는 것은 일정을 감안하면 너무 지나치다고 볼 수 있다. 비동기적 수업에 협력적 작업을 도입하거나 동기적 수업에 더욱 자기 주도적 학습을 도입하는 등 수업 형식이 '반대 방향'을 모색해야만 하는 경우 교사와 학생 모두 반드시 그렇게 할 수 있어야 한다! 그러한 시도가 원활하게 작동할 수 있도록 시간을 투자해야 한다. 예를 들면 학생들이 비동기적 수업에서 상당한 협력 작업을 수행하기를 기대한다면, 그룹 의사소통을 위한 사용하기 쉽고 신뢰할 수 있는 플랫폼을 식별하기를 역시 기대한다면, 앞서 언급한 사항들의 사용법을 효과적으로 가르치고, 각각 팀원의 기여도를 투명하게 평가하는 방법론으로서 일종의 메커니즘을 제공하는 과정에 시간을 할애하기 바란다. 패들릿과 위의 표에서 제안하는 유사한 제안들은 이런 측면에서 유용할 수 있다.

가능한 상황이라면 비동기적 방법과 동기적 방법 사이의 균형을 개발, 유지해서 독립적이고 자기 주도적인 학습자와 좀 더 사회성이 있으면서 협력적인 학습자 모두가 발전할 수 있도록 하라. 실제로 이것은 교사가 크게 애쓰지 않더라도 대면 수업에서 달성할 법한 균형일 것이다(독서, 과제, 때로는 토론 게시판은 비동기적 작업이고, 세미나 토론과 수업 발표는 동기적 작업). 예를 들면 만약에 여전히 줌에서 동기적으로 만나는 세미나 수업을 수행하면서 비동기적으로 완수되는 독서와 과제 등으로 보완할 수 있는 세미나 수업을 진행한다면, 두 방식 사이에 나타나는 이러한 균형에 꽤 밀접하게 다가설 수 있을 것이다. 강의 형식이나 특히 대규모 수업의 경우에 더욱더 창의적으로 접근이 가능할 수 있다.

능동적 학습 원칙은 협력적 학습과 자기 주도적 학습 사이의 균형을 유지하기 위한 이상적인 형식을 제시한다. 즉, 학생들이 녹화된 강의 자료, 교과 안내 사항, 교재를 탐색하도록 비동기적 방식을 사용하며, 반면에 토론, 동료 평가, 그룹 작업, 워크숍 등을 위해 배치한 시간적 일정을 사전에 정하기 바란다. 만약 대부분 강사처럼 앞서 언급된 이러한 모든 항목들의 혼합체를 구축하고 있다면, 강의 계획서나 LMS/웹사이트를 기획하면서 어떠한 요소가 동기적이고 어떠한 요소가 비동기적인지 시각적으로 확연하게 구성하는 시도는 학생들에게 크게 도움이 된다. 때때로 대면으로 만나기도 하고 때로는 가상으로 또는 비동기적으로 만나는 혼합형, 즉 하이브리드 형태 교과 수업은 이러한 구분 및 재배치 등의 배열에 이상적으로 보이지만, 온전한 온라인 수업도 채팅 서비스, 화상 회의, 기타 협업 플랫폼을 활용을 통해서 동일한 목적을 달성할 수 있다. 만약 완전히 비동기적인 수업을 맡게 된다면, 협업 및 아이디어 교환의 기회 제공을 위해서 한층 더 노력을 기울여야만 할 것이다.

비동기적 및 동기적 수업 형식 요소들 사이의 균형 유지를 위해서 〈표 11-5〉를 참조하라. 수업의 모든 부분(강의, 토론, 대면 면접 시간, 피드백 등)이 예외 없이 모두가 완전히 동기적일 필요는 없지만, 동시에 완전히 비동기적인 형식에만 의존하는 교과 수업은 학생들의 관심을 유지하기에 크게 기여하지 못할 수도 있다. 교사의 강점과 선호도에 안성맞춤의 동기적 선택에 시간을 투자하더라도, 이러한 요구를 제안함으로써 일반적은 학생들이 소유할 수 있는 기본 자원을 초과하지(예: 무제한 데이터 요금제, 데스크톱 컴퓨터, 고품질 헤드폰 등) 않도록 조정하라. 동기적 선택이 교사(또는 학생) 상호에 과부하가 걸리지 않도록 하면서 접촉 및 상호 작용을 극대화하기 위해서는 요구 사항들이 균형을 유지하도록 유념하라. 적절하게 균형 잡힌 교과 수업은 〈표 11-5〉에서 네 열 모두를 선택해 사용할 것이다.

표 11-5 동시성과 비동시성 수업 요소들 균형 조정의 선택 사항

	완전 비동시성	중간 비동시성	기본 동시성	완전 동시성
강의	텍스트만 있는 독서 가이드 또는 텍스트와 이미지가 있는 슬라이드쇼	팟캐스트(자막이 있는 오디오) 또는 사전 녹화 영상(자막 포함)	사용자 주석 또는 의견 달기 선택지의 사전 녹화 영상 혹은 음성	실시간 화상 컨퍼런스
토론	전체 수업 비동기식 토론 게시판	소그룹을 위한 비동기식 토론 게시판	전체 수업을 위한 장시간 실시간 채팅	소그룹을 위한 더 짧고 자주 있는 실시간 채팅
업무 시간	기본 이메일(업무 시간 동안 일정 시간 내에 모든 이메일에 답변)	향상된 이메일(기본 이메일 외에 특정하게 사전적으로 정의된 시간에 제출된 이메일은 즉시 답변)	기본 또는 향상된 이메일과 함께 정기적으로 모니터링되는 Q&A 토론 게시판 또는 소그룹 개별 지침서	가상 동기식 면담 시간(예: 수요에 기반한 화상 회의)
피드백	강사에게 서면 또는 녹음된 피드백	강사에게 서면 또는 녹음된 피드백	강사와 동료에 의한 서면 또는 녹음된 검토 그리고 강사에 의한 서면 검토	장기간(학기 전체) 과제의 설정 단계 동안 동료와 강사로부터 주기적인 피드백

단위 구조 형태의 수업 진행 일정

학생들이 한눈에 자신에게 요구되는 것을 파악할 수 있도록 규칙적인 반복의 예로서 일종의 리듬 설정이 도움이 될 수 있다. 로스의 비동기 온라인 교과 수업은 정확하게 2주간 지속되는 단원으로 구성되어 있다. 각 단원은 모두 동일 형태를 취한다. 이에 관한 설명은 강의 공지를 통해서 시작하고, 학생들의 수업 단원과 연계된 책임을 되풀이하면서 상기시킨다. 첫 번째 주에 학생들은 강의를 소개하는 팟캐스트 내용을 청취하고 과제로 주어진 읽기 자료를 완수한다. 금요일까지 학생들은 트위터를 통해 다른 학생들과 자신의 생각을 공유한다. 월요일까지 다른 학생들의 트윗에 응답한다. 두 번째 주 동안 학생들은 소규모 프로젝트에 착수하기 이전에 더 짧은 팟캐스트를 들어야 한다. 두 번째 주 내내 로스는 학생들의 트위터 토론을 계속해서 유도하고, 이메일을 통해 연관 분야 프로젝트에 관한 질문에 답을 제시한다. 바로 금요일이 학생들의 과제물이 제출 기한이다. 이와 같은 수업 운영 패턴을 반복해 진행한다.

리그스와 린더는 단위 구조 형태(모듈식) 강의 형식 자체가 각각의 형식 안에 필요한 모든 정보와 기초 자원을 제공한다는 사실을 지적하고 있다. 강의 자료를 '읽기', '과제', '시험'과 같이 분류해 학생들이 여러 폴더를 드나들도록 요구하고, 하나의 단원 동안 필요한 사항을 샅샅이 뒤지게 만들기보다는 오히려 학생들이 필요로 하는 모든 것을 구비한 하나의 폴더를 만들도록 하라. 그 결과로서 "학생들은 핵심적으로 중요한 부분을 무심코 놓치지는 않고 있다고 느낄 수 있다". 또한 리그스와 린더는 단위 구조 형태를 질문으로 설정하면 적극적인 학습을 촉진한다고 언급하고 있다. 수사학 강의는 '두 번째 소피스트 운동'이라는 제목 대신에 "소피스트들의 어떤 면이 부당한가?"라는 제목의 단위를 포함할 수도 있고, 문화 인류학 강의의 경우 '확산, 문화 변용, 다원론'이라는 제목 대신에 "문화는 시간이 지남에 따라 변하는가?"라는 제목의 단위를 포함할지 모른다.

업무 시간

완전히 비동기식을 따르는 강의는 동기식 근무 시간을 요구하지 않을 수 있다. 즉, 이 경우 교사가 '이메일 시간'으로 지정한 시간 동안 가능하다면 충실하게 이메일에 응답해야 한다. 동기식 근무 시간을 포함한 원격 강의에서는 근무 시간은 각별하게 느껴지지만, 여전히 중요하면서도 어쩌면 더 중요한 요인일 수 있다. 가능하다면 학생들과 일대일 대화는 강사와 조교(강의 조교TA)가 이 모든 상황이 어떻게 진행되고 있는지 확인할 때 상당한 도움이 될 것이다. 실제적으로는 선택적인 사무실 근무 시간은 디지털 환경에서는 엄청난 이해를 구하지 못할 수가 있다. 교사는 학생들 각자를 확인하는 차원에서 학기당 한 번씩 학생들과 필수이면서 짧은 만남의 시간을 갖는 편이 더 나을 수 있다.

이것이 일거리가 많은 것으로 들린다면 …… 실제로 그렇게 보일 수도 있다. 그러나 학생들의 수업에 대한 투자 측면에서는 상당한 이점을 기대할 수 있다. 또 다른 강의를 녹화하면서 절약한 한 시간은 여섯 명의 학생과의 10분간 대화로 배분되거나 심지어 네 명 또는 다섯 명의 소그룹과의 대화로 균등하게 나눌 수 있으며, 학생들은 이에 대해 대부분이 매우 만족하게 생각할 것이다. 선택이 가능하다면 강의 조교의 도움을 수용하지만, 해당 조교가 없다면 소그룹 확인 절차도 좋은 선택이 될 수 있다.

강의하기

강의 공유하기에 사용할 수 있는 다양한 플랫폼을 개관하기 위해서 〈표 11-2〉 및 〈표 11-3〉을 참고하라. 간단한 오디오 강의, 정교한 팟캐스트, 유튜브 영상, 실행 해설이 보완된 슬라이드쇼 등을 선호하든 아니든 최종 결과물은 생각보다는 더 짧아야 한다. 만약 생략할 수 있는 대상이 있다면, 그냥 없애도록 하라. 그리고 학생들이 받아들여야 할 수준에 대등한 강의 수가 많을수록 각각의 개별 에피소드나 기록 연관 트랙은 더욱 간결해져야 함도 반드시 기억하라. 매주 제공 콘텐츠는 평소 대면 수업에서 주마다 강의하는 시간보다는 길지 말아야 한다. 이러한 일반 원칙은 매주 15분에서 60분 사이의 음향 녹음 활동을 추천하는 팟캐스트 전문가들 성향과 일치한다(Lewis, 2010.9.19).

이와 같은 시간을 여러 강의로 나눌지 하나의 파일로 유지할지 사이에서 어떤 선택을 결정하는지의 방법은 전반적으로 교과 과정 리듬에 따라 달라질 수 있다. 마치 달걀을 모두를 한 바구니에 담듯이 모든 강의를 하나로 묶는 방식은 독서 대상이 길고 집중적 과제가 주어지는 수업에 유리하지만, 반면 단원 내에서 읽기, 과제, 토론 등 여러 단계로 구성된 수업의 경우는 간결하고 목표가 명확한 강의가 요구될 수 있다. 과거에 로스는 비전공자들의 참여 유지 이유로서 하위 학년 개설 강의를 위한 단원별 다수의 간결한 팟캐스트를 제작하는 방향을 선호했다. 이와는 반대로 상위 학년 세미나의 경우에는 전공 학과 내에서 나름 과정을 거친 학생들에게 적합한 일관되면서 복잡한 논증을 구성하도록 요청하는 과정이 허용하는 한 단원당 35분에서 45분 정도의 팟캐스트를 제작했다. 이처럼 장시간 강의는 다시 여러 하부 세션으로 나뉘고 배분됨으로써 학생들은 다수 세션 전체를 두고 강의 청취를 분류할 수 있을 것이다.

토론하기

토론을 온라인으로 전환하는 난제 중 하나는 의미 있는 토론 대상이다. 일관되게 눈 맞춤 없이 그리고 신뢰할 만한 대인 관계에서의 어떠한 단서도 없이 어떻게 즉흥적이고 즐겁고 생산적인 전체 그룹 토론을 조직할 수 있다는 말인가? 학생들은 다른 수업들에서뿐만 아니라 이미 친구들 또는 조부모님들 또는 동료들과 줌으로 소통하고 있어서, 그들의 삶에 화면 기반 토론을 추가하는 것은 세심하게 그리고 신중하게 이루어져야 한다.

이러한 상황에서 줌 방에서 전체 그룹 세미나 분위기를 단순히 재현하려는 노력 속에서 마주해야만 하는 압력을 줄이는 차원에서라면 다각적, 계층 구조의 접근 방식이 도움이 될 수 있을지 모른다. 전체 그룹, 소그룹, 개별 회의의 일부 조합은 전체 그룹 형식이 학생들에게 부과되는 압력을 완화하기에 도움이 될 수 있다. 단기 세션이 장기 세션보다 선호되는 이유 때문에 생각하는 것보다 더 많은 소그룹 토론을 진행할 수 있다. 일부 수업에서 로스는 주당 두 번 75분 세션으로서 대학에서 할당한 수업 시간 전체를 소그룹 토론에 집중한다. 그녀는 두 세션 각각을 두 개의 소규모 세션으로 나눔으로써 총 네 개의 30분 토론 세션을 진행한다. 각각의 학생은 이러한 네 세션 중 하나에 배정된다. 각각의 세션은 구성원 모두가 모일 수 있도록 5분간의 비공식적인 환영으로 시작되며, 두 세션 사이에는 물을 마시고 스트레칭을 할 수 있는 5분 휴식 시간이 배치되어 있다.

토론 전에 학생들이 의무로 주어지는 사항들을 이해하도록 신경 써야 한다. 학생들이 마이크를 음소거로 유지하고, '손 들기' 기능을 사용해 발언하고자 함을 표시하며, 웹캠을 켜야 할 것을 세분해 지정할 수 있다. 그렇지만 학생들이 때때로 카메라 밖에 있어야 해서 이 문제에 대해 어느 정도 유연성을 원할 수 있다. 텍스트 채팅이 어떻게 사용되어야 하는지 학생들에게 알려주고, 조용한 학생들이 자신의 의견을 키보드로 표현하는 방법을 선호할 수 있음을 염두에 두어야 한다. 학생들과 자료를 공유할지 결정하라. 그리고 가능한 경우에는 조건을 명시하라(결국은 이것이 바로 교사의 지적 재산이다!). 초기에 분위기가 조용하다면, 의도적인 분위기 쇄신 활동이 도움이 되기도 한다. 그리고 끝으로 CUNY의 캐시 데이비드슨이 개발한 전략으로서 '출구 표' 전략을 활용하라. 여기서 말하는 방식의 형태는 우선 학생들이 "묻고 싶었던 질문이나 후속 조치나 문제나 고민을 적어 내고", 이러한 표를 제출하고, 교사는 해당 "표를 수집하고 그것을 중심으로 후속 수업이 구성"되며, 이러한 기능 방식은 수업 세션 사이의 지적 측면에서의 연속성을 구축하기 위해서 가상 수업에 확실하게 적용될 수 있다.

토론의 내용을 다양하게 구성해 다양성의 첨가를 고려하라. 한 토론에서는 학생들이 답을 내면서 가상의 중심 위치를 차지하고 있는 형식으로 역할극 특징을 반영할 수 있다(Waikus, 2006 참조). 또 다른 토론은 소규모 연구 조사 형태를 띠는 것으로서 학생들에게 몇 분간 교과 과목 텍스트 혹은 인터넷을 참조하도록 배정한다. 이러한 실행 실습은 우연히 지적으로 풍부해지는 속도 변화를 흔쾌하게 수용하는 마음을 제공할 수 있다. 각각의 수업 세션 마지막 부분에서 명확한 결론을 도출하고 다음에 등장할 요인들을 재요약하라. 그리고 영감을 가져보는 브레인스토밍 또는 자유로운 글쓰기 수업이 온라인 환경으로 완벽하게 적용될 뿐만 아니라 학생들이 교사에게 면담 시간 이외에 개별적인 질문을 할 수 있는 편리한 매체를 제공함과 함께 학생들에게 눈을 깜빡이고, 스트레칭을 하고, 화면에서 벗어나는 기회를 제공한다.

온라인 공동체 만들기

필자가 위에서 제시한 많은 권고 사항들은 온라인 학습이 외로울 수 있다는 사실을 깨달음으로써 동기화되어 비로소 시작된 것들이다. 학생들이 학습자 공동체에 참여하는 대신 화면을 마주하는 느낌을 완화하는 차원에서 공동 학습 경험 창출을 위한 전략을 갖고 실험에 임하라. 항상 그렇듯이 학생들의 이름을 숙지하고 학생들이 서로의 이름 부르기를 격려하라. 강의와 토론 동안에 특정 학생들의 기여 사항들을 시의적절하게 언급함으로써 수업을 개인의 것으로 만들기를 시도하라. 어쩌면 지난주 린은 그녀의 독서 일지에서 칸트 미학을 일상생활과 연결하기에 도움이 되었다거나, 또는 마누엘의 초안에 행동주의 역사에 대한 하나의 모델 문헌 검토를 포함하고 있었다는 사실 같은 언급도 좋을 것이다. 녹화된 강의 자료에 대한 소규모 토론은 그 녹화 파일을 활성화할 수 있으며, 실시간 강의의 경우에는 학생들이 비공식 채널 대화에 참여하도록 텍스트 대화를 사용하도록 하라. 일반적으로 학생 작업에 대해 더 많은 피드백을 제공하고, 다가오는 의무에 대해서 사전 알림을 더 많이 제공하며, 각각 활동이나 과제가 학생들의 지식에 도움을 주는 방법을 적극적으로 설명하려는 의향을 가져야 한다.

이러한 전략들은 시간이 걸리기 때문에, 필자는 콘텐츠 줄이기를 권장한다! 더 많은 상호 작용을 위해서 어딘가에서라도 추가 시간을 찾아야 한다. 그렇지만 모든 것이 교사에게 달린 것은 아니다. 디지털의 이점 중 하나는 거의 어디에서든지 강연자를 초청할 수 있다는 점이며, 다른 교육 기관의 동료들과 강의를 교환하면서 배치할 수 있다는 점이다. 박물관, 미술관, 도서관, 풍부한 온라인 자료를 갖춘 아카이브 등 가상 견학도 혼자서 수업 내용을 모두 만들어야 하는 부담을 줄여줄 수 있고, 상호 작용을 위한 시간 확보를 담보할 수 있다.

더 중요한 것은 만약 학생들이 공동체 구축에 직접 참여하지 않는다면, 그것은 진정한 공동체가 아니라는 점이다. 학생들이 상호 대화를 원하는 경우 수업 전후에 일부 시간을 첨가함으로써 비공식 동기식 회합 속에서 비공식적 대화 기회를 제공하거나, 그룹미GroupMe 혹은 페이스북을 통해 서로가 상호 작용하도록 격려하라. 소규모 수업에서는 학생 각자가 학기 동안 한 번씩 토론을 주도하게 하고, 어떤 크기의 수업에서라도 학생들은 구글 문서에서 공동 노트를 작성할 수 있다. 학생들이 수업을 설계하는 과정에도 도움을 줄 수 있다. 강의 계획서의 한 부분을 비워두고 학생들의 선호도에 대한 투표를 실시하라. A와 B를 선택하게 하거나, 목록에서 선택하거나, 학생들에게 선택을 맡길 수 있다. (물론 고품질 온라인 참고 자료를 학생들에게 추천한 후에) 마지막 아이디어는 학생들에게 '수업 헌장'을 작성하고 비준하거나 (또는 더 빠른 것을 원한다면) '학업 성명서'를 작성하도록 요청하는 것은 학생들에게 권한을 부여한 방법을 제안했던 데이비드슨의 설명에서 인용했다.

그룹 상호 작용 아이디어

소규모 그룹이 어디에도 치우치지 않은 보기에 차가운 플랫폼이라도 친근하게 다가서기에 큰 도움이 될 수 있어서 소수의 참가자 사이에서 발생할 상호 작용을 우선순위에 두라. 배터실은 모든 오직 10분씩 정도만 진행되는 대화 도구로서 리딩 서클Reading Circles을 활용한다. 이는 선택적인 사무실 근무 시간을 보충하는 방법으로 활용된다. 영국의 지도 시스템이 온라인 학생 참여에 관해서 놀라운 모델을 제공한다는 사실을 주장했던 심리학자 리사 펠드먼 배럿Lisa Feldman Barret은 앞서 제기한 이러한 접근 방법의 변형에 대해 개괄적 윤곽을 제안하고 있다.

전통적인 튜토리얼 시스템에서 학생들은 대부분의 학습을 교수(또는 조교) 그리고 아주 소수의 다른 학생들이 포함된 소규모 수업 세션에서 진행한다. …… 교과 과정에는 더 큰 강의와 전통적인 시험도 포함될 수 있지만, 튜토리얼는 주요 활동이 발생하는 장소이다. …… 수정된 지침서 시스템은 온라인에서 더 만족스러운 학습 경험을 촉진할 수 있다. 교수들은 나중에 볼 수 있도록 강의를 녹화하고, 필수 및 보충 읽기 자료를 추가한 다음, 매주 말하자면 네댓 명의 학생들과 생방송 튜토리얼 영상 일정을 예정할 수 있다.

만약 교사가 소규모 그룹 작업에 참여할 수 없다면, 칼리턴 대학Carleton University의 역사학자 대니얼 킨지Danielle Kinsey가 개발한 접근 방법을 고려해 보라. 킨지의 온라인 수업에서 학생들은 학기 동안 동일한 소규모 그룹에 남아 있다. 매주 강의에 대한 비동기 채팅을 진행한다. 매주 다른 토론 지도자가 대화를 주도한다.

이들 소규모 그룹 상호 작용에 대한 충분한 방향 지침을 제공하라. 그렇지 않으면 대화가 시들해질지 모른다. 소그룹이 어떤 주제를 다루길 원하는가? 그리고 이러한 상호 교환이 어떻게 구조를 이루어야 하는가? 학생들은 수업 내용에 관해서 서로 인터뷰를 할 수 있고, 미리 준비했던 질문 제시를 위해 서로 순서를 정해 볼 수 있다. 또는 학생들은 5분간의 자유 작문을 시작하고, 그들이 적은 내용을 공유할 수 있다. 그룹들은 역시 서로의 과제를 논의할 수 있고, 토론 자체를 프로젝트 마감 이전에 동료 평가를 위한 워크숍 공간으로도 이용할 수 있다. 그렇지만 그룹들의 활동 상황들은 프로젝트가 제출된 직후에만 어렵지 않게 발생할 수 있다. 로스는 학생들에게 작업이 완성된 이후에 공유하도록 요청했다. 학생들은 큰 프로젝트 후에 종종 지적으로나 육체적으로 지치기 때문에, 학생들이 이전 내용을 마친 후 곧바로 새로운 단원에 즉각적으로 뛰어드는 대신 오히려 단순히 자신이 성취한 결과물을 다른 참가자들과 공유하는 것만으로도 평가 점수에서 참여 점수를 성취할 수 있도록 배려하는 것이 적절할 것이다.

토론 게시판 재고하기

토론 게시판은 꽤 오래된 기술이지만, 만약 전략적으로 사용된다면 공동체를 촉진할 수 있다. 학생들에게 효과적인 게시글은 간결하나 구체적이어야 한다는 점을 설명하라. 글의 문체는 종종 공식적인 학술적인 글보다 접근성이 있어야 하지만, 게시글은 사전 교정이 필요하며 원천 출처가 밝혀져야 한다. 만약에 토론 게시판을 짧으면서 정기적인 과제를 위해 도입한다면, 매우 구체적이지만 개방적인 질문으로 가닥을 잡아 개방함으로써 학생들이 서로의 답변을 반복하지 않도록 해야 한다. 학생들이 서로에게 응답하도록 동기를 부여하라. 몇 가지의 첫 번째 게시물들 아래에 있는 댓글 부분에서 학생 각자의 논쟁을 개선할 수 있는 유용한 비판을 제공하는 방법을 모델로 제시하는 표본 피드백을 제공하라. 초기 과제가 학생들이 '소개' 맥락에 공헌하는 상황을 포함할 수 있다. Q&A 게시판은 학생들이 교과 수업에 관련해서 질문하고 답변하도록 기회를 줄 수 있다 (학생들끼리 답변할 수 없는 질문을 짚어내기 위해서 정기적으로 모니터링할 것이 기대된다는 점을 꼭 유의하라). 멜리사 웰러Melissa Wehler는 학생들이 수업과 관련 없는 문제를 토론할 수 있는 '워터 쿨러 보드'[2]의 설정을 권장한다. 이것은 특히 학생들이 모든 수업을 원격으로 수강한다면 더욱 중요해진다. 끝으로 존중할 만한 담론이 발생하고, 모든 학생이 온라인 수업 에티켓을 준수하고 있는지 확실하게 인지하는 차원에서 모든 토론 게시판을 반드시 모니터링하는 게 좋다.

텍스트를 넘어서 그 이상의 생각이 가능하다. 전반적인 "토론 게시판의 상호 작용 공간으로서 재구상하기"를 촉구하는 리그스와 린더는 수많은 토론 게시판이 학생들이 파일을 게시할 수 있도록 사용될 수 있다고 지적한다.[3] 학생들은 영상 소개, 슬라이드쇼 프레젠테이션, 오디오 클립을 공

---

2   격의 없이 만나서 이야기를 나누는 장소 개념.
3   초판에서 참조된 리그스와 린더의 공동 저술 논문["Actively Engaging Students in Asynchron-ous Online Classes"(2016)]에서는 비동시적 온라인 수업에서 학생들의 적극적인 참여를 유도하는 방법을 다루며, 비동시적 수업에서의 능동적 학습을 강조하며, 온라인 환경에서도 학생들이 학습에 몰입하고 효율적으로 학습할 수 있는 방법을 제시한다. ① 참여 구조 설계: 학생들이 적극

유할 수 있다. 만약 프롬프트들이 "대화, 분석, 토론, 예시, 적용, 종합, 반성" 등을 장려할 수도 있다면, 근본적으로 텍스트 기반의 게시판이라고 해도 흥미를 불러일으킬 수 있다. 실용적으로 말하면 이것은 학생들에게 읽기 내용 요약이나 사실 나열을 요청하지 않음을 의미한다. 학생들의 게시물에서 반복을 피하려면 답변할 수 있는 여러 질문을 제공할 수 있어야 한다. 배터실은 학생들의 수업 참여를 촉진하는 차원에서 시각적으로 매력적이고 미디어상에서 풍성한 환경을 제공하는 '커뮤니티 게시판'을 생성하기 위해서 패들릿(교육 기관의 LMS 내부에 실린)을 사용했다.

활동적인 학습을 촉진하는 또 다른 방법은 토론 게시판을 메타 인지의 공간으로 만드는 것이다. 프롬프트 예를 들면 학생들이 "이 게시물을 작성하게 동기를 준 문제는 무엇이었나?" 또는 "이 게시물을 작성하기 위해 어떤 연구, 독서 또는 기타 활동을 했나?" 등의 재고를 유도하는 질문에 답을 제시함으로써 각각의 주요 게시물을 완성할 수 있다. 학생들은 특정 역할을 맡기로 명시적으로 선택한 방식으로서 케이틀린 크로스Caitlin Krause 가 윤곽을 제시한 방법이 있다. 이러한 역할은 학생들이 소그룹 게시판에 공헌한 내용의 종류를 결정했다.

일부 학생들은 '어휘 구축자' 역할을 선호해서 마주한 새로운 단어들을 수집하고 어원, 정의, 내포적 의미를 찾아냈다. 다른 학생들은 '참고 자료 기록자'로서 유용한 관련 웹사이트, 읽기 자료, 출처를 수집했다. 또 다른 학생들은 해당 사이트를 찾아다니고 그 유효성 및 출처를 평가하며, 나아가서 학습 목표 맥락에서 이를 추가해 배치하는 '감독자' 역할을 선택했다. 일부는 관련 용어와 링크의 마인드맵 관련성을 증가시키기 위해 그들에 관련된 용어 또는 링크를 그

적으로 학습에 참여할 수 있도록 수업 설계에서 참여를 유도하는 구조를 마련해야 한다. ② 웹 기반 도구 사용: 학습 관리 시스템(LMS) 외에도 다양한 웹 기반 도구를 활용해 학생들의 참여를 증진시킨다. ③ 토론 게시판 재구성: 비동시적 수업에서 토론 게시판을 더욱 상호작용적인 공간으로 만들기 위해 새로운 방식으로 활용한다.

리고 학습에 대한 반응으로 인해서 영감을 받은 예술적 모델과 창작물 생성하기를 선호했다(Krause, 2020. 4. 15).

이러한 역할들은 활동 학습 특징을 정의하는 메타 인지의 놀라운 예시들이다. 이들은 확실히 전체 수업의 토론 게시판에서 채택될 수 있거나, 학생들에게 주석 과제나 정기적인 블로그 게시물을 안내하는 모델로서 제공될 수 있다.

접근성

제2장에서의 개념과 제안은 대면 수업에 마찬가지로 온라인 수업에도 필수적이다. 포함하도록 만드는 모든 이미지는 대체 텍스트가 있어야 하고, 편집하는 모든 팟캐스트는 대본이 첨부되어야 하고, 공유하는 모든 영상에는 자막이 있어야 하고, 공유하는 모든 문서는 화면 낭독기에 적합하도록 적절한 정보 계층 구조(예: 명확한 헤더 시스템)를 준수해야 한다. 학생들이 강의나 토론을 녹음하게 허용하고, 다른 모든 시청각 자료를 일시 중지하거나 다시금 재생될 수 있게 해야 한다. 사진이 포함된 화면 녹화를 만들기 위한 룸Loom 사용을 고려하라. 만약 수업 웹사이트를 만들려 한다면, 접근성 검사기(예: WAVE 브라우저 확장 기능)를 사용하고, 필요한 수정을 수행하라. 만약 수업에서 LMS를 사용한다면, 해당 서비스의 내장된 검사기(예: 캔버스 뉴 리치 콘텐츠 에디터Canvas New Rich Content Editor 하단의 블랙보드 앨리Blackboard Ally 또는 접근성 확인기)를 사용하라.

자료를 유포하기 이전에 검사, 확인하는 습관을 들이는 게 좋다. 유니버설 디자인 원칙은 사후에 '조정' 과정이 진정한 접근성이 아님을 명시하며, 대신해 온라인 수업을 접근성을 염두에 두고 자신만의 구축하는 과정을 가리킨다. 모든 학생은 접근 가능한 디지털 자료에 의해서 제공되는 개선 사항을 높이 평가할 것이다. 좀 더 자세한 내용은 제2장을 참조하라.

기대하는 도전들

실제로 온라인 교육은 여러 가지 독특한 도전을 제공하기 때문에 대학 강사들은 종종 온라인 교육을 반대한다. 그러나 이러한 문제 중 많은 것들이 사전적 생각으로 미연의 해결될 수 있기도 하다.

출처 희소성

학생들이 원격 학습 실행을 예상하지 못한 경우에, 비상시 온라인 교육의 주요 문제 중 하나는 학생들이 인터넷 연결이 가능해야 한다는 사실이다. 이것은 주된 접근성의 장벽이 될 수 있다. 만약 학생 집단이 불리한 상황에 맞닥뜨린다면, 이와 같은 상태는 최대한의 유연성을 허용할 것이기 때문에 어쩌면 교사가 완전한 비동기적으로 수업 내용을 전달해야 한다는 차원에서 이상적 상황이 될 수도 있다고 볼 수 있을 것이다. 위에서 언급한 바처럼 언제든 가능하다면 수업 자료를 내려받기하도록 길을 열어줌으로써 온라인은 물론 오프라인에서도 자료를 볼 수 있도록 해야 한다. 만약 학생들이 집에 갇혀 있으면, 동료 학생들부터 도서관에 이르기까지 어떠한 지원 네트워크에 대한 접근이 불가능하다는 점을 기억하라. 학생들은 줌에서 보이는 사적이면서 전문적 공간이 없음을 이해해야 하면서 아울러 읽기 자료의 무료 사본을 요청할 수도 있을 것이다. 온라인에서만 무료로 접근할 수 있는 읽기 자료만을 배정하거나 도서관과 협력해 디지털 예약 자료의 관리 방안을 고려하라. 학생들을 위한 온라인 자료 제공에 관련된 이상의 아이디어를 위해서는 제1장을 참조하라.

모든 학생이 데스크톱이나 노트북을 사용하리라는 가정은 접어두기 바란다. 일부 학생들은 대체로 혹은 전적으로 자신들의 휴대 전화를 통해서 수업에 접근하려고 한다(이런 점에 대해서 의심이 든다면 학생들에게 설문 조사를 시행해 보라. 결과에 경악할 수도 있다!). 이것은 자료를 간결하고 핵심적으로 유지해야만 할 또 다른 이유이며, 소규모 파일 용량은 데이터 사용량과도

호환성이 높을 것이다. 게다가 모든 수업 자료를 스마트폰에서 미리 보기를 시행함으로써 사전에 확인하라. LMS의 데스크톱 버전에서 눈에 띄는 정보가 모바일 버전에서는 완전히 생략되거나 혹은 일련의 아주 작고 불분명한 버튼들을 클릭해야만 비로소 접근 정도만 가능할 수 있다. 예를 들면 LMS의 '댓글'에 지침을 배치하지 말아야 하고, 내려받기가 가능한 파일에 지침의 배치를 피하면서 수업 셀을 간소화하는 시도는 학생들이 혼란스러운 하이퍼링크 미로를 클릭해 목표 지점을 찾아가는 상황을 사전에 방지할 수 있다. 그리고 또한 아름답게 맞춤 설정된 수업 셀, 고해상도 시각 자료, 대용량 영상 파일 등이 모바일 환경으로 자연스럽게 바뀌지 않음을 발견하게 될 수 있다. 모든 수업 자료가 생성되고 편집되기 이전에 이러한 풍부하게 보강된 자료를 초기 단계에서 시험, 검토하라. 해당 자료 등을 휴대 전화에서 볼 수 없다면, 시간을 다른 곳(예: 가상에서의 학생과의 접촉 시간)에 투자하라.

자료 학습

메이커 스페이스든, 예술 스튜디오이든, 일반 정규 교실에서 소품 혹은 물건을 사용해서든 어느 상황에 상관없이 교실 환경에서 특정 교과 자료를 적용해 수업을 진행하는 교사들을 위해서라면 온라인으로의 전환이 무엇보다도 어렵게 느껴질 수 있다. 이것은 저서의 역사를 가르치면서 책 제본, 잉크 만들기, 종이 만들기와 같은 많은 실습 활동을 하는 배터실에게는 무엇보다도 중요한 문제였다. 이러한 활동 중 여러 종류가 창의성과 의미 만들기 접근법을 위해 DIY와 가정용품을 이용하는 과정에 적응될 수 있다. 학생들은 집에서 미술 과제(예: 게티 뮤지엄 인스타그램 계정에서 보낸 과제 등처럼)를 수행하거나, 치실과 인쇄 용지를 사용한 책 제본, 재활용 판지 활용 구조물 만들기 또는 모델링을 수행할 수 있다.

만약 수업에 특별한 자료가 유용하거나 필수적인 경우 다른 선택은 학생들이 서적 대신 일련의 자료를 구매하도록 지시하는 것이다. 매슈 커셴

봄 그리고 라이언 코델은 학생들에게 저렴한 가정용 제본 세트를 구매하도록 했다(더 읽을거리에서 Peiser, Spunagle, and Kirschenbaum, 2020.6.17 참조). 이와 같은 접근 방식은 수업을 위한 특정 키트를 만들기 위해서 공급업자 및 유통업체와 함께 협력, 조정을 통해서 다양한 맥락과 주제로 전환될 수 있어야 한다. 배터실이 했듯이 역시 학생들에게 우편으로 자료를 보낼 수 있다. 이것은 더 많은 시간이 소요될 수 있지만, 학생들이 감사를 표하게 될 개인화 작업을 첨부할 수도 있다. 내부 보조금을 찾거나 자료 송부용 캠퍼스 내부 우편 배달을 이용하기 위해서 소속 기관과 협력할 수도 있을 것이다.[4]

돌봄과 정신 건강

비동기적인 수업은 대체로 토론에 참여하기 위한 시간 동안 조용한 장소를 확보하기 어려운 학생들에게 이상적인 수단일 수 있다. 그리고 완전히 비동기적 방법으로의 전환은 돌봄 책임이 있거나 시골에 거주하거나 가족 중 원격 근무를 하는 다른 가족과 기기를 공유하는 환경에 놓인 학생 등 여러 대상자에게 큰 도움을 된다. 이와 같은 학생들은 원격이지만 동기식 교육에 참여하기가 정말로 커다란 난관이 될 수 있다. 그렇지만 완전히 비동기적 방식으로 수업을 진행하면 학생들 사이에 공동체 의식을 형성하기 곤란할 수 있다. 활동 학습 원칙은 특히 대역폭이 낮은 채팅 형식 그리고 비판적 질문을 제기하는 토론 게시판이나 비동기적 채팅에서 여전히 가능하다. 수많은 비동기적 상황에 놓인 학생들은 일대일 면담 시간 형태를 통해 유연성 발휘의 필연성을 요구할 것이고 직접 의견을 개진할지도 모른다.

원격 학습으로 인해 필자는 집이 대학으로부터 분리된 공간으로 보였

---

4   초판에서는 Boyels and Peterson, "Makers by Mail: Providing Makers Technologies to All"이 참조된 것으로 보인다.

던 상황으로부터 현재는 연구, 학습, 교육의 공간으로서 집의 기능이 변모하는 과정을 경험하고 있다. 이것은 교실 공간에 대한 교육 성과의 결정 요인으로서 조사, 검토를 강제할 수 있다. 대학 환경에서 주거 환경으로 변모할 때 과연 무슨 일이 발생하는가? 주거 영역을 전문적·교육적 영역으로 생각하는 방향은 사생활, 노동, 가사 개념을 변화시키는 방법을 비판적으로 조사, 검토하는 것이 학생들과 함께 작업을 수행하기에 도움이 될 수 있다. 이러한 주제에 대한 일부지만 비판적 독서는 학생들의 고양이가 노트북 위로 뛰어오르거나 두 살배기 아이가 페인트로 덮인 채 등장해도 좀 더 안정감을 가지고 대체하는 과정을 편안하게 느끼도록 도움을 줄 수 있다. 이러한 종류의 순간들에서도 유머와 즐거움을 발견하는 것과 주거 환경에 과도하게 형식적인 기대를 적용함으로써 발생하는 불필요한 스트레스를 완화하는 것은 전문적인 공간으로서 자신이 거주하는 집으로 전환시키기에 절대적인 필수 부분이 아닐 수 없다.

코로나19 상황의 특히 중요하고 이례적인 특징 중 하나는 많은 부모가 제한적으로 운영되는 보육원과 학교로 인해 지속적인 도전을 직면하고 있다는 사실이다. 전 세계의 부모들은 원격으로 일하는 것뿐만 아니라, 동일 장소에서 자녀를 위해서도 집안일을 함께 했지만, 반면에 다수 경우에 스스로 가상 방식으로 학습을 시도하면서 적응했다. 자녀를 둔 학생들과 강사들은 완전히 다른 상황에 들어서게 될 것이며, 이전 시기의 평소 모습보다 훨씬 더 작업 방해에 맞닥뜨리게 될 것이다. 원격 근무에서 일의 장소와 가사 장소의 겹치는 상황에 관련된 친절과 이해가 기본적인 인간적 품위에 속하기 때문이라는 이유뿐만 아니라, 특히 여성과 여성 정체성 소지자들에게 돌봄 위기라는 이미 문제점이 드러난 함축적 의미가 존재하고 있기 때문이라는 이유로 원격 근무에서 발생하는 가정 상황에 대한 유연한 대처는 무엇보다도 중요한 요인이 아닐 수 없다(Howard 참조).

많은 학생이 앵무새가 지저귀거나 우편물 배달원이 문앞에 도착하는 것을 보고 배우는 기본적인 실용적 사항들 이상으로 팬데믹 상황이 끼치는 정신 건강에의 함축적 의미는 심각하고 우려스러워 보인다. 코로나19로 학생들이 겪는 경험은 개인적인 정신적 충격과 비탄으로부터 지루함과 집중력 상실을 망라하면 매우 다양하게 나타난다. 물론 교사가 자격을 갖추지 못한 채 상담 역할을 맡지는 말아야 하며, 항상 취약한 학생들을 적절한 캠퍼스 서비스로 안내하기 위한 기관의 정책을 따라야 한다. 그럼에도 불구하고 현재 모두에게 더 많은 수위의 스트레스가 있음을 인정하고, 일반적으로 정신 건강 향상에 도움이 되는 몇 가지 습관을 도입해 실현할 수 있다. 동기식으로 진행하는 토론에서 모두가 세 번 숨을 쉬도록 요청하는 것처럼 집단적 마음 챙김 연습으로 시작될 수 있다(Krause, 2020. 4.15). 학생들이 하루에 6~8시간 동안 모든 과목이 동시 시간인 수업에 참여해야 한다면, 이상적으로는 운동, 차, 신선한 공기, 음악 등으로 여유를 갖고 자주 휴식을 취할 수 있어야 한다. 과제 제출과 수업 참여 시간에는 유연성을 발휘해 학생들에게 지나치게 스트레스를 안기는 상황을 피해야 하는 것이 꼭 필요할 수 있다. 예를 들면 레이철 투어Rachel Toor는 학생들이 평가 측면에서 위험 부담을 느끼지 않으면서 온라인 글쓰기를 개선하는 기회를 마련해주면서도 아울러 학생들이 스스로를 표현할 수 있도록 도움을 줄 개인 에세이를 쓰도록 요구한다.

필자 우리 두 사람은 이처럼 어려운 시기에 수업이 등대처럼 밝은 표지가 될 수 있게끔 구성하려는 목표를 갖고 있다. 재미있는 온라인 교육 자료들의 원천 자료 은행을 만들려 하는 것이다. 여기에는 서적에 관한 노래, 18세기 음악이 담긴 스포티파이Spotify 재생 목록, 1920년대부터 무성 영화 등 수업 관련 자료가 포함될 수 있다. 때로는 윈도우 스왑Window Swap (https://window-swap.com)과 같이 학생들이 전 세계 아름다운 전망을 엿볼 수 있게 해주고, 화면 앞에서 긴 시간을 보내는 것이 부담스럽지 않도록 팬데믹 동안 주요 문제가 지루함이라면 일부 추천 사항을 제공하기도 한다. 원천 자료 등의 자원 부족을 직면하는 사람들을 위해서 필자는 또한 팬데믹 동안 무료로 제공되는 다큐멘터리 영화 데이터베이스, 미술관 투어, 실시간 스트리밍 연극, 콘서트 등을 포함하는 자료들에 관련된 도서관 목록 그리고 모음집을 공유한다. 화면 과부하를 방지하기 위해 완전히 오프라인에서 이루어지는 몇 가지 활동들을 포함해야 하고, 그리고 노트북을 종료 후 연필로 작성하거나, 일기 자료를 인쇄하거나, 드라이브스루 픽업을 제공하는 도서관에서 해당 자료들을 구할 수 있다는 사실을 학생들에게 상기시켜야 한다. 집중에 어려움을 겪는 사람들을 위해서는 백색소음 노래 목록, '커피숍' 오디오 시뮬레이션, 명상 방법(예: https://calm.com), 동물원과 수족관 웹캠, 집중력과 평정을 촉진하기 위한 앞의 항목들과 유사한 휴식 도구들에 관한 학습 도움 수단들의 목록을 제공한다.

팬데믹 동안 교사의 정신 건강이 고통받을 수도 있으며, 특히 업무량이 눈에 띄게 증가했거나 팬데믹과 관련된 정신적 충격이나 특정 도전을 직접 겪었다면, 고통은 더욱 분명해질 수 있다. 이 장에서 개요로 제시된 고려할 사항이 엄청난 양의 노력으로 느껴질 수 있으며, 이미 어려움을 겪고 있다면, 온라인 교육으로의 전환은 특히 압도적인 부담이 된다는 사실을 분명하게 인지하고 있다. 그런 경우 필요한 시기에 지원을 요청하고, 효과적인 도구만 사용하고, 수업을 단순하게 구성하고, 가장 중요한 목표에 집중하고, 잠시 기계가 멈춘 동안에 개인적 경계를 유지하는 등 방법들을 권장하고 싶다. 어쩌면 주말에 이메일에 답장하지 않거나, 수업 사이에 요가를 하거나, 뜨개질을 하거나, 긴 산책 시간을 갖는 방법을 실행할 수도 있다. 시간이 매우 촉박하더라도 효과적인 사항이라면 여전히 우선순위가 되어야 한다. 학생들뿐만 아니라 자신에게도 친절을 베풀도록 하라.

결론

필자가 저술하면서 특히 인문학에서 대면 교육의 중요성에 대한 오랜 주장에 연관된 기존의 교육 관행과 가치가 뒤엎어지는 상황을 마주하고 있다. 여러 사람은 데리다Jacques Derrida의 은유 이해에 대한 상대적 장점에 대해 토론하거나 『마하바라다摩訶波羅多』에서 특정 쌍구문의 숨은 뉘앙스를 고찰하는 열정적인 학생들과 함께하는 대화형 세미나 경험은 어떤 방법으로라도 도저히 대체할 수 없다는 사실을 강력하게 느낄 수 있다. 그러한 경험들, 공동체들, 가치들은 분명히 교실에서 비로소 중요한 위치를 점하게 된다. 줌에서 대화를 나눌 수 있지만, 그것이 세미나 테이블 주변에서 감지되는 분위기와 같을 것이라고 여기는 일종의 가정은 인간 상호 작용의 본성과 개인적인 관계의 복잡성을 인정하지 않으면서도 아울러 그 자체의 가치를 고려하지 않는다고 보아야 한다. 대학 교육은 단순히 항상 원격 수업 형태로서 일대일 형태로서 완벽하게 대체되는 학습의 장 또는 장소로서의 영역이 아니다.

수업이 어떻게 이러한 단점을 공개적으로 인정하는지를 생각하는 단계가 도움이 될 수 있다. 예를 들면 배터실은 학생들이 팬데믹이 초래한 디지털 및 미학적 전환에 대해 비판적으로 생각하도록 장려하기 위해 '거리에서의 예술'이라는 새로운 모듈을 가르치고 있다. 기존의 교육 방식에서 갑작스럽게 벗어나 모르거나 이해하지 못하는 무엇인가로 이동하는 행동은 긴장을 유발할 수 있으며, 아마도 다음 학기나 내년, 심지어 5년 후에 얼마나 오랫동안 이러한 상태를 감내할지 또는 어떠한 상태로 전개될지 모를 때 더욱 상황이 악화될지도 모른다. 현재로서는 우리의 그리고 학생들의 자료를 찾고 이에 대한 참여를 유지하려는 시도가 최선책으로 보인다. 디지털 수단을 통해 연결의 작은 조각들을 찾으려는 노력에 집중해야 하며, 자신들을 가까운 과거 시점의 기준에 머물게 하는 대신 오히려 현재를 위해 노력할 수 있을 것이다.

더 읽을거리

Barrett, Lisa Feldman. 2020.7.8. "College Courses Online Are Disappointing. Here's How to Fix Them." *New York Times*. https://www.nytimes.com/2020/07/08/opinion/college-reopening-online-classes.html.

Bessette, Lee Skallerup. 2020.7.9. "Can You Teach a 'Transformative' Humanities Course Online?" *Chronicle of Higher Education*. https://www.chronicle.com/article/Can-You-Teach-a/249152.

Brame, Cynthia J. 2016.6.20. "Active Learning." *Vanderbilt University*. https://cft.vanderbilt.edu/guides-sub-pages/active-learning/.

Boettcher, J. V. and R.-M. Conrad. 2016. *The Online Teaching Survival Guide: Simple and Practical Pedagogical Tips*, 2nd ed. Jossey-Bass.

Davidson, Cathy. 2016.4.8. "Time and the Exit Ticket: Questions and Responses from our Graduate Seminar." *HASTAC*. https://www.hastac.org/blogs/cathydavidson/2016/04/08/time-and-exit-ticket-questions-and-responses-our-graduate-seminar.

Deslauriers, Louis, Logan S. McCarty, Kelly Miller, Kristina Callaghan, and Greg Kestin. 2019. "Measuring Actual Learning versus Feeling of Learning in Response to Being Actively Engaged in the Classroom." *Proceedings of the National Academy of Sciences*, vol. 116, no. 39(Sept), pp. 19251~19257. www.pnas.org, doi:10.1073/pnas.1821936116.

Howard, Jessica. "The Facts: Learn the Reality about a Pandemic's Effect on Women." *Canadian Women's Foundation*. https://canadianwomen.org/the-facts/women-and-pandemics/.

Kamenetz, Anya. 2020.3.19. " 'Panic-Gogy': Teaching Online Classes during the Coronavirus Pandemic." *NPR.Org*. https://www.npr.org/2020/03/19/817885991/panic-gogy-teaching-online-classes-during-the-coronavirus-pandemic.

Kellerman, David. 2021.3.8. "Academics Aren't Content Creators and It's Regressive to Make Them So." https://www.timeshighereducation.com/opinion/academics-arent-content-creators-and-its-regressive-make-them-so?fbclid=IwAR1M2GJEGR7dENM4O-wyqj1Y2rTENNe8fuExmNSNF4XY8KlhcfPtU3ZcBs.

Kinsey, Danielle. 2020.5.25. "Exactly How I Taught My Third-Year Online Course." https://cha-shc.ca/teaching/teachers-blog/exactly-how-i-taught-my-third-ye ar-online-course-2020-05-25.htm.

Kirschenbaum, Matthew. 2020.6.17. "-Welcome the Kindness of Strangers (Curators, Archivists, Printers …). Treat Digital Platforms as *Part* of the History of the Book, Not an Interruption. Acknowledge That the Class Will Be Different. -You May Be Terrified, but Your Students Have Got This." Twitter(접속일: 2020.6.20).

Krause, Caitlin. 2020.4.15. "How to Forge a Strong Online Community in an Online Classroom." *Edutopia*. https://www.edutopia.org/article/how-forge-strong-com munity-online-classroom.

Lederman, Doug. 2020.4.1. "Preparing (Quietly) for a Fall Semester without in-Person Instruction." *Inside Higher Ed*. https://www.insidehighered.com/ digital-learning/article/2020/04/01/preparing-quietly-fall-semester-without -person-instruction .

Lee, Kevan. 2014.10.21. "Infographic: The Optimal Length for Every Social Media Update." *Buffer Library*. https://buffer.com/library/optimal-length-social- media/.

Lewis, Daniel. 2010.10.19. "How Long and How Often Should You Podcast? — AP017." *The Audacity to Podcast*. https://theaudacitytopodcast.com/tap017- how-long-and-how-often-should-you-podcast/.

Maloney, Edward J. and Joshua Kim. 2020.4.22. "15 Fall Scenarios." *Inside Higher Ed*. https://www.insidehighered.com/digital-learning/blogs/learning-innovation/15 -fall-scenarios.

Martin, Kimberley. 2020.7.5. "Review: Makers by Mail." *Reviews in Digital Humanities*. https://reviewsindh.pubpub.org/pub/makers-by-mail/release/3.

Peiser, Megan, Emily Spunaugle, and Matthew Kirschenbaum. 2020.6.17. "Teaching Material Texts without the Materials." https://www.youtube.com/watch?v= _QlvdRDFuag .

Toor, Rachel. 2020.6.23. "Turns Out You Can Build Community in a Zoom Classroom." *The Chronicle of Higher Education.* https://www.chronicle.com/art icle/Turns-Out-You-Can-Build/249038.

Waitkus, Jane. 2006. "Active Learning in Humanities Courses: Helping Students to Think Critically." *Journal of College Teaching & Learning(TLC)*, vol. 3, no. 10(Oct). clutejournals.com. doi:10.19030/tlc.v3i10.1671.

Wehler, Melissa. 2018.7.11. "Five Ways to Build Community in Online Classrooms." https://www.facultyfocus.com/articles/online-education/five-ways-to-build -community-in-online-classrooms/.

Wieman, Carl E. 2014. "Large-Scale Comparison of Science Teaching Methods Sends Clear Message." *Proceedings of the National Academy of Sciences*, vol. 111, no. 23(June), pp. 8319~8320. www.pnas.org, doi:10.1073/pnas.1407304111.

코다

교육 철학 발전시키기

디지털 기술을 인문학 수업에 신중하게 통합하는 새로운 방법을 찾았기 때문에 현재 교실이 어떤 모습일지 생각해 보자. 한 대의 컴퓨터 주변에 모인 한 무리의 학생들이 즉흥적인 연구를 진행한다. 이 그룹은 온라인 아카이브에서 새로운 검색을 하기 위해 아이디어를 제안하려고 간혹 근처에 앉아 있는 학생에게 돌아앉는다. 학생 무리에서 홀로 떨어져 나온 또 다른 학생이 화이트보드에 표와 그림을 그리는 학생 3인조에게 다가가 그들이 노력한 결과를 전달한다. 일단 화이트보드가 채워지면, 그룹 운영자가 교사에게 다가와서 자신들의 작업 결과 등을 검사하게끔 한다. 교사는 몇 가지를 제안하고, 그들의 연구를 칭찬하기 위해서 컴퓨터에서 주제 연구를 수행한 그룹에게 다가가고, 그러고는 조용히 한 구석에서 조용히 일하던 수줍은 학생이 다가와 수업 트위터 스트림을 공유한 영상 클립을 보여준다. 또 다른 그룹이 교실로 서둘러 들어와서 화이트보드 팀이 사진을 찍으려고 나갔던 사진들을 촬영한 스마트폰을 위로 흔들면서 나타난다. 학생들이 하루를 마치고 떠날 때쯤 교사는 화이트보드의 표와 그림을 사진 찍어 수업 위키에 업로드하고 학생들은 주말에 과제를 완료할 계획에 관해서 이야기를 나눈다.

이 책에서 자세히 구성한 다양한 접근 방식을 통합한 이러한 표본 수업 세션은 이전 아날로그 방식에서 벗어날지라도 상당히 자연스러워 보일 수 있을 것이다. 의심할 여지 없이 물론 이러한 구성 중 어느 것도 어쩌면 교사 자신의 교육 경험이 지닌 사회적 및 공간적 특징을 꽤 정확하게 포착하지는 못할 수 있다. 아마도 토론 촉진 목적으로 기획된 밝고 잘 갖춰진 방 대신에 다람쥐가 창문을 통해 쉽게 기어서 들어올 수 있고, 12월의 어둠 속에서 학생들을 졸리게 만드는 한 줄기 빛이 비추는 지하실의 좁디 좁은 방을 배정받을 수도 있다. 때때로 멋들어진 시각화 등의 탐색을 시작할 때 프로젝터 전구가 타버리거나, 활동이 보드에서 지우고 싶은 결과를 낳을 수도 있다. 그렇지만 각각 수업 세션에서 불가피하게 등장하는 제약들과 기회들에 유연하고 건설적으로 대응하는 방법을 배웠기 때문에 그리고 가용할 수 있는 원천 자원을 최대한 활용하는 방법을 배웠기 때문에 당연하게 흥미로운 새로운 교실 활동과 과제를 통합 시도했을 것이다.

이 책에서 필자는 실용적인 예시, 표본 모형, 문제 해결 기법에서 일반적 접근 방식과 추상적인 개념을 기반으로 하고, 이를 수행할 수 있는 도구들을 제공하려고 노력했다. 거의 모든 사람이 쉽사리 사용할 수 있는 도구와 기술을 적용해 다양한 지적 구성을 소개한 여기에서 공유된 아이디어는 교육학적 목표를 충족시키고, 교육 철학을 확장하도록 해주는 생동적인 학습으로서의 기회를 제공하려는 의의를 보여준다. 새로운 디지털 도구와의 참여를 활동 프롬프트와 과제지 채택 및 조정 부분에 제한을 둔다거나 혹은 수업 웹사이트 구축에 관한 지침을 준수하도록 제한을 두는 등에서 만족할 수 있을 것이다. 만약에 이 입문서가 제안하는 수준 이상으로 한 걸음 더 나아가고 싶다면, 필자는 이 분야에 존재하는 많은 실험 기회 중 일부를 선택해서 활용하기를 희망한다. 그 위에 이 책에서 언급된 교육학적 전략들을 탐색하는 과정이 교실 벽을 둘러싼 한계를 넘어서 교실을 활기차게 만들어줄 뿐만 아니라 교사의 연구를 변화시키고 교육 과정을 훨씬 효율적으로 만들 수 있다는 점을 명심해야 한다.

이 책을 통해 디지털 인문학을 교실에 통합하는 실용적인 도움말을 숙지한 이후에는 실험 시행 및 발명 시도 등이 바로 다음 단계라고 볼 수 있다. 비록 결코 이전에 시행하지 못했던 방법에서 새로운 디지털 인문학 도구를 사용하는 과정 자체가 실험 행위라고 볼 수 있다고 할지언정 필자가 논의했던 것처럼 상당한 수준의 고급형 디지털 기술(예: 코딩, 텍스트 인코딩, 물리학 컴퓨팅, GIS 매핑 등)에 대한 교육을 추구함으로써 실천 행동을 훨씬 더 발전시킬 수 있다. 교과 과제 설계, 과제 구현, 디지털 인문학 활동 등에서 창의성과 혁신성을 촉진하기 위해서라면 다양한 웹페이지, 프로그램, 앱 등의 '가려진 내부'에 무엇이 있는지를 더 많이 배우기를 원할 것이다. 프로그래밍, 앱 디자인, 아카이브 구축에 대한 온라인 또는 대면 강좌를 수강하는 시도는 더욱 정교한 프로젝트를 처음부터 직접 제작할 때 도움이 될 수 있다. 필요하다면, 특히 디지털 인문학에서 아주 깊은 탐구 수단으로서 발판 역할 작용을 희망하는 내용을 담은 장으로서 제9장을 통해 관련된 기술 구성 개발을 위한 외부 원천 자원의 선택 부분으로 돌아가기 바란다.

이러한 혁신과 실험 시행은 연구를 위해서 새로운 방향으로 인도할 수 있다. 예를 들면 로스는 영문학 수업에서 학생들에게 사용하도록 한 기술과 도구를 바탕으로 헨리 제임스에 관련된 조사와 일련의 연구를 개발했다. 로스는 헨리 제임스가 작품들의 모음집을 위해 저술한 서문의 디지털 판본의 생성 목적으로 DIY 디지털 판본 과제물 통지서(웹 컴패니언에서 제공)를 위해 독자적으로 개발했던 프로세스를 사용하고 있다. 이러한 과정은 로스에게 텍스트 연구를 관심에 두도록 했기에 이제 그녀는 제임스 소설의 인쇄 역사를 연구하고 있고, 텍스트 연구가 곧바로 '디지털 인문학' 분야를 구성하는 것처럼 보이지 않을 수도 있지만, 로스는 디지털 도구를 활용한 실험이 없었더라면, 그녀가 이 연구 분야를 추구하지 않았을지도 모른다. 거기에 더해서 로스는 제임스의 글쓰기 문체와 소셜 미디어에서의 동시대적 글쓰기 관행 사이의 관계 부분에 대한 일련의 논문을 저술하려는 목적으로 트위터에 대한 관심과 제임스에 대한 관심을 결부시켰다.

디지털 인문학에서 배터실의 모든 실험은 분야에 관해서 건전한 회의주의 및 디지털 방법의 채택에 관련된 일반적인 조심성과 같은 태도를 동반하고 있었다. 실제로 배터실은 소셜 미디어를 피하고 횟수 측면에서 여전히 빈번하게 구글 문서만큼이나 한 장씩 넘기는 형식의 종이 플립 차트를 사용한다. 배터실이 현대 소설 수업(대학원생으로서 처음으로 가르쳤던)을 위한 수업 웹사이트를 구축하는 것은 디지털 교육학에 대한 첫 번째로서 최소한의 진입 시도였다. 학생들의 작품 온라인 갤러리와 특정 사이트에 그녀가 게시한 추가 읽기 자료 및 웹 원천 자원 등과 같은 특성들로부터 학생들이 느낀 즐거움과 흥분을 발견하게 되자, 배터실은 디지털이 주의를 산만하게 만들기보다는 오히려 학문적 핵심 관심사를 증강하도록 만드는 측면으로 교육과 연구에 어떻게 관여할 수 있었는지를 좀 더 깊게 생각하기 시작했다. 배터실이 처음으로 구축한 간결한 웹사이트 이후로 그녀는 대규모 디지털 연구 프로젝트(영국, 미국, 캐나다의 동료들과 학생들 사이의 국경을 가로질러서 국제적 협력이 결정적이었던)에서 학생들과 협력하고, 그들과 함께 학술적 디지털 판본을 구성하는 과정에서 엄청난 이점을 발견할 수 있었다. 배터실은 여전히 자신을 무엇보다도 앞서서 작가이자 서지학자로 여기지만, 디지털 인문학은 접근성, 과제 다양성, 수업 경험 측면에서라면 학생들에게 제공하는 가능성을 계속해서 활성화하면서 아울러 확장성을 보여주고 있다.

교사가 디지털 탐색을 충분히 활용하고 새로운 기술을 새로운 상황에, 즉 아마도 개인적으로뿐만 아니라 전문적으로 적용하려는 것과 마찬가지로 학생들에게도 유사하게 행동하기를 권장하라. 수업 요구 사항을 충족하기 위해 내려받기한 소프트웨어 응용 프로그램은 공부 습관을 합리적으로 간소화하거나 다른 수업의 프로젝트에 새로운 차원을 첨가하거나,

취업 시장에서 경쟁 우위를 제공할 수 있는 이력서에 새로운 기술을 추가할 수 있다. 다른 수업의 그룹 작업을 완료하거나, 친구 및 가족과 연결을 유지하거나, 인턴십에시의 작업을 편리하게 만들기 위해 수업에서 배운 협업을 위한 디지털 방법을 계속해서 사용할 수 있을 것이다. 민악 학생들이 작업 내용들을 온라인에 공개적으로 게시한다면, 대학원 지원서에 자신의 작업을 인용하거나, 면접 중 글쓰기 및 디자인 기술의 증거로 사용하거나, 이러한 디지털 원천 자원을 수업 작업으로서 충분한 자격을 갖춘 디지털 포트폴리오로 확장할 수 있다. 수업을 마칠 때, 학생들이 수업에서 배운 지식이 졸업 후에도 계속해서 그들에게 도움이 되리라는 사실에 확신을 주면서 학생들이 디지털 인문학 기술, 결과물, 도구, 소프트웨어 다운로드, 디지털 계정에 대해 한 걸음 더 나아가면서도 미래에서의 사용 가능성을 확실하게 주지시키도록 하라.

필자는 두 가지 생각들로 마무리를 지으려고 한다. 첫째로 우선 이 책의 내용을 훨씬 넘어서 가르치는 심지어 수업에 관련된 즉각적인 고민을 넘어선 수많은 제안을 포함하는 웹 컴패니언 탐색을 독려하는 일종의 영감을 가지게 할 기회를 제공하는 것이다. 밖으로 눈을 돌리고, 현재 소속 기관의 울타리 안팎에서 그리고 실생활과 온라인 소셜 네트워크에서 새로운 동료들을 만나고, 그들을 통해서 배울 수 있기를 희망한다. 그리고 일단 자신의 노력을 지원할 수 있는 견고한 네트워크를 개발한다면, 교육에 대해 진정으로 담대하게 만드는 모든 도구를 갖추게 될 것이며, 그 결과로써 다른 사람들이 교사의 경험과 지식으로부터 혜택을 받을 수 있을 것이다. 둘째로 필자는 그 모든 탐색의 한가운데에서도 교육에 있어서라면 디지털 인문학 접근법은 자신의 교수법으로 돌릴 때 유용성이 최대가 될 수 있다는 사안을 항상 기억하기를 진심으로 바란다. 달리 말하면 디지털 인문학은 학생들이 원하는 목표를 확인하고 아울러 경험을 제공할 때 가장 효과적이라는 점이다.

배터실의 경우 학생들이 진정한 디지털 미디어로 작업함으로써 가장 창의적인 작업 형태를 취하는 것이 가능했다. 학생들은 자신만의 홀로그램을 구축해 교양 소설[1]의 전환적 본질을 표현하는 것부터 소셜 미디어를 사용해 현대 소설의 인물들을 구현하는 것까지, 그리고 타이포그라피와 독서 시간 사이의 관계를 발견하기 위해 디지털 이미지와 타이밍 도구를 적용하는 방식까지 등 다양한 방법 실현 활동을 했다. 협동 디지털 출판 프로젝트를 진행함으로써 배터실의 학생 중 일부는 그래픽 디자인과 예술 배경을 가진 학생들로서 예술 분야와 영어 수업에서 공부하고 창작 글쓰기 워크숍에서 작성한 문학 텍스트 사이의 연결고리를 발견했다. 상상력, 위험 감수, 혁신이 배터실의 교육 철학의 핵심인 만큼, 학생들 사이에서 디지털 기술 사용은 창의적인 수업의 길을 밝혀주었고 아울러 다양한 환경 구축에도 중요한 역할을 보여주었다.

로스에게는 디지털 인문학 방법이 학생들에게 예상치 못한 방식에서 스타일, 텍스트성,[2] 문화적 역사에 관련된 의문에 접근하는 것을 요구할 수 있었다고 보았다. 그래프와 시각화, 숫자와 알고리즘 등의 익숙하지 않은 새로운 영역으로 헤쳐 나가는 것은 로스의 학생들이 너무나 익숙하게 여기는 문학 개념과 텍스트를 불안정할 정도로 낯설게 만들어버린다. 따라서 피치 못하게 전통적인 인문학적 탐구 방식으로의 '회귀'는 학생들이 정말로 상호 긴밀하게 삶을 살아가는 기술을 인간화하는 동안 인문학을 낯설게 만드는 시도로 이해할 수 있다.

이것들은 교실에서 통용되는 가치들이지만, 디지털은 그 자체가 거의 모든 철학에 적절하게 적용되는 잠재력을 소유하고 있다. 학생들 사이의 협업과 함께 대화적 환경 생성을 강력하게 믿든지 혹은 엄격한 개별 학생 작업을 선호하든지 이러한 각각의 요구는 디지털 방법과 도구 등을 참조해 구체적으로 접근 해결할 수 있다. 더욱이 교육 철학을 풍부하게 하려

---

1   주인공의 정신적·정서적 성장을 다룬 소설.
2   일반적으로 텍스트성은 쓰인 있는 문헌이 가지는 외형적 성질을 가리킨다.

면, 교과 과정 설계 및 관리에 대한 모든 결정을 학문적 그리고 공동체적 가치에 일치되도록 노력해야 한다. 여러 많은 경우에 디지털 도구는 해당 목표를 구현하는 강력한 수단을 제공한다. 그리고 디지털 교육학을 실험하는 과정에서, 교사의 학문적 및 공동체적 가치에 대한 뜻밖의 새로운 진실을 배울 수도 있다. 궁극적으로는 이것은 단순히 특정한 인코딩 표준을 통달한다거나 특정한 장비를 숙지 및 습득하는 것에 관련되어 있다기보다는 교육 철학을 행동으로 옮기고, 자신의 교육학을 더욱 발전시키고, 학문을 풍부하게 만들기 위해서 디지털 인문학 접근 방식을 사용하는 새로운 방법을 찾는 것에 관련된 것으로 보아야 한다.

찾아보기

인명은 성(last name), 이름(first name)의 순서대로 나열했다.

옮긴이 후기

　시대의 흐름은 디지털 문화를 더 이상 거부할 수 없는 상황에 접어들었다. 아날로그 방식의 세상 바라보기 방법이 최근 시대에 들어서면서 핵심적인 자리를 유지하기 어려운 상황에 들어서게 되었다. 지금껏 수업 방식의 기반은 교실 중심이었고, 지식의 전달과 습득은 문자 바탕의 교재가 주된 기반이었다. 학생들은 신지식을 습득하기 위해서라면 당연하게 연관된 서적을 찾아야 했고, 교사의 지도 없이는 대부분 교육 내용을 거의 학습할 수 없었다. 게다가 특정 주제에 관해서 이해를 도모하려면 참고 자료를 열람하기 위해 자료 집적 장소인 도서관을 반드시 방문해야만 하였다.

　1985년 미국 유학길에 올랐을 때 미국 대학들이 방문 학생들에게 도서관을 찾고 필요한 자료를 찾는 방식을 지도하는 수업 과정을 지금도 생생하게 기억하고 있다. 특히 당시 인문학 분야인 언어학과 박사 과정에 진학했던 터라서 도서관에서 자료 검색은 학문 완성을 위해 가장 기초적인 바탕 지식이었다. 당시 유학생으로 일리노이 대학교University of Illinois at Urbana-Champaign 도서관 내부의 'Modern Language Library'의 열람 도서들의 방대함은 보는 것만으로 대학의 학문적 규모와 잠재력에 말문이 막힐 따름이었다. 그리고 해당 도서관에서 자료 탐색에 도움을 주었던 도서관 사서들의 다양한 조언은 자료 검색 과정에서 엄청난 도움이 되었다. 학위 과정에서 그들이 소개해 준 자세한 도서 및 논문에 연관된 정보들은 중요한 길잡이가 되었으며, 현재에도 당시 경험을 되짚어볼 때마다 그 고마움을 진하게 느끼고 있다.

당시에 한국과 달리 미국에서는 학기 초에 수업마다 과목 담당 교사들이 교과 운영 계획을 제시하는 '강의 교수 요목Syllabus' 배부가 필수 과정이었다. 학생들은 해당 수업 진도 과정을 안내서를 기반으로 확인했고, 그 이외에도 수업 핵심 교과서, 수업 연관 학습 자료, 중간 및 학기말 시험 시행, 학기 중 퀴즈, 기말 보고서 등 다수 수업 지침 사안들에 대비하는 나름의 전략을 구상해야 했다. 교과 담당 교사들은 학기가 막 시작하는 첫날 수업 계획 안내 자료에 기록된 내용들을 상세하게 설명했고, 때로는 학생들로부터의 질문에 답을 주면서 학기 전체 운영 방안을 확실하게 이해하도록 안내했다.

그렇지만 최근의 학생들은 이러한 과정을 경험하지 않고 있으며, 앞서 수업 과정 설명에 대한 자료 배분에 대해서도 그 필요성을 거의 염두에 두지 않고 있다. 또한 수업에 연관된 자료를 확보하기 위한 도서관 방문의 필수성에 대한 부담감을 거의 느끼지 않고 있다. 그리고 수업 진도를 '강의 교수 요목' 안내서로 확인하는 상황을 매우 이채롭게 바라보고 있는 것 같다. 더욱이 개인의 학문적 발전 과정에 참고 도서 확보가 절대적 기준이었던 인문학 분야에서조차 자료 검색이라는 과정을 평이하게 바라보고 있어서 해당 학문적 활동을 큰 난관으로 여기지 않고 있는 상태이다.

그렇다면 이처럼 자료 검토 및 자료 확보 과정이 더 이상 난제로 여겨지지 않는 이유를 재차 고려할 필요가 있어 보인다. 이와 같은 변화 상황의 주된 요인은 바로 컴퓨터 등장과 인터넷 통용이라는 기술적 발전에 있다고 볼 수 있다. 유학을 위한 대학교가 결정되고 미국 길에 올랐을 때 마주했던 커다란 변화는 바로 당시까지 모든 보고서 및 학위 원고를 직접 손으로 기록하거나 '타자기'를 활용해야만 했던 방식이 사라지기 시작했던 상황이었다. 2, 3년 정도 이후 인터넷 시스템이 보급되었고, 교과 담당 교사들은 교실에서 수업 안내서를 인쇄물로 배분하지 않았으며, 학생들은 해당 학기 수업 과목을 결정하기 위해 복잡한 과목 리스트 요목들을 페이지별로 일일이 확인할 필요가 없게 되었다. 그리고 수업 자료를 복사물로 수업 중에 나누어 주거나 특정 전문 복사 전문 상점에 원본을 맡겨서 학생들이 직접 방문하여 필요한 자료를 구입하도록 요청하는 별도 언급이 사라지게 되었다. 게다가 학위를 마치고 귀국한 뒤 과목 교육을 담당하면서 수업을 위한 문서 자료 등이 PDF 방식으로 일반화되었다. 복사 과정은 주로 컴퓨터를 통해 이루어졌고, 개인 인쇄기를 통한 자료 확보가 자연스럽게 이루어지게 되었다.

시간이 흐르면서 수업 진행 자료는 도서관 중심에서 벗어나 인터넷 통신망을 토대로 광범위하게 이루어졌고, 특정 웹사이트에 필요 자료를 수록 upload하는 방식이 당연한 현상으로 등장하기에 이르렀다. 예를 들면 미국에서는 드롭박스, 한국에서는 네이버 카페, 다음 카페 방식들이 자료를 수록하는 장소를 마련해주었다. 몇 년 전 미국 코넬 대학교 교환 교수 시절을 돌아보면 학생들에게 수업에 활용되는 자료를 확인하기 위해 드롭박스를 이용하도록 언급했던 상황을 지금도 생생하게 기억하고 있다. 한국에서 수업을 진행할 때는 다음 카페에 자료를 수록하고 접근 허용 과정을 통해 수업 신청 학생들이 자료를 열람하도록 안내하고 있다. 그 이외에도 최근 대학교에서는 블랙보드를 토대로 수업 계획 내용을 공지하고, 수업 관련 내용 설명은 물론 수업에 필수적 교재와 참고 자료 공시하는 일종의 'LMS Learning Management System'(학습 관리 시스템)를 구축했다. 이러한 방식은 지금까지도 학교 과목 운영에 널리 통용되고 있으며, 학생들은 이러한 방식을 당연하게 수용하고 수업에 요구되는 여러 사안에 대처하고 있다.

지금까지 언급한 수업 수행에서의 시대적 변혁 과정 내용을 마주할 때 Using Digital Humanities in the Classroom, Second Edition(『디지털 인문학 교실 매뉴얼』 제2판) 원서의 번역 실행은 정말로 시의적절한 결정이라고 말하지 않을 수 없다. 해당 저서의 저자들은 코로나 팬데믹 시절을 겪으면서 수업 형태가 교실 중심에서 온라인 방식으로 전환되는 상황을 목격한 이후 새로운 기구 활용 교육 방법과 인문학의 관계성에 초점을 두면서 해당 자료를 저술했다. 그리고 디지털 토대 새로운 접근 방식을 '디지털 인문학'으로 명명했고, 이러한 방법을 과거와 다른 인문학 연구 및 교육 방법으로서 해당 개념을 광범위하게 다루었다. 그 속에서 인문학적 사고방식을 디지털 도구와 디지털 기술 환경에 적용하는 의미를 제시하려고 노력했다. 여기서 말하는 '디지털 인문학'이란 디지털 용어에 합당하는 기계 활용이라는 부분에서 인문학의 소멸을 예견하고 기존의 인문학 방법 등을 비판적으로 바라보려는 시도가 아니다. 오히려 인문학적 작업 그리고 디지털 도구 및 관련 기반 시설 등의 교차점을 확실하게 규명하려는 용어로 사용하고 있으며 해당 주제에 관련된 서술 또한 상당히 포괄적이다. 따라서 이 저서에서 저자들은 인문학 분야에서 다양한 기술의 응용과 인문학-기술 양편의 상호 작용에서 반드시 현란한 실습실 구비와 코딩 기술 능력 등과 같은 기능적 배경지식이 필수적 요소임을 강조하려는 의도를 내보이려는 것은 아니다. 따라서 실제로 수업에서 활용이 가능한 기본적인 기술 활용을 제안하고 단순하면서도 일상적인 기술 도구 등을 장려함과 동시에 인문학과 기술 분야의 연계성 확보를 위해 사려 깊은 접근을 보여주고 있다.

그리고 2010년 이후 교육용 디지털 도구와 방법들을 망라하면서 해당 주제에 대한 접근성과 포용성을 구비한 안내 책자 수요가 증가하면서 지금의 번역 내용은 매우 중요한 시도가 아닐 수 없다고 본다. 디지털 인문학의 학문적 담론 경향과 상관없이 수업 중심의 교실이 점점 디지털 공간으로 변화되고 있는 환경 속에서 학생을 가르치는 교사들이 직면하는 교육 기반 시설 변화에 적응하기 위해서는 인문학의 사고 방향이 재차 논의되어야 한다. 내용 중에는 기술의 묘사가 반드시 긍정적으로만 그려지고 있지 않은 부분도 내재되어 있다. 예로서 특정 기업 소유 기술 도구에 대한 비판적 접근, 기술 기반 시설의 구축 및 운영 연관 관계성 분석, 신자유주의 기반 기술 만능주의 관점 비판 등이 기술되어 있기도 하다.

인문학자들이 각자의 교육 스타일과 철학 등을 토대로 디지털 인문학에 대해서 아주 상이한 견해와 접근을 보이지만, 교육, 학생, 교육학이라는 학문 분야에서 긍정적 열정을 공유하고 있다는 점도 매우 중요한 사안 임이 아울러 지적되고 있다. 저서 내용을 짚어가는 도중에 중요 핵심은 디지털 방법을 종이와 펜으로 하는 방법보다 선호해야 한다는 당위적 요소로서 강조하려는 입장에 경계하는 태도를 견지할 수 있어야 한다는 것이다. 그리고 '디지털 인문학'을 다른 인문학 접근 방식들보다 반드시 우선시해야만 한다는 오해에 빠지지 않도록 나름의 경각심을 가져야 한다. 대신에 교육 담당자라면 내용을 탐독하는 과정에서 교실에서 수행하는 교육을 기술과 함께 다양하게 논의하는 기회 장을 넓혀야 한다. 그리고 인문학 전공자라면 기술 접목이라는 과정에서 학문적 순수성에 손상이 갈지도 모른다는 염려 속에서도 쉽게 위축되지 않으려는 용기가 필요할 것이다. 또한 '디지털 인문학'이 미래 교육 환경 구축을 위한 재단장 방법 이라는 사실을 재차 명심해야 하며, 디지털 기술의 응용 및 활용이라는 새로운 실험이 학생들이 향후 인재로 거듭나는 데 중요한 발판이 될 수 있다는 부분에 대해서도 긍정적 신념을 가질 필요가 있다.

이 책이 번역 결과물로 완성될 수 있도록 수많은 시간과 엄청난 노력을 아끼지 않은 출판사 관계자분들에게 진심으로 감사의 마음을 전하고 싶다. 원서가 미래 교육의 대비를 안내하는 지침서로서 그 의의가 대단하다는 사실을 인지하고 있지만, 출판 관계자들의 노력이 없다면 번역 완성이라는 소기의 목표를 달성하기가 불가능했음을 다시 한 번 밝혀두고 싶은 마음이다. 그리고 번역이 진행되는 동안 표현에 대한 다양한 조언과 과정을 함께 하였던 나형준 군에게도 감사의 말은 전하고 싶다. 본 작업을 완수하는 과정에서 맞닥뜨렸던 여러 난관을 슬기롭게 헤쳐 나갈 수 있도록 항상 옆을 지켜주었던 진솔한 모습이 지금도 눈에 선명하게 남아 있다.

아울러 번역서에서 나타날 수 있는 부족한 사안들은 모두 옮긴이 부족의 결과라는 사실도 확실하게 밝혀두고자 한다. 그리고 인문학 전공자로서 디지털 기술과 인공 지능AI 시대를 바라보는 현시점에 번역서를 완수할 수 있었던 값진 기회가 새로운 시대의 일원으로 들어서게 되었다는 자부심을 느낄 수 있도록 절대적인 기회의 장을 열어주었다는 부분도 이 글을 통해서 분명하게 밝혀둔다.

2024년 12월
김형엽

지은이

클레어 배터실 Claire Battershill

토론토 대학교 iSchool과 영어학 조교수. 저서로 *Circus*(2014), *Modernist Lives* (2018), *Scholarly Adventures in Digital Humanities*(2017, 공저)가 있다.

쇼나 로스 Shawna Ross

미국 텍사스 A&M 대학교 현대 영국 문학과 디지털 인문학 조교수.

옮긴이

김형엽

고려대학교 글로벌학부 영미학 교수. 고려대학교에서 영어영문학 학사학위, 동 대학교 대학원에서 영어학 석사학위, 미국 일리노이 대학교(University of Illinois at Urbana-Champaign)에서 언어학 박사학위를 취득했다. 주 연구 분야는 음운론, 형태론, 영어교육, 번역학, 언어철학 등이다. 주요 저서로는 『왜 우리 아이의 영어성적은 오르지 않을까?: 좌·우뇌 통합 영어독서법』(공저, 2016), 『인간과 언어: 언어학을 통해 본 서양철학』(2001) 등이 있고, 역서로는 『언어는 본능이 아니다』 (2020), 『왜 우리만이 언어를 사용하는가: 언어와 진화』(2018), 『언어의 역사』 (2016), 『언어의 탄생』(2013) 등이 있다.

한울아카데미 2554

디지털 인문학 교실 매뉴얼

지은이 클레어 배터실·쇼나 로스
옮긴이 김형엽
펴낸이 김종수
펴낸곳 한울엠플러스(주)
편집 김우영

초판 1쇄 인쇄 2024년 12월 9일
초판 1쇄 발행 2025년 1월 14일

주소 10881 경기도 파주시 광인사길 153 한울시소빌딩 3층
전화 031-955-0655
팩스 031-955-0656
홈페이지 www.hanulmplus.kr
등록 제406-2015-000143호

Printed in Korea.
ISBN 978-89-460-7554-2 93370(양장)
        978-89-460-8351-6 93370(무선)

※ 책값은 겉표지에 표시되어 있습니다.
   이 책은 2022년 고려대학교 특별연구비에 의하여 수행되었음을 밝힙니다.
   이 책에는 KoPubWorld체(한국출판인회의, 무료 글꼴)가 사용되었습니다.

MZ세대의 통일의식

미국 딱딱한 대북관? 말랑말랑한 반북!
한반도 통일과 MZ세대의 인식
탈이념적, 실용적, 유동적! 현 세대 대북관을 살피다

선진국 국민으로서 성장한 MZ세대에게 북한은 낙후되고 독재적인, 괴리감이 큰 영역이다. 그에 비해 MZ세대는 민주주의, 선진 문화, 디지털 환경 속에서 생활했으며, 스마트폰으로 전 세계 뉴스를 보고, 사회를 이해하고, 온라인으로 소통했다. 이들은 일찍부터 모든 것이 '손안에' 있었기에 멀리서부터의 시각으로 스스로를 규정하기보다, 자신을 중심으로 북한이나 통일 같은 '먼 문제'에 접근할 수 있었다.

지금 상황에서 통일을 결정할 이들은 MZ세대가 유력해 보인다. 이에 필자진은 현 세대 통일의식을 다양한 각도로, 설문조사와 개인별 데이터까지 활용해 세밀히 분석했다. 이제 남한과 북한, 주변국 MZ세대의 인식과 동서독 사례까지 망라한 이 책을 통해 한반도의 미래를 새롭게 조망해 보자.

엮은이
김병연

지은이
김병로·김성희·김지훈·
김범수·조현주·최은영·
이문영·김택빈·김학재·
오승희·백지운

2024년 10월 1일 발행
신국판
264면

제3문화 아이들, 교차문화 아이들 그리고 국제유목민

세계에서 성장하는 아이들에 관한 연구와 에세이

**문화 간 성장한 아이들에 대한
전문적 연구와 개인적 회상의 기록**

**늘어나고 있는 제3문화 아이들,
그들은 어떤 존재로서 어떠한 어려움이 있을까?**

모국이 아닌 해외에서 성장한 경험이 있는 아이들에 대한 연구와 에세이를 엮은 책이다. 제3문화 아이 개념은 세계화 시대에 접어들어 자유로운 이주와 국제결혼, 교육 등으로 여러 문화를 경험하며 성장하는 아이들의 유형이 많아지면서 그 명칭도 교차문화 아이들, 국제유목민 등으로 늘어났다.

해외로 이주하여 여러 문화를 경험하며 성장기를 보낸다는 것은 갑자기 주변 사람들과의 관계가 단절되고 새로운 낯선 곳에서 모르는 언어를 배우며 처음부터 다시 시작하는 쉽지 않은 경험을 해야 한다. 상실, 정체성 혼란, 뿌리 없음, 거주 문화와 모국 문화 사이에서 겪는 어려움 등이 제3문화 아이들이 공통으로 느끼는 이슈로, 그들 간 동질감을 느끼게 하는 한 부분이다. 모국에 돌아와서도, 아이들은 끊임없이 문화와 문화 사이에서, 세상 사이에서, 정체성 사이에서 살아간다.

이 책은 그들을 구성원으로 두고 있는 사회뿐 아니라 다양한 문화를 경험하며 성장한 사람들에게도 스스로에 대한 인식과 이해를 높이는 기회를 줄 것이다.

편저
**진 벨빌라다·니나 시셀·
페이스 에이드스·
일레인 닐 오어**

옮긴이
이수경·황진숙·김혜정

2022년 6월 7일 발행
신국판
664면

디지털 시대, 역사·박물관 교육

**삶 속에서 역사적 통찰력을 발휘할 수 있도록,
'세상을 보는 틀로서의 역사교육'**

**누구나 '역사하기(doing history)'의 주체가 될 수 있는
디지털 환경, '역사 문해력'의 중요성을 논하다**

역사교육이 지식을 암기하는 데 그치지 않고, '삶과 연결된 역사를 탐구하는 교육', '역사적 통찰력을 함양하는 교육'으로 나아갈 수 있는 방향성을 제시한다. 학생의 실제 삶과 역사가 괴리되지 않고 삶 속에서 인간과 사회를 성찰하는 시각으로서, 사회적 문제를 해결하는 하나의 방식으로서 살아나야 한다.

'삶과 연결된 역사교육'으로 나아가는 것. 삶에서 마주하는 각종 사회적 문제를 비판적으로 분석하고 해결할 수 있도록 역사적 통찰력을 키워주는 교육, 그리고 과거, 현재, 미래를 연결하면서 인간과 사회 변화를 큰 그림으로 바라보고 성찰할 수 있는 교육으로 나아가는 것이다.

이 책은 역사교육에서 '살아 있는 과거'를 마주할 수 있는 문화재·문화유산 교육과 박물관 교육에도 변화의 방향성을 제시했다. 문화재·문화유산과 박물관 전시를 관행적으로 받아들이기보다 오늘날의 사회적 맥락을 고려하여 현재와 과거가 적극적으로 상호작용해야 한다고 강조한다.

지은이
강선주

2022년 2월 15일 발행
신국판
368면

★ 2022년 세종도서 학술부문 선정

몰교양 이론
지식사회의 오류들

몰교양 이론
지식사회의 오류들

Theorie der Unbildung

한울

현대사회는 어떻게 몰교양의 사회가 되었는가?
파편화된 지식만 난무하고, 인문 교양이 사라진 시대!
사회 곳곳에 뿌리내린 몰교양의 양상을 파헤치다

신자유주의와 세계화의 영향으로 '정신의 자본화'가 급속히 진행되면서 우리는 그 어느 때보다 교양 없는 '몰교양의 시대'를 살고 있다.

사유와 성찰 능력, 타인에 대한 공감 능력과 비판적 인식 등 인문 교양의 본래 이상을 폐기하고 있는 대학의 실상, 진리에 대해 묻기를 포기한 사이비 정보를 지식이라 믿는 풍토, 획일화된 교육제도, 자본의 질서에 순응하는 교육, 그래서 역사와 사회에 대한 비판 능력은 마모된 채 현실 순응적인 '전문지식인' 양성에만 몰두하는 교육정책 등 사회 곳곳에 뿌리내린 몰교양의 양상을 찾아 문제를 제기한다.

독자들은 이 책을 읽으며 신자유주의가 어떻게 교육에 영향을 미치고 지식 사회를 자본화하는지 깨달을 것이다. 지식 사회의 오류, 교육의 제반 문제를 깊이 있게 고민하는 데 더없이 좋은 지침서가 될 것이다.

지은이
콘라트 파울 리스만

옮긴이
**라영균·서송석·서정일·
정현경·최성욱**

2018년 12월 17일 발행
신국판
224면